广东劳动体制改革四十年丛书

广东劳动制度的深刻变革

陈斯毅 著

中山大学出版社
SUN YAT-SEN UNIVERSITY PRESS
·广州·

版权所有　翻印必究

图书在版编目（CIP）数据

广东劳动制度的深刻变革/陈斯毅著. —广州：中山大学出版社，2019.11
（广东劳动体制改革四十年丛书）
ISBN 978-7-306-06726-5

Ⅰ.①广⋯　Ⅱ.①陈⋯　Ⅲ.①劳动制度改革—研究—广东
Ⅳ.①F249.276.5

中国版本图书馆 CIP 数据核字（2019）第 233789 号

出 版 人：	王天琪
策划编辑：	吕肖剑
责任编辑：	靳晓虹
封面设计：	刘　犇
责任校对：	潘惠虹
责任技编：	何雅涛
出版发行：	中山大学出版社
电　　话：	编辑部 020-84110771，84113349，84111997，84110779
	发行部 020-84111998，84111981，84111160
地　　址：	广州市新港西路135号
邮　　编：	510275　传　真：020-84036565
网　　址：	http://www.zsup.com.cn　E-mail: zdcbs@mail.sysu.edu.cn
印 刷 者：	广州家联印刷有限公司
规　　格：	787mm×1092mm　1/16　21.75 印张　379 千字
版次印次：	2019 年 11 月第 1 版　2019 年 11 月第 1 次印刷
定　　价：	58.00 元

如发现本书因印装质量影响阅读，请与出版社发行部联系调换

谨以此书

——— 献 给 ———

中华人民共和国成立七十周年!

丛书总序

张小建

　　光阴如箭，斗转星移。改革开放40年，中国社会面貌发生了历史性的根本变化。习近平总书记在2018年新年贺词中强调"改革开放是当代中国发展进步的必由之路，是实现中国梦的必由之路。""幸福都是奋斗出来的"。聆听总书记新年贺词，我们心潮澎湃，感慨万千。作为一名一直奋斗在劳动保障体制改革第一线的工作者，我们深深体会到，改革开放的历程是艰苦奋斗的历程，人们自主择业、安居乐业的幸福生活是改革开放的重要成果。这里面有着劳动保障战线几代人的不懈努力，他们兢兢业业、奋力拼搏在改革第一线，从理论政策研究和业务工作实践上为劳动者实现比较充分的就业做出了积极贡献。陈斯毅同志就是他们中的一位。斯毅同志工作在改革开放的一线，结合实际，潜心学习，认真思考，努力实践，撰写了一些记录当时改革开放进展情况的文章和调研报告，并应中山大学出版社之约，以亲历者角度，把多年来撰写的文章结集出版，定名为"广东劳动体制改革四十年"丛书（以下简称"丛书"）。现在摆在我面前的这套丛书，是他多年来辛勤耕耘的结果，体现了他在工作中刻苦钻研、积极探索的创新精神。

　　我国劳动体制改革40年来的发展历程，是一段艰辛而辉煌的历程，是各级党政领导和社会各界、各有关部门人士共同努力、积极推进的发展过程，所取得的成就举世瞩目。在体制改革过程中，面对中国人口众多、体制转轨、就业压力巨大的情况，劳动保障部门一直承担着保民生、保稳定、促发展的重要任务和使命。从改革开放初期解决知青回城就业，实行"三结合"就业方针，建立劳动服务公司，到培育发展劳动力市场，调整就业结构，实施再就业工程，实现比较充分的就业；从改革国企招工用人制度，实行劳动合同制，到不断深化改革，推进城乡统筹就业，实行全员劳动合同制，建立和谐劳动关系；从恢复发展职业教育培训，到大力发展职业教育培训事业，加快培养高技能人才；从改革高度集中统一的劳动工资管理体制，到破"三铁"（所谓"三铁"是指"铁饭碗""铁工资"和"铁交椅"），改革平均主义工资分配制度，到深化企业工资分配制度改革等。在这个不断发展的过程中，全国各地、各部门按照党中央、国务院的统一部署，积极探索，创造了许多有益的实践经验。特别是作为沿海开放省份的广东省人力资源和社会保障部门，承担着许多改革试点任务，如率先开放劳务市场、改革企业用工和工资分配制度、发展技工教育和职业培训、实施再就业工程，推进城乡统筹就业、探索建立市场就业机制等，为全国的改革发展发挥了先行先试和示范带头作用，提供了许多宝贵经验。

陈斯毅同志在广东省劳动厅（后改为人力资源和社会保障厅）工作30多年，先后在计划劳动力处、厅办公室、综合规划处、培训就业处、劳动工资处、职业能力建设处等多个部门工作，后来被任命为副巡视员，分管培训就业工作。退休后在广东省就业促进会任副会长，并被聘为中国就业促进会专家委员会副主任。他长期坚持把做好劳动保障工作作为己任，积极研究和探索解决工作中遇到的问题，曾被中国就业促进会评为中国就业改革发展30年做出重要贡献的工作者。他所撰写的"广东劳动体制改革四十年"丛书，包括劳动就业、职业教育培训、劳动用工、工资分配、社会保障等方面的内容，既反映了他亲身参加劳动保障制度改革的经历，也体现了他在改革过程中的深入思考和努力实践，从客观角度记述了40年来广东劳动保障领域改革开放过程、重要事件以及改革开放取得的成就和经验等，作为纪念改革开放40周年的史料，编辑成册，让广大读者能够多层面、多视角回顾和了解广东劳动保障领域在这一时期不平凡的改革发展历程和所取得的重要成果。其精神难能可贵。

陈斯毅同志在劳动保障部门工作期间，得到领导和同事们的信任和支持，先后在多个岗位工作和历练，有较多的机会接触到国家和省级领导，聆听上级领导的改革思路；有机会接触到基层和企业广大职工群众，听取老百姓对改革开放的呼声；在多个岗位工作，接触政策业务面较广，因而视野较开阔。他在工作岗位上，能够始终坚持从人民利益出发，坚持依据党的方针政策，结合实际情况，创造性地参与制定具体政策并加以贯彻执行。在实际工作中注意及时深入调研，了解政策贯彻执行情况，总结经验，写成文章，因而留下了一批宝贵的文稿。这套丛书就是他从多年保存的文稿中筛选出来的。丛书内容按照劳动就业、职业培训、劳动用工、工资分配、社会保障五个方面，分为五册：

一是《广东劳动就业体制改革与创新》，聚焦改革开放40年来广东就业体制改革与创新历程，紧紧围绕促进充分就业这一目标，以培育发展劳动力市场为主线，梳理了广东省劳动力市场发轫、发展、调整、深化、创新五个阶段的发展历程，展示了广东在改革就业管理体制、培育发展劳动力市场、实施再就业工程、制定积极就业政策、推进城乡统筹就业、创新就业机制等重点、难点问题上所采取的政策措施，探索实践以及取得的成果和经验。

二是《广东技能人才供给侧改革与模式创新》，集中反映了广东在40年的改革开放过程中，率先提出技能人才的概念，并围绕加快培养适应市场经济发展需要的，具有创新意识、实干精神、实操能力的技能人才这条主线，不断深化技工教育和职业培训体制改革，推进技能人才供给侧改革和模式创新的过程，按照写作时间顺序和重点内容，从九个不同的侧面，反映了广东所采取的政策措施、取得的成就与经验。

三是《广东劳动制度改革的深刻变革》，集中反映了广东企业劳动用工制度改革、发展变化、巩固完善的全过程。客观描述了广东为了适应改革开放，吸引外资和发展非公有制企业的需要，率先取消指令性劳动工资计划，实行劳动合同制的情况；反映了从实行劳动合同制、搞活固定工制度到全面实行全员劳动合同制的改革全过程，以及率先创建劳动监察制度、完善劳动合同制度、加强劳动用工宏观调控的做法与经验。

四是《广东企业工资制度改革探索与创新》，收集了作者本人负责劳动制度综合改革和劳动工资处工作时所撰写的文章。主要反映了广东率先取消指令性劳动工资计划，探索建立企业工资分配与经济效益挂钩办法，下放企业工资分配自主权的改革进展情况；特别是积极探索建立新型的企业工资分配制度和工资正常增长机制，提出实行积极工资政策、实施工资倍增计划和保障分配公平等政策建议，从理论和实践上探索了工资分配制度改革之路。

五是《广东社会保障制度改革40年》，全面介绍了广东养老保险、医疗保险、工伤保险、失业保险和生育保险，以及社会救济制度40年的政策演变情况、改革进程等主要内容及其成就与经验。

综览"丛书"，我发现有以下几个鲜明特点：

一是总体上看，这些文稿基本上保持了原文的风貌，能够客观地记录不同阶段各项制度改革的进程、所采取的政策措施和取得的成就。这是本套丛书的基本特色，反映了作者坚持以人为本的改革理念和刻苦钻研、勇于创新的精神。

二是坚持从实践中来，到实践中去。注重理论联系实际，坚持以科学理论为指导，在研究解决实际问题上下功夫，所提出的一些观点，都是从实际出发，着眼于解决工作一线遇到的问题；所提炼出来的经验，都是对实际工作的总结。

三是注重依据和把握中央的政策方针和总体要求，紧密结合本省省情和地方实际，研究提出具体对策建议，并且具有较强的操作性和创新性。

四是观点鲜明，内容丰富，资料翔实，文笔流畅，一些认识具有前瞻性、指导性。

五是"丛书"的编排主要按照时间顺序，以改革为主线，根据每个阶段改革创新的重点内容划分章节，每一章都有一个比较集中的主题，能让读者通过阅读改革重点事件，了解广东省在改

革开放进程中勇于探索、先走一步而创造出来的特色和业绩,从而窥见广东劳动保障制度改革开放发展的全貌。

改革未有穷期,创新永无止境。劳动保障工作作为全社会普遍关注的重大民生问题,多年来,不少专家和实际工作者撰写了许多著作和文章,从不同角度探索其发展规律,研究改革创新的路子。本"丛书"作者能够站在全局高度,结合实际,把劳动保障领域理论研究融入改革开放的实践过程中,针对劳动保障领域改革发展不同阶段的重点、难点问题,积极探索研究,客观、系统地反映了劳动保障领域一些重大政策制度演变过程和发展趋势,不断总结和提出一些具有开创性、可操作性的意见和建议,供各级决策者参考,其求真务实的精神难能可贵,值得学习和发扬光大。

由于本书内容涉及时间跨度长,在文字表述和引用数据方面有待进一步改进。但瑕不掩瑜,我相信,该"丛书"的出版,将使更多的人关注劳动保障问题,将为今后进一步深化改革提供宝贵经验,贡献可资借鉴的研究成果,可以帮助从事劳动保障工作的同志了解劳动保障领域改革的历史进程,也适合从事劳动保障领域专业研究人员、各类院校师生作为学习资料,系统了解劳动保障制度改革的背景和制度政策演变过程。愿这套"丛书"的出版,能够为广大读者了解和研究改革开放40年来劳动保障领域各项改革提供有益的借鉴和帮助,共同为将改革进行到底,实现中华民族伟大复兴做出贡献!

张小建
(国家人力资源和社会保障部原副部长
中国就业促进会会长)
2018年5月

序　言

　　劳动制度改革是一项涉及劳动者切身利益、涉及经济社会发展的重大变革。改革开放40年来，在党中央国务院和省委省政府的正确领导下，广东省劳动部门（后称人力资源和社会保障厅）在全国率先进行，在改革高度集中统一的计划经济体制和劳动用工制度中，实行劳动合同制，推动新旧劳动制度的根本转换，实现了历史性重大变革，为全国深化改革提供了宝贵经验，作出了积极贡献。

　　广东省劳动制度改革40年的发展历程，是全省劳动保障部门全体干部在各级党委政府领导下，积极探索、艰苦奋斗的历程；所取得的辉煌成就，是各级党政领导、各有关部门和社会各界人士共同努力的结果。陈斯毅同志在劳动保障部门工作30多年，先后在计划劳动力处、厅办公室、综合规划处、培训就业处等处室和厅级领导岗位上兢兢业业，努力工作，曾被中国就业促进会评为对中国就业改革发展30年做出重要贡献的就业工作者。在我任厅长期间，陈斯毅同志从计划劳动力处调到厅办公室工作，并兼省劳动制度改革领导小组办公室的工作。在工作中，他始终牢记使命，善于学习，勤于钻研，坚持"三导"：理论先导、宣传引导、政策指导，发扬理论联系实际的良好学风，主动研究解决改革中遇到的问题，撰写了许多与劳动制度改革实践有关的文稿。现在摆在我们面前的《广东劳动制度的深刻变革》这本书，是从他多年积累的文稿中挑选出来、并经过整理编辑而成的。这本书基本按照时间顺序，围绕改革用工制度、试行劳动合同制、搞活固定工制度、依法建立新型劳动关系等一系列重要事件进行归类，内容丰富，条理清楚。全书从改革亲历者的角度，既比较全面地反映了广东为了适应改革开放、引进外资和发展市场经济的需要，率先取消指令性劳动工资计划、试行劳动合同制、搞活固定工制度到全面实行全员劳动合同制的全过程，又真实地记录了广东省在改革劳动制度过程中率先建立劳动争议仲裁制度、劳动监察制度到依法完善劳动合同制度、加强劳动领域宏观调控、为维护劳动者合法权益所采取的政策措施、经验做法和取得的成就。中共中央曾针对改革过程中出现的经济过热、通货膨胀等问题，及时作出治理整顿和深化改革的部署。1988年，广东放开指令性劳动工资计划后，也曾出现企业自我约束机制不强，私招滥雇临时工，侵犯劳动者合法权益、劳动力市场秩序混乱的情形。为了及时制止企业违反劳动工资政策法规、侵犯劳动者合法权益的情况，省厅劳动制度改革办公室和就业服务公司牵头起草了《关于整顿劳务市场秩序加强劳动管理的意见》，陈斯毅同志在审核上述文件时，根据当时形势和各地意见，在《意见》中加入了"各级劳动部门应在当地政府的领导下，抓紧建立劳动监察制度"的建议，经厅领导同意后报省政府批转各地贯彻执行。自此，广东省劳动部门按照省政府的部署，指导各地率先创建劳动监察制度。后来他又跟踪总结了深圳、珠海、中山市率先建立劳动监察制度的经验，上报劳动部，为推动全国建立劳动监察制度提供了宝贵建议。可以说，这项制度创新成为广东乃至全国劳动制度改革的一项重大创举。

纵览全书，我觉得有这么几个鲜明特点：

一是内容丰富。全书反映了广东省坚持循序渐进的改革原则，从率先试行劳动合同制、搞活固定工制度、双轨运行，到新旧制度并轨运行、依法完善劳动合同制度，大体用了20年时间，然后进入依法建立和调整劳动关系的新阶段。在改革中，广东始终坚持市场取向，坚定不移地在各类企业推行劳动合同制，从而建立起适应市场经济发展需要的新型劳动合同制度。

二是客观真实。全书每一章节都能够客观、真实地反映不同阶段广东省劳动制度改革的进程，所遇到的问题和所采取的政策措施、取得的成就。同时也反映了作者坚持以科学理论为指导，在研究解决实际问题上下功夫，刻苦钻研、求真务实的精神。

三是创新性强。书中反映了广东敢为人先，大胆创新，率先取消高度统一的劳动工资指令性计划，下放企业招工用工自主权的改革情况；反映了广东在改革中坚持以人为本，维护劳动关系双方合法权益，创造性地率先提出建立劳动监察制度的来龙去脉，为全国建立劳动监察制度、维护劳动者合法权益提供了有益经验。

四是史料性强。书中还真实地记载了改革开放40年来广东劳动制度改革的重大事件、改革进程中的有关案例和数据。例如珠三角劳动制度改革情况，深圳、珠海经济特区率先实行劳动合同制的情况，顺德区搞活固定工制度的经验等，为研究广东省劳动制度改革提供了重要的线索和资料。

放眼2019年，我们将迎来新中国成立70周年华诞。国家主席习近平发表2019年新年贺词时指出："我们正面临百年未有之大变局。"我们仍需以供给侧结构性改革为主线，推动经济实现高质量发展，决胜全面建成小康社会，实现第一个百年目标。在既有机遇也有挑战的新时代，劳动制度改革将面临新情况、新问题、新挑战。陈斯毅同志的这本书，作为其亲历劳动制度改革进程的见证，总结了广东省劳动制度改革的宝贵经验，为今后研究广东省劳动制度改革提供了客观真实的史料，既有利于从事人力资源和社会保障工作的同志了解劳动制度改革的历史演变情况，也可以供热心研究劳动制度改革的有关人士学习参考。愿此书的出版，能够为今后不断完善劳动制度提供有益的借鉴，为实现中华民族"两个一百年"伟大复兴目标添砖加瓦。

孔令渊
（原广东省劳动和社会保障厅厅长）
2019年春于广州小北

自　序

岁末年初，我们刚刚送走改革开放40周年，又迎来中华人民共和国成立70周年华诞。在人们忙碌着欢度春节之际，笔者完成了有关广东劳动制度改革文稿的再次审订，感到由衷的高兴。"幸福都是奋斗出来的"。国家主席习近平2018年的新年贺词仍在耳边回响，笔者感受尤其深刻。

站在新时代全面深化改革的新起点上，翻阅笔者历年撰写的书稿，40年来广东劳动保障领域改革开放的历程浮现眼前，令人感慨万千。经过几代人的艰苦奋斗，伟大的中华人民共和国，终于改写了贫穷落后的历史，迎来从站起来、富起来到强起来的历史飞跃。自中华人民共和国成立以来，劳动制度是在高度集中统一的计划经济体制下逐步建立起来的，国家对城镇劳动力就业实行统包统配，进入国营、集体企业①工作就等于有了"铁饭碗"，能进不能出。这种状况严重阻碍了生产力的发展，不适应全党工作重点转移、对外开放、发展经济的需要。广东的劳动制度改革，从党的十一届三中全会起步，抓住建立经济特区的历史机遇，首先从改革高度集中统一的劳动计划管理体制方面取得突破，接着对企业招工、用工制度进行改革，外资企业招收员工以及国营、集体企业新招员工实行面向社会、公开招收、全面考核、择优录用为主要内容的招工制度改革，并废除了子女顶替和内招办法，在用工方面实行劳动合同制。改革之后，我们陆续遇到一些难题：确立新的用工制度需要推进工资保险制度配套改革、新旧制度并行需要改革固定工制度实现新旧制度并轨、多种用工形式并存需

---

① 1993年3月29日，第八届全国人民代表大会第一次会议通过宪法修正案，将"国营经济"改为"国有经济"。同时，"国营企业"对应地更名为"国有企业"。本书为保留当时文献原貌，在相应处仍保留"国营企业"的用法。——编者

要确立新型劳动关系保护劳动者合法权益等。我们逢山开路，遇水架桥，勇为人先，攻克了一个个难点，迎来了我国劳动制度前所未有的历史性大变革。

一个社会的劳动制度，既涉及经济社会问题，又涉及劳动者的切身利益，改革难度很大。笔者在劳动保障战线工作30多年，作为这场社会变革的亲历者，几乎参与了改革开放全过程，参与了企业招工、劳动用工、劳动就业、职业培训、工资分配和社会保险等重大改革的研究和组织实施工作，亲力亲为，改革过程仍历历在目。在工作实践过程中，笔者深刻体会到，人力资源是经济社会发展的第一资源，人才是推动创新发展的第一动力。不论是解决就业问题，还是促进经济社会发展，都必须千方百计实现劳动力资源的优化配置，调动每一个劳动者的积极性和创造性，着力提高劳动者整体素质，才能解放生产力，推动经济社会乃至人类历史的发展。基于这样的认识，笔者在实际工作中，满怀对社会劳动者的关切，倾注对劳动制度改革的满腔热情，撰写了一些关于改革劳动制度的文章或调研报告，阐述了自己的一些看法和观点。这些保存了40年的文稿，虽然文字比较粗糙，但它毕竟能够从改革亲历者角度，勾勒出广东改革开放过程中劳动制度改革创新的发展进程和脉络，反映了广东逐步推进劳动制度改革的做法和经验，反映了劳动部门在劳动制度改革方面所做出的努力和所取得的成就。这些文稿虽然只是改革大潮中的一朵浪花，但是把它梳理定格，编辑成书，作为改革历程的见证，能够为后人提供一些可资借鉴的史料，我感到由衷的欣慰。于是，笔者将其定名为《广东劳动制度的深刻变革》，以此向改革开放40周年、向中华人民共和国成立70周年献礼！

全书的脉络基本上是按照时间顺序和改革进程编辑的。广东劳动用工制度改革首先是突破了高度集中统一的劳动计划管理体制，对企业新招员工取消指令性计划，实行劳动合同制，然后逐步扩大范围；同时采取措施搞活固定工制度，实行全员劳动合同制，推进两种制度并轨，建立起新型的劳动关系；创建劳动争议仲裁制度、劳动监察制度，依法维护劳动关系双方合法权益，构建和谐劳动关系。全书围绕实行劳动合同制、建立新型劳动制度这条主线来编排全书内容结构，体现了广东劳动制度及其劳动力管理体制改革在全国先走一步的做法和经验。

40年来，笔者在工作过程中，撰写出来的这些文章，反映了笔者坚持以人为本的改革理念和创新实践。其中有些文稿得到了原劳动保障部历届领导的指导和帮助，有些文稿吸收了同事们的工作思路和想法，笔者因而受益匪浅。借此书正式出版的机会，谨向劳动保障领域的各位领导和同事们、朋友们致以诚挚的感谢！由于涉及人数众多，恕不一一致谢。本书的编辑出版得到了中国就业促进会、中国职工培训和职业教育协会、广东省新时代职业开发研究院、广东省体制改革研究会、广东省就业创业研究会、广东省职业能力建设协会、广东省营销师协会等有关单位和同仁的大力支持，特别是得到了中山大学出版社领导和各位编辑同志的大力支持，在此一并表示衷心感谢！

由于"丛书"编撰时间匆促和水平有限，难免有错漏之处。我们真诚地期待广大读者的批评指证。希望这套"丛书"的出版，能够为广大读者了解和研究改革开放40年来广东劳动制度改革提供有益的借鉴和帮助！我相信，在中国特色社会主义新时代，只要我们坚持按照党中央的战略部署，继续深化劳动体制机制改革，就能够与时俱进，不断完善劳动制度，激发亿万劳动者的社会主义建设积极性和创造性，为顺利实现"两个一百年"的宏伟目标做出更大贡献！

陈斯毅

2019年2月8日于广州恒大御景半岛

目 录

绪论　广东劳动制度改革40年回顾与展望 ··· 1
　第一节　改革发展的基本历程 ··· 2
　第二节　改革的探索实践 ··· 5
　第三节　对改革的基本评价 ··· 12
　第四节　基本经验和启示 ··· 16
　第五节　今后展望 ··· 18

第一章　突破
　　　　——率先改革劳动计划管理体制 ··· 20
　第一节　改革劳动计划管理体制，推动企业走向市场 ························· 21
　第二节　建立市场导向劳动工资管理体制问题初探 ···························· 31
　第三节　深化广东劳动工资制度改革的基本思路 ······························· 42
　第四节　广东劳动工资制度综合改革的实践与思考 ···························· 50
　第五节　省内劳动力余缺调剂的障碍与对策 ····································· 58

第二章　探索
　　　　——率先实行劳动合同制 ·· 63
　第一节　率先实行劳动合同制的探索实践 ·· 63
　第二节　劳动制度改革内容浅说 ·· 68
　第三节　广东贯彻四项规定取得突破性进展 ····································· 73
　第四节　坚持改革方向，不断发展完善劳动合同制度 ························· 82
　第五节　珠三角劳动制度改革的探索实践 ·· 87
　第六节　充满生机的顺德企业活力缘何来 ······································· 103

第三章　突围
　　　　——非公有制企业推行劳动合同制的探索实践 ······················· 107
　第一节　广东外资企业劳动法例规定和招聘员工手续 ······················· 107

第二节　深圳市"三来一补"企业劳动关系现状剖析 …………… 130
　　第三节　中山、东莞市私营企业劳动管理情况调查 ……………… 133
　　第四节　珠三角涉外企业劳动管理情况的调查 …………………… 137
　　第五节　关于外商投资企业劳动管理的"国际惯例" …………… 143
　　第六节　股份制企业改革用人制度的探索与思考 ………………… 146

第四章　发展
——率先推进全员劳动合同制 …………………………………… 157
　　第一节　固定工制度不应该废除吗 ………………………………… 157
　　第二节　全员劳动合同制是劳动制度改革的方向 ………………… 159
　　第三节　劳动工作治理整顿与深化改革要有新思路 ……………… 168
　　第四节　广东劳动体制改革的总体设想 …………………………… 173
　　第五节　广东劳动制度改革的回顾和展望 ………………………… 182
　　第六节　建立现代企业用人制度问题初探 ………………………… 191
　　第七节　珠三角国企富余人员由社会消化的可行性研究 ………… 198
　　第八节　优化劳动组合，增强企业活力 …………………………… 203

第五章　并轨
——依法全面建立劳动合同制度 ………………………………… 212
　　第一节　依法全面加快建立劳动合同制度 ………………………… 212
　　第二节　当前全面建立劳动合同制度须解决的几个问题 ………… 225
　　第三节　劳动法奠定了新型劳动体制的法律基础 ………………… 232
　　第四节　广东企业劳动制度的历史性变革 ………………………… 235
　　第五节　广东全面实行劳动合同制的成效与展望 ………………… 238
　　第六节　广东新型劳动制度框架基本建立 ………………………… 249

第六章　创新
——率先创建劳动监察制度 ……………………………………… 258
　　第一节　广东省开展劳动监察工作初见成效 ……………………… 259
　　第二节　加强劳动监察，规范企业用工行为 ……………………… 263
　　第三节　深圳市创建劳动监察制度的探索实践 …………………… 267
　　第四节　关于加强私营企业劳动管理的几点建议 ………………… 270
　　第五节　加强劳动监察，保障农民工合法权益的实践与思考 …… 273

第七章　完善
　　——率先探索建立劳动关系调整机制⋯⋯⋯⋯⋯⋯⋯⋯⋯⋯ 285
　　第一节　浅论劳动管理体制转换中的宏观调控问题⋯⋯⋯⋯⋯⋯ 285
　　第二节　论体制转轨时期劳动力市场的宏观调控⋯⋯⋯⋯⋯⋯⋯ 290
　　第三节　健全宏观调控体系，规范发展劳动力市场⋯⋯⋯⋯⋯⋯ 298
　　第四节　建立和谐劳动关系，着力构建和谐社会⋯⋯⋯⋯⋯⋯⋯ 301
　　第五节　社会主义市场经济条件下加强劳动计划管理的几点认识 ⋯ 309
　　第六节　粤港澳劳动领域交流合作现状与对策研究⋯⋯⋯⋯⋯⋯ 314

后　记⋯⋯⋯⋯⋯⋯⋯⋯⋯⋯⋯⋯⋯⋯⋯⋯⋯⋯⋯⋯⋯⋯⋯⋯⋯⋯ 325

绪 论

广东劳动制度改革40年回顾与展望

以劳动力资源由政府配置转向市场配置为主线的劳动力管理体制和劳动制度改革，不仅是经济体制改革的重要内容，而且是破除劳动者就业枷锁、激发劳动者潜能的一项重大社会变革。对建立完善社会主义市场经济、推动经济社会发展，发挥了巨大作用。1978年12月，党的十一届三中全会胜利召开，开启了中国改革开放的新时期。改革开放总设计师邓小平同志曾指出："中国的事情能不能办好，社会主义和改革能不能坚持，经济能不能快一点发展起来，国家能不能长治久安，从一定意义上说，关键在人。"2018年3月，习近平总书记在全国人大会议上告诫广东：发展是第一要务，人才是第一资源，创新是第一动力。强起来靠创新，创新靠人才。改革开放40年来，广东不断深化劳动制度改革，不仅使劳动制度本身发生了深刻的历史性大变革，而且建立起一种有利于发挥劳动者聪明才智的劳动制度和管理体制，把人从旧体制中解放出来。这对于促进人力资源的优化配置，充分发挥人们的主动性、创造性，加快发展社会生产力，实现"两个一百年"中华民族伟大复兴的中国梦，具有十分重要的战略意义。

站在改革开放40年的今天，全面回顾广东率先推进劳动制度改革，从对新招工人试行劳动合同制到全面实行劳动合同制，从"新人新制度""老人老制度"到搞活固定工制度、实行全员劳动合同制，从改革计划管理体制到建立劳动工资宏观调控体系，从依法建立劳动合同制度到依法调整劳动关系的发展历程，我们深深感受到，广东劳动制度和劳动力资源配置方式发生了深刻变革。在改革过程中，广东建立起来的适应社会主义市场经济发展需要的新型劳动制度和管理体制，不仅为增创广东发展新优势做出了独特贡献，而且为全国劳动制度改革提供了宝贵经验，被新华社记者誉为广东"重建新的动力机制"。

第一节 改革发展的基本历程

劳动制度是国家权力机关和行政主管部门对劳动者参加社会劳动而制定的法律法规和各项有关政策规定的统称。广义的劳动制度包括劳动就业、劳动用工、职业培训、考核调配、奖惩辞退、工资工时、劳动保险、福利待遇、劳动保护等制度。狭义的劳动制度，主要包括劳动就业、招工用工制度。[①] 本书介绍的劳动制度改革，主要是指企业劳动用工制度及相关方面的改革。劳动制度是经济体制的重要组成部分，是由社会经济制度所决定的。劳动制度是否合理，最终要看它是束缚还是解放生产力，是阻碍还是促进劳动生产率的提高。劳动制度又是劳动关系的具体表现，劳动制度改革是涉及劳动者切身利益的一项复杂的社会系统工程。在改革开放的时代大背景下，广东逐步展开劳动制度改革。40年来，从纵向来看，改革由浅入深，循序渐进，逐步从企业外部深入到企业内部，由单项改革到综合配套改革，从实行劳动合同制、搞活固定工制度、全面建立全员劳动合同制到依法调整劳动关系，基本上经历了四个重要的发展阶段。

一、试点探索阶段（1978—1988年）

党的十一届三中全会开启了中国改革开放的伟大历史征程。1979年4月，在中央工作会议期间，广东省委第一书记习仲勋向中央正式提出"让广东先走一步"，允许在深圳、珠海试办"特区"。党中央和邓小平同志明确支持广东先行先试，率先创办经济特区。7月15日，中共中央国务院《批转广东省、福建省委关于对外经济活动实行特殊政策和灵活措施的两个报告》（中发〔1979〕50号），确定对广东、福建对外经济活动实行特殊政策和灵活措施，给地方以更多的主动权，使之发挥优越条件，先走一步，把经济尽快搞上去。在这个文件中，中央还批准广东在劳动制度改革方面，可以实行特殊政策和灵活措施：主要是允许广东在劳动工资管理体制上实行特殊政策和灵活措施，广东省有权根据实际情况，自行安排劳动力，不受国家劳动指标限制，以适应对外开放、引进外资和简政放权的需要。按

[①] 参见《中国劳动人事百科全书》编写委员会编：《中国劳动人事百科全书》，经济日报出版社1989年版。

照中央部署,广东从1979年起,在劳动制度改革方面,主要是率先推进三项改革:一是率先改革国家统包统配的就业制度,实行"三结合"就业方针,突破劳动力资源由政府统一配置的格局,鼓励和支持待业青年自谋职业和自主就业。二是改革企业招工制度,要求企业在招工时,实行面向社会、公开招收、全面考核、择优录用原则,废除子女顶替和内招办法,给企业选择新职工扩大了社会空间,把竞争机制引入就业领域,赋予企业招工和劳动者择业自主权,为建立双向选择的市场机制打下基础。三是率先改革企业用工制度,1980年率先在深圳、珠海经济特区试行劳动合同制。1983年在总结试点经验基础上,省劳动厅在深圳召开全省劳动工作会议,决定在全省全民和集体企业新招工人,一律实行劳动合同制。1986年国务院颁发劳动制度改革四个规定后,广东对企业新招职工普遍实行劳动合同制度,这种增量改革,成为打破固定工制度的突破口,极大地改变了企业传统单一的固定用工模式。

二、推进综合改革阶段(1988—1995年)

在此期间广东劳动制度改革的主要标志是,1987年11月,国务院正式决定把广东作为综合改革实验区,要求广东在改革开放和经济发展方面继续先走一步。1988年1月,广东省政府向国务院报送《关于广东省深化改革、扩大开放、加快经济发展的请示》,提出推进企业、金融、外经贸、价格、人事、劳动、工资等十个方面综合改革的政策措施。对此国务院原则批准了广东省的请示。自此,广东再次率先拉开了劳动制度综合改革的序幕。前几年的改革,随着劳动合同制的普遍推行,形成了"新人新制度、老人老制度"的用工双轨制,固定工制度尚未从根本上进行改革。为了打破用工双轨制,全面推行劳动合同制,广东从1986年开始采取优化劳动组合、合同化管理等方式,搞活固定工制度。1988年,广东省人民政府批转省劳动厅关于改革劳动工资计划管理体制的意见,宣布取消高度集中统一的劳动工资计划,全面推进以劳动合同制为核心的综合配套改革。尽管不久后出现了全国性经济过热问题,中央提出实行"治理经济环境、整顿经济秩序、全面深化改革"的方针,广东并没有因治理经济环境整顿经济秩序而停止改革,而是在治理整顿中继续推进改革。在放开计划的同时,主动加强劳动领域的宏观调控,建立劳动争议仲裁制度和创建劳动监察制度,推动了劳动制度改革的不断深化。1992年7月,国务院印发《全民所有制工业企业转换经营机制条例》，要求企业实行合同化管理或全员劳动合同制。广东把实行全员劳动合同制作为劳动制度改革的主攻方向，大力推进。党的十四届三中全会确定建立社会主义市场经济体制后，广东劳动制度改革继续深化：主要是按照建立市场经济体制的要求，采取双线推进改革的办法，一方面全面实行劳动合同制，另一方面采取措施加快搞活固定工制度，分流国有企业富余人员。自此，劳动制度改革取得突破性进展，用工制度发生根本性变化。

三、依法深化劳动合同制度改革阶段（1995—2007年）

1994年7月，第八届全国人大常委会第八次会议通过的《中华人民共和国劳动法》，于1995年1月1日起正式实施。这对确立劳动合同制度具有里程碑意义，同时，标志着我国和广东劳动制度改革进入依法改革的新阶段。劳动法明确规定"建立劳动关系应当订立劳动合同"，确立了劳动合同制度的法律地位，为全面推行劳动合同制提供了法律依据。广东在原先改革的基础上，依法加大推行劳动合同制改革力度，扩大覆盖面，在各类非公有制企业实行劳动合同制，通过劳动合同确立了劳动关系双方的主体地位。至1998年，广东各类企业与劳动者在平等协商基础上签订劳动合同的比例达95%以上，明显高于全国平均水平。但是在这个阶段，随着国企改革的逐步深化，中央提出"要用三年左右的时间使大多数国有大中型亏损企业摆脱困境"。因此，妥善解决国企下岗职工基本生活保障和再就业问题，不仅是当时一个重大的经济问题，也是一个重大的政治问题。国企改革闯关、分流富余人员和实施再就业工程，使广东深入解决推进劳动合同制度改革中的深层次问题，在一定程度上受到冲击，劳动制度改革的注意力转到集中精力处理国企下岗职工劳动关系，搞好两个"确保"，保持社会和谐稳定上来，导致劳动合同制度改革中出现的劳动合同不规范、短期化现象突出、"铁交椅"没有打破等一些深层次问题没有真正得到彻底解决。

四、依法完善劳动合同制度阶段（2007—2018年）

针对劳动法实施以来出现的劳动合同短期化、滥用试用期、滥设违约金、滥用"劳务工"和一些企业依然保留固定工制度、一些用人主体行为不规范等新情况、新问题，2007年6月，第十届全国人大常委会第二十八次会议修订通过的《中华人民共和国劳动合同法》开宗明义，明确提出立法的宗旨是"为了完善劳动合同制度，明确劳动合同双方当事人的权利和义务，保护劳动者的合法权益，构建和发展和谐稳定的劳动关系"。并针对劳动合同制度运行中存在的突出问题，进一步作出明确规定。从2008年1月1日起到2018年，广东劳动制度改革，主要是依据劳动合同法，从劳动合同的订立、履行和变更、解除与终止等方面，进一步依法完善各类企业劳动合同制度，通过签订劳动合同，确立劳动关系；各类企业使用的非正规用工形式，也通过签订劳动合同确立劳动关系。同时进一步完善劳动监察制度和劳动争议仲裁制度，加强劳动监察，规范劳动合同管理，着力保护劳动关系双方的合法权益，促进劳动关系的和谐稳定，从而真正把劳动用工制度纳入法制化、规范化、市场化的轨道。

第二节　改革的探索实践

我国的固定工制度，是在高度集中统一的计划经济体制条件下，国家采取下达指令性计划，由劳动（人事）部门把劳动者统一分配到国有或县以上集体单位工作的一种用工制度。这种由国家统包统配，劳动者一般只在一个单位工作直至退休，只进不出、只升不降，不能辞退的做法，造成了"养懒汉"现象，企业富余人员不断增多，员工出勤不出力，经济效益下降，弊端十分明显，人们形象地把它称为"铁饭碗"。改革开放后，这种在计划经济条件下形成的固定工制度，不再适应对外开放、引进外资的需要，因此必须进行改革。从总体上来看，广东劳动制度改革主要是围绕破除国有企业固定工"铁饭碗"制度和建立劳动合同制度两个方面展开，同时从企业招工方式、签订劳动合同、加强劳动合同管理、辞退违纪职工、建立劳动合同关系和实行社会保险等方面进行综合配套改革，完善劳动合同制度。

一、推行劳动合同制，探索建立劳动合同制度

（1）实行劳动合同制度，通过签订劳动合同确立劳动关系。主要做法：一是经济特区先试行劳动合同制。按照中央批准广东在对外经济活动中可以实行特殊政策和灵活措施，允许广东省根据实际情况，自行安排劳动力，不受国家劳动指标限制，以适应对外开放、引进外资需要的部署。广东省

从1980年开始,率先在深圳、珠海经济特区的"三资企业"试行劳动合同制。二是率先冲破劳动计划管理体制。从1980年起,"三资企业"招收员工,不受国家劳动指标限制,报当地劳动部门备案后,可自行设定工作岗位和招收条件,面向社会自行招收;并签订劳动合同,明确合同期限和双方的责权利,对不符合招工条件或不遵守劳动纪律的员工,可以辞退。这些做法,不仅受到"三资企业"的欢迎,而且引起其他企业的共鸣和要求。1988年,广东决定全面取消高度集中统一的劳动计划经济体制,鼓励企业根据生产发展实际需要,自主招收员工,实行劳动合同制。三是在国有企业试行劳动合同制。在外商投资办企业实行劳动合同制取得初步经验后,1983年,广东将当时的广州市清远县新办的国营企业——迳口水泥厂作为劳动合同制试点,并取得明显效果。于是,从1983年起,广东省劳动厅在总结试点经验基础上,在深圳召开会议,决定在全省全民和集体企业新招工人,全面实行劳动合同制。这项改革,比全国至少提前了三年。1986年国务院颁发《国营企业实行劳动合同制暂行规定》等四项规定后,广东进一步扩大劳动合同制实施范围,要求全省各类企业新招工人全面实行劳动合同制。四是全面依法实行劳动合同制,完善劳动合同制度。从1995年起按照劳动法规定,在各类企业全面确立劳动合同制度。

(2)改革企业招工制度,培育劳动力市场主体。改革招工制度是改革开放初期劳动制度改革的一个重要突破口,是得到人民群众拥护的一项重要改革。改革开放初期,在计划经济条件下,我国劳动就业受指令性劳动计划的限制,各级政府往往采取下达指令性计划的办法配置劳动力资源,企业没有招工自主权,劳动者没有择业权。为了保护固定职工的既得利益,企业只能按照劳动部门下达的指令性招工计划,采取"子女顶替""内部照顾招工"的办法,招收新员工,形成"近亲繁殖""择劣顶替"现象,招进来的员工继续实行固定工制度,助长了青少年的依赖思想,有相当一部分青少年说:"学好数理化,不如有个好爸妈"。他们等待父母退休顶替接班,不愿努力学习文化技术。为了切实改变这一状况,广东率先下放"三资企业"招工自主权,允许"三资企业"面向社会自主招工。1986年国务院发布劳动制度改革四个规定后,广东提出废止子女顶替制度和内招办法,企业不得以任何形式,进行内部招工,不再实行退休工人子女顶替办法。今后,企业招用工人,必须贯彻先培训后就业的原则,采取面向社会、公开招收、全面考核、择优录用的办法。招工时,应事先公布招工简章,公开报名,凡符合报考条件的城镇待业人员和国家允许从农村招用的人员,均可报名参加招工考试，经过德、智、体全面考核后，张榜公布合格者和录用者名单。凡违反规定招收的工人，一律无效，情节严重的，要追究有关人员的责任。广东在改革中认真贯彻国务院的规定，坚持实行面向社会，公开招收，全面考核，择优录用，为用工单位和劳动者双向选择创造了有利条件，为培育劳动力市场打下了坚实的基础。

（3）加强劳动合同管理，规范双方行为。全省各市、县通过建立"三册一卡"制度来实施对合同制工人的管理。"三册一卡"，即劳动手册、投保手册和用工单位用来登记使用合同制工人总数、工资等级、工资总额变动情况的综合登记册，以及社会劳动保险卡。这"三册一卡"是合同制工人与用工单位签订或解除劳动合同及享受各种劳动保险待遇的依据和凭证。在广东省推行劳动合同制的过程中，曾出现过用工单位怕合同制工人学会技术后就跑掉而影响生产、工作，合同制工人则怕工作一段时间后被辞退而造成生活无保障的"两头怕"现象。针对这种情况，全省各地都规定，允许企业区别情况，灵活确定劳动合同期限。劳动合同期的长短可根据企业生产的需要和劳动者的意愿，由双方协商确定。可以签订一年至五年的短期合同、五年至十年的中期合同和十年以上的长期合同，以消除"两头怕"心理。为了确保双方履行合同，有些市、地还规定劳动合同签订后，必须送当地劳动行政部门所属劳动服务公司鉴证。同时，明确规定企业辞退工人和工人辞职的各项条件以及违反劳动合同应负的责任，从而保障了劳动合同双方的合法权益。

（4）制定劳动合同制工人跨地区转移办法，促进合理流动。随着劳动合同制的逐步推行，出现了一些合同制工人因生产、工作需要或符合政策需跨市、县流动转移的情况，如支援重点建设、特殊技工调剂、夫妻两地分居、随工作单位迁址等。为合理地解决这些问题，以利于劳动合同制的推行，广东省劳动局在总结韶关市经验的基础上，于1984年8月制定了《广东省劳动合同制工人流动暂行办法》，规定对有正当理由要求到外地工作或从外市、县到本市、县工作的劳动合同制工人，经有关劳动行政部门与用工单位协商同意后，允许办理跨地区转移手续（不是调动）。劳动合同制职工可与原单位解除劳动合同，与所需单位签订新的劳动合同，并将工作关系、社保关系分别转移到接收地的劳动服务公司、社会劳动保险公司等部门。公安、粮食部门凭当地劳动行政主管部门的通知书办理户口、粮食关系迁移手续。这样做既满足了合同制工人的合理要求，促进了劳动力的合理流动，也使人们增强了对劳动合同制的信赖感。

（5）建立健全劳动合同管理机构和制度，逐步提高管理水平。全省各地明确规定劳动合同制工人的招收录用、待业期间与重新就业的管理工作，由劳动行政部门所属的劳动服务公司负责；合同制工人的社会劳动保险工作，由社会劳动保险公司负责。广东省政府还明确规定：各级社会劳动保险公司为事业单位，人员编制由各地根据实际需要自行制定，所需管理费可在保险金基金中按不超过 5% 的比例提取。在社会劳动保险公司成立初期，各级地方财政要从经费上给予必要的支持。为了及时处理劳动合同双方发生的劳动争议问题，广东省政府还决定，各市、地、县劳动行政部门要成立劳动争议仲裁机构，建立劳动争议仲裁制度和劳动监察制度，及时处理劳动争议，从而保障了劳动关系双方的合法权益。

二、采取有效措施，积极搞活固定工制度

随着劳动合同制度改革的逐步推进，企业内部逐步形成了两种用工制度并存的"双轨"运行格局，因而产生了新的摩擦与矛盾，既阻碍了劳动制度改革的深化，又不利于增强企业活力。针对这种情况，广东从 1987 年起，采取多种形式搞活固定工制度，最终实现新旧两种用工制度的并轨。

（1）实行优化劳动组合，积极探索搞活固定工制度的新路子。广东搞活固定工制度的具体目标、途径、办法和步骤是什么呢？根据党的十二届三中全会关于经济体制改革的决定和发展有计划商品经济的要求，广东省劳动部门提出，搞活固定工制度的目标应当是，逐步做到职工能进能出，择优使用，在国家指导下灵活调节社会劳动力，促进人才和劳动者的合理流动和使用。搞活的途径和办法是：借鉴推行劳动合同制的经验，通过实行优化劳动组合、加强和改善企业劳动管理，结合落实经济责任制，改革企业工资分配制度等多种形式进行。在具体步骤上，允许企业根据生产经营需要，采取竞争上岗、择优使用的办法，在实施过程中，既积极探索，又稳妥慎重。一方面认真总结了各地搞活固定工制度的好形式、好经验，加以推广；另一方面结合深化企业改革，以推行多种形式的经济承包责任制作为突破口，积极探索，经济承包责任人可以择优选用符合需要的员工，实现劳动组织的优化。对富余职工由企业分流安置；对少数严重违纪职工，企业可以辞退。

（2）推行合同化管理，变"国家职工"为企业职工。随着企业从社会上新招人员实行劳动合同制改革的深入发展，广东省企业劳动合同制职工

队伍不断扩大。这使企业新旧两种用工制度之间出现了新的矛盾。为了减少两种用人制度并行的矛盾与摩擦，尽快在企业确立新型的劳动合同制度，以适应经济发展需要，广东从1985年起，逐步探索搞活固定工制度。1991年起，在总结优化劳动组合改革经验的基础上，制订了关于在企业进行全员劳动合同制改革试点方案，经省政府批准后即付诸实施。试点初期，确定佛山、茂名两市为第一批试点城市，同时，要求其他市自行挑选两三家有条件的企业进行试点，当年全省第一批试点企业27家，涉及职工共2万多人。1992年，在党的十四大精神和邓小平南方谈话的鼓舞下，广东省围绕贯彻落实《企业转换经营机制条例》（简称《条例》），在国有和集体企业采取合同化管理办法，扩大搞活固定工制度改革试点范围。主要做法是，对原固定职工，在优化劳动组合的基础上，竞争上岗，择优录用，实行劳动合同管理，原固定职工也要与企业签订劳动合同，使固定职工的身份真正由"国家职工"变为企业职工。这比优化劳动组织更具有实质性的改革意义。至1992年年末，全省实行全员劳动合同制的企业发展到197家，职工27.6万人。有2953户企业实行了优化劳动组合或合同化管理。试点企业精简富余人员6000多名，均通过转岗训练，发展第三产业等途径妥善安置，企业内部初步形成职工能上能下、能进能出的新机制。1993年，广东继续抓住深入贯彻落实《条例》的有利时机，按照建立市场经济体制要求，不失时机地推动各市、县加快改革步伐，使改革由单个企业试点进入区域性全面推进新阶段。至年末，全省实行全员劳动合同制的企业达39194家，职工310多万人，分别占全省各类企业（不含乡镇企业和私营企业）的30.43%和36.4%。深圳、佛山、阳江、梅州、河源和德庆等市、县（区）全面推进以全员劳动合同制为主要内容的劳动工资保险三项制度综合改革。其中，深圳市率先完成此项改革，全市33800多家企业，250多万职工普遍通过签订劳动合同确定劳动关系，分别占全市企业总数和职工总数的99%以上。佛山等其他地级市均制订了区域性推进全员劳动合同制实施方案。至1994年，全省全面推进劳动合同制度综合改革的格局基本形成。劳动合同制度和固定工制度普遍通过企业与职工签订劳动合同，确立劳动关系，基本实现了制度的趋同，逐步消除了两种用工制度并存带来的矛盾和摩擦。

（3）采取多种措施，加大力度分流安置富余人员。对改革过程中出现的富余职工，采取妥善分流安置措施，是深化劳动制度改革过程中不能再回避的一个大难题。广东省各地分流安置企业富余职工方面，主要采取了如下做法：

一是坚持由企业自我消化为主。在改革初期，各地政府制定的有关国有企业富余职工安置政策，一直强调"富余职工以企业消化为主"。这对发挥企业的积极性、安置富余职工、保护劳动者的利益、保持社会稳定，起到了积极作用。但是，实践证明，随着社会主义市场经济的发展，企业在市场竞争中有生有死，特别是国有企业由于历史包袱沉重，处于不利地位，不少国有企业亏损严重，濒临破产，富余人员确实消化不了。在这种情况下，如果仍然一味强调以企业为主消化富余职工，实际上使绝大部分富余职工长期滞留在企业，包袱会越背越沉重，这就制约了企业结构调整以及产品结构的优化升级，阻碍了企业改革的深化。

二是逐步推行以社会消化为主的做法。即按照发展市场经济的要求，允许企业向社会分流富余职工，由市场来消化富余职工。这种做法的好处是能迅速减轻企业负担，按照市场规则办事，实现劳动力资源的市场配置。在新旧体制转轨阶段，随着社会保障制度的建立和完善，广东逐步按照市场经济要求，将几百万富余职工向社会分流，以促进再就业。

三是采取"企业安置、个人自谋职业和社会帮助安置"三结合的办法，多途径分流安置富余人员。这个做法强调，以市场调节供求为中心，以保障富余职工基本生活为原则，多途径分流消化富余职工。在强调企业安置富余职工责任的同时，鼓励劳动者个人自谋职业，强调劳动者个人的责任，调动个人寻找职业的积极性，解除其对企业和政府的依赖关系，落实劳动者个人自主择业权。如揭阳市供销系统富余职工约占三分之二，企业鼓励富余职工自谋职业，大多数富余人员实现了再就业，有活干，有收入。特别是1997年国务院印发《关于在若干城市试行国有企业破产有关问题的通知》明确规定，"政府鼓励破产企业职工自谋职业，对自谋职业的，政府可根据当地实际情况，发放一次性安置费，不再保留国有企业职工身份"。广东按照国务院的规定，不仅在破产企业中实行，而且在其他各类企业中也都实行了，并取得了积极效果。

四是强调政府责任，及时制定分流富余人员的扶持政策，保持社会稳定。主要做法是：①对分流的富余职工给予一次性经济补偿。②建立完善失业保险机制，保障失业职工的基本生活；运用失业保险基金生产自救费资助开发新的经济实体，吸纳就业等。③实施再就业工程，充分发挥社会职业中介机构的作用，推荐介绍再就业。④开展转业训练，对失业职工进行职业技能培训，提高再就业能力。这是广东在改革过程中分流安置人员的主要做法。

这项改革从 1987 年起步至 2001 年，据不完全统计，全省先后共分流安置国有企业富余职工 200 多万人，在全国率先实现了新旧劳动就业制度的并轨，实现了企业劳动用工制度的一体化。并轨后，企业分流富余人员，一般采取协商的办法来解除劳动合同，引导富余职工通过市场自主择业，实现再就业和自主创业。

三、围绕建立劳动合同制度，积极推进综合配套改革

（1）探索建立合同制工人社会保险制度，解除合同制工人的后顾之忧。实行劳动合同制，人们最担心的是打破了"铁饭碗"，病无所医、老无所养，解除劳动合同后生活无保障。为了解除合同制工人的后顾之忧，促进用工制度改革顺利进行，广东省政府和市、地各级政府都发文件，要求在推行合同制的过程中，必须相应建立劳动合同制工人社会劳动保险制度。目前全省各市、地、县都建立了劳动合同制工人的社会劳动保险制度，15个市、地和 107 个县（市）都成立了社会劳动保险公司，配备了专职管理人员，并且规定了合同制工人社会劳动保险基金的来源及提取办法。按规定缴纳社会劳动保险金后，合同制工人可享受待业期间生活补助和退休、退职后的养老金、医疗补助费、死亡丧葬费及抚恤费等劳动保险待遇。为适应合同制工人能进能出、合理流动的特点，广东省还制定了社会劳动保险基金转移办法，规定合同制工人在变更工作单位时，其保险基金即可随之变动转移，其投保年限可前后合并计算。为了加强社会劳动保险基金的管理，1984 年 2 月广东省劳动局制定了《广东省社会劳动保险会计制度（试行草案）》，对社会劳动保险基金的各项会计核算以及会计组织机构和管理体制等，都作出明确的统一规定，使劳动保险财务会计管理逐步走向制度化、条理化、科学化轨道。

（2）贯彻按劳分配原则，对劳动合同制工人实行工资性补贴。广东省劳动厅发文要求企业认真贯彻按劳分配原则，强调工资分配要体现"责、权、利"相统一的特点，对合同制工人的工资分配，实行工资报酬与个人劳动成果、企业经济效益挂钩浮动的办法。劳动合同制工人在试用期内，一般按所在单位同工种工人的标准工资的最低一级发给；试用期满后，经考核合格，工资标准一般定为二级。对于重新就业的合同制工人，如不改变工种的，可执行原工资等级；改变工种的，则其试用期工资一般按原工资标准的低一级执行，试用期满后，工资标准即重新定级。由于合同制工

人不端"铁饭碗"、保险福利待遇在某些方面,不再像固定工那样由国家全部包起来。因此,对于略低于固定工标准的部分,采取了工资性补贴的办法予以补偿。至于合同制工人的奖金、津贴、保健食品、劳动保护用品、口粮补差和物价补贴等待遇,都与所在企业同工种的固定工人保持同等水平。许多合同制工人说,工厂对他们在政治上和生活上与固定工一视同仁,在工资报酬上体现了责权利相结合、多劳多得,因此,他们支持劳动用工制度改革。

第三节 对改革的基本评价

40年来,广东推行劳动用工制度改革的实践证明,劳动合同制度是适应现代社会化大生产和社会主义市场经济发展需要的一种新型劳动用工制度,是我国企业劳动用工制度改革的正确方向。劳动合同制度的全面确立和实行,取得明显成效,显示出其独特的制度优势和生命力,有力地推动了经济的迅速发展。但也存在一些问题,需要进一步完善。

一、主要成效

随着劳动合同制度的全面实施,广东劳动制度和劳动关系总体格局发生了历史性深刻变革,同时取得了显著成效。

(1) 全面确立适应社会主义市场经济发展需要的新型劳动合同制度,实现企业劳动制度的历史性重大转变。在改革开放过程中,为了适应发展社会主义市场经济的需要,广东省从试行劳动合同制到全面建立劳动合同制,从在部分员工中建立新型劳动合同制度到"新人新制度、老人老制度"的双轨制运行,再到大范围搞活固定工制度,到最后依法全面确立和完善劳动合同制度,并取消固定工制度。我们用了将近40年的时间,实现劳动制度的根本转变,形成以劳动合同制度为特征的劳动关系调整模式,对合理配置全社会劳动力资源,建立和完善社会主义市场经济,推动经济社会发展发挥了巨大作用。可以说,在经济体制改革的每一个阶段,劳动制度改革都发挥了十分重要的作用。

(2) 确立以劳动合同为基本特征的新型劳动关系,促进劳动关系的协调发展。劳动者和用人单位双方的权利和义务,通过签订劳动合同这一契约形式,予以明确,劳动者择业自主权和企业用人自主权明显增强,对培育发展劳动力市场产生了积极作用。企业可以根据生产需要选择适合生产经营需要的劳动者，劳动者也有权选择最适合自己志趣和专长的职业岗位。增加企业用人的弹性，职工能进能出，突破了过去劳动力的"单位所有制"和"一次招工定终身"的弊端。这一新型劳动用工制度，不仅促进了劳动者与生产资料的合理配置，而且有力地增强了企业活力，推动企业转换经营机制，提高了企业的经济效益。广东省一些国有企业和"三资企业"都反映：实行劳动合同制搞活了企业的劳动管理，企业与职工可以通过签订或续订劳动合同，确定双方相对稳定的劳动关系，又可以通过解除或终止劳动合同的办法，辞退不需要的人员，促进劳动力的合理流动，把劳动力的稳定性与流动性辩证地统一起来。许多企业经营者说，劳动合同制给企业带来了生机和活力。劳动者也拥护劳动合同制度。广州市曾对300多名合同制工人和社会青年进行过问卷调查，结果表明，赞成改革劳动制度的占90%。不少劳动者说："实行劳动合同制使劳动者有了选择职业的自主权，能够保证学有所用。"有的合同制工人说："实行劳动合同制，可以使劳动者与企业互相制约，体现责、权、利的结合。"同时，劳动关系双方维护自身合法权益的主体意识也明显增强。

（3）企业用人机制呈现灵活多样的方式，有力促进了企业经营机制的转换。企业用人不再采用单一的、僵化的固定工模式，而是采取聘用、借用、试用、长期、短期、临时等灵活多样的合同制用人方式，企业能够根据生产经营需要和双方意愿，在劳动合同期限上采取有固定期限、无固定期限和以完成一定工作任务为期限等多种合同形式，适应了企业根据市场经济变化灵活用人和保持职工队伍相对稳定的需要。过去封闭僵化、缺乏效率的行政命令式的用人机制正在转变为开放竞争、双向选择、富有活力的用人机制。在企业内部打破了干部、工人、固定工与临时工的身份界限，引入了竞争机制；在企业外部，开放和发展劳动力市场，建立裁员、辞职、辞退以及经济补偿制度，形成劳动者与用人单位双向选择机制，有力地促进了劳动力的合理流动和优化配置。

（4）劳动关系双方权益保护和调整的处理方式走上法制化轨道，维护了社会稳定。过去发生劳动争议，往往采取信访方式上诉，上级行政领导用行政批示的形式，批复给下级或企业行政主管部门来处理，导致不少劳动争议久拖不决或无法合理解决，劳动者合法权益难以保障。实行合同制度后，虽然劳动争议案件明显增多，范围大，烈度也增大。但各级劳动部门按照劳动法、劳动合同法、《广东省劳动合同管理办法》《广东省劳动监

广东劳动制度的深刻变革

察条例》等法律法规，普遍建立了劳动争议仲裁机构和劳动监察机构，通过采取调解、仲裁和监察等多种方式，依法公正、公开地处理争议案件，使劳动争议的处理方式走上了依法处理的轨道，促进了社会的公平和稳定。

（5）人力资源配置方式发生了深刻变革，充分激发了劳动者参与劳动的积极性和创造性。改革开放以来，广东各级劳动部门按照发展社会主义市场经济的要求，改革高度集中统一的劳动计划管理体制，改革劳动力由国家统一招收和调配使用的方式，改革劳动力行政调配制度，实行面向社会、公开招收、全面考核、择优录用的招工办法，确立了劳动力供求双方的主体地位，培育发展劳动力市场，改变了长期以来劳动者就业由劳动部门"拉郎配"的行政管理办法，改变了过去"学非所用、用非所长"的局面，形成了双向选择和竞争机制，促进了人力资源的合理流动和优化配置，极大地激发了劳动者的潜能，形成了推动社会经济发展的强大动力。

二、存在的主要问题

改革开放40年来，尽管广东劳动制度改革取得了重大成果，实现了历史性伟大变革，孕育和发展了劳动力市场，对推动经济社会发展产生着积极的作用，但是站在新的历史起点上重新审视广东的劳动制度改革，我们认为还有一些深层次问题，必须引起重视和进一步研究解决。

（1）劳动用人制度改革尚不彻底，有些单位部门干部的"铁交椅"没有完全打破。在劳动法颁布之前，国务院于1992年7月颁布的《全民所有制工业企业转换经营机制条例》，明确提出不再使用"国家干部"的称谓，企业中原来的国家干部称为企业管理人员和技术人员，企业可以从优秀工人中选聘管理人员和技术人员。这些规定，对于打破企业干部、工人身份界限起到了积极作用。1994年9月，广东省政府发出的《关于企业全面实行劳动合同制的通知》明确提出：企业用人，应根据工作岗位需要，打破干部、固定工、合同工、临时工的身份界限，全面实行劳动合同制。上述规定从政策上为企业全面实行劳动合同制度，打破干部、工人身份界限为建立平等竞争机制提供了有力的依据。1994年颁布的劳动法进一步明确规定："建立劳动关系应当订立劳动合同。"这些规定把劳动合同作为建立劳动关系的基本形式上升为法律规范，这是劳动法的核心内容。依据劳动法的实施范围，各类企业和与之形成劳动关系的劳动者，包括大中专毕业生，都应与企业签订劳动合同，成为企业职工。这从法律上取消了原来在企业内部的国家干部、工人的称谓，为在企业内部打破了干部、工人身份界限，提供了法律依据。但在实际改革过程中，有些部门坚持认为企业管理人员就是国家干部，企业工人就是工人，这个界限不能打破。甚至有的部门还继续向企业直接下达招干聘干指标，企业招聘管理人员只准招大学毕业生，不许招收技工学校毕业生和普通劳动者，大学毕业生是干部，技校毕业生是工人，原干部落聘到工人岗位后仍保留国家干部身份。这些做法依然把劳动者划分为不同的等级，违背了公平原则，违背了改革初衷，妨碍了企业用人自主权的落实。劳动者无法实现平等竞争上岗。如何打破干部的"铁交椅"，促进劳动者公平竞争就业，这需要进一步研究解决。

（2）劳动合同管理制度尚不完善。劳动合同法对劳动合同管理问题已经作出比较充分而明确的规定。但是，劳动合同法的确在一定程度上压缩了人力资源管理的空间，使企业内部劳动合同管理一方面受法律约束，难以设计出比较完善的用人留人方案，难以形成灵活的用人机制；另一方面又因为法律无法做到面面俱到，难以适应形势变化而存在漏洞，导致经常出现劳动争议。

（3）有些劳动法律条文规定有失偏颇，导致用人单位出现滥用劳务派遣工和外包工的现象，反而严重损害了劳动者的合法权益。尽管劳动合同法专门对劳务派遣作出具体标准化规定，并从政策上作出限制，目的是保护劳动者的合法权益。但是随着市场经济的不断发展，企业为了降低人力资源管理成本和适应市场运作需要，往往宁愿使用劳务派遣工和外包工，也不愿意使用劳动合同制职工；有些企业人力资源部门为了牟取私利，与劳务派遣公司相互勾结，滥用劳务派遣工，导致目前不少地方还存在滥用劳务派遣工和外包工的现象。由于劳务派遣工不是用工单位的正式职工，因此，在职业生涯发展过程中得不到晋升和工资的正常增长，致使劳动者的合法权益受到侵害。对此，还需要进一步完善。

（4）企业用人约束机制尚未健全。作为劳动力市场需求主体的用人单位发展不平衡，具有市场理性的企业自主用人的约束机制尚未形成。在就业压力大的情况下，一些效益较好的国有企业往往滥用招工用人自主权，没有坚持面向社会公开招聘，择优录用原则，而是实行内招，近亲繁殖；一些效益不好的企业，随意辞退富余人员，使劳动者合法权益难以保障。

（5）劳动领域宏观调控体系不健全。比较突出的表现是，政府对企业工资分配的管理职能弱化，人社部门通过颁布最低工资标准和工资指导线的办法，引导企业增加工资，但是这种引导和干预显得乏力，企业随意压

广东劳动制度的深刻变革

低生产经营第一线的员工工资，致使一线员工工资增长缓慢，导致出现两极分化现象；劳动监察和劳动争议仲裁制度不健全，一些非国企侵犯劳动者合法权益现象时有发生，一旦发生劳动争议，难以及时处理，影响到社会稳定，应引起重视。

第四节 基本经验和启示

改革开放 40 年来，广东依法全面深化劳动制度改革，使劳动制度实现了历史性巨变。在这个改革发展过程中，广东积累了许多宝贵经验。这笔丰盛的思想财富，对今后继续深化改革、扩大开放有着深刻的启示。

（1）必须始终坚持建设中国特色社会主义市场经济的改革方向，逐步推进改革。在劳动制度改革过程中，我们遇到了"取消劳动工资计划还是社会主义吗？""固定工制度应不应该废除？""劳动合同制不是雇佣劳动吗？"等质疑和争论，在推进改革过程中，还遇到一些具体的尖锐的问题，就是在国家没有明确规定，而广东省在试行阶段已经实行或推进的改革是否要坚持？例如对城镇复退兵和技校毕业生，已经实行劳动合同制的是坚持下去还是改为固定工？对县以上集体所有制企业已实行合同制的是否要退回去？对国营农林茶场的职工是否也要执行四个规定？对此，当时社会上争论很大。改革开放总设计师邓小平曾明确指出，计划和市场都是发展经济的手段。我们认为，广东先走一步，改革劳动制度，实行劳动合同制度是符合社会主义市场经济改革方向的，应该坚持，不能后退。为此，我们在实际操作中，一方面坚定不移地坚持改革用工制度，推行劳动合同制这一改革方向，采取积少成多、稳步推进的办法，逐步扩大劳动合同制的实施范围；另一方面采取多种措施搞活固定工制度，从而再逐步取消固定工制度，最终实现了新旧劳动制度的根本转换。实践证明，只有坚持改革方向，劳动制度改革才能顺利发展并不断完善。

（2）必须坚持党对改革开放的领导，发扬敢为人先的精神，推进综合配套改革。劳动制度改革是一项复杂的系统工程，政策性强，涉及面广，任何政策上或措施上的失误，必然导致改革的挫折甚至停顿。因此，我们在推进改革过程中，始终坚持按照党中央的决策部署，逐步推进改革。特别是在改革开放初期，广东率先在经济特区"三资企业"实行劳动合同制，从中取得经验后，再逐步推广。1988 年，按照党中央关于广东要进行综合改革的部署，率先取消高度集中统一的劳动工资计划管理体制，培育发展劳动力市场。尽管改革开放过程中有不少争论，但是广东对坚持改革方向有定力，坚持发扬敢为人先的精神，集中精力抓好配套改革，为攻坚克难提供组织保障。省、市、县各劳动部门普遍成立了党委（组）领导下的劳动制度改革领导小组，定期召开专题会议，分析和布置劳动制度改革的形势和工作，做到精心组织，稳步实施，总结经验，逐步推进，从而有效地保证了改革的顺利进行。

（3）必须坚持以人民为中心的执政理念，重视依法维护劳动者的合法权益。劳动制度改革是关系人民群众切身利益的一项系统工程，有着内在不可分割的利益关系，相关方面的改革往往相互牵制，如果只是考虑劳动用工制度改革单项突进，不坚持以人为本，不与就业、工资、社保、培训制度改革相配套，即使能取得一些成效，也很难巩固、完善和持续发展。广东在推进和深化劳动制度改革过程中，始终坚持一切为了人民，一切依靠人民，以人民是否满意为衡量标准，把维护劳动者合法权益作为制定政策的立足点，把各项改革内容有机结合起来，互相衔接，相互促进。例如在改革闯关，分流安置富余职工、推动新旧制度并轨时，广东率先制定了经济补偿政策，实行"两个确保"，使人民群众拥有获得感，从而凝聚起推动改革开放的强大动力。

（4）必须坚持发挥市场在资源配置中的决定性作用和更好地发挥政府作用，加强劳动领域宏观调控，维护社会稳定。40年来在劳动领域的各项制度改革中，广东从坚持市场导向改革到充分发挥市场对劳动力资源配置的决定性作用，逐步下放了企业招工、用工和工资分配自主权，不断做市场的"加法"，培育和发展劳动力市场，推动劳动力供求双方平等协商，签订劳动合同，确定劳动关系和工资水平。同时，主要针对改革过程中一度出现的企业违规滥用临时工、大量外省劳动力盲目入粤打工、用人单位随意侵犯劳动者合法权益等情况及时采取相应措施，发挥"有形之手"的作用，加强劳动立法，改进和加强对企业劳动用工、工资分配的宏观间接调控。特别是随着改革的深入，逐步建立了劳动争议仲裁制度和劳动监察制度，依法开展劳动监察工作，对企业进行监督检查，清退童工，制止非法用工，纠正部分企业招收员工不签劳动合同或所签订的劳动合同不完善的现象，整顿劳动力市场秩序，维护劳动者合法权益，促进了社会的和谐稳定。

第五节 今后展望

在改革开放过程中,广东在劳动领域坚持按照党中央的部署,发扬敢为人先、敢闯敢冒的精神,不断深化劳动制度改革,实现了从制度改革到制度创新的巨大的历史变革,赋予了用人单位和劳动者双向选择的权利,通过签订劳动合同明确劳动关系双方的合法权益,促进了社会主义市场经济的发展。然而,站在新的历史起点上,展望未来,第四次工业革命正以前所未有的态势向我们席卷而来,它将数字技术、物理技术、生物技术等有机结合起来,迸发出强大的力量影响着我们的经济和社会,发展速度之快、范围之广、程度之深,前所未有。这场深刻而广泛的技术革命,必将对传统工业经济时代的雇佣劳动制度产生颠覆性的影响,移动互联网随时随地、万物互联的特性创造了新的生产条件,正在社会生产生活各个领域解放人类的体力和脑力劳动。因此,我们预测,未来若干年,劳动制度将从三个方面发生重大变化,构建和谐劳动关系将成为我们面临的重要挑战。

一是传统的劳动制度将逐步被弱化和被淘汰。在现代企业中,生产资料归企业所有,企业与劳动者之间的关系,实际上是雇佣和被雇佣的关系,劳动者一般不占有任何生产资料,自身的劳动时间和劳动技能作为生产力要素投入生产过程中去,企业支付给劳动者相应的劳动报酬。在移动互联网时代,劳动者采用新一代信息技术、智能终端将自己武装起来,用自有的生产设备、工具,为用人单位工作,这将使劳动者变得越来越强大,从而大大超过资本的作用。这时,传统的"雇佣"劳动关系将逐步消失,新的合伙人协作劳动制度将诞生,用"股份"代替"雇佣"将成为一个重要趋势。

二是劳动方式将发生重大变化。随着新一代信息技术的迅速发展,以终端技术、软件技术、网络技术武装起来的劳动者,随时随地可以进入工作状态,在家里可以开电话会议,在路上可以用手机处理公务。劳动者可以自主决定工作的时间和地点。这样就会产生许多灵活的劳动方式、就业方式,如何适应新的劳动方式的变化,建立新的劳动关系,将成为今后必须研究的重要课题。

三是企业组织管理将面临重大变革进而对劳动关系产生重大影响。传统工业社会的企业组织架构,一般采取"高层—中层—底层"三层组织架构,在移动互联网时代,企业将越来越多地采取扁平化的组织架构,或者采取项目制管理方式,这将在相当程度上削弱传统的劳动关系。劳动者可以在不同的企业采取承包某个项目的形式从事劳动,成为自由职业者;或者在家里运用新的信息技术工具从事劳动,工作与生活的边界被打破。这种情形,应当如何界定劳动关系,并构建和谐的劳动关系,成为需要抓紧研究的课题。

因此,在新的形势面前,为了实现伟大梦想,广东要继续按照习近平总书记关于推进"五位一体"的总体布局和"四个全面"的战略部署,坚持以人民为中心,满足企业灵活用人和全面建成小康社会的需要,从以下几个方面进一步发展完善劳动合同制度,构建和谐稳定的劳动关系。其一,在继续贯彻落实劳动合同法的基础上,着力研究一些特殊情形的劳动立法,如劳务派遣、灵活用工、劳动定额和工资分配等配套的法律法规,以适应信息经济时代企业建立新型用人机制的需要;其二,要更新企业人力资源管理的理念,着力开发和提高劳动者整体素质,以满足企业依靠人才资源推动技术进步的需要;其三,要完善集体合同制度,发挥职工民主管理的作用,着力构建完善的劳动关系协调机制,减轻企业在用人方面的矛盾和摩擦;其四,继续完善劳动争议仲裁制度和劳动监察制度,加强政府对劳动领域的宏观间接调控,依法处理劳动争议,维护劳动力市场的正常秩序和劳动合同双方的合法权益,促进与保障社会和谐稳定;其五,要研究和实施促进新就业形态发展相适应的劳动关系。

随着新一代信息技术的发展,未来就业市场的发展,将更加凸显灵活化、多元化、自雇化、兼业化,表现为"平台+个人""互联网+就业""创业+自雇""本职+兼职"等多种自由灵活的新就业形态。在这种趋势下,要从顶层设计层面对灵活就业与工作模式给予重新认识和再定位,将新就业形态发展纳入国家"就业优先"战略和劳动用工制度安排,并视为重要组成部分,对现行劳动制度进行相应调整,转变以标准劳动关系为主的就业促进理念和就业方针,明确就业不仅要建立标准劳动关系,而且也可以建立非标准劳动关系。现行法律体系中的劳动关系实际上是工业化大生产模式下形成的"工厂制"和"公司—职员"的单一、合同关系模式,今后灵活、新型用工关系将成为就业市场中的重要部分。政府部门要研究促进新就业形态发展的目标、方针和政策,建立起适应新业态、就业形式发展的和谐稳定的新型劳动关系。

第一章 突　　破

——率先改革劳动计划管理体制

【本章导读】 党的十一届三中全会后，党中央高度重视劳动计划管理体制改革。1980年，中央转发全国劳动就业会议文件的通知（中发〔1980〕64号）指出："我们实行高度集中统一的计划经济体制，在劳动制度上，所有城镇劳动力统由国家包揽，即所谓'统包统配'，劳动就业的出路越搞越窄，基本上只剩下往国营企事业和带有国营性质的'集体'企业安置的路子，而进了国营单位就等于有了'铁饭碗'，加上劳动计划与整个国民经济计划脱节、教育制度与劳动制度脱节，这种种原因，造成年年有大批需要就业的人等着国家分配，相当大量的生产和服务事业无人从事，许多单位人员过剩，机构臃肿，劳动生产率无法提高。要从根本上扭转这种状况，必须对我国经济体制包括劳动体制进行全面改革。"按照中央部署，广东把高度集中统一的劳动计划管理体制作为改革的突破口。这项改革大体分为三个阶段。第一阶段，1979年，中央批转广东、福建关于对外经济活动实行特殊政策、灵活措施的报告明确指出，允许广东在劳动工资计划管理体制上实行特殊政策灵活措施，广东有权根据实际情况，自行安排劳动力，不受国家指标限制。自此，广东率先拉开改革序幕，在外商投资企业中，首先取消指令性劳动用工计划。第二阶段，1988年7月，省政府批转省劳动局《关于改革全民所有制企业劳动工资计划管理体制的意见》（粤府〔1988〕108号），决定从1988年起改革高度集中的劳动计划管理体制，把指令性劳动工资计划改为企业工资总额与经济效益挂钩，分级管理、分层调控的间接管理体制。各级劳动部门不再下达指令性的企业职工人数计划，由企业在规定的工资总额范围内决定招聘计划，并一律实行劳动合同制。这项重大改革，在全国先行一步。体制先改，全盘皆活。体制改革对于全面推进劳动制度改革、培育劳动力市场、转换企业经营机制、增强企业活力，都产生了十分积极的作用。当时笔者在省劳动厅劳动制度改革研究小组工作，亲自起草了粤府108号文件，并撰写了相关文章，提出改革面临新的选择，是建立以市场为导向的劳动工资管理体制，突破口是率先改革高度集中统一的劳动计划管理体制，开放劳动力市场。此项改革比全国至少提前了5年。第三阶段，党的十四大召开后，广东围绕加快建立市场导向的劳动力管理体制，探索建立劳动领域宏观间接调控体制。实践证明，劳动计划体制改革是深化改革的关键，是建立新体制的必然选择，是发展市场经济的客观要求。现在看来，此项改革，广东劳动领域改革不仅是全国领先地位的重要标志，也是广东率先建立适应社会主义市场经济需要的劳动力管理体制的重要标志。劳动制度在开放改革中不断发展演变的过程，实际上是对传统劳动计划管理体制进行改革的过程，也是培育与发展劳动力市场的过程。改革每深化一步，都有力地推动了劳动力市场的形成。所以说，40年来劳动领域的各项改革，归结到一点，就是改掉了传统的劳动计划体制，培育和发展了劳动力市场，使劳动力资源配置方式发生了重大变化，使市场机制发挥着对劳动力资源配置的基础性作用。

第一节 改革劳动计划管理体制，推动企业走向市场

高度集中统一的劳动计划管理体制，是计划经济的重要特征之一。长期以来，我国传统的劳动计划体制是国家采取下达指令性职工人数、工资总额计划的办法，从宏观直接管到微观，事无巨细，包揽一切，集中过多，管得过死，致使计划与生产建设实际严重脱节，阻碍了经济的发展。改革开放以来，广东率先对传统的劳动计划体制进行了大胆改革。改革开放每深入一步，劳动计划体制改革就深化一步，劳动领域各项改革也更深化一步。目前，传统的劳动计划体制已经打破，具有弹性的适应社会主义市场经济发展需要的新型劳动管理体制初步形成，从而有效地解放了生产力，促进了广东经济的持续、高速发展。广东不仅把握住改革的关键点，而且

率先从关键处取得突破,从而为全国的改革做出示范和贡献。

一、改革的基本历程和主要做法

(一) 基本历程

广东劳动计划体制改革是随着商品经济发展而逐步深化的。13年来,我们在尊重价值规律的基础上,按照"大的方面管住管好,小的方面放开放活"的原则进行改革,大体经历了三次有意义的飞跃。

第一次是从1980年开始,对经济特区劳动计划体制进行改革。1980年,广东按照中共中央中发〔1979〕50号文关于"广东省自行安排劳动工资计划,不受国家劳动指标和工资总额的限制"的指示,允许深圳、珠海、汕头三个经济特区自主编制劳动计划,特区企业招用员工,不受国家劳动计划指标限制,以适应对外开放和引进外资的需要,率先打破了高度集中统一的、僵化的劳动计划体制,初步形成了一种有别于其他省、市的新型劳动计划体制,为下一步改革打下了良好基础。

第二次是从1985年起,在商品经济发展和全面推行劳动合同制的新形势下,为了适应扩大企业自主权和灵活用工的需要,广东省政府批转省劳动局《关于改革劳动工资管理体制的意见》,把实行指令性计划与指导性计划相结合作为计划体制改革的指导思想,进一步下放管理权限,实行分级管理。主要措施是:对全省企业实行新增职工人数和工资总额同生产建设与经济效益挂钩浮动办法。超额完成生产任务、劳动生产率和上缴税利的,职工人数和工资总额可以相应增加。反之,不得增加。同时,对沿海开放城市(广州、湛江)、珠江三角洲开放区(佛山、江门、中山)和海南岛的劳动工资执行指导性计划,上述地区企业根据生产发展需要,自行招收合同制职工,由当地政府审批,报省备案。

第三次是从1988年起,全省全面取消指令性劳动工资计划,实行弹性劳动工资计划管理体制。1988年7月,广东省政府根据《国务院关于广东省深化改革和扩大开放加快经济发展请示的批复精神》,批转省劳动局《关于改革全民所有制企业单位劳动工资计划管理体制的意见》,决定全面放开全民所有制企业单位指令性劳动工资计划,不再下达企业职工人数计划,从而使广东基本形成符合经济发展实际需要的、具有弹性的劳动工资管理新体制。

（二）主要做法

在13年来的改革中，随着经济发展和对外开放规模的扩大，广东根据形势的变化，不断探索与经济发展相适应的改革措施和办法，不断自我改进和完善，从而逐步探索出一套适应市场经济发展需要的劳动工资宏观管理指标体系和调控办法。从总体上看，我们主要是用体现投入产出效益的相关经济指标（实现税利、上缴税利）调控各市（县）、各部门的企业工资总量，再用工资总量去间接调控职工人数，不再下达指令性的企业职工人数和工资总量计划指标，从而把过去绝对量静态控制改为相对量动态控制，把指令性计划改为弹性的可随经济效益情况按一定比例自行调节的计划。

（1）对企业工资总额实行与经济效益挂钩，按一定比例浮动的弹性计划，再用工资总额间接调控职工人数，政府不再层层下达职工人数和工资总额指令性计划。即总体上，省对各市、省直各部门实行工资总额与实现税利或上缴税利等经济效益指标总挂钩。挂钩的工资总额基数，包括计时工资、计件工资（含计件超额工资）、奖金、各种津贴、加班工资、其他工资（如保留工资、附加工资等）等。暂不包括：①国家规定的各种节约奖；②创造性发明奖等一次性的奖金；③粮油副食等价格生活补贴；④其他非生产性的奖金。经济效益指标中，实现税利基数包括产品税、增值税、营业税、城建维护税和实现利润。上缴税利包括：上缴财政的产品税、增值税、营业税、城建维护税、所得税、调节税、归还技术改造和基建改扩建项目贷款（不包括基建拨改款）的50%。挂钩的浮动比例，以各市、各部门的劳动生产率、人均税利、工资税利率的高低进行横向比较后确定。一般是挂钩的经济效益指标增长1%，工资总额增长0.5%～0.8%。

在通过挂钩核定的工资总额范围内，各市、县和部门以及企业有权根据生产发展和实际需要自行编制用工计划，有权自行安排增减职工人数和录用或辞退人员，报当地劳动部门备案。各级劳动部门不再下达指令性职工人数计划。

尚未实行工效挂钩的企业，实行成本工资总额包干。包干后，由企业自行编制用人计划和工资分配计划。当地劳动部门也不再下达指令性职工人数和工资总额计划。

（2）下放管理权限，实行分级管理，分层调控，分类指导办法。在改变过去直接的计划管理手段、方式的同时，我们按照必要的集中和适度分散的原则要求，明确下放管理权限，实行分级管理，分层调控、分类指导的方法。进一步改变过去劳动工资决策权过于集中,地方、部门和企业基本上没有劳动工资计划决策权的状况。

基本做法和政策措施是:①省对各市、县和各部门实行全市、县,部门企业工资总额同经济效益挂钩,分级管理,分层调控。总挂后,省劳动、财政部门分别负责核定各市(地级市)和省直企业主管部门总挂钩的两个基数和浮动比例,各市、县和部门再将省核定的基数逐级分解,落实到企业。在上级核定的基数和比例范围内,市、县有权从实际出发,明确那些暂不挂钩的企业实行成本工资总额包干;有权核定企业工效挂钩两个基数及浮动比例以保证职工平均工资的增长不超过劳动生产率的增长,这样各级政府和企业都有了调控工资总额的职责和权限。调节的方式,不再用行政命令手段,而是充分利用经济调节手段,从而增加了计划的弹性和适用性。②对按国家政策必须安排的城镇复退军人、转业干部等人员当年增加的工资单列,下年列入本企业工资总额基数。③对新建、扩建项目在筹建阶段,按审批机关核定的编制人数单列工资,投产后,其工资总额计入所属部门和市、县工资总额基数,并相应调整经济效益基数。④实行增人不增工资总额,减人不减工资总额的政策。实行上述改革后,除新扩建项目需增加的人员和按国家政策规定必须安排的城镇复退军人、专业干部等所需增加的工资单列外,原则上实行增人不增工资总额,减人不减或少减工资总额。

(3)严格审核"两个基数"和合理确定浮动比例。实行新的劳动工资管理体制后,能否从宏观上保证企业工资总额和职工人数增长与国民经济发展协调一致,关键在于考核。为了保证新体制的正常运转,我们按照企业工资总额增长幅度低于经济效益增长的原则,坚持每年逐级对挂钩的"两个基数"进行严格考核,并合理确定浮动比例。工资总额基数原则上以上年统计年报中按同口径的统计数为基础,剔除不合理因素,增加合理增资部分。应剔除的因素包括:①由于隶属关系改变划出的企业职工工资;②企业给职工补发上年的工资;③各市、各部门自行规定的津贴、补贴等;④工资总额年报中重复统计部分;⑤属于劳保福利费用统计的以及其他不属于工资总额统计而统计进去部分。应增加的合理增资包括:①职工转正定级及新增职工翘尾工资;②国家和省批准新增加的工资、津贴的翘尾部分;③由于隶属关系改变,新划进的企业职工工资;④奖金,原则上以市为单位,按第二步利改税规定的奖金应提取数扣除奖金税后计入基数。

挂钩的经济效益指标基数一般按上年实际达到数由财政部门核定。受客观因素影响，经济效益变化大的，可以按前三年平均数核定。

各市、县和部门总挂钩的工资浮动比例，以考核该市、县和部门劳动生产率、人均税利、工资税率的高低，并进行横向比较后确定，以体现不同地区、部门之间企业经济效益高低和潜力大小的差异。一般经济效益增减1%，工资总额增减0.5%~0.8%。企业内部工效挂钩，经济效益增减1%，工资总额增减0.3%~0.7%。

（4）建立正常的工资基金管理和监督检查制度。主要做法：一是对所有企业，只允许在银行设立一个工资基金账户，各企业每年挂钩的工资总额基数由劳动部门核定后计入《工资基金管理手册》（以下简称《手册》）。凡企业以各种形式制度的工资均需通过《手册》由开户银行监督支付。二是分系统、分单位设置工资基金管理台账，把企业发放的工资基金系统地纳入劳动部门统一管理。台账的数据与计入《手册》的工资数据相一致，便于劳动部门及时掌握各单位工资基金的使用、职工人数变动、人员结构等情况，以便于监督检查。三是加强劳动工资计划执行情况的监督检查，要求各市、各部门每半年向省报告一次执行情况，每半年按统一设计的表格，对上年计划执行情况进行总结和检查，并写出书面报告，分析计划执行结果。

（5）通过税收政策，调节工资分配水平。放开指令性职工工资总额计划，实行按投入产出效益的相关指标调控企业工资总量后，我们赋予了企业内部分配自主权。在这一情况下，如果企业人均工资水平增长过快，就通过征收工资调节税和个人收入所得税办法予以调节。凡企业单位超过省规定起点发放的工资，要按规定先缴纳工资调节税，凭征税单（复印件）追加工资基金。企业发放给职工个人的工资收入超过个人所得税起征点，由所在单位按规定代扣缴个人收入所得税。劳动部门经常配合税务部门，根据经济发展情况，适时调整工资调节税。1988年广东省确定珠江三角洲地区计税工资总额基数为2750元，其他地区为2500元；1990年调整为珠江三角洲地区3300元，其他地区3000元。1992年又再做了调整，全省（除深圳、珠海、汕头三个经济特区外）计税工资总额基数统一定为4800元。建立工资调节税制度，不仅有效地调节了国营企业工资增长水平，而且把过去只管全民企业单位的状况改为调控全社会所有企业，把各类非公有制企业工资分配水平纳入调控轨道。

总之，通过上述改革，目前全省已初步形成了具有弹性的劳动工资管理体制和比较完善的宏观调控指标体系以及考核办法。这个宏观调控指标体系包括投入产出效益指标,如国内生产总值、国民收入、实现税利或上缴税利、工资税利率、劳动生产率以及工资总额、人均工资水平和职工人数指标等。投入产出效益指标与工资总额、工资分配水平按正比例上下浮动,形成经济效益对工资增长的制约机制。政府只是考核"两个基数"和"一个比例",简化了管理手续,强化了调控力度,扩大了管理的覆盖面。

二、改革的成效和体会

(一) 改革的成效

回顾改革开放以来走过的历程,不难发现,广东对传统劳动计划体制的改革,确实已取得了实质性进展。改革突破了旧的体制模式,初步确立了适应市场经济发展需要的弹性劳动工资计划体制。这个新体制,无论在宏观上,还是在微观上,都对促进经济发展产生了良好效应。主要表现在:

(1) 从宏观上看,劳动工资总额和水平不仅没有失控,而且能够以市场调节为主,较好地实现劳动力资源的合理配置,促进生产力的发展。

传统的劳动计划管理体制弊端甚多,主要是计划与生产需要脱节。企业生产发展需要增人,但往往因没有增人指标而不能招人,致使生产设备闲置。有时即使有了增人指标,却没有增资指标,相互矛盾,结果还是增不了人,致使物的生产要素迟迟不能与人的要素结合,形成现实生产力。实行新体制后,改变了过去单纯强调指令性计划控制的僵化做法,实行按投入产出效益的相关指标进行挂钩,自动调节,这实际上就是按价值规律调节。实行的结果,令人感到惊喜:一方面,从宏观上看,生产力要素能够迅速实现与生产资料相结合,形成现实生产力。13 年来①广东吸引投资,引进技术设备,使 70% 以上的工业企业得到不同程度的改造,13 个重点行业中的 38% 的骨干企业技术设备已提高到接近或相当于发达国家 20 世纪 70 年代末 80 年代初的水平。全省举办了"三资企业"、乡镇企业 120 多万个。这些企业能够通过市场迅速招到上千万劳动力,包括一大批急需的技术人才,迅速形成了现实生产力。这些在过去是不可想象的。如东莞市 10 多年来,国民收入、工业总产值平均每年实现两位数的增长。如果没有及时招用 70 多万外来劳动力,这个经济发展速度是不可能实现的。另一方面,改

---

① 按文章发表那年计算改革开放的年数。

革后，一个地区、部门以及企业的工资总额、职工人数的增长又受到经济发展制约，总体上，工资总额与职工人数增长不仅没有超过经济效益的增长，而且呈现出一种良性运行态势。据统计，从1978年到1990年这12年中，广东全省人均国民收入年递增16.1%，职工人均工资年递增13.9%，零售价格上涨年递增8.2%，三者之间的比例关系为2∶1.7∶1。从全民单位来看，至1991年，实际工资总额年递增11.3%，人均实际工资年递增4.8%，职工人数年递增3.7%，均低于国民收入、财政收入和劳动生产率的增长。尤其是改革后的1988年至1991年，全民单位职工人均实际工资年递增3%左右，企业职工总额年递增2.4%，不仅低于13年来平均增长水平，而且低于同期国民收入和劳动生产率增长水平。可见放开计划后，劳动工资宏观管理并没有失控。

（2）从微观上看，改革给企业增强了活力，企业可根据生产需要灵活招用劳动力，降低成本，提高效益，促进生产发展。

在计划经济时期，企业没有决策权，企业要给职工增加一点工资，或增加几个职工，都要"上面"说了算。结果造成企业内部分配齐步走，搞平均主义，职工干多干少一个样，与经济效益无关，损伤了广大职工的积极性。此外，企业没有用工和分配自主权，严重地制约了企业生产的发展，使企业无法适应复杂的社会需要。改革后，各级政府对企业的工资分配和用工数量实行间接调控，企业与职工的工资分配通过实行工效挂钩，在每年年初定下来做到"一年早知道"。企业在国家和省的工资总额范围内，有分配自主权。经济效益好，职工工资就上升，反之，则下降。这就使职工收入间接同企业最终生产成果建立了十分密切的联系，从而把职工与企业一道推上为自身利益而精心经营、共同发展的良性循环轨道。如江门农药厂过去生产一线一些没人干的工种，经过改革后，企业能够灵活运用工资杠杆，调节劳动力的流向，稳定了一线生产职工队伍，促进了生产发展。1990年全厂工业总产值、实现税利、劳动生产率分别比改革前的1987年增长168.11%、836.8%和11.7%。在用工方面，改革后，劳动部门不再向企业下达指令性职工人数计划。在核定的工资总额范围内，企业有权决定招工的时间、数量和用工形式等。这就使企业能够根据生产经营变化情况，灵活招工用人，合理、节约使用劳动力。企业生产发展时，可以多用人，生产下降时可以少用人。如广东省轻工食品行业的糖厂、饮料厂的生产季节性很强，过去由于没有招工指标，招不了人，制约了生产的发展。改革后，这些企业在生产旺季时可多招工人数达20多万人，淡季时则可减少20

多万人,从而有效地降低了生产成本,提高劳动效率,促进生产迅速发展。

(3) 从渺观上看,劳动者的择业自主权得到落实,有效地促进了就业,激发了广大职工的生产劳动积极性。

传统的劳动计划体制,不仅束缚了企业的手脚,而且在很大程度上制约劳动者的择业自主权。改革后,企业招用工人和分配自主权得到落实,劳动者也开始能够通过市场竞争就业,自主择业,真正做到了人尽其才、才尽其用,真正发挥劳动者的聪明才智,过去学非所用、用非所长的弊端有了根本改变。至1991年年底,全省进入全民单位的118万劳动合同制工人和80多万临时工,都是经过"双向选择",进入企业、走上自己喜欢的工作岗位的。这些占全民所有制单位职工总数约40%的职工,完全不受国家劳动指标限制,来去自由。尤其是到乡镇企业、"三资企业"、私营企业就业的劳动者更是如此。他们能够根据自己的意愿,竞争就业,发挥所长,实现自身价值。这是解放和发展生产力的活的源泉。1979年至1991年广东经济得到持续高速发展,社会总产值、国内生产总值、工农业总产值和财政收入分别年递增15.1%、12.4%、15.9%和11.9%。这与广大职工的积极性、创造性的发挥是分不开的。

由于冲破了计划的枷锁,劳动者就业的地区、部门和所有制界限也随之消除,带来了就业渠道的多样化。这也有力地促进了产业结构、所有制结构的调整和优化。改革前的1980年,广东三大产业就业结构的比重为70.7∶17.1∶12.2,1991年变化为51.3∶28.2∶20.5。在就业的所有制结构方面,全民所有制职工人数占全部职工的比重由1980年的69.6%下降为59.5%,其他所有制职工所占比重由1980年的1.9%上升为16.8%。

(二) 几点体会

总之,广东劳动计划管理体制改革经历了循序渐进、逐步打破旧体制、逐步扩大市场调节范围和功能的过程。经过这些年的改革,我们有以下几点体会。

一是劳动计划体制先改是建立新体制,促进改革深化的成功选择,是推动企业走向市场、发展市场经济的客观要求。

13年来,广东为什么能够得改革开放风气之先,能够在改革开放方面走在全国前面?关键在于中央和国务院决定在广东实行"特殊政策、灵活措施"。"特殊政策"究竟"特"在哪里?就在于改革了高度集中统一的劳动工资计划管理体制,赋予广东劳动工资分配自主权。"灵活措施"究竟

"灵"在哪里？就在于广东从实际出发，灵活处理改革、开放、发展中的重大问题，包括劳动工资问题。中央给予的这些政策措施，集中到一点就是率先改革宏观计划体制，调整中央与地方的经济管理权限，把高度集中的计划体制改为集中与分散相结合的宏观管理体制。改革实践证明，广东在劳动工资领域，率先把旧的劳动计划体制作为带动劳动领域各项改革的突破口，从经济特区—开放城市—经济开发区到内地，逐步推进劳动计划管理体制改革，同时，推进劳动就业、企业用工、工资分配、劳动保险制度改革，下放企业招工用工和分配自主权。在计划体制先改的情况下，各项改革比较顺畅，放给企业的权比较落实，劳务市场调节比较活跃。实践告诉我们，计划体制先改，则一改百改；计划体制搞活，则一活百活；而计划体制卡死，则一死百死。因此，劳动体制改革，归根到底就是要抓住改革传统劳动工资计划管理体制这个突破口。它既是扩大市场调节、促进新机制形成的生长点，也是真正落实企业自主权，推动企业走上市场的必然选择。如果旧的计划体制不改革，落实企业招用工和工资分配自主权，推动企业走上市场，就只是一句空话。

二是改革要坚持按照发展市场经济的要求，尊重价值规律，逐步建立和完善宏观间接调控体系和运行机制。

改革劳动计划体制，不是不要管理，而是要按照市场经济的要求，在扩大市场调节的范围和力度的同时，建立起国家宏观调控，分级分类管理，企业灵活自主的劳动工资宏观调控体系和运行机制，使之适应市场经济发展的要求。改革实践告诉我们，在旧体制改革的同时，不抓住时机，建立新体制，使之与旧体制的改革相衔接，就会失控；如果不尊重价值规律，按照市场经济发展要求建立新体制，就会使旧体制复归。10多年来，广东省在改革中尊重价值规律，用体现投入产出效益的相关经济指标同各市、县、各部门的工资总量挂钩浮动，再用工资总量间接调控职工人数，从而把过去实物（人头）绝对量静态控制改为价值（工资）相对量动态控制，把指令性计划改为可随经济效益浮动的弹性计划，同时也相应地初步形成了宏观间接调控体系和办法。这个改革路子是对的。现在的问题是调控的体系和办法还不完善，需要进一步改进和完善。

三是改革要继续大胆解放思想，简政放权，转变职能。这是促进传统体制向新体制转变的重要保证。

在过去很长一段时间里，传统观念认为，以公有制为基础的社会主义经济，只能实行计划经济，不能搞商品经济，更不用说搞市场经济了。因此，在实践中，人们一直把"计划经济当作社会主义，把市场经济看作资本主义"。因而无法冲破传统理论禁锢，不敢大胆改革旧的劳动计划体制。广东在改革中，能够大胆解放思想，不陷入姓"资"、姓"社"的争论，而是能够促进生产力发展的，就大胆去干去闯。例如1988年全面放开计划的时候，阻力很大。放开计划，实质上是彻底向企业放权，不少同志想不通。在国函〔1988〕25号文的指引下，我们的改革得到了省委、省政府的支持，也得到了企业的拥护。我们看准了，就坚持大胆放权，把管理职能从过去的事无巨细，用行政手段包揽一切直接管理的做法改为用经济、法律手段为主的间接管理，把计划工作的侧重点由只管全民单位转变为面向全社会，转到对社会劳动力进行宏观预测、协调、监督和服务上。实践证明，解放思想是深化改革的先导，在改革传统体制的同时，进一步解放思想、更新观念、转变职能，是改革的迫切要求，也是推动改革深化的重要保证。

三、今后改革设想

改革开放13年来，广东省劳动计划体制改革的路子是对的。它对解放和发展生产力，促进经济发展起到了积极作用。但是，从总体上看，改革还处于起步阶段，宏观调控指标体系和考核办法有待进一步完善。今后，要按照发展市场经济的要求，从三个方面继续推进和深化改革。

（1）进一步建立和完善新型劳动管理体制和运行机制。新体制的基本特征是：宏观调控、微观搞活、分类管理、分层调节。原则上，在国家宏观调控的前提下，社会劳动力资源和工资分配以市场调节为主。各级劳动部门要通过大量艰巨的制度创新和组织创新，用投入产出效益的相关指标间接调控各地区、各部门的工资总量，再以企业用工工资总量间接调控职工数量，促使企业真正成为自主用人和分配的主体，劳动者成为自主就业的主体，国家成为调控市场的主体。所有社会劳动力资源和工资分配，在国家宏观调控前提下，以市场调节为主，从而有效实现对社会劳动力资源的合理配置和劳动成果的合理分配。为达到上述目标，当前必须根据不同地区、行业、企业的实际情况，选择不同的挂钩指标，进一步完善宏观调控的指标体系和考核办法，以保证在宏观管理中，自觉运用价值规律、供求规律，正确处理国民收入可供分配量和实际分配量的关系，较好地体现按照社会必要劳动时间分配的原则，形成合理的分配格局和利益机制。

（2）要尽快扩大宏观管理覆盖面。在今后新旧体制转轨的过程中，劳动部门要进一步转变只管城镇劳动力,只管全民所有制单位工资分配,不管其他所有制企业工资分配的状况。尽快把管理的覆盖面扩大到全社会,根据社会经济发展规模和速度,把全社会劳动者就业和工资分配以及各项事业纳入宏观间接调控轨道,以适应在市场经济条件下各种经济成分、多种经营方式长期共存、平等竞争的需要。

(3)切实改变宏观管理的职能、方式和手段。传统的劳动计划及其调控手段,偏重于依靠行政指令计划手段直接管理,不习惯于运用价值规律、供求规律和法律手段进行间接管理,致使该管的没管好,不该管的管死了。今后要围绕转变企业经营机制,发展生产力这个中心,对旧体制进行根本性的改革,其侧重点是转变计划管理职能与方式。坚持国家对企业职工人数和工资总额不再下达绝对额控制的指令性计划,实行投入产出的相关系数来控制的弹性计划。劳动部门要把宏观管理的职能真正转到宏观预测、规划指导、协调服务和监督检查方面来,学会综合运用经济的、法律的和行政的手段,加强和改善宏观调控,更好地为转变企业经营机制和促进经济发展服务。

(注:本文写于1992年,是一篇较为全面总结劳动计划管理体制改革的文章,所介绍的三点体会,值得品味。)

第二节 建立市场导向劳动工资管理体制问题初探

当前,广东企业劳动工资制度和管理体制改革正处于一个关键的发展阶段,改革面临着新的选择:是按照发展商品经济和外向型经济的要求,建立以市场为导向的劳动工资管理体制、尽快实现体制转轨,还是在旧体制框架内采取劳动、工资、保险制度单独推进、各自突破的做法?这是一个不可回避的理论和实践问题。按照中央关于广东要实行全面综合改革和扩大开放、尽快使市场经济体制占据主导地位的战略部署,我们认为,广东应当以市场为导向,尽快推进高度集中统一的计划经济体制改革,建立市场导向的新型劳动工资管理体制。基于此,本节拟就建立广东市场导向劳动工资管理体制的认识、基本模式及整体再造等问题,谈一些个人的看法。

一、统一认识，明确改革的目标是建立市场导向的劳动工资管理体制

党的十二届三中全会以来，人们对社会主义经济是有计划的商品经济这个问题，基本统一了认识。但是，对于究竟什么是有计划的商品经济，认识尚不一致。认识上的差异，致使人们对劳动工资制度及其管理体制改革的认识和设想也就不同。有人主张继续以增强企业活力为中心，分头推进劳动、工资制度改革；有人提出开放劳务市场，但又局限于企业招工范围；还有人强调劳动、工资、保险制度改革要综合配套，但没有把这些改革与建立新型劳动工资管理体制联系起来，提出明确的改革目标模式。笔者认为，上述几种观点都存在一个共同缺陷，就是没有一个系统的目标设想。改革的指导思想，实际上还受旧体制的局限而停留在"撞击反弹式"的思路上，碰到什么问题就改什么问题。这不利于改革深化。党的十三大报告提出要逐步建立商品经济体制，这是具有长远眼光的战略部署，其实质是要求把当前改革的具体任务与改革目标联系起来，进行系统考虑，同步配套、整体推进。这对于指导当前的改革具有重要的现实意义。我国经济体制改革的目标模式是什么呢？简单地说，就是要建立社会主义商品经济体制。这个体制实质上就是市场经济体制。因此，我们必须清楚地认识到，当前劳动领域改革的目标应当是依据建立社会主义市场经济体制的要求，逐步推动建立市场导向的劳动工资管理体制。

改革开放以来，广东劳动工资制度改革采取分头推进的方式，虽然取得了一些重大突破，但无法形成新的体制。只有尽快在一个具有战略意义的市场体制指导下，进行综合改革，才能取得体制转轨的实质性进展。如果广东劳动工资制度改革不明确地把重点放在新体制的重新塑造上，就难以在短期内实现新旧体制转换。东欧各国改革的历史表明，双重体制相持阶段是一个关键的时刻，既孕育着机会，也存在着风险，如果新旧体制转换迟迟不能取得突破，国民经济长期处于不能有效运行的状态，改革就会跌入陷阱而难以继续推进。

作为社会主义商品生产经营者的企业，是市场的主体。在商品经济活动中，企业不仅有权根据市场状况决定自己的生产经营规模，而且有权决定对劳动力质与量方面的需求。这些决定，归根到底都是根据市场状况做出的。在这里，市场起着主导作用。因此，在商品经济条件下，传统的劳

动工资管理体制必须以市场为导向，进行重构。政府部门对劳动工资的管理，只能以市场为基础和依据，通过市场这一中介因素，进行宏观间接调节，不能再像过去那样进行直接干预。那么，以市场为导向的劳动工资管理体制本身究竟包含些什么，其基本模式是什么呢？

我们认为，市场型劳动工资管理体制是以劳务市场的全面建立为标志，以社会劳动力和企业工资分配全部进入市场、以政府间接调节为基本特征的。它包含企业、市场、政府三个方面，具有"三位一体"的新特点。改革必须按照发展商品经济的要求，以市场为导向，把三者有机集合起来，从而构成灵活运作的有机整体。其基本模式是：以建立开放式社会主义劳务市场为导向，相应进行企业劳动、工资、保险、培训制度和管理体制的配套改革，争取用五年左右的时间，在广东省内率先建立有利于社会主义商品经济和外向型经济发展需要的市场型劳动管理体制的基本框架，使劳动就业、工资分配市场化，激发劳动者的生产、经营积极性和创造性，不断提高劳动生产率。

这一新型体制的基本特点和要求是：

（1）在劳务市场活动中，企业和劳动者作为交换的双方，必须真正成为劳务市场的主体。企业有权自行任免、聘用和辞退劳动者，有权决定用工形式、工资分配方式和工资水平；劳动者有权根据个人的志趣和特长自由择业，合理流动。

（2）必须建立和完善劳务市场机制，使企业和劳动者能够在一个平等的条件下竞争，包括在全省范围内建立统一开放的劳务市场场所，建立和发展劳动者和企业之间相互选择的劳动力交换关系，充分发挥市场供求机制、工资机制、竞争机制和保障机制在配置劳动力资源中的功能性作用。

（3）根据市场运行需要建立以间接调控为主的劳动工资管理体制，改变过去劳动部门只管城镇劳动力的缺陷，承担起管理全社会劳动力的任务，并确立国家对劳务市场的有效调节，制定劳动法规和市场规则，保护企业和劳动者的合法权益和公平竞争机会，使市场机制高效、正常、平稳地运行。

二、广东率先建立市场导向劳动工资管理体制的可行性分析

广东能否按照上述设想，用五年左右的时间，率先建立起市场型劳动

工资管理体制基本框架呢？九年来的改革实践经验和理论告诉我们，当前，广东率先建立起市场型劳动工资管理体制的基本框架是可行的。

首先，从实践上看，改革开放9年来，广东社会主义商品经济的迅速发展，为深化改革、建立市场经济体制打下了较好的基础。突出表现在：旧的产品经济模式已被打破，有计划商品经济体制开始形成；人们开始注意运用价值规律从事经济活动，市场机制在经济运行中的作用逐步增强；多种经济成分和多种经济方式并存的格局和多层次对外开放地带基本形成，全省经济实力显著增强。九年来，全省累计实际利用外资54亿美元，引进了一批先进技术设备，建成了一批新企业，乡镇企业异军突起，达105万家，"三资企业"5100多家，"三来一补"企业近万家。以上企业从业人数达670多万人，消化了大量从农村转移出来的剩余劳动力，减轻了社会就业压力。人们在改革中得到了实惠，对深化改革的经济、心理承受能力有了较大提高。

在劳动工资制度改革方面，也取得了显著成绩。其特点是：改革沿着建立有中国特色的社会主义这一思路，运用市场经济规律，使劳动、工资、保险三大制度分头推进，相互配套，为加快体制转轨打下了良好基础，表现在：①企业用工制度改革打破了"铁饭碗"，全面实行劳动合同制，企业和劳动者初步获得了相互选择的自主权。全省劳动合同制工人达71万人，占全民企业职工总数的11%，开始显示出新制度下劳动力配置的灵活性。②企业工资制度开始突破国家直接控制的平均主义分配模式，实行工资总额同经济效益挂钩的企业达600多家，企业内部分配自主权逐步得到落实，内部分配开始搞活。③劳动保险制度改革突破了过去由企业单独负担的旧模式，以社会统筹为特征的劳动保险制度开始建立。全省全民单位95%以上的固定工、合同制工都参加了社会统筹养老保险，部分企业职工参加了待业保险。④随着经济发展和"三结合"就业方针的贯彻，就业制度改革突破了统包统配的旧模式，劳动者就业有了充分的回旋余地，劳务市场初步形成，除在职职工外，城镇待业人员和部分农村劳动力开始进入劳务市场，自主择业。全省城镇就业压力减轻，全省城镇待业率下降至1.8%以下。情况表明，深化改革，建立以市场为导向的劳动工资管理体制已经具备了较好的社会经济条件。

其次，从理论上看，建立市场型劳动工资管理体制，是社会主义初级阶段商品经济发展的必然要求。党的十三大报告明确指出，我国正处在社会主义的初级阶段，其突出的景象是生产力落后，商品经济很不发达。因此，必须大力发展商品经济，发展生产力。而商品经济的基本要求在于等价交换，或者说是在交换中使消耗的劳动得到补偿。过去，我国传统经济体制的一个重要理论基石认为社会主义经济是非市场经济，企图通过高度集中的计划及行政命令手段来推动国民经济的运行，从而排斥商品货币关系，排斥市场机制的调节功能。在劳动工资管理方面，表现为不遵守等量劳动相交换的原则；在就业上搞统包统配，不允许劳动者自由择业；在分配上搞平均主义"大锅饭"，不允许用个人收入的差别激发劳动者的积极性；等等。这样做的结果是抑制了劳动者的积极性和创造性，不利于提高劳动效率和经济效益。事实上，任何社会的生产都是为了获得某种经济利益。人们在直接生产、交换、分配、消费过程中的相互关系，都表现为经济利益关系。即使在社会主义公有制条件下，劳动者的劳动仍然是一种私益性的劳动，仍然是谋生的手段，劳动者从事生产活动的基本动因是追求个人利益。因此，必须建立市场型劳动工资管理体制，把等价交换这一商品经济原则渗透到劳动工资领域的各个方面，使劳动力流动、工资分配都按照商品等价交换原则来对待。这样，就会极大地激发劳动者的积极性，保证我国社会经济活动的效率原则得以实现。

总之，当前广东已具备了建立市场型劳动工资管理体制的条件，只要我们抓紧利用这一有利时机，因地制宜，因势利导，积极推进以市场为导向的劳动体制改革，新体制的基本框架有可能在五年内建立起来。

三、率先建立新体制的重大意义

这一新体制的建立，在经济发展方面无疑将产生巨大的推动力，在理论方面也将具有很大的价值。具体表现在以下四个方面。

（1）有利于广东尽快结束"双轨制"格局，形成新体制框架，使广东在劳动工资领域按照商品经济规律办事的原则真正得到贯彻。近年来的改革实践表明，"双轨制"割裂了市场，造成市场信号、行为、功能的紊乱。例如我们一方面，在劳动工资领域积极引进市场机制，全面实行劳动合同制，促进劳动力的合理流动。另一方面，大中专技校毕业生和复退军人仍实行固定工制度，这就引起了负效应，使原有的固定工制度难以搞活，一些企业技术骨干纷纷跳槽或被挖墙角，迫使劳动部门又采用旧体制的做法对付市场运行中出现的问题，因而矛盾更大，新体制无法完善。由此可见，继续在"双轨制"条件下搞改革是没有出路的。市场型劳动工资管理体制

广东劳动制度的深刻变革

的建立,将有利于按照市场规律来解决在"双轨制"条件下出现的问题,从而逐步建立起社会商品经济运行的新秩序。这在客观上也将有助于推动广东尽快建立起适应商品经济发展要求的新经济体制。

（2）有利于广东扩大开放,实施沿海经济发展战略。中央提出实施沿海经济发展战略,实质上就是要变封闭型经济为开放型经济,扩大开放,参与国际分工和竞争。改革开放以来,广东利用外资兴办"三资企业""三来一补"企业和乡镇企业,改造了一批老企业。这些遍布珠江三角洲的企业,成为重要的出口生产基地。从当前世界经济发展趋势来看,发达国家出现了技术高和劳动成本高的新情况,因而导致资本家把资本和劳动密集型产业转移到劳动费用低的地区。广东正面临着这样的机遇。因而,在经济发展诸要素中,虽然人、财、物和技术都很重要,但最重要的是人。资本的转移,必须有劳动力的转移相伴随,才能形成生产力。广东在发展外向型经济方面,虽然有着得天独厚的优势,但如果不彻底改革旧的劳动工资管理体制,按照国际惯例,建立起市场型的劳动管理体制,充分发挥人的优势,就无法为发展外向型经济创造有利条件。

（3）有利于完善企业竞争环境,使企业真正成为市场的主体。建立市场型管理体制,企业可以理直气壮地按照价值规律调节劳动力的供求关系。价值规律是商品经济条件下的一个普遍规律,是驱动企业为实现利润最大化目标从而节约活劳动。传统的劳动工资体制造成企业存在大量冗员,增加产品成本,效率低下。改革中的"双轨制"又使企业无所适从,旧的公平与效益关系制约着企业无法采取措施实现劳动组织优化。只有建立市场型劳动工资管理体制,才能够使企业真正享有商品生产者的权利,并按照价值规律,决定自己对劳动力质和量方面的需求,招收生产上真正需要的人员,从而实现劳动力资源的优化配置。

（4）有利于体现劳动者的主人翁地位,提高劳动者的素质和积极性。长期以来,劳动者没有择业权,主人翁地位实际上并没有兑现。建立市场型劳动工资管理体制,逐步做到让劳动者按照自己的志向、专长和爱好,通过劳务市场,平等地竞争择业,这会使劳动者感到自己平等享有劳动的权利得到实现,主人翁地位有了保障,因而,个人的聪明才智和积极性就会充分发挥出来。此外,劳动者也将意识到通过市场竞争就业,必然会使一些人因素质差或其他原因而暂时找不到工作或工作后又被辞退,这在客观上会迫使劳动者积极参加各种职业培训,努力提高自身素质。这正是我们发展社会生产力所需要的。

四、当前推进改革面临的主要的问题

诚然,广东率先建立新型劳动管理体制意义重大,而且拥有许多有利条件。但是,我们还应看到,要在五年左右建立起市场型劳动工资管理体制的基本框架,将遇到不少问题。当前面临的问题主要表现为以下三个方面。

(1)从企业角度来看,由于双重体制并存,旧的劳动工资管理体制的惯性仍然起作用,改革过程中下放给企业的招工、用工、内部分配自主权不能真正落实。不管企业是否需要,每年大中专毕业生和复退军人,照样按照计划硬性安排。原来国家统包统配的固定职工,还有计划管着,企业无权辞退。职工队伍中,近四分之三的固定工还捧着"铁饭碗",难以合理流动,人们慨叹:调动路上走三年,人才流动比登天还难。在工资分配方面,因受各种因素构成的复杂矛盾所制约,实行工资总额与经济效益挂钩的企业还属少数,平均主义、互相攀比的现象还很严重;在劳动保险方面,职工养老保险和待业保险还只是在部分职工中推行,覆盖面不广,社会化程度不高。

(2)从市场发育情况来看,劳务市场虽初具规模,"三资企业""三来一补"企业、乡镇企业、集体企业的劳动力进入并活跃了劳务市场,但在劳动计划管理体制之内的国营企业职工相当部分还未进入市场;高度集中统一的劳动工资计划管理体制没有从根本上得到改革,劳务市场机制的形成因而受到很大限制。表现在职工流动中,行政手段干预多,市场调节作用少,所开办的劳务市场、技工交流活动成交率不高。此外,市场的管理服务机构建立少,且还未形成网络,而已成立机构的,则职能不明确,人员素质不高,市场信息不能及时收集、整理、传递和反馈,市场运作也不灵活。

(3)从宏观调控体系的建立来看,还很不完善。主要表现在两个方面。一是劳动行政部门职能转变滞后,未能主动改变单纯用行政手段管理劳动力的局面,使间接调控机制难以形成。二是劳动立法存在不少薄弱环节,劳务市场开放后,没有及时制定市场运行规则和劳动法规,以约束市场行为,在劳动保护方面出现了雇用童工和侵犯职工合法权益现象。在工资福利方面,出现了个别企业有意压低或克扣工人工资、福利的情况,劳动争议也不少,亟须研究制定市场规则及劳动保护、最低工资标准、劳动争议仲裁等法规。总之，上述三方面存在的问题和矛盾是相互联系、相互制约的。它既增加了下一步深化改革的困难，也使我们看到今后改革的主攻方向。

五、建立新体制要着重抓好五方面的综合配套改革

根据上述分析，不难看出，劳动体制改革是一个复杂的社会系统工程。广东要按照商品经济发展要求，建立起市场型劳动工资管理体制，任务十分艰巨。近期内，要紧紧围绕建立健全劳动力市场机制这一中心，着重抓好以下五个方面的配套改革。

（1）改革高度集中统一的劳动计划管理体制和企业招工用工制度，开放劳务市场，逐步建立适应商品经济发展要求的劳动管理体制和用工制度，形成劳动力按照市场规律自动调节劳动力供求的机制。要推进这项改革，必须从两个方面着手。

在宏观方面，必须改革旧的管理体制，开放劳务市场，引进市场机制，用市场机制来调节劳动力的供求关系。劳动力流动的市场机制是什么？就是劳动力的供给与需求，应当按照价值规律，调节劳动力流动的流向、规模以及速度的一种自发制导。这种机制，充分体现了商品经济活动中的价值规律、平衡规律，因而既有合理性，又能使劳动力与生产资料实现优化组合。1988年年初，广东已明确提出改革旧的劳动计划管理体制，实行分层管理、分层调控，各级劳动部门不再直接下达职工人数计划，企业招不招工、招多少工、招什么样的工，由企业根据生产经营需要自行决定、择优录用。但这一改革正在起步，今后要逐步深化。近期内，可考虑对国营企业用工先以工资总额计划进行调节和引导。对农村劳动力进入城市劳务市场，仍采取适量控制的办法。待经济发展、农产品价格基本理顺后，才逐步放开，并过渡到完全由市场机制进行调节，打破城乡劳动力长期阻隔的格局，允许所有社会劳动力自由择业，合理流动。

在微观方面，要改革"铁饭碗"用工制度，全面实行劳动合同制，以利于劳动力的合理流动。原有的固定工制度是与产品经济体制相联系的。开放劳务市场后，企业用工不再沿用固定工形式，而是全面采用合同契约形式。因此，当务之急是在扩大劳动合同制实施范围的同时，要引进竞争机制，采取劳动组合、择优上岗等形式全面搞活固定工制度，逐步做到所有职工不再捧"铁饭碗"，企业对于劳动表现好、能胜任本职工作的，可以

与之签订长期合同，以保持企业职工队伍的相对稳定。相反，则允许企业辞退生产不需要的职工和允许劳动者辞职，从而使企业用工、劳动者就业都借助市场功能来实现。

（2）改革工资计划管理体制和企业工资分配制度，使过去直接管理的工资制度向分级管理、分层调控的间接管理制度转变，使工资的功能在维持劳动力生存和再生产需要的同时，发挥其调节和激励劳动者的经济杠杆作用。

根据市场原理，劳务市场的成熟程度，不仅取决于企业和劳动者是否具有相互选择的自主权，还取决于劳动报酬是否可由双方在平等条件下协商确定。长期实行统包统配、统收统支的体制，剥夺了企业分配的自主权，把本来属于国民收入初次分配性质的企业职工工资，搞成全由国家决策分配。近年来，工资管理体制改革探索把重点放在搞活企业上，同时在企业分配自主权方面，取得了可喜的成果。但是，因工资分配受价格、财税等多重因素制约，所以进展较慢。我们认为，企业工资制度改革要分两步走，每一步都要处理好两个层次的改革。第一个层次是解决国家与企业的工资分配关系；第二个层次是搞活企业内部分配。两者相互联系，关系密切。

第一步，改变过去一切都要听命于国家的分配格局，建立起分级管理、分层调控的工资管理体制。在国家对广东工资总额的增长，采取与全省经济增长综合指标挂钩的同时，在广东省内，企业工资与机关、事业单位脱钩，并全面推行工资总额与经济效益挂钩。在企业内部，工资分配制度要做到准确反映职工的劳动差别，把职工劳动报酬与贡献挂钩；工资分配形式、水平由企业视生产经营特点决定，允许合理拉开档次，多劳多得，少劳少得，反映出不同行业、工种、劳动强度大小、基数高低的差别，使劳动者就业能够在一个比较合理的分配环境中竞争就业。

第二步，在逐步理顺价格关系的同时，逐步过渡到"国家立法征税，企业自主分配"的新格局。国家不再直接控制企业工资总额，而是通过征收工资调节税或个人收入所得税的办法来调节，使企业的分配水平和分配方式大体趋于合理。企业在工资分配上有较充分的自主权。企业内部职工工资不再执行原来的标准，而主要是由企业根据生产经营状况、劳动力市场供求状况和职工个人劳动贡献来决定。

（3）改革劳动保险制度，逐步建立健全以养老、待业保险为核心的全社会、多项目、多层次的社会劳动保险体系，形成统一、有效的社会化劳动保障制度。

引入市场机制是促进劳动力合理流动的启动枢纽，无疑在开放劳务市场方面具有很大意义。然而，如果只是这一改革单项推进，没有保障机制作为后盾的话，则将造成社会震荡。因此，必须相应或略为超前改革劳动保险制度，变企业保险为社会保险，使市场机制运作中出现的待业人员获得必要的物质帮助，以保证社会安定和改革的顺利进行。当前，改革的主要内容是：①在城镇单位所有职工中全面建立统一的养老保险制度，实现养老保险一体化，使所有城镇劳动者都能享受退休养老保险待遇。②逐步建立和完善包括所有职工在内的待业保险制度，使一些就业后又待业的劳动者能得到一笔正常的满足基本生活需要的费用，同时，开发新的就业场所，进行专业培训和介绍就业，使待业人员尽可能地转入就业。③逐步建立包括所有职工在内的社会工伤保险制度和新的医疗保险制度，以减轻企业负担，增强活力。④建立职工生活困难补助基金制度。总之，通过上述改革，为全面开放劳务市场创造适宜的社会、经济环境，促进市场机制的建立和完善，使市场化就业、优胜劣汰原则得以真正实施。

（4）改革工人技术培训制度，建立和发展多形式、多层次、多渠道、多功能的职业培训体系，积极开发劳动力资源，提高劳动者素质。

在商品经济条件下，就业方面优胜劣汰的竞争规律，将使劳动者在竞争中承受更多的风险，特别是随着科学技术的不断进步，企业对劳动者的素质要求越来越高。如果不改变过去渠道单一的培训制度，就无法满足企业对不同技术层次上的劳动者的需求，社会劳动力就业就无法实现良性循环。因此，改革工人技术培训制度也是配套改革的一项重要内容。总体来说，改革要按照市场需求，调整培训的层次结构，实行多渠道公开办学、有偿培训、统一考核、社会认证、持证上岗、按岗取酬等制度。培训毕（结）业的人员，国家不包分配，统一放到劳务市场，让其竞争就业，从而促使劳动者不断提高素质，进而逐步实现高质量、高水准就业，以适应企业的择优需要，避免因就业市场化导致出现结构性待业或摩擦性待业。

（5）建立健全宏观调控服务体系。根据市场运行需要建立宏观调控服务体系，是建立完善市场型劳动工资管理体制的内在要求。建立宏观调控体系关键在于转变政府管理职能，变直接管理为间接管理，变直接指挥型为间接指导服务型。具体说来，要做好以下工作：①加强对劳动力资源总量及就业趋势的调查、预测，为劳动力供求双方提供职业信息，引导就业，促进就业结构合理调整。②制定劳动法规和市场规则，保护用工单位和劳动者在市场活动中的合法权益和平等地位。如制定劳动力合理流动、劳动保护、最低工资法、劳动仲裁等法规，保护市场活动的有序性和规范性。③建立健全劳务市场管理机构和劳务信息反馈系统，开展职业介绍和咨询服务，及时、灵活地调节劳动力的供求关系。

六、推进改革的实施步骤

建立新型劳动管理体制是一项复杂的社会系统工程，在推进改革的过程中，必须充分考虑各种因素，诸如物价、财税、住房、户籍以及经济发展等因素对深化劳动、工资制度改革的影响，同时又要考虑到广东经济发展不平衡的特点，在具体操作过程中，应采取分类指导、分步实施、区域推进的策略。在时序安排上，五年内可分为两个阶段进行。

（一）第一阶段（1988—1990 年）

在价格关系尚未基本理顺前，改革主要围绕建立劳务市场基本框架这个中心，以改革劳动计划管理体制和招工用工制度为重点，全面（包括技校毕业生和复退军人）实行劳动合同制，搞活固定工制度；在全省范围内建立起以劳动服务公司（站）为主体的劳务市场管理服务机构；保险制度改革要力争先走一步，争取实现对所有职工都实行待业保险，形成劳动力流动的社会保障机制；工资制度方面，主要是全面推行第一步改革，初步理顺工资与物价的关系；贯彻先培训、后就业原则，加强就业前培训和转业培训。同时，主动转变政府职能，增强宏观间接调控能力。

对上述改革，经济特区、开放城市、珠江三角洲开放地带应当先走一步，起带头示范作用。粤北山区如不具备条件，步子可放慢些。

（二）第二阶段（1991—1992 年）

在主要价格关系基本理顺后，着重深化工资制度改革，重点进行"国家立法征税、企业自主分配"改革试点，放开劳务价格，劳动报酬可以面议商定；健全劳务市场机制，允许农村劳动力自由进入劳务市场；在基本养老、待业社会保险制度的基础上，现在全民单位全民进行工伤、医疗制度改革，然后逐步推开；改革工人技术培训制度，引入市场竞争机制，经培训的各类人员，毕（结）业后均不包分配，全部进入市场竞争就业，以适应企业竞争对不同层次劳动力的需求；深层次地改革政府管理职能，加强劳动立法等综合配套改革，建立灵活、有效的宏观间接调控机制，促使

广东劳动制度的深刻变革

新型劳动工资管理体制开始按照有计划商品经济要求正常运转。

（注：本文写于1988年6月15日，是作者参加省委党校体制改革培训班，在学习党的十三大报告时所写的一篇体会文章，较早地提出社会主义商品经济就是市场经济，明确提出广东要按照发展社会主义商品经济的要求，把建立起市场型劳动工资管理体制作为改革的重要目标提上议事日程，系统设计，全面配套，力争用五年时间建立起市场型劳动工资管理体制框架。）

第三节 深化广东劳动工资制度改革的基本思路

根据党的十三大对经济体制改革的部署和《国务院批复广东省深化改革、扩大开放、加快经济发展的请示报告》，今后，广东劳动工资制度改革，要围绕转变企业经营机制这个中心，以加快培育建立劳务市场为重点，用足中央给予广东省的政策，加快劳动计划管理体制、企业用工制度、工资分配制度的综合配套改革，加快建立社会保障体系，争取在三五年内，建立起适应社会主义商品经济需要的市场型劳动工资管理体制。

一、深化劳动制度改革

（一）改革劳动工资计划管理体制

这项改革要本着"宏观调控、微观搞活、权力下放"的原则，把职工人数计划控制，改为工资总额计划控制；将绝对指令性计划控制，改为与经济效益挂钩指标的弹性控制；将集中统一管理，改为分级管理、分层调控，扩大地方、部门、企业的自主权。具体办法是，从1988年开始，除国家机关、事业单位的职工人数，仍按省核定的编制控制外，所有国有企业和实行企业管理的事业单位的职工人数，均实行工资总额与经济效益挂钩，分级管理，分层调控的办法进行管理。省、市、县和企业主管部门不再下达企业单位和实行企业化管理的事业单位职工人数计划和增人指标。企业和实行企业化管理的事业单位，可根据市场供求决定自己的生产、经营规模和职工人数增减。但因增加职工而增加的工资总额，要控制在随经济效益增长而增长的工资总额范围之内。对于工资总额的控制，从1988年起，省对所有国有国营企业和实行企业管理的事业单位，均实行工资总额与经济效益挂钩,分级管理、分层调控办法。省负责核定各市和省主管部门所有企业的全部工资总额基数挂钩的经济效益指标基数以及工资总额与经济效益挂钩指标增长的比例。在这个范围之内,市对县、市、区对主管部门、主管部门对企业,要进行层层分解,把两个基数、一个比例,落实到每个企业单位。同时,各级都要负责所属企业的工资总额增长,不突破上一级核定的随经济效益增长的比例。如有超过,要在下一年扣回;如有结余,有权调剂使用。

实行企业工资总额与经济效益挂钩后,企业增加职工不再增加工资总额,减少职工,可以少减或不减工资总额,以鼓励企业挖掘劳动潜力,提高劳动效率。但有两种情况,要另做处理。第一种情况是新建扩建企业,在建设期间,未形成经济效益,那么,这些企业因增加职工而增加的工资总额该如何处理?我们的意见是,按规定的批准权限,批准新建、扩建企业的部门,在批准项目的同时,应核定其职工人数的定员。按建设进度增加人员所形成的工资总额,在筹建期间可以单列,投产形成效益后,即实行工资总额与经济效益挂钩,纳入各级工资总额与经济效益挂钩的基数。第二种情况是国家规定必须安排的城镇复员退伍军人和部队转业干部,他们安排到企业后,因此增加的工资总额该如何处理?我们考虑后认为,城镇复退军人和部队转业干部,目前还是由国家统一安排工作,他们到企业后,还不可能立即创造与他们工资相适应的经济效益,因此,安排到企业后,可以按照他们实际增加的工资,相应增加企业工资总额基数。

(二) 深化用工制度改革

改革用工制度的目的,主要是革除现行用工制度中"统包统配""铁饭碗"能进不能出的弊端,把竞争机制引进企业劳动管理,为完善企业经营机制,开放劳务市场创造必要的条件。国务院批准广东省深化改革,一方面是要改革统包统配的就业制度,逐步扩大劳动合同制的实施范围。目前,从社会新招工人都实行了合同制,但大中专学校的毕业生和部分技工学校的毕业生,仍由国家统一分配;另外,城镇复员退伍军人和部队转业干部,国家也规定要统一安排。这几方面的人员,广东省每年要安排五六万人,数量是很大的,如果不进行改革,企业用工制度就难以搞活。近几年来,广东省已有部分市、县对技工学校毕业生和城镇复退军人实行劳动合同制,效果是好的。原劳动人事部已经通知从1988年起,技工学校新招的学生毕业后实行劳动合同制,其他大中专毕业生和城镇复退军人,今后也要逐步

广东劳动制度的深刻变革

朝这个方向进行改革。另一方面是下决心搞活现有固定工制度。广东省国营企业现有固定职工约240万人，占企业现有职工人数的三分之二，其中，相当一部分职工是企业的生产、业务、技术骨干，也有一部分职工用非所学、用非所长。他们是在"统包统配"的劳动制度下，分配到企业来的，至今仍捧着"铁饭碗"，能进不能出。近年来，广东省一些企业，结合承包经营责任制和厂长（经理）负责制，把竞争机制引进企业劳动关系，从上到下，从干部到工人，实行层层承包、择优组合，被组合的职工，都与承包经营者签订劳动（聘用）合同，规定双方的责、权、利。未被组合的富余人员，有的厂内提前安排退休；有的由企业和主管部门组织他们另辟新的生产服务事业，进行安置；有的进行转业培训，通过劳务市场，介绍就业；有的保留工龄，让他们自己组织起来就业或自谋职业。通过这样的层层择优组合，消化富余职工，签订劳动（聘用）合同，逐步向全员劳动合同制方向发展。

（三）加快建立和培育劳务市场

党的十三大提出"要加快建立和培育社会主义市场经济体系"，并明确指出"社会主义市场体系，应当包括劳务等生产要素市场"。如何建立和培育劳务市场呢？我们的设想是：

首先，要通过深化改革，为开放劳务市场创造必要的条件：一是允许劳动者在地区之间、单位之间合理流动，使劳动者个人有选择职业的自由；二是使企业有用人的自主权，包括有权招收生产、经营需要的人员，辞退生产经营不需要的人员；三是劳务报酬要由用人单位和劳动者，在平等的条件下，互相协商确定。上述基本条件具备的程度，决定劳务市场的开放程度。

其次，要发展职业中介机构。职业中介机构，是劳动者也是用人单位互相选择的媒介。通过中介机构，劳动者和用人单位可以在更大范围内进行互相选择，实现最佳的结合。职业中介机构不但由劳动部门办，也应该允许社会和私人组织举办，而以劳动部门举办的中介机构为主，社会组织和私人举办的中介组织为补充；综合性职业中介组织和专业性中介机构相结合，形成多层次、多功能的中介网络，为用人单位选择合适的劳动者和劳动者选择合适的职业提供方便。

最后，要建立劳务市场的管理制度。各级劳动行政部门是统一管理劳务市场的机构。劳动行政部门主要通过四个方面对劳务市场进行管理。一是制定劳务市场管理法规,并监督其贯彻实施;二是运用法律的、经济的和行政手段相结合的办法,调节劳务市场的供求;三是通过建立市场信息反馈系统,指导劳务交流活动;四是对劳务交流活动中的争议事项,依法进行调处仲裁。

二、全面推进企业工资制度改革

根据当前企业分配制度的情况,企业工资制度改革,应进行两个层次的改革。第一个层次是解决国家与企业的工资分配关系。第二个层次是搞活企业内部分配。这两个层次是相互联系的,而解决前者是解决后者的前提。在国营企业工资制度的改革中,从总体上讲,需要采取两个步骤,近期要全面实行企业职工工资总额同经济效益挂钩,使企业职工工资的增减,取决于企业经济效益的高低。远期要逐步实现企业"自主经营、自负盈亏、自主分配、国家征税"的目标。

企业工资制度改革,为什么在近期要实行全面推行企业工资总额与经济效益挂钩呢?简单地说,可以从以下四个方面加以说明:第一,实行工资总额与经济效益挂钩,是在商品经济条件下,贯彻按劳分配原则的需要;第二,实行工资总额与经济效益挂钩,是落实企业分配自主权、调动职工积极性的重要措施;第三,实行工资总额与经济效益挂钩,是保证国家财政收入稳定增长,实现工资有计划、按比例增长的保证;第四,实行工资总额与经济效益挂钩,是承包经营的重要内容和配套改革的措施。

那么,应当怎样进行工效挂钩呢?根据近几年的实践经验,工资总额与经济效益挂钩的形式,因企业情况不同而各异,企业可根据国民经济发展对企业经济效益的要求和生产经营特点,选择适合自身的挂钩形式和挂钩指标:

(1) 工资总额与上缴税利挂钩。上缴税利能够基本稳定增长的企业,可以实行工资总额与上缴税利挂钩。

(2) 工资总额与实现税利挂钩。实行承包经营责任制,确定承包基数和递增比例的企业,在保证完成上缴税利任务的前提下,可以实行工资总额与实现税利挂钩。

(3) 工资总额与实物量挂钩,或称单位产品工资含量包干。具备以下条件的企业可以实行工资总额与实物量挂钩:在较长时期内,生产国民经济急需的、市场紧缺的或可大量出口的产品;产品品种单一或可按标准产品折算产量；有严格的、系统的质量检验制度和生产资料消耗定额管理制度。实行工资总额与实物量挂钩办法的企业，原则上以销售出去的合格产品计提工资。

（4）百元产值工资含量包干。目前只限于建筑施工企业实行百元产值工资含量包干，而建筑施工企业要实行这种办法，也要不断加以完善。

（5）工资总额与实际工作量挂钩。国民经济中急需发展，并且是企业的社会经济效益主要反映在工作量指标上的行业和企业，可以实行这种办法。铁路运输企业可以按照"吨/公里"的换算方式实行工资含量包干；公路运输、公共交通企业和航运企业可实行工资总额与实际工作量及利润指标双挂钩；港口可实行工资总额与吞吐量及利润指标双挂钩；电力企业可实行工资总额与售电量挂钩办法。

（6）商业服务企业，可实行工资总额同销售额（或营业额）和上缴税利双挂钩。对一部分以经营批发业务为主的企业，应实行工资总额与上缴税利挂钩。

（7）以出口创汇为主的企业，可实行工资总额与创汇额和上缴税利双挂钩。

除上述七种办法外，其他有利于促进生产力发展、提高经济效益，能正确处理国家、企业、职工个人三者利益关系的挂钩形式，也可以在少数企业试行，通过总结经验，逐步完善。

工资总额与经济效益挂钩，是两者增长率的挂钩。因此，不论采取哪种挂钩形式，都要合理核定工资总额基数和挂钩经济指标基数以及两者的浮动比例。总的原则是，工资总额的增长要低于经济效益的增长，经济效益增长潜力大的企业，工资增长比例应低一些，经济效益增长潜力小的企业，工资总额增长的比例可以高一些。为了促进企业全面提高经济效益，除了考核挂钩的经济效益指标外，还要根据企业生产经营特点，考核其他经济效益指标。如质量指标、劳动生产率指标等等。企业实行工资总额与经济效益挂钩以后，为了鼓励企业提高劳动生产率，规定增人不另外增加工资基金，减人可以少减或不减工资基金。这样，用人权就可以完全放给企业。

工资总额同经济效益挂钩是近期内处理国家与企业工资分配关系的比较好的形式，但不是最终的形式。最终的形式是绝大多数企业实行"自主分配、国家征税"。所谓"自主分配"就是企业在工资分配上有比较充分的权利。即有权根据生产经营状况和劳动力供求关系，确定本企业的工资水平；有权根据生产工作特点，采用适当的工资分配形式和办法；有权根据实际需要调整本企业职工之间的工资关系；有权在国家法令允许的范围内，通过增加生产、扩大经营、降低物耗等合法途径取得资金来源，增加职工工资。所谓"国家征税"，是指对企业的工资分配，主要通过工资税收和工资立法进行宏观调控，使企业的分配水平和分配方式大体趋于合理。对少数由国家直接管理的公益性行业和企业，难以实行"自负盈亏"的，不实行企业"自主分配、国家征税"办法。这些行业和企业的工资分配仍暂由国家统筹安排。

上面讲的企业工资改革需要解决的第一个层次问题，即国家与企业的工资分配关系。企业工资改革需要解决的第二个层次问题是企业的内部分配。搞好企业内部分配，一般来说，要处理好以下五个问题。

第一，要把工资分配同职工的劳动贡献挂钩。实行承包经营的企业，要把承包指标层层分解，落实到每个车间、科室和班组。对职工个人分配，能实行计件工资的要实行计件工资，不能实行计件工资的要实行定额工资。做到多劳多得，少劳少得，拉开分配差距。

第二，要处理好各类人员的分配关系，如脑力劳动与体力劳动、复杂劳动与简单劳动、繁重劳动与轻便劳动，以及职工收入和经营者收入等各方面的关系。

第三，要做好按劳分配的各项基础工作，建立健全严格的、科学的考核制度，如定员定额制度，经济指标完成情况考核制度，质量监督管理制度，检查计量制度等等，做到考核指标数据化。

第四，要建立以丰补歉的工资调剂基金。在商品经济条件下，企业的生产和经济效益情况受市场影响较大，企业经济效益和工资一般不可能是直线增长。为了保证职工的收入不至于大涨大落，企业每年提取的工资增长基金就不能分光发光，而要适当留有余地，建立以丰补歉的工资调剂基金。

第五，要改革现行的企业工资标准和按行政职务确定企业的规格。1985年企业工资套改时建立起的统一的企业工资标准和按行政职务划分的企业规格，在当时的客观条件下是必要的，特别是在国家现行离退休费的计算规定没有改革的情况下，统一的工资标准是计算离退休费的依据。但是随着商品生产发展，企业分配自主权的扩大，统一的工资标准和按行政职务划分企业规格，束缚了企业的自主分配权，需要在改革现行有关离退休费计算规定的基础上加以改革。

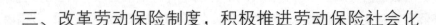

三、改革劳动保险制度，积极推进劳动保险社会化

社会劳动保险制度是社会保障制度的重要内容，也是建立和完善劳务市场体制的重要配套措施。长期以来，我国劳动保险制度是一种由企业包干的保险制度，弊端甚多。今后，随着改革的深化和全面开放劳务市场，劳动力要相对流动，商品经济优胜劣汰的竞争机制将使劳动者在竞争中承受更多的失业风险，如企业破产、辞退工人、意外事故等。这都要求社会为劳动者提供必要的生活保障。因此，劳动保险制度改革要朝着社会化方向转变，为全面开放劳务市场创造适宜的经济环境和社会环境。改革的目标是逐步建立以养老保险为核心的多项目、多层次的社会保险体系。所谓"全社会"，就不单是国营企业职工要实行社会保险，集体企业、"三资企业"、乡镇企业和私营企业以及个体雇工，都要实行社会保险。不但固定工、合同职工要实行社会保险，临时工也要实行。所谓"多项目"就是既要建立养老保险、待业保险、工伤保险，也要改革现行医疗保险制度。所谓"多层次"，就是保险待遇不搞一刀切，要考虑企业的承受能力，只统一国家法定保险待遇，各个企业可以根据经济情况，增加补充保险，个人也可以搞储蓄保险。近期内，改革主要从以下五个方面逐步开展。

（1）全面建立职工退休养老保险制度。

改革的近期目标是在城镇单位所有职工中全面建立统一的养老保险制度，使所有城镇劳动者都能够享受退休养老待遇。养老保险基金由国家、企业、个人三者合理负担，以企业负担为主，个人少量收费，按照"以收定筹、略有积累"的原则，建立统一的养老保险基金，逐步实现基金一体化。目前，按标准工资计算养老保险待遇的办法，已经不适应工资制度改革的需要，因此必须进行改革。今后要采取按全部工资收入计算离、退休待遇的办法。为了保证离、退休职工的生活不致因物价上涨而受过多影响，要研究提出离、退休待遇与物价相联系的办法。

养老保险由劳动行政部门下属的社会劳动保险公司统一管理，形成以省、市、县三级管理为基础的社会化、专业化管理体系。全省逐步建立职工保险账户，对各种不同所有制和用工形式的职工、个体劳动者的养老保险实行综合管理。目前，要在巩固全民所有制单位固定工、合同制工人养老保险制度的基础上，建立临时养老保险制度，扩大集体所有制单位统筹保险范围，有条件的地方，也可以在乡镇企业、私营企业进行试点。

（2）逐步建立和完善包括所有职工在内的待业保险制度。

待业保险是保障职工待业期间的生活，并为其再就业创造必要的条件。待业保险的范围，也必须是全社会的，包括所有企业的所有职工。1988年在巩固完善国营企业职工待业保险制度的基础上，必须把全民带集体职工纳入待业保险范围，同时制订临时工、县以上集体所有制职工和"三资企业"中方职工以及城镇私营企业职工的待业保险具体办法，并着手研究乡镇私营企业、个体劳动者的待业保险问题，先行试点，然后有计划、有步骤地在全省逐步推开。

职工的待业保险工作，由各级劳动行政部门的劳动服务公司统一管理，与劳动市场的调节以及劳动就业工作结合起来。待业保险金，逐步由市、县统筹过渡到全省统筹；要通过开放劳务市场，运用好待业保险基金，搞好待业职工的专业培训和扶持就业，尽可能缩短职工待业周期。

（3）建立社会工伤保险制度。

保障劳动者在生产过程中安全健康，是我们党和国家的一贯方针。中华人民共和国成立以来，国家颁布了一系列安全生产的方针政策和规定，对保障职工的安全健康起到积极的作用。今后，在发展社会主义商品经济的同时，安全生产的方针还要继续贯彻。但是，人们在工作的过程中，意外事故不可能完全避免，而且一旦发生事故，特别是重大事故，往往给企业和职工生命财产造成重大损失，严重的会使企业破产。目前，企业对因公受伤人员一般采取照顾安排工作，实行养起来的政策，或者是对因公殉职人员照顾吸收其亲属子女的办法。这种办法与商品经济发展要求不相适应，因此必须进行改革，建立社会工伤保险制度，使企业职工因工伤亡的经济补偿从单纯由企业负担转为由社会保险机构统筹支付。

社会工伤保险制度的实施范围，应当包括所有企业的所有职工。保险基金，由企业按照工资总额的一定比例交纳。费率根据行业和工种的危险程度、工伤事故发生频率高低分别确定。社会工伤保险基金由各级行政部门的社会劳动保险公司统一筹集、统一管理，调剂使用。当前要着手研究拟订工伤保险办法，争取早日实施。

（4）改革医疗保险制度。

传统的由国家统包的企业医疗保险制度，药品浪费、经费超支等情况很严重，因此必须进行改革。改革的原则是在保证医疗、节约开支、克服浪费的前提下，兼顾国家、单位和个人的利益和承受能力，实行医疗费用与个人利益适当挂钩，个人负责少量费用，企业、医疗单位、个人三方制约、合理负担的办法控制医疗费用的开支。同时适当调整医疗费用提取比例,逐步实现社会统筹医疗保险。

(5)建立困难职工补助基金。

职工困难补助基金的来源,由征收的奖金税、工资调节税和个人所得税扣除财政部门的税收留成后组成。必要时可开征高消费品附加税,作为职工困难补助基金的补充来源。职工困难补助基金用于对家庭生活收入低于生活贫困线的公职人员、企业职工、离退休人员和待业职工进行困难补助以及因病伤亡职工遗属的困难救济等。

(注:本文写于1988年,主要根据党的十三大报告的精神,阐述了企业劳动用工、工资分配、社会保险三大制度改革的初步设想。)

第四节 广东劳动工资制度综合改革的实践与思考

1988年,国务院批准广东进行综合改革试验,拉开了广东省劳动工资保险三大制度综合配套改革的序幕。几年来,这项改革在经济由热转冷的复杂环境中,稳步推进,经受了考验,并取得了可喜成绩。站在新的历史起点上,认真总结这几年推进综合配套改革的经验教训,对于采取正确措施,进一步推进劳动工资保险制度的综合配套改革,促进国民经济持续、稳定、协调发展具有重要意义。

一、改革的基本实践

广东省劳动工资保险制度综合配套改革是在近10年劳动工资制度改革取得较好成效的基础上进行的。1988年,国务院批转广东省政府《关于深化改革扩大开放加快经济发展的请示》中,批准广东在劳动工资方面进行综合改革试验,改革的总原则是:在劳动、工资、保险方面进行全面综合配套,继续克服平均主义弊端,打破"铁饭碗",建立有利于社会主义商品经济,有利于提高劳动效率,有利于社会安定的新型劳动工资制度和运行机制。同年,省政府批转省劳动局《关于改革全民所有制企业单位劳动工资计划管理体制的意见》,决定按照综合配套改革的内在要求,进一步改革全民所有制劳动工资计划管理体制。根据上述两个文件的精神和广东省劳动工资制度改革实际情况,广东劳动工资制度综合配套改革以巩固和发展劳动合同制度为主要内容,重点从以下五个方面展开。

第一章 突破——率先改革劳动计划管理体制

(1) 改革"统包统配"就业制度，培育发展劳务市场。

1983年，广东省决定用工单位对从社会上新招的工人全面实行劳动合同制。在此基础上，1988年以来，我们不断扩大劳动合同制实施范围。对技校毕业生和部分市、县城镇复退军人实行劳动合同制；对县以上集体企业从社会上新招工人全面实行合同制；对农林茶场，废止"自然增长"的招工制度，规定招用常年性工作岗位的工人统一实行劳动合同制；对集体单位固定工调入全民单位、1983年5月后参加工作的外省固定工调入广东、本省固定工调入"三资企业"，全部改为劳动合同制。至1990年全省劳动合同制工人达102万人，其中全民单位76.5万人。除劳动合同制工人外，广东省部分企业对固定工、临时工、季节工普遍实行合同化管理。据统计测算，这部分职工人数约为120万人，加上全民单位合同制职工人数，实行合同管理的职工人数约占全民单位职工总数的40%。一些企业实行合同化管理后，打破了固定工、合同制工和临时工的界限，在生产安排和人员使用上，不分用工类别，统一安排使用，有能力、表现好的临时工也可担任厂长、经理或中层管理人员，因此调动了企业全体职工的积极性。

实行劳动合同制，从制度上为企业根据生产经营变化情况增减职工创造了有利条件。但是，如果不改革就业和招工制度，开放劳务市场，就无法为企业招工和劳动者就业创造一个宽松的环境。因此，广东省把改革就业制度，开放劳务市场作为综合配套改革的一项重要内容来抓。一方面坚持改革统包统配就业制度，废除子女顶替和内招办法，实行三结合就业方针和面向社会、公开招收、全面考核、择优录用的招工制度，另一方面及时研究制订劳务市场管理办法，加强职业介绍机构建设，为用人单位和劳动者就业牵线搭桥，提供信息。目前，全省已有115个大中城市和县（区）开办了劳务市场，建立了常设性劳务介绍机构443所，为合同制工人流动和再就业提供了有利条件。

(2) 深化企业工资制度改革，探索建立企业新的工资分配制度和工资总量决定机制。

1988年以来，国家对广东工资总额的增长，采取与全省经济增长综合指标挂钩浮动的办法进行总的控制。省内采取分级管理、分层调控办法。各企业职工工资总额与经济效益挂钩，在职工平均工资增长不超过劳动生产率和上缴税利增长的前提下，由企业自主分配。主要做法：一方面是从宏观上探索理顺国家与企业的工资分配关系，探索建立工资总量决定机制，对有条件的企业，坚持根据企业特点采取多种形式的工效挂钩，不断改进和完善工效挂钩办法。至1990年年末,广东省实行工效挂钩的预算内国营企业2820户,81.8万人,分别占同口径企业数的43.2%,职工总数的53.9%;对暂不能实行工效挂钩的企业,普遍推行工资总额包干。并且,在这个基础上,由各市和省直企业主管部门对省实行工资总额同经济效益总挂钩或总包干。目前,除计划单列市和经济特区外,全省已有16个市对省实行了总挂钩。另一方面是在控制企业工资总额前提下,继续扩大企业内部分配自主权,采取各种形式搞活内部分配。新增效益工资由企业在政策指导下自行分配。一些企业把奖金或部分工资随经济效益浮动;一些企业实行承包工资制,结构工资制或岗位工资制。如广州白云山制药总厂在企业内部实行"万元利润工资含量考核法"和"岗位责任计分考核法"的工资分配形式,使职工工资收入与企业实现利润、个人劳动质量、数量挂钩,有效地推动了企业生产经营的发展。

(3) 深化保险制度改革,建立以社会统筹为特征的社会劳动保险制度,解除劳动者的后顾之忧。

1988年以来,我们按照在城镇所有职工中尽快建立和完善养老、待业、工伤医疗社会保险制度的要求,在巩固发展全民单位固定职工、合同制职工和集体、"三资企业"职工社会养老保险统筹基础上,从1989年开始建立临时工社会养老保险制度。一些市、县还对其他企业职工实行了养老保险统筹,至1990年年底,全省参加养老保险统筹的各类职工达540.62万人,国营、集体企业投保率分别达96%和70%。在扩大保险覆盖面的同时,广东省还建立了保险金调剂使用制度,提高了保险的社会化程度,在治理整顿期间,全省共调剂了1000多万元对参加统筹的困难企业离退休人员发放了退休金。待业保险在国营企业全面铺开,1989年扩大到国营企业停产企业职工,各级劳动部门建立了待业保险机构,四年多来共对10000多名待业职工发放待业救济金100多万元。此外,广东省从1988年开始探索改革工伤保险制度,经过一年多的准备,1990年,东莞、深圳两市进行了工伤保险改革试点。实行工伤保险费用以市为单位统筹使用,为企业平等竞争创造了良好条件。

(4) 改革劳动工资计划管理制度,探索计划管理与市场相结合的管理机制。

为了适应综合配套改革的需要,广东省按照省政府批转省劳动局《关于改革全民所有制单位劳动工资计划管理体制的意见》,从1988年起,在全国率先对全民所有制单位劳动工资计划管理体制进行改革。改革的原则

第一章　突破——率先改革劳动计划管理体制

是在各市、各部门对省实行工资总额同经济效益挂钩（或包干）基础上，管理工资总额计划，放开职工人数计划，实行分级、分层的弹性调控。即省每年把劳动部下达的工资总额计划，结合各市、部门挂钩实际，分解下达控制数，省和各市、县劳动部门对地方全民所有制企业不再下达职工人数指令性计划，由企事业在规定的工资总额范围内，按照有关政策规定和"增人不增工资总额，减人不减工资总额"的原则，自行决定招工或聘用人员，并报劳动部门备案。

（5）逐步加强和改善对劳动工资的宏观管理，增强宏观间接调控能力。

实行上述改革，把企业从过去高度集中统一的劳动工资管理体制中解脱出来，使企业活力大为增强，但决策分散化和企业自我约束机制不健全，又出现了企业劳动管理秩序紊乱的现象。这就对加强和改善劳动工资宏观管理提出了必然要求。在近年来的治理整顿中，广东省把加强和改善对劳动工资的宏观管理当作推进综合改革的一项重要内容，采取了一些积极的措施。一是加强立法，依法建立劳动监察制度，运用法律手段加强劳动监察，并先后制定了《广东省经济特区劳动条例》等10多个法规、规章。1989年9月省政府批转省劳动局《关于整顿劳务市场秩序加强劳动管理的意见》中提出要"建立劳动监察制度"。各级劳动部门按照省政府的部署，抓紧建立劳动监察机构，明确其主要任务是依法加强对企业招工、用工和工资分配等情况的监督检查，端正企业招用工行为，维护劳动者合法权益。至1990年年末，全省已有10个市建立了劳动监察机构，配备劳动监察员200多人。二是建立了乡镇劳动管理机构，加强乡镇企业劳动管理。1988年下半年，省政府决定健全乡镇劳动管理机构。至目前为止，全省已有85%的乡镇成立了乡镇劳动管理机构，对进一步加强乡镇劳动管理，贯彻落实劳动工作的各项方针政策发挥了重要作用。三是运用经济手段，制止企业违反规定招用工人的行为，保证国家和省的劳动法规、政策的贯彻执行。1990年2月省政府颁发《广东省违反招用工人规定处理暂行办法》，对企业擅自招用农村和外省劳动力、招用童工以及违反劳动合同等情况，视情节轻重分别处以罚款处理。四是运用行政手段，加强对全社会劳动力和工资基金的宏观管理。首先是按照省政府的要求，从1988年开始，在全省普遍建立务工许可证制度，严格控制农村劳动力进城务工和外省劳动力盲目进入广东。其次是建立工资基金管理手册制度。全省独立核算的全民所有制企业单位，均统一使用国家劳动部、中国人民银行印制的《工资基金管理手册》，经劳动部门审核批准后，在工资基金专户中列支，不得突破。上述

广东劳动制度的深刻变革

几项改革密切配合,互相促进,产生了较好的效果。

二、改革取得的初步成效和存在的问题

三年多来,广东劳动工资保险制度综合改革在治理整顿中,与整个经济体制改革配套而行,逐步深化,取得较好成绩,旧的劳动工资管理格局发生了很大变化,适应有计划商品经济发展需要的新型劳动工资管理体制开始建立。改革的成效主要表现在以下三个方面。

第一,进一步打破了"铁饭碗""大锅饭",为增强企业活力创造了条件。过去,企业用工制度上的"铁饭碗"与分配上的"大锅饭"结合在一起,使企业无法根据生产发展需要合理安排和调节劳动力,造成企业人浮于事、效率低下等严重弊端。改革后,国家对绝大部分劳动者就业不再实行统包统配办法,企业用工实行劳动合同制,这就使企业在一定程度上可以行使用工自主权。企业能够根据生产经营的实际需要和落实承包责任制的要求,促进劳动者与生产资料的有效结合;同时,在工资分配方面,随着企业工资总额同经济效益挂钩办法的实施,企业拥有内部分配自主权,企业可能运用工资杠杆,按照多劳多得少劳少得的原则,对职工劳动报酬进行分配,借以调动劳动者生产劳动的积极性、主动性和创造性,提高劳动效率。这些改革使企业获得了两大"法宝"——用工自主权和分配自主权,从而使企业活力明显增强,经济效益迅速提高。据统计,1990年广东国营工业企业全员劳动生产率达29512元,比1980年增长183.8%;改革使职工工资收入有较大提高,1990年全民单位职工年人均工资为2982元,比1980年增长117.2%。

第二,引进市场机制和社会保障机制,为劳动者自主择业和促进劳动力合理配置提供了保障。

在综合改革中,一方面广东在劳动就业中大胆引进市场调节机制,全省各级劳动部门普遍建立了供求双方相互选择的劳动力场所,还通过建立多形式、多层次的职业介绍机构,沟通社会与企业之间、劳动力供求之间的流动渠道,为实现劳动力供求双方相互选择提供了方便;另一方面社会养老和待业保险制度的建立,解除了职工流动的后顾之忧,也为企业合理调节人员创造了宽松环境。实践证明,综合改革为职工合理流动与企业灵活调节劳动力创造了条件,增强了活力。据测算,1991年全省劳动合同制工人年流动率平均为20%左右,大大超过固定工,劳动者根据个人兴趣和

特长选择就业的机会大大增加。例如，广州、深圳每年都举办两三次大型劳务交流集市，要求就业的人员基本上可以通过市场，与企业直接见面，了解情况，选择职业；企业也可通过面试等多种形式，择优录用；多余的人员还可以通过劳务市场调剂出去。根据市场需要和生产实际为企业更加灵活地调节劳动力提供了方便。

第三，突破了计划经济条件下形成高度集中统一的劳动工资管理体制，开始建立起适应社会主义有计划商品经济发展要求的新型劳动管理体制。

传统的劳动工资管理体制集中过多、管理过死的状况有一定程度的改变。在体制上，随着开放劳务市场和工资总额同经济效益挂钩办法的实施，广东省实行了分级管理、分层调控的弹性管理体制，地方（部门）和企业在经济效益增长的前提下，有权给职工增加工资，有权根据生产发展需要增减人员，这就使过去僵化的体制恢复了生机和活力；在计划方法上，改变了过去片面强调指令性计划，忽视指导性计划的状况，允许企业照国家规定灵活调节劳动力和调整工资分配，职工能进能出，工资水平能高能低，从而促进了就业结构，工资结构的调整，扩大了企业在劳动工资分配上的自主权。这些改革，并没有使广东省劳动工资失控。据统计，1990年年末，广东省社会总产值3052.52亿元，比上年增长13.7%；工业总产值1892亿元，比上年增长16.4%。全民工业企业全员劳动生产率29521元，增长11.4%，在生产发展的条件下，全省职工人数和工资总额保持了适度增长。全省全民单位职工总数528.31万人，比上年增长2.9%，比1989年的增幅减少0.5%；工资总额154.05亿元，比上年增长11.3%，比1989年增幅减少11.6%。职工人均货币工资2982元，比上年增长8.67%，扣除物价因素，实际增长11.6%。联系国民经济发展有关指标，广东省职工和工资增长与国民经济发展基本相适应。在调节手段上，改变了过去单纯依靠行政命令的做法，大胆引进了市场调节、经济调节等手段。例如在劳动就业方面，缩小了统包统配范围，企业招工和劳动者就业基本上可以通过市场去解决。企业劳动关系可以通过签订劳动合同这一法律形式来调整。所有这些改革，较好地适应了计划商品经济条件下，企业生产发展变化和经营机制转变的需要，适应了发展多种经济成分、多种经营方式的需要。至1990年年底，广东省职工队伍结构发生了明显变化，从所有制结构看，全民单位职工占全省职工总数（不含乡镇企业、私营企业、"三来一补"企业）的比重由1979年的70.7%下降为67.3%，城镇集体所有制单位职工由1979年的29.1%下降为26.4%，其他所有制职工从无到有，上升为6.3%，此外，乡镇企业、"三来一补"企业、私营企业和城镇个体劳动者的从业人数相当于全省部职工总数。从就业的产业分布来看，第一、二产业人数所占比重明显下降，第三产业人数所占比重由1979年的11.5%约上升到23%。

实践证明，推进综合配套改革对促进企业经营机制转变和社会生产力的发展起到了积极作用。但是，从总体上看，改革还是初步的、浅层次的，体制上深层次的问题还未获得解决。当前面临的主要问题是：①综合改革缺乏整体规划，有关部门的利益关系难协调，致使改革内容不衔接，措施不同步配套，无法形成合力；②宏观政策不协调，劳动工资制度先改后，新的政策与现存的企业劳动工资计划管理办法、企业人事制度、住房制度以及特殊人群的统配就业政策存在着很大矛盾，致使改革长期处于破而不立，或破而难立的窘境，难以形成"气候"；③经济发展不平衡，致使改革中制定的某些政策存在着"鞭打快牛"的现象，改革者得不到实惠，因而产生了"畏改"情绪，不少改革措施难以落实到企业；④政府部门对劳动工资综合配套改革缺乏共识，有些改革措施没有列入经济体制改革总体规划，因而尚未引起各级党委、政府的足够重视。

三、几点启示

三年多来推进综合改革试验的实践，给予我们许多有益的启发。

一是推进劳动工资管理体制综合配套改革，必须依靠各级政府强有力的领导，协调好相关方面的关系，制定改革的总体规划，把各项改革内容有机地衔接起来，做到同步配套，以利于促进新体制的逐步生成。劳动工资制度改革是联系相当密切的一项系统工程，有着内在不可分割的逻辑联系，如果只是用工制度改革单项突进，不与就业、工资、保险制度改革相配套，就难以巩固而流于形式。从外部来说，劳动工资方面的改革，还需要企业干部人事制度、计划管理制度、住房制度、财政管理体制，以及宏观调控手段等相配套，否则，就会互相牵制，使新体制的优势无法充分显示出来。因此，当改革发展到一定阶段时，应当尽量避免孤军深入。要通盘考虑，把各项改革内容有机地结合起来，互相衔接，相互促进，以利于创建新的劳动工资管理体制。

二是改革必须以增强企业活力为中心，促进国民经济的持续、稳定、协调发展。劳动工作的对象是人，最大限度地激发和调动劳动者的组织性与创造性，增强企业活力，应当成为劳动工资保险制度改革的出发点和落脚点。12年来，我们围绕搞活企业，把企业改造成商品经济条件下相对独立的经济实体这一思路，通过对企业招工、用工、分配和保险福利等一系列的改革，扩大了企业招工、用工和分配自主权，使企业逐步成为自主用工和分配的主体。同时，在改革过程中，注意维护职工作为劳动者和所有者的双重合法权益，尊重劳动者的择业自主权，从而激发了它们的积极性。实践证明，这些改革是行之有效的，它有利于把企业改造成商品经济条件下自主经营、自负盈亏的社会主义商品生产者和经营者，促使企业经营机制向适应有计划商品经济发展需要的方向转变。因此，今后推进综合配套改革，一定要尊重企业和职工的意愿，多从增强企业活力着眼，紧密配合企业制度改革进行，就能把各项改革措施落到实处。

三是进行综合改革，必须重视改善和加强宏观间接调控能力。深化劳动工资制度改革，必然会遇到并提出改革劳动工资计划管理体制问题。在着手改革劳动工资计划管理体制时，如果不同时建立新的宏观间接管理体制，就会出现宏观调控乏力、微观失调的状况。近几年来，广东省改革劳动工资计划管理体制，下放企业招工、用工和分配自主权，开放劳务市场后出现了企业私招滥雇临时工，侵犯临时工合法权益；农村劳动力大量进城务工，外省劳动力盲目入粤；企业工资增长速度过快等现象。在这种情况下，我们不是采取收权的简单做法，而是在治理整顿中，研究改革宏观调控办法，逐步建立劳动力进城务工许可证制度、劳动监察制度、工资基金管理制度，以及建立乡镇劳动管理机构等，增强宏观间接调控能力和管理手段。这就有效地消除了企业招工、用工中的混乱现象，保障了临时工的合法权益。实践使我们深刻体会到，宏观间接调控能力不强，是阻碍旧的劳动工资指令性计划体制改革深化的重要原因。在推进综合改革中，应当不失时机地加强和改善劳动工资宏观调控能力，以此来替代旧的劳动工资计划管理体制，这将有效地稳妥地促进新旧体制的转换。

四是操作上应当坚持点面结合，双线推进的办法。推进综合改革，应当从哪里取得突破，目前人们的认识尚未一致。我们认为，我国经济发展不平衡是一个基本国情，各项改革推进的步骤、内容不应强求一刀切。但又不能以此为借口按兵不动。对于深层次的、难度较大的改革应当挑选一些有条件的企业作为试点，如岗位技能工资，应先试点改革，取得经验后再铺开；在进行试点的同时，面上的改革不能停顿，已出台的各项改革措施应当继续推进和完善。所谓"双线"推进，一是微观上要以企业内部改革为主线，二是宏观上要以宏观管理体制改革为主线，双线协调推进，互

广东劳动制度的深刻变革

为因果,才易于解决当前改革中面临的矛盾,使综合改革稳步推进,并取得实效。

(注:本文写于1991年6月15日,总结了自1988年以来贯彻国务院批复的精神,推进劳动领域三大制度综合改革的做法和经验。这说明广东在三年的治理整顿中,改革并没有停顿,而是以敢为人先的勇气,继续推进,保持了先走一步的优势。)

第五节　省内劳动力余缺调剂的障碍与对策

劳动力余缺调剂是人力资源配置的一种形式。在当前的治理整顿中,控制外省劳动力大量盲目入粤,加强省内市、县之间城乡劳动力余缺调剂,对缓解企业用工紧缺矛盾、解决劳动力地区布局不合理问题有着积极意义。但是在工作实践中,我们却遇到一些意想不到的难题:经济比较发达的珠江三角洲,不少企业到劳动力资源比较丰富的粤北山区和贫困地区招工,却难以招到工人。这究竟是怎么回事?

最近,我们对此做了调查。发现当前省内市、县之间劳动力余缺调剂,确实存在不少障碍,主要表现在以下五个方面。

(1) 劳动力供求双方对劳动者的工资难以达成一致协议,致使余缺调剂难以实现。劳动力供方往往考虑到向城市或异地流动的成本(如交通、住宿费用、劳动保护、生活习惯等)比较高,因而对工资报酬要求较高,认为人均月最低工资不能低于250元。但劳动力需方却认为,目前广东企业职工每月人平均工资只有180元左右,新招普通工人的工资理应更低些,否则,企业承受不了。

(2) 一些企业不重视临时工的劳保福利待遇,损害了临时工的合法权益,致使部分劳力外出"打工"顾虑重重。目前,对劳动力需求量较大的是"三来一补"企业和乡镇企业,而这些企业往往没有认真执行国家有关劳动保护及劳动工资方面的政策、法规,强迫工人加班加点却不给加班工资等,使部分应招者心有余悸,不敢贸然报名。有些报了名的,由于对国家有关劳保福利方面的规定了解不多,于是向企业提出了一些难以满足的附加条件,使用工单位难以接受。

(3) 招工信息传播范围小,未能真正做到面向社会公开招工。劳务输出地一些劳动部门习惯于用计划调配的办法配置劳动力,劳务中介机构往往对发布劳务需求信息重视不够,传播方式少,范围小,致使愿意报名者

第一章 突破——率先改革劳动计划管理体制

得不到信息，得到信息者不愿报名或报名后又不符合招工条件，结果难以成交。

（4）不同质劳动力之间的替代性小，满足不了需方对不同层次劳动力的需求。例如一些工业企业急需招用车工、钳工、电工等技术工人，但供方多是刚走出校门的中学生，缺乏职业技能，企业难以录用；一些青年不愿到艰苦的工矿企业工作，挑挑拣拣难以成交；一些地区存在着妇女不出门的陋习，而广东省乡镇企业、"三来一补"企业正在发展劳动密集型产业，需要的绝大多数是年轻的女工。据深圳、珠海、东莞三市调查，目前在用民工3万多人，其中女工占60%以上，而劳动力存量较多的梅州市、信宜县、阳山县三地可输出劳动力3.4万人，其中女性劳动力仅占12%左右。劳动力性别供求不平衡，也阻碍了劳动力的余缺调剂。

（5）户籍制度困扰着劳动力的流动。山区和内地不少青年人到经济特区和珠江三角洲务工，是抱着"农转非"的一线希望去的。他们干了十年八年，把自己的青春献给了特区和富裕地区的经济建设事业，但由于户口还在原地农村，婚恋问题难以解决，最后还要回到原地农村去，因而后顾之忧甚重。这也是省内劳动力余缺调剂难度大的原因之一。

种种情况表明，随着商品经济的发展和改革的深化，人们就业动机、就业观念发生了很大变化。对职业的选择更注重物质利益、注重劳动条件，注重按照自己志趣选择职业。因此，过去单纯采取行政命令手段调剂劳动力的做法，已不能适应市场化就业的要求，不能解决余缺调剂中出现的难题。为了充分挖掘和利用本省劳动力资源，做好全省范围内的劳动力综合平衡与余缺调剂工作，建议按照发展有计划商品经济的要求，采取五个相应对策。

第一，依据不同地区、不同行业的实际工资水平，制订分地区分行业的动态工资水平指导线，协调劳动力供求双方在劳动报酬方面的矛盾。用工单位应严格依照省提出的工资指导线，在一定范围里上下浮动，确定自己聘用劳务人员的初期工资水平，不能任意压低；劳动力供方可按省确定的工资指导线与需方协商确定工资，不能有过高的要求。

第二，加强劳务监督检查，依法保障劳动者合法权益。当前，广东省在劳动管理、安全生产、劳动保护、职工养老保险等方面颁发了多项法规或规章。这些规定对加强企业劳动管理、保护职工合法权益有着积极意义。各级劳动部门应针对当前有些企业有法不依、执法不严情况，加强劳务执法监督检查，督促用工单位自觉维护职工的合法权益，以消除劳动者外出务工的思想顾虑。

第三，严格实行面向社会、公开招收、全面考核、择优录用原则。包括招工信息公开化，招工程序公开化。劳务输出地劳务中介机构应当牢固树立为企业生产、为劳动者就业服务的思想，改变劳动力地区、部门所有的旧观念，改变管、卡、压的做法，积极做好牵针引线工作，主动根据招工对象、范围和本地劳动力资源状况，协助用工单位通过多种形式，广泛公开发布、传递、反馈招工信息，不要人为地使信息传播渠道变小，或封锁信息，为劳动者公开竞争就业创造有利条件。

第四，加强职业技术培训，增加不同质劳动力相互替代的可能性，挖掘劳动力资源。建议劳动力供求双方劳动部门从实际出发，主动挂钩，经常定向沟通劳动力供求信息，使供方变被动为主动，主动根据需方对不同层次、不同工种劳动力的需求，加强对口培训，加强对初次就业者的职业思想、就业心理和职业技能教育，提高他们对不同工种的适应能力和选择能力。尤其是有关部门要密切配合，破除妇女不出门"打工"的陋习，动员农村富余女性劳动力特别是未婚女性劳动力外出务工就业。

第五，适当放宽条件，解决部分外出劳动力户口迁移问题。建议对外出务工的劳动者，如在城镇各类企业（不含私营企业）连续工作8年以上者，经申请符合条件者应同意办理迁移"农转非"户口；如在乡镇各类企业连续工作8年以上者，经申请，可同意办理迁移农业户口。这对于解除外出务工者的后顾之忧，促进省内劳动力余缺调剂将会产生积极作用。

（注：本文反映了广东省劳动力计划管理体制改革后，劳动力需要通过市场跨地区转移就业时遇到的问题和解决问题的对策建议。由陈斯毅与罗国建同志合写，曾发表于《中国金报》1989年10月13日。）

第一章 突破——率先改革劳动计划管理体制

【参阅资料】江门市改革劳动计划管理体制的调查

江门市劳动局从1988年起，开始把工作重点放在改革劳动工资计划管理体制，为增强企业活力服务上。在劳动领域，坚持以劳动工资计划管理体制改革为"龙头"，推动劳动用工、工资分配、社会保险制度等方面的综合配套改革，较好地落实了企业的招工用人和分配自主权，推动企业转换经营机制，有力地促进了全市经济的迅速发展。至1990年年底，全市工业总产值达126.2亿元（1980年不变价），是1979年的10倍，全民工业企业全员劳动生产率达41692元，比1979年增长346.3%。

该局深化改革的指导思想是：大的方面管住管好，小的方面放开搞活，缩小指令性计划范围，扩大部门和企业自主权。具体政策措施和做法：一是把过去对企业实行职工人数和工资总额双指标控制，改为以工资总额为主的单指标控制，把指令性计划改为指导性计划，通过实行工资总额同实现税利（或上缴税利等经济效益指标）挂钩，按一定比例上下浮动的办法，实行弹性计划控制。放开职工人数计划，由企业在规定的工资总额范围内自行决定用工计划。改革后，市不再向各县（区）和市属企业下达指令性职工人数计划指标，各县（区）也不再向企业下达指令性职工人数计划指标。各企业按照增人不增工资总额，减人不减工资总额的原则，有权根据生产发展实际需要在核定的工资总额范围内自行安排增减职工人数和录用或辞退人员。从社会上招收工人一律实行劳动合同制。二是实行分级管理、分层调控、分类指导的管理办法。该市按照必要的集中和适度的分散相结合的原则，对劳动工资宏观调控权限进行必要的调整和明确划分，建立新的管理体制。所谓分级管理、分层调控，就是由市、县（区）和部门负责核定所辖国营企业工资总额基数，经济效益指标基数报上一级政府有关部门审批，并将上级核定的基数和挂钩比例逐级分解，落实到企业。这样各级政府和企业都有了调控工资总额的职责和权限。调节的方式，不是用行政命令手段，而是充分利用经济调节手段，从而增加了计划的弹性和适用性。截至1990年年底，全市实行"工效挂钩"的预算内国营企业有307户，占预算内国营企业总户数的99.35%；实行"工效挂钩"的预算外国营企业有143户，占预算外国营企业总户数的53.56%；实行"工资挂钩"的县以上集体企业有613户，占县以上集体企业总户数的58.48%。暂不挂钩的实行工资总额包干使用。三是切实加强和改进工资基金管理，保证计划管

61

体制改革顺利进行。其做法是：对所有企业，只允许在一个银行设立一个工资基金账户，各企业每年的工资总额基数由劳动部门核定后记入《工资基金管理手册》（以下简称《手册》）。企业以各种形式支付的工资均需通过《手册》由开户银行监督支付；分系统、分单位设置工资基金管理台账，把企业发放的工资基金系统地纳入劳动部门统一管理；经核定的年度工资总额，企业可以在年度内综合使用，使企业获得了运用工资杠杆的自主权，更好地发挥了工资的效能。

在推进劳动工资计划管理体制改革的同时，为了更好地促进企业经营机制的转变，该市还在以下方面采取相应措施：①改革招工制度，简化招工手续，培育市内劳务市场。企业有权面向社会，在全省范围内公开招工，在核定的工资总额范围内自行确定招工人数、工种和对象等。②逐步实行全员合同化管理，以劳动合同确定双方劳动关系。截至1990年，全市合同制工人达7.78万人，占职工总数的16.8%，一批国营企业实行了全员合同化管理，企业与职工相互选择，能进能出，对违反厂规厂纪的职工，企业可以依法辞退；对不合格的富余人员，可以撤离岗位，实行厂内待业或辞退。③推进保险制度改革，对全市所有企业全面实行社会养老保险；对国营企业和部分集体企业、"三资企业"实行社会待业保险。④加强职业技术培训，扩大劳动就业训练中心的培训能力和技工学校建设。1988年以来，全市共培训中级技工29729人，高级技工1983人，评聘技师1152人，从而有效地提高了劳动者素质，基本满足了企业技术进步对高素质劳动力的需要。

（注：本文写于1992年1月。）

第二章 探 索

——率先实行劳动合同制

【**本章导读**】突破高度集中统一的劳动计划管理体制后,广东开始用较大的精力探索改革企业劳动用工制度。1979年,为了适应实行对外开放、对内搞活经济的迫切需要,中央批准广东实行"特殊政策、灵活措施",允许广东根据实际情况,自行安排劳动力,不受国家劳动指标限制,以适应对外开放、引进外资,发展"三资企业"的用工需要。按照中央部署,广东从1980年起开始率先探索试行劳动合同制。探索的路径主要有两个:一是对"三资企业"招收员工全面实行劳动合同制。二是在国营企业新招工人中实行劳动合同制试点。1985年在全省各类企业新招人员中全面铺开。1986年国务院颁布《国营企业实行劳动合同制暂行规定》等四个规定后,广东全面推进劳动合同制度改革。本章收录的几篇文章,记述了广东在改革开放初期探索实行劳动合同制的情况,总结了主要做法和实践经验,分析了当时存在的主要问题,提出了进一步改革的思路,从不同侧面反映了改革探索的艰难进程和演进轨迹。

第一节 率先实行劳动合同制的探索实践

党的十一届三中全会以来,广东按照党中央关于"实行特殊政策、灵活措施"的部署要求,同时吸引外资举办"三资企业"(指外商独资、合资、合作企业,下同),率先在外商投资企业试行劳动合同制,并在改革过程中,注意抓好配套改革,使这一新型劳动合同制度,逐步得到企业和广大劳动者的认可。五年多来,改革从"三资企业"扩大到国营企业新增职工,逐步实行劳动合同制,取得了明显效果。

一、改革进展情况

我国的固定工制度是20世纪50年代中期在高度集中统一的计划经济体制下逐步建立和发展起来的。这种固定工制度对保证劳动者实现稳定就业和推动经济建设曾经起过积极作用。但是,在相当长的时间内,这种劳动用工制度没有随着形势变化做相应的调整,以致后来逐步形成了以统包统配和固定工制度为主要特征的劳动制度。国家对城镇劳动者就业实行统包统配就业政策,用行政手段和指令性计划把劳动者统一分配到企业,以固定工形式使劳动者和企业保持终身固定的劳动关系,对此人们称之为"铁饭碗"。由此导致产生许多弊端,主要表现在:一方面国家统得过死,包得过多,企业缺乏选择职工的自主权,一些需要的人进不来,不需要的人出不去,多余的人员还要"包"下来;另一方面是一次分配定终身,职工缺乏选择职业和工作单位的自主权,常常出现学非所用、用非所长的现象。如果继续实行这样的制度,不利于增强企业活力,不利于劳动者自主择业,不利于调动广大职工的积极性和创造性,更不利于对外开放,引进外资企业,发展经济。劳动用工制度上的终身制、"铁饭碗"与工资分配上的平均主义"大锅饭"结合在一起,严重束缚了企业的活力,阻碍了社会生产力的发展,迫切需要进行改革。

党的十一届三中全会后,广东按照中央关于"实行特殊政策、灵活措施"的部署要求,对劳动制度主动进行了改革探索。从1980年开始试行劳动合同制,改革首先在深圳经济特区竹园宾馆等"三资企业"进行试点,然后又在珠海经济特区石景山度假村和清远县迳口水泥厂等企业扩大试点。取得经验后,1983年省政府决定在全省国营企业新招工人中全面实行劳动合同制。几年来改革经历了从特区到内地,从"三资企业"到国营企业,从全民所有制单位到集体所有制单位的发展过程,劳动合同制工人队伍逐步发展壮大。据统计,全省合同制工人从1983年3月的4000多人发展到1985年6月的37.65万人。其中全民所有制单位有30.06万人,县以上集体所有制单位有5.26万人,"三资企业"有2.33万人。改革实践初步证明,劳动合同制是一种适应企业发展需要的新型用工制度。

二、主要做法

广东在各类企业推行劳动合同制的主要做法是，主动根据企业和劳动者的意愿，下大力气抓好有关方面的配套改革，解决了关系劳动者和企业双方密切关注的切身利益问题。

一是加强劳动合同管理，消除双方顾虑。全省各市、县通过建立"三册一卡"制度来实施对合同制工人的管理。"三册一卡"，即劳动手册、投保手册和用工单位用来登记使用合同制工人总数、工资等级、工资总额变动情况的综合登记册，以及社会劳动保险卡。这"三册一卡"是合同制工人与用工单位签订或解除劳动合同及享受各种劳动保险待遇的依据和凭证。在推行劳动合同制的过程中，曾出现用工单位怕合同制工人学会了技术就跑掉，影响生产、工作，合同制工人怕工作一段时间后被辞退，造成生活无保障的"两头怕"现象。针对这种情况，广东各地都做出规定，允许企业区别情况，灵活确定劳动合同期限。劳动合同期的长短可根据企业生产的需要和劳动者的意愿，由双方协商确定。可以签订一年至五年的短期合同、五年至十年的中期合同和十年以上的长期合同，以消除"两头怕"心理。为了确保双方履行合同，有些市、地还规定劳动合同签订后，必须送当地劳动行政部门所属劳动服务公司鉴证。同时，明确规定企业辞退工人和工人辞职的各项条件以及违反劳动合同应担负的责任，从而使劳动合同双方消除了顾虑。

二是探索建立合同制工人社会保险制度，解除后顾之忧。实行劳动合同制，人们最担心的是打破"铁饭碗"，病无所医、老无所养，解除劳动合同后生活无保障。为了解除合同制工人的后顾之忧，促进用工制度改革顺利进行，省政府和市、地各级政府都发出文件，要求在推行合同制的过程中，必须相应建立社会劳动保险制度。目前，全省各市、地、县都已建立了劳动合同制工人的社会劳动保险制度，15个市、地和107个县（市）都成立了社会劳动保险公司，配备了专职管理人员，并且规定了合同制工人社会劳动保险基金的来源及提取办法。按规定缴纳社会劳动保险金后，合同制工人可享受待业（后改为失业）期间生活补助和退休、退职后的养老金、医疗补助费、死亡丧葬费、抚恤费等劳动保险待遇。为适应合同制工人能进能出、合理流动的特点，广东省还制定了社会劳动保险基金转移办法，规定合同制工人工作的单位变动时，其保险基金即可随之变动转移，其投保年限可前后合并计算。为了加强社会劳动保险基金的管理，1984年2月广东制定了《广东省社会劳动保险会计制度（试行草案）》，对社会劳动保险基金的各项会计核算以及会计组织机构和管理体制等，都作出明确的统一规定，使劳动保险会计管理逐步走上制度化、条理化、科学化轨道。

三是实行合同制工人跨地区转移办法，促进合理流动。随着劳动合同制的逐步推行，出现了一些合同制工人因生产、工作需要或符合政策需跨市、县流动转移的情况，如支援重点建设、特殊技工调剂、夫妻两地分居、随工作单位迁址等等。为合理地解决这个问题，有利于劳动合同制的推行，广东在总结韶关市经验的基础上，于1984年8月制定了《广东省劳动合同制工人流动暂行办法》，规定对有正当理由要求到外地工作或从外市、县到本市、县工作的劳动合同制工人，经有关劳动行政部门与用工单位协商同意后，允许办理跨地区转移手续。劳动合同制职工可与原单位解除劳动合同，与所需单位签订新的劳动合同，并将工作关系、社保关系分别转移到接收地的劳动服务公司、社会劳动保险公司等部门。公安、粮食部门凭当地劳动行政主管部门的通知书办理户口、粮食关系迁移手续。这样既满足了合同制工人的合理要求，促进了劳动力的合理流动，也使人们增强了对劳动合同制的信赖感。

四是贯彻按劳分配原则，实行工资性补贴。省政府发文要求企业认真贯彻按劳分配原则，强调工资分配要体现责、权、利相统一的特点，对合同制工人的工资分配，实行工资报酬与个人劳动成果、企业经济效益挂钩浮动的办法。

五是建立健全管理机构和制度，逐步提高管理水平。全省各地明确规定劳动合同制工人的招收录用、待业期间与重新就业的管理工作，由劳动行政部门所属的劳动服务公司负责；合同制工人的社会劳动保险工作，由社会劳动保险公司负责。省政府规定：各级社会劳动保险公司为事业单位，人员编制由各地根据实际需要自行确定，所需管理费可在保险金基金中按不超过5%的比例提取。省里还要求在社会劳动保险公司成立初期，各级地方财政要从经费上给予必要的支持。为了及时处理劳动合同双方发生的劳动争议问题，1987年省政府决定，各市、地、县劳动行政部门要成立劳动争议仲裁机构，及时处理劳动争议，从而保障了劳动关系双方的合法权益。

三、取得的明显效果

六年来广东推行用工制度改革的实践证明,劳动合同制是适应社会化大生产和社会主义有计划商品经济发展要求的新型用工制度,是我国用工制度改革的正确方向。劳动合同制在广东省虽然推行时间不长,但已初步显示出其优越性。

(1)有利于企业和劳动者在一定条件下相互选择,促进劳动力的合理使用和合理流动。实行劳动合同制以后,企业可以根据生产需要在数量上和质量上选择适宜的劳动者,劳动者也有权选择最适合自己志趣和专长的岗位。职工能进能出,突破了劳动力的"单位所有制"和"一次招工定终身"的弊端。这一新型用工制度还实现了劳动者与生产资料的合理结合,增强了企业活力,提高了经济效益。广东省一些经济效益较好的国营企业,特别是经济特区企业和"三资企业"都反映:实行劳动合同制搞活了企业的劳动管理,企业需要的人进得来,不需要的人出得去,企业与职工可以通过签订或续订合同,确定双方相对稳定的劳动关系,又可以通过终止劳动合同的办法,促进劳动力的合理流动,使劳动力的稳定性与流动性辩证地统一起来。许多工厂厂长说:劳动合同制给企业带来了生机和活力,我们要坚定不移地推行,使之不断完善。绝大多数的合同制工人和待业青年也拥护劳动合同制度。广州市最近对300多名合同制工人和待业青年进行了调查,有90%的人赞成改革劳动制度。他们说:"实行劳动合同制使青年有了选择职业的自主权,能够保证学有所用。"还有的合同制工人说:"实行劳动合同制,可以使劳动者与企业互相制约,体现责、权、利的结合。"

(2)有利于调动职工的劳动积极性,充分发挥劳动者的主人翁责任感。清远县迳口水泥厂是新办的国营企业,合同制工人占职工总数的70%。他们把自己的切身利益与企业的经济效益紧密联系在一起。在生产、经营中处处以主人翁的姿态出现,为企业的发展振兴做出了贡献。这个厂投产后,一度因用户对产品质量不放心而出现滞销。对此合同制工人十分关心,纷纷出谋献策,千方百计提高产品质量,终于使产品打开销路。目前这个厂合同制工人中已涌现出一批生产积极分子,有84人成为厂、车间、班组的骨干。

(3)有利于促进职工学习文化和业务技术,提高职工队伍的素质。劳动合同制规定招工要公开考核、择优录用,录用后有三至六个月的试用期。

试用期间若发现不适合生产工作需要者，允许解除劳动合同。在试用期满后，也要通过考核来评定工资等级。劳动合同制还规定重新就业的合同制工人，如工种、专业改变的，都要重新考核定级。这些规定对促进劳动合同制工人勤奋学习、努力钻研业务，不断提高技术水平，起到了积极作用。如广州中国大酒店3000多名合同制职工，目前有1500多名在各类学校中从事业余和函授学习，不少人已成为企业熟练的员工，有数百名成为业务骨干。过去从香港聘请高级职员担任的职务，现在已由本地劳动合同制职工担任，而且工作得很好，深受企业的好评。

（注：本文写于1985年年底，为实行劳动合同制改革的经验总结。）

第二节 劳动制度改革内容浅说[①]

国务院1986年颁布的改革劳动制度四个规定[②]，是中华人民共和国成立以来我国劳动制度的一次重大改革。改革的目标是要逐步消除现行劳动制度中的种种弊端，建立起一整套能够适应社会主义有计划商品经济发展要求、责权利相统一、稳定性与灵活性相结合的新型劳动制度，做到统筹就业、择优录用、能进能出、合理使用和合理流动，逐步实现劳动力管理的社会化。根据四个规定和上述改革目标，当前广东劳动制度改革的主要内容是，以企业招工、用工制度改革为重点，着力推进四个方面的改革。

（1）改革用工制度，在新招工人中统一实行劳动合同制。

按照国务院《国营企业实行劳动合同制暂行规定》，广东省明确规定，今后国营企业、国家机关、事业单位和社会团体在国家劳动工资计划指标内招用工人，要统一实行劳动合同制。劳动合同制是一种新型用工制度，其目的是要改变目前国家单纯用行政手段来分配和录用工人的办法，使企业和劳动者可以在一定条件下互相选择、平等协调，通过签订劳动合同的形式确定双方的劳动关系。它与固定工制度的区别主要在于：一是用工单位与劳动者双方要签订劳动合同；二是在劳动合同中要明确规定双方的责

---

① 本文应广东劳动学会约稿撰写，作为宣传稿件曾发表于《创业者》杂志1987年第1期。

② 指1986年7月国务院颁发的改革劳动制度四个暂行规定：《国营企业实行劳动合同制暂行规定》《国营企业招用工人暂行规定》《国营企业辞退违纪职工暂行规定》《国营企业职工待业保险暂行规定》。

第二章 探索——率先实行劳动合同制

任、义务和权利;三是要规定劳动合同的期限,合同期可长可短,由企业根据生产需要提出,与工人商定;四是合同期满,即终止合同,如双方同意,也可续订合同;五是在一定条件下,可合理流动;六是劳动合同受法律保护,双方发生劳动争议,可按照劳动争议处理程序裁决。如有一方违反合同,给对方造成经济损失的,要根据其后果和责任大小,予以赔偿。这样,以经济、法律和行政手段相结合的办法来合理调节社会劳动力供求的劳动合同制度,既保留了固定工制度稳定性的优点,又有力地消除了固定工制度单纯靠行政手段录用和分配工人、一次分配定终身,缺乏必要的灵活性和用人自主权等弊端。它对于增强企业活力,实现劳动制度改革目标有着十分重要的意义。

劳动合同制工人是在国家劳动工资计划内招收的正式职工,同固定工人享有同等的劳动、工作、学习、参加企业民主管理、获得政治荣誉和物质鼓励等权利。在参加工会、升学、服兵役、前往国外或港澳探亲或定居等方面,也与原固定工同等对待。他们的工资福利待遇,总的来说,与所在单位同工种、同岗位固定工保持同等水平。所不同的是在保险福利待遇方面,企业"包"的部分有所减少,对减少的部分,国家用工资性补贴方式予以补偿。工资性补贴相当于合同制职工个人标准工资的15%左右。国家还为合同制职工建立了退休养老和待业救济的社会保险制度。今后,国家还将在工资福利等方面进行配套改革,使劳动合同制度逐步完善。

(2)改革招工制度,实行面向社会、公开招收、全面考核、择优录用的办法。

在计划经济条件下,我国许多企业为了保护职工的既得利益,往往采取"子女顶替""内部照顾招工"的办法,降低招工条件来招收新员工,形成"择劣顶替",造成职工队伍素质下降,结构不合理,给企业劳动管理工作带来许多困难。近年来,广东省各地结合试行劳动合同制,在招工制度方面按照国务院《国营企业招用工人暂行规定》,实行公开招收,择优录用办法。但这项改革尚未触及取消子女顶替,内招等问题,许多用工单位按照现行招工政策,仍然继续实行子女顶替和内招,降低招工条件,招进来的员工继续实行固定工制度,这助长了青少年的依赖思想,他们等待父母退休顶替接班,不想努力学习文化技术,因而影响了教育质量的提高和青少年的成长。为了切实改变这一状况,国务院发布四个规定时明确指出,要废止子女顶替制度和内招办法。企业不得以任何形式进行内部招工,不再实行退休工人子女顶替。今后,企业招用工人,必须贯彻先培训后就业的原则，采取面向社会公开招收、全面考核、择优录用的办法。招工时，应事先公布招工简章，公开报名，凡符合报考条件的城镇待业人员和国家允许从农村招用的人员，均可报名参加招工考试，经过德、智、体全面考核后，张榜公布合格者和录用者名单。凡违反规定招收的工人，一律无效，情节严重的，要追究有关人员的责任。改革招工制度目的在于创造一个用工单位和劳动者可以在一定条件下相互选择的客观环境，从而促使劳动者之间相互竞争，全面发展，以保证招工质量，提高职工队伍素质。这是一项重大改革。广东在改革中认真贯彻国务院的规定，坚持实行面向社会公开招收，全面考核，择优录用，为用工单位和劳动者双向选择打下了坚实基础。

（3）赋予企业辞退违纪职工的权力，加强劳动纪律，增强企业活力。

国务院颁布的《国营企业辞退违纪职工暂行规定》明确规定，对经过教育和行政处分仍然无效的违纪职工可以辞退。这是对《企业职工奖惩条例》的重要补充，是劳动制度改革的重大突破。其目的是加强企业劳动纪律，维护正常的生产、工作程序和广大职工的利益，使企业劳动管理适应社会主义有计划商品经济发展的需要。根据国务院的规定，目前辞退的对象仅限于国营企业（含所属的事业单位）中违纪的干部、工人。辞退违纪职工时，应由职工所在车间（科室）提出辞退理由，经企业劳动人事部门征求工会意见，由厂长（经理）批准。招聘干部被辞退后，其聘用合同即自行解除。辞退国家行政机关任命的人员，按干部免职的有关规定办理。实施辞退违纪职工的规定，必须与加强职工队伍的思想政治工作紧密结合起来，坚持实事求是，秉公办事，不得滥用职权，打击报复。国家对被辞退的职工采取负责的态度：一是维护职工合法的权益。职工不服辞退处理，可以向当地劳动争议仲裁机构以至人民法院提出申诉，发现确属打击报复的，要严肃查处。二是被辞退的职工，可持《辞退证明书》到个人户口所在地劳动行政主管部门所属的劳动服务公司登记待业，并按有关规定享受待业救济待遇。广东省率先制定了实施细则，指导企业修订劳动管理规定，对加强劳动纪律产生了积极作用。

（4）建立社会劳动保险制度，解决职工的后顾之忧。

打破"铁饭碗"后，企业职工病有所医、老有所养和待业期间的生活保障问题成为广大职工最关心的问题。为此，国家决定建立和实施职工待业保险和养老保险制度，保障职工的切身利益，促进劳动制度配套改革的完善。这体现了党和国家对广大职工的关怀。

第二章 探索——率先实行劳动合同制

首先是在劳动合同制职工中，广东实行社会退休养老保险制度，具体办法是按照《实施细则》规定，由用工单位和职工缴纳退休养老保险基金。用工单位按合同制职工工资总额的15%～20%缴纳，在税前提取，营业外或行政、事业费中列支；职工按个人标准工资的3%缴纳。退休养老基金从职工参加工作领取工资之月起缴纳；应征服兵役者，其服役期间用工单位应继续为其缴纳，个人可不缴纳。退休养老基金不敷使用时，由国家行政给予适当补贴。合同制职工退休时，可按其投保年限享受一定标准的退休费、医疗费以及丧葬补助费、供养直系亲属抚恤费、救济费。这项工作由各级劳动部门社会劳动保险机构负责管理。

其次是按照国务院颁发的《国营企业职工待业保险暂行规定》，抓紧建立企业职工待业保险制度。职工待业保险制度的实施范围暂定为四种人：宣布破产的国营企业职工、濒临破产的国营企业在法定整顿期间被精简的职工、国营企业辞退的职工以及终止、解除劳动合同的合同制职工。广东省进一步明确规定：职工待业保险基金，按照企业全部职工标准工资的1%缴纳；机关、事业单位按本单位劳动合同制职工标准工资总额的1%缴纳。职工待业期间，按规定向其户口所在地劳动部门职工待业保险管理机构领取一定数量的待业救济金和医疗补助费等。其享受待业救济金的工龄，按其在全民所有制单位工作的连续工龄计算。工龄在五年和五年以上的，最多发给二十四个月的待业救济金；工龄不足五年的，最多发给十二个月的待业救济金。

【参阅资料】劳动制度的重大改革

我国经济体制改革和社会主义有计划商品经济的发展，要求对现行劳动制度做相应的改革。国务院颁布实施关于劳动制度改革四个暂行规定，就是适应这种客观要求所采取的重要步骤。

我国现行劳动制度是20世纪50年代逐步建立和发展起来的，对保证劳动就业和经济建设曾经起过积极作用。但是，在以后相当长的时期内，这种劳动制度没有随着情况的变化做相应的改革，以致存在许多弊端。党的十一届三中全会以来，我们对城镇劳动就业制度进行了一些改革，取得了显著成效。但是，从劳动制度总体上说，还没有进行根本性改革。特别是在国营企业用工制度方面，依然是"统得过死，包得过多"。一方面，企业缺乏选择职工的自主权，一些需要的人进不来，不需要的人出不去，多余的人员还要"包"下来；另一方面，职工缺乏选择职业和工作单位的自主权，基本是一次分配定终身，常常出现学非所用、用非所长的现象。继续实行这样的制度，不利于增强企业活力，也不利于调动广大职工的积极性和创造性，加上其他种种原因，造成企业人浮于事，纪律松弛，效率低下。用工制度上终身制、"铁饭碗"与分配体制上的平均主义、"大锅饭"一样，已经严重阻碍经济事业发展。对此，企业领导伤脑筋，绝大多数职工不满意，已经到了非改革不可的时候了。

在"六五"计划期间，我国已经在一些地区和单位试行劳动合同制。现在全国实行劳动合同制的工人已有350万人，占全国工人总数的5%以上。实行劳动合同制，改变了原有固定工的传统做法，由劳动者和用人单位平等协商，签订合同，明确规定双方的责、权、利；合同期满，经双方同意，可以续订，若一方作罢，可以解除合用。试行劳动合同制，显示了它的优越性，并为在全国普遍进行劳动制度改革提供了经验。

党的十二届三中全会以来，以城市为重点的经济体制改革全面展开，社会主义有计划的商品经济不断发展，市场机制作用越来越明显，在劳动力和生产资料的结合上，既要求劳动力能够保持相对稳定，又能够合理流动，灵活调节。劳动合同制能够适应这种客观需要，使企业和劳动都能在一定条件下"相互选择"，劳动力同生产资料实现更合理、更有效的结合。这样，企业可以不断改善劳动力结构和劳动组织，不断提高企业素质，广大劳动者的生产积极性和创造性可以更好地发挥，从而提高生产效率和经济效益，增强企业的活力和竞争能力，促进生产力发展。我们必须坚定地按照这个方向改革我国的劳动制度。

这次国务院公布实施的劳动制度改革的四个规定，重点是用工、招工制度改革，即在国营企业中凡是新招收工人都实行劳动合同制，取消退休工人子女顶替和内部招收职工子女的办法，实行面向社会，公开招工。按照规定，国家可以通过计划和必要的调节，突破劳动力的"单位所有制"，使劳动者的特长和劳动岗位的需要结合起来，这对提高职工队伍素质，加强企业管理都有积极的促进作用。同时，通过签订劳动合同，把劳动者的物质利益与个人的劳动贡献更好地挂起钩来，把劳动者

的职业保障与企业的命运更密切地联系起来，把劳动者为社会、企业和为自己的劳动融为一体。这有利于增强劳动者的主人翁责任感，更好地体现主人翁地位。社会主义的劳动合同制同资本主义的雇佣劳动制有本质的区别。实行劳动合同制的工人与过去的"合同工"也不一样。劳动合同制是一种新型的用工制度，实行劳动合同制的工人是企业的正式工人。过去的合同工，是一种类似临时工的用工形式。从整个社会来说，劳动制度改革有助于劳动者的全面发展，有助于造就一代新的劳动大军，符合人民群众的根本利益，一定会得到广大群众的拥护和支持。

这次劳动制度改革，关系到经济体制改革的全局和广大群众的切身利益，触及人们的传统观念和旧的习惯势力，牵涉面广，政策性强，需要社会各方面积极配合，协调工作。各级党委和政府要有专人负责，切实加强领导，做好贯彻落实工作的同时，加强宣传解释工作，引导广大职工正确认识改革劳动制度的目的、意义和必要性，自觉地投身改革，保证改革健康、顺利地进行。

（注：本文为人民日报社论，摘自《人民日报》1986年9月10日。）

第三节 广东贯彻四项规定取得突破性进展

广东省是我国实行改革、开放最早的省份。劳动制度改革起步早，进展快，效果好。经过八年的努力，推行劳动合同制取得了突破性进展。当前，以贯彻国务院四个规定为重点的劳动制度改革，进入了一个新的发展阶段。

一、改革进展情况

为了适应对外开放、对内搞活经济的需要，广东省从1980年开始，在深圳经济特区试行劳动合同制，1983年广东省在总结试点经验的基础上，决定在全省全民所有制单位和县以上集体所有制单位从社会上新招工人，除个别特殊工种经省批准招收固定工外，一律实行劳动合同制。据统计至1986年9月底，全省合同制工人达37.65万人。近几年试行劳动合同制的改革探索，为贯彻劳动制度改革四个规定打下了良好的基础。国务院颁布

广东劳动制度的深刻变革

《改革劳动制度四个暂行规定》，给劳动制度改革指明了前进的方向，坚定了我们继续推进改革的信心。省领导对劳动制度改革很重视，省委常委会和省政府常务会议对此做了专门研究。按照中央和省的统一部署，广东省在总结近年来试行劳动合同制经验的基础上，着重抓好"三个落实"。一是抓好思想教育工作落实，做好传达学习和宣传教育。省府召开市长、专员会议，传达国务院国发〔1986〕77号文件，并做出具体部署；各级政府按照省的部署，层层组织传达学习。各级劳动部门针对职工群众的思想认识，以答记者问等多种形式，开展政策咨询服务，进行思想教育。海口等市（地）劳动局主要领导与群众对话，有针对性地解答群众提出的问题，提高了人们对改革的认识。二是抓好组织落实，建立健全工作机构，搞好干部培训。按照国务院国发〔1986〕77号文件要求，各级劳动部门均建立贯彻四个规定的"三大"机构（即社会劳动保险公司、职工待业管理机构和劳动争议仲裁机构），配备人员。并对上述机构管理人员进行了培训，1986年以来，全省共培训干部近5万人次。三是抓好政策措施落实，搞好配套改革。广东省及时制定了贯彻国务院四个规定的实施细则。省劳动局成立了劳动制度改革研究小组，及时将改革中反映出来的问题，集中进行分析研究，提出解决意见，使各项改革措施得以顺利施行，落到实处。

总的来说，广东省贯彻四个规定的形势是好的。改革进展顺利，步子扎实，效果较好。产生了"两大冲击""三大促进"，即冲击了固有的旧传统观念，冲击了懒汉式人物；促进了职工学习文化技术、提高了职工队伍素质，促进了企业经济效益的提高，促进了党风和社会风气的好转。开始从根本上触动了人们的"铁饭碗"思想，企业招工、用工、劳动保险和劳动力管理等方面的改革都取得了重大进展，主要表现在四个方面。

（1）国营企业新招工人统一实行了劳动合同制。至1987年9月底，广东省合同制工人总数达57.7万人，其中全民单位49.4万人，比上年同期增加20.05万人。合同制工人在全省全民单位职工总数中的比例由上年9月底的5%上升到8.8%。一些实行劳动合同制时间比较长的企业反映，实行劳动合同制，初步搞活了企业用工制度，职工能进能出，企业能够根据生产工作需要，不断改善劳动组织。如广州市流花宾馆自1983年以来招收了772名合同制工人，有240名工人今年劳动合同到期。其中120名工人愿意留下续订一年或三年的劳动合同；有120名工人不愿续订合同而另谋职业，体现了合同制用工的灵活性。许多企业领导认为，合同制工人劳动态度、组织纪律和钻研技术精神都比固定工好，落实责任制也比固定工容易。据

15家企业统计，1983年以来，合同制工人出勤率均在96%以上，有的达100%。

（2）企业招工废除了子女顶替制度和内招办法，面向社会，公开招收，全面考核，择优录用的新型招工制度初步形成。各地市制定了具体招工办法，初步改变过去企业招工由国家统包统配、实行子女顶替和内招的状况，使劳动者求职与用工单位招工都有了相互选择的权利。企业新招用的工人，素质有了明显提高，而且对口顶用。同时，劳动者的就业观念和企业用工观念都有了可喜变化。过去人们总希望到全民单位当固定工，现在绝大多数劳动者愿意当合同制工人或从事集体、个体经营。据对15户企业的1859名合同制工人进行问卷调查，想转为固定工的只占其总人数的19.9%。企业领导用工观念也有了很大变化。他们说，现在实行承包经营责任制，用工上就要坚定不移地实行劳动合同制。

（3）劳动保险制度改革取得了较大进展。广东省按照国务院的规定，制定了合同制工人退休养老保险和职工待业保险实施细则，全省职工退休养老和待业期间的劳动保险社会统筹制度已经初步建立。至1987年9月底，全省共有47.21万名合同制工人参加投保，投保率达81.66%（不包括农垦系统，投保率达95.2%）；缴纳待业保险基金的全民所有制单位共24248个，职工共275.5万人，占应缴职工总数的96.3%。待业职工领到了救济金。目前，劳动保险制度改革的步伐正在加快。企业保险正在逐步向社会劳动保险过渡。

（4）企业劳动管理得到加强。一是不少企业制定了辞退违纪职工实施细则，明确赋予厂长（经理）辞退违纪职工权力，一万多户企业结合贯彻规定，修订了厂规厂纪，从而加强了劳动纪律。二是各地积极组织学习国务院发布的《国营企业劳动争议处理暂行规定》，加强劳动法制建设，强化了企业劳动管理。全省已成立劳动争议仲裁委员会140个，占应成立数的95.2%，已成立办事机构144个，占应成立数的97.9%。各级仲裁办事机构共配备专（兼）职人员265名，共受理案件608宗，结案率达81.3%，及时受理劳动争议，受到企业和广大职工的赞扬。

二、做法和体会

1986年以来，广东在贯彻四项规定过程中，根据广东省劳动制度改革起步较早，改革已进入新、旧制度相持、交替阶段这一特点，坚定不移地坚持改革的方向，着重抓好以贯彻四个规定为核心的配套改革，同时，加强调查研究，及时纠正改革中的失误，使新制度尽快建立，配套成龙。

（一）认真做好宣传发动工作是顺利贯彻四个规定的前提

劳动制度改革的四个规定，涉及面广、政策性强，关系到广大群众的切身利益，触及人们的传统观念和旧的习惯。因此，我们把认真做好思想宣传发动工作，当作贯彻四项规定的首要任务来抓。一是领导重视，带头宣传四个规定，省长、市长、专员、县长都在各级传达中共中央中发〔1986〕9号文和国务院国发〔1986〕77号文的大会上宣讲的四个规定。二是各级劳动部门和宣传部门、新闻单位密切配合，通过广播、电视、报纸，以及各企业基层单位利用墙报、黑板报、幻灯片等各种宣传工具，广泛深入地宣传实施四个规定、改革劳动制度的目的意义。三是各级劳动部门和工会联合举办培训贯彻四个规定的骨干学习班，并针对贯彻执行四个规定中出现的问题，深入基层认真做好宣传解释工作。通过上述各项活动，使四项规定家喻户晓，深入人心，把广大干部、工人的思想统一到四个规定的政策上来。据广州市1986年年底调查的情况说明，广大干部、群众是赞成劳动制度改革的，有90%以上的工人欢迎实行合同制。

（二）坚持改革方向，是顺利贯彻四个规定的关键

国务院四个规定颁布后，广东省在贯彻实施中遇到一个很尖锐的问题，即四个规定中没有明确规定，而广东省在试行阶段已实行了改革的，要不要继续坚持。一是对城镇复退军人和技工学校毕业生，已经实行劳动合同制的地方，是继续实行还是改为固定工；二是对县以上集体企业已实行劳动合同制的，是继续实行还是退回来；三是对农林茶场职工是否执行四个规定等问题，我们在总结试点经验的基础上，向省委、省政府提出了坚持改革方向、扩大改革覆盖面的建议。省委常委会和省府常务会议经过反复讨论，一致认为，前段广东省劳动制度改革的方向是正确的，已经实行劳动合同制的，应当继续实行，不能走回头路。并在实施细则中明确规定：对技工学校毕业生，已经实行劳动合同制的市、县，应继续实行，未实行的，要逐步实行；对城镇复员退伍军人，已经实行劳动合同制的市、县，可继续实行，尚未实行的，仍按国家有关规定执行。目前，广东省深圳、珠海、江门三市和清远、龙门等县对城镇复退军人仍继续实行劳动合同制。对国营农、林、茶场如何贯彻四个规定问题，我们会同省农垦总局、华侨

农场管理局制定了《广东农垦总局、华侨农场管理局所属单位改革劳动制度实施办法》，明确规定"两局所属单位招收工人，废止子女顶替制度和内招办法，在当地劳动部门和主管部门指导下，面向社会，公开招工，全面考核，择优录用，并统一实行劳动合同制。""两局所属单位合同制工人退休养老保险基金和职工待业保险基金，由两局分别统筹，分账管理"。由于我们坚持改革的方向，逐步缩小了统分统配的范围，使劳动制度改革朝着有利于推行劳动合同制的方向发展。

（三）坚持搞好配套改革，是顺利贯彻四项规定的重要保证

我们从改革实践中体会到，要巩固和发展改革成果，必须要抓好配套改革。广东省主要抓了三个方面的配套改革：一是建立合同制工人的社会劳动保险，解除后顾之忧。实行劳动合同制，人们最担心的是打破了"铁饭碗"，病无所医、劳无所养，解除合同后生活无保障。为了解除合同制工人的后顾之忧，在一开始试行合同制时，我们就注意建立合同制工人的社会劳动保险，并明确规定缴纳合同制工人的退休养老保险基金的数额，企业为合同制工人工资总额的20%，个人为标准工资的2%～3%。四个规定颁布后，我们又进一步完善和健全合同制工人退休养老保险和待业保险制度。为了适应合同制工人能进能出，合理流动的特点，我们还制定了社会劳动保险基金转移办法，规定合同制工人工作单位变动时，其退休养老基金（含利息）扣除管理费后，可随同转移，其投保年限可合并计算。二是贯彻按劳分配原则，对合同制工人实行工资性补贴。广东省在试行劳动合同制的同时，我们注意抓了合同制工人工资的配套改革工作。对合同制工人工资分配，既贯彻按劳分配、多劳多得，与个人劳动贡献、企业经济效益紧密挂钩的原则，又适当照顾合同制工人有待业等特点，全省统一规定：合同制工人工资比同企业、同工种、同级别的固定工高10%～15%。有的企业还对合同制工人实行本企业工龄津贴，从试用期满考核合格开始每满一年，递增月薪1～2元，但累计最高不超过20元。四个规定颁布后，我们进一步落实了对合同制工人的工资性补贴。在实施细则中明确规定：实行计件工资制和岗位工资制的合同制工人，都应增发相当于个人标准工资15%左右的工资性补贴，繁重体力劳动、工作条件差的工种补贴可高达20%，其他工种最低不得低于10%；同时，我们还对国家机关、事业单位合同制工人工资性补贴也做了明确规定，应同样增发15%左右的工资性补贴。具体增发比例，由用工单位提出意见，经主管部门审查平衡，报同级

劳动部门批准。三是制定合同制工人跨地区转移办法,促进合理流动。随着劳动合同制的逐步推行,出现了一些合同制工人因生产、工作需要或符合政策照顾条件需跨市、县流动转移的情况,如支援重点建设、特殊技工调剂、夫妻两地分居、随工作单位迁址等。广东省于1985年8月制定了《广东省劳动合同制工人流动暂行办法》,规定对有正当理由要求流动的合同制工人,经有关劳动行政部门与用工单位协商同意后,允许办理跨地区转移手续。四个规定颁布后,我们在实施细则中,对合同制工人跨市、县转移流动办法作了进一步补充和完善。明确规定合同制工人在市、县内的合理流动,应通过解除或签订劳动合同的方式自然调剂,不能仿照跨市、县转移办法办理;县以上集体所有制单位的合同制工人,确需跨市、县转移的,可参照全民单位合同制工人转移办法办理,原则上按所有制性质对口进行。对全民所有制单位转入县以上集体所有制单位的,应予以支持;对从县以上集体所有制单位转入全民单位的,要严格控制,由市、地劳动部门审批,并要占用转入单位增人或补员指标。由于合理地解决了合同制工人转移流动问题,因此也促进了合同制发展。

(四)坚持深入研究解决贯彻四个规定遇到的问题,是推动改革深入发展的重要举措

新制度的建立,有待于在实践中不断完善。为及时解决在贯彻四个规定中反映出来的具体政策问题,省和一些市(地)劳动部门专门成立了劳动制度改革研究小组,针对劳动制度改革中存在的问题,集中分析研究,制定了一些具体政策。省劳动局的劳动制度改革研究小组在局党组的直接领导下,一年来,陆续印发了四期《劳动制度改革一些具体政策问题解答》共35条。如对破产和濒临破产企业职工、被辞退的违纪职工,重新就业时是否保留其原干部和固定工身份问题,我们决定不再予以保留原来身份,实行招聘制和合同制。又如关于"四个行业"的招工问题,我们决定对矿山井下、野外勘探、森林采伐、盐业生产四个行业在按国家招收劳动合同制工人的规定,全民考核,择优录用的前提下,继续实行内招职工子女的办法;其中对家居农村的职工,照顾其一名适龄未婚子女参加招工考试,然后通过企业所在县(市)劳动局上报省劳动局审批等。这些具体政策深受企业和职工的欢迎,也有力地推动了劳动制度改革的深入发展。

第二章　探索——率先实行劳动合同制

（五）加强调查研究和检查督促，是保证改革顺利进行的重要一环

劳动制度改革的具体方案措施出台后，出现了新旧制度、政策互相摩擦的现象。为了保证改革不出乱子，不走过场，广东省各级劳动部门都十分注意加强调查研究。主要领导坚持做到每季有两三次深入基层搞调查研究，各业务部门的同志约四分之一时间深入企业了解情况。同时，对改革中出现的偏差，及时纠正。如前段时间，丰顺县和海南铁矿在招工方面，曾出现弄虚作假，更改年龄，冒名顶替等严重违反招工政策现象。对此，我们立即派出调查组，深入调查，对违反招工政策的现象进行通报批评，并责令及时纠正。由于严明政策纪律，各地没再出现类似情况。

三、当前需要解决的问题和推进改革的意见

广东贯彻四个暂行规定一年多来，改革取得了明显成效，新制度的强大生命力已被实践所证实。但是由于人们的认识还不够统一，各方面的配套改革措施不够完善，改革当中仍存在一些需要研究解决的问题。一是对劳动合同制的认识问题，由于受固有的传统思想观念影响，有一部分人留恋固定工，认为固定工是"铁饭碗"可靠，合同制工人"不保险"，有个别企业与工人签订的劳动合同期限长达42年，成为变相的固定工。二是劳动合同缺乏有效的约束力，富裕地区部分企业合同制工人流动性大，影响职工队伍的稳定。如广州市合金钢厂1985年安排20名合同制工人参加车工、电工、化验工等技术培训，厂方与每个工人签订了培训合同。在合同中明确规定"学徒期满后为厂服务7年，如中途离厂须向工厂赔偿损失"，至今已走了三分之一，工厂得不到一分钱赔偿。三是少数企业公开招工的有关政策难以落实。有的给本企业职工子女出复习题，有的只限于在本企业临时工中招收，有的对本企业职工子女降低招工条件等，实行变相内招。四是个别企业对辞退违纪职工的标准掌握不准，出现偏宽偏严的现象。有的企业领导怕得罪人，不敢坚持原则，把符合开除或除名的职工做辞退处置，该辞退的职工又不敢辞退；有的企业领导从个人恩怨出发，或以辞退代替思想教育，把不够辞退条件的职工做辞退处理。这类情况，在劳动争议仲裁案件中占有一定的比例。五是配套改革措施有待于进一步完善。如社会劳动保险，部分中央单位强调由本系统统筹，不愿参加地方统筹；劳动仲

广东劳动制度的深刻变革

裁机构人员尚未配齐等。这些问题都需要在深化改革中认真解决。

根据党的十三大报告关于加快改革、深化改革的精神，下一步继续推进劳动制度改革，应着重抓好以下五个方面的工作。

（一）继续做好宣传教育工作，不断提高对劳动制度改革的认识

实践经验告诉我们，改革成败或成效的大小，同广大干部群众对改革的认识和心理承受能力有着极为密切的关系。因此我们要随着改革的深化发展，继续开展关于劳动制度改革必要性、迫切性的宣传，大造改革舆论，破除人们头脑中陈旧的、僵化的传统观念，增强广大干部群众参与改革的自觉性和积极性。要宣传改革的方针、政策，进一步做到家喻户晓，深入人心。要广泛总结宣传改革的成果，使群众感受到改革的好处，培养人们对改革的良好心理。宣传教育的形式要多样化，群众较为关心的问题，要采取直接与群众见面对话的办法去解决。

（二）进一步加强综合配套改革，巩固和发展改革成果

1. 加强对劳动合同的管理

一是严格履行劳动合同鉴证制度，用工单位与工人签订劳动合同后，必须送当地劳动部门鉴证；二是必须加强对劳动合同双方进行履约教育，明确各自的职责、权利和义务，增强履行合同的自觉性和责任感；三是要根据《国营企业实行劳动合同制暂行规定》第十六条，结合广东省的实际情况，制订具体的经济补偿办法；四是劳动争议仲裁机构对违反合同发生的劳动争议，要严肃认真地处理，在调查核实的基础上，作出正确的裁决；五是经劳动争议的仲裁机构处理不服，告到人民法院，法院应主动受理，并强制执行，以增强劳动合同的法律效力。此外，还要建立健全正常的管理制度，既要加强综合管理，又要尽量简化管理手续，减少层次，使管理工作规范化、制度化、科学化。

2. 进一步落实公开招工的有关政策规定

第一，要切实落实企业招工自主权，企业在国家有关招工政策指导下，有招工自主权，防止任何部门、单位搞中间截留；第二，要引导企业用好自主权，坚持面向社会、公开招收、全面考核、择优录用的原则；第三，劳动部门要搞好组织协调、指导服务和检查监督，把国家有关公开招工的政策落实到企业；第四，对违反国家招工政策，搞违纪招工的有关人员要

严肃处理，以保证公开招工政策的落实。

3. 进一步搞活固定工制度，深化劳动制度改革

随着企业改革和劳动制度改革的深入发展，新老两种用工制度的摩擦和攀比也越来越多。采取有效措施，搞活固定工制度是劳动制度改革的主攻方向，也是深化企业改革的一项重要内容。因此，搞活固定工制度势在必行。我们要把搞活固定工制度纳入经济体制改革和企业改革的整体方案，结合推行承包经营责任制，有计划、有步骤地进行搞活固定工制度的试点，使固定工也能做到能进能出。省要选择一两个有代表性的市（县）作为联系点，以点带面，推动搞活固定工制度的深入发展。

4. 继续发展完善社会劳动保险制度，逐步建立多形式、多层次的社会劳动保险体系，巩固和发展劳动合同制

对劳动合同制工人的养老保险，要采取措施，简化手续，提高投保率；要积极试行临时工养老保险。我们在总结深圳、南雄等市（县）近几年来试行临时工养老保险试点经验的基础上，广泛征求有关部门和企业的意见，拟定了《广东省临时工养老保险试行办法》已上报省政府，待批准后在全省实施，以解除临时工的后顾之忧，有利于劳动合同制的巩固和发展；要继续贯彻《待业保险暂行规定》，进一步完善职工待业保险办法，扩大待业保险覆盖面。

（三）逐步开放劳务市场，建立社会劳动力调节机制

劳务市场是社会主义市场体系的重要组成部分。我们已向省政府上报关于开办有领导的劳务市场的报告。建议把开放社会主义劳务市场，作为落实企业公开招工和深化劳动制度改革的一项重要措施来抓。目前，广东省已有广州、深圳、佛山等五个市开办了劳务市场，其他市（县）也正在准备开办。我们要及时帮助总结经验，研究制订劳务市场管理办法，研究制定促进劳动力市场合理流动的政策措施和有关规定。在这个基础上，召开劳务市场经验交流会，加以推广，率先在全省建立起全面开放的劳务市场。

（四）认真做好劳动争议处理工作

随着劳动制度改革的深入发展，劳动争议案件越来越多，如果不能及时正确地处理劳动争议问题，将会直接影响劳动制度改革的进程和社会的安定团结。因此，我们必须认真做好劳动争议处理工作。一是尽快建立健全劳动争议处理机构，尽快充实人员，以保证劳动争议仲裁工作正常开展。二是要健全仲裁工作制度，为了使仲裁工作纳入规范化、制度化、科学化的轨道，我们制定了《广东省国营企业劳动争议处理实施细则》，报省政府批准后实施。三是要加强对仲裁干部的业务培训，不断提高他们的思想认识和政策水平。四是要结合贯彻《辞退规定》，广泛深入地发动群众参与厂规厂纪的修订工作，从而提高干部、工人遵守劳动纪律的自觉性，为开展劳动争议处理工作提供依据，打下广泛的群众基础。

（五）积极转变机关管理职能，改进工作作风，深入调查研究，为改革和经济建设服务

要按照党的十三大报告提出进行政治体制改革和经济体制改革的要求，进一步下放权力，坚决落实企业招用工等自主权，为搞活企业服务。努力改进思想作风和工作作风，加强调查研究，克服官僚主义，提高工作质量和工作效率，加强宏观控制能力，使劳动部门的管理职能尽快由过去单纯的行政直接管理为主转变为间接管理为主，为改革和经济建设服务。
（注：本文写于1987年11月17日，是对实施四个暂行规定阶段性的总结。）

第四节　坚持改革方向，不断发展完善劳动合同制度

自1986年国务院发布改革劳动制度四个规定以来，广东省按照改革开放和发展社会主义有计划商品经济的要求，把贯彻落实国务院四个规定，加强劳动制度配套改革，列入重要改革日程，有力地推动了广东省劳动、工资保险三大制度改革的逐步深化和发展，使全省劳动制度改革取得了可喜成效。至1991年上半年，全省劳动合同制工人发展到104.88万人，占职工总人数的13.1%，约占全部新增职工人数的50%以上。其中全民合同制工人已达78.78万人，占全民职工总人数的比例上升到15%。劳动合同制已成为广东省企业主要用工形式之一。全面推行劳动合同制，为建立适应社会主义商品经济发展需要的新型用工制度奠定了良好基础。

一、贯彻措施和做法

广东在贯彻国务院关于劳动制度改革四个规定的实践中，主要通过采取"三抓三促"等有效措施，加强综合配套改革，促进了四个规定的贯彻

落实。

（一）抓宣传发动，促观念更新

广东省在贯彻落实四项规定中，自始至终把宣传教育工作贯穿于全过程，突出抓好两方面的宣传效应：一是统一劳动部门的思想认识，加强自身建设，增强信心，提高改革的自觉性和主动性。二是做好职工群众的思想教育，提高对改革的理解和认识，增强心理承受能力。1988年对肇庆市15户企业近2000名合同制工人进行的抽样问卷表明，赞成和欢迎实行合同制的比重已从贯彻四个规定前的90%上升到99%。

（二）抓政策制定，促改革深化

根据广东省的特点，我们在制定政策中突出注意抓好以下方面的内容：一是保持政策的连续性和统一性。广东省改革起步较早，在试行劳动合同制度阶段，各市都制定了若干试行办法。因此，我们在制定出台实施细则中，既充分肯定了前六年的改革成果，又统一和完善了具体操作办法，使实施细则更符合广东的特点。二是利于消除职工群众的后顾之忧和种种疑虑。针对职工群众担心实行劳动合同制后，企业主人翁地位受到动摇的顾虑，我们在实施细则中对合同制工人的地位和作用做出进一步的明确和补充；针对合同制工人担心再次就业难的心理，在详细制定公开招工、面向社会、择优录取的招工政策的同时，还制定了建立劳务市场的有关政策，并且在相应政策中规定，企业招用工人时，在同等条件下优先录用待业职工；针对合同制工人老无所养的顾虑，详尽地制定了合同制工人退休养老的办法，并建立了合同制工人退休退职制度，消除他们的后顾之忧。三是为了有效防止改革中的随意性，在实施细则中设计了相关程序和制度，如劳动合同鉴证制度，解除和终止劳动合同的具体程序、辞退程序、劳动争议调解、仲裁程序等，有效地保证了改革的顺利进行。四是突出改革中的指导性，注意了解和掌握改革进程中出现的新情况和新问题，及时研究制定相应的具体政策，指导改革工作。几年来，广东省先后制定了有关问题的政策解答共35条。

（三）抓改革配套，促巩固发展

我们着重抓好以下八方面的配套改革。
（1）改革劳动就业和招工制度，加快培育和发展劳务市场，为劳动制

广东劳动制度的深刻变革

度改革的深化创造一个比较宽松的环境。据统计，截至 1990 年年底，全省已有 115 个大中城市和县区开办了劳务市场，其覆盖率已达 100%，建立常设性的劳务介绍机构 447 所。近几年来，广东省企业招工基本上通过劳务市场来实现，职业介绍率达 80%。这些都为合同制工人的合理流动和再就业创造和提供了有利条件。

（2）逐步完善社会劳动保险体系，消除职工后顾之忧。一是扩大养老保险覆盖面，先后建立了全民、集体所有制固定工退休费用社会统筹制度，缩小不同用工形式在养老保险上的差别。二是实行临时工退休养老保险制度，堵塞企业滥用临时工，少招或不招合同制工人的漏洞。三是完善合同制工人养老保险制度，制定合同制工人保险金转移办法。四是完善待业保险制度，改进待业基金的收缴、发放和管理工作。近年来，全省共接收待业保险登记 21642 人，共发放待业救济金 220 万元。五是引导各地积极试行工伤保险、医疗保险和女工生育息工保险的探索，解除职工的后顾之忧。六是在国家尚未明确建立合同制工人退休制度的情况下，广东省经请示劳动部，按固定工的有关规定办理合同制工人退休，并按投保年限享受退休待遇。截止 1990 年，全省国营企业统筹金收缴率达 98.2%，集体企业统筹金收缴率达 98.9%，参加社会养老保险的各类职工人数总计 540.6 万人，占全部企业职工人数的 66.46%，其中国营企业统筹面达 96%，县以上集体统筹面达 76%。

（3）认真抓好合同制工人工资分配方面的配套改革，稳定合同制工人队伍。具体做法是：①对合同制工人实行与固定职工相同的工资等级标准、工资形式和奖金、津（补）贴制度；②转正、定级和调资升级，与固定工同等对待；③被聘任为干部的，在聘任期间执行企业干部工资标准；④重新就业的合同制工人，试用期间按原工资标准低一级支付（但不得低于二级），试用期满考核定级，考上多少级定多少级；⑤坚持实行工资性补贴，繁重体力劳动、工作条件差的工种补贴的比例适当增加。上述措施有效地调动了劳动者的积极性，促进了劳动合同制的发展和工人队伍的稳定。

（4）适时扩大劳动合同制的实施范围，巩固发展改革成果。①技工学校毕业生一律实行劳动合同制；②逐步对城镇复退军人的安置试行劳动合同制；③坚持县以上集体所有制实行劳动合同制；④对国营农林茶场职工的招收，废止自然增长制度，统一实行劳动合同制；⑤对部分固定职工（包括集体调全民、国营农林茶场职工调往其他全民单位、1983 年以后参加工作的外省固定工调入广东、本省职工调入"三资企业"）调动后均实行合同制。

（5）积极探索搞活固定工制度，减少新旧两种用工制度的摩擦。1988年省政府发出粤府〔1988〕126号文，对全省搞活固定工制度做出具体部署和要求，各地采取优化劳动组合、择优录用、合同化管理等方式搞活固定工制度，使改革进一步深化，参与各种形式搞活固定工制度的企业覆盖面达30.3%，参与的职工占全省职工总数的26.6%，这都较好地消除了固定工制度的某些弊端，减少两种用工制度之间的摩擦，有力地促进劳动合同制的发展。

（6）建立和健全劳动争议仲裁制度，用法律手段保障合同当事人双方的合法权益。①建立仲裁机构网络。截至1991年上半年，全省已成立了138个劳动争议仲裁委员会及其办事机构，配备专职仲裁干部228名。②建立健全工作制度，扩大仲裁受理范围。目前，广东省仲裁工作已扩大到外商投资企业、农垦及华侨农场系统企业、集体企业、乡镇企业、私营企业和"三来一补"企业，并建立了相应的工作制度，如仲裁组织规则、工作规则、调解工作规则等。③依法处理劳动争议案件。较好地维护了合同双方的合法权益。

（7）加强合同管理，进一步完善劳动合同制。一是加强劳动合同鉴证。明确规定，"劳动合同经双方签名盖章后，必须到当地劳动行政主管部门鉴证方为有效"。通过鉴证，有效地防止了无效合同的出现，巩固了合同双方的劳动关系。二是加强合同制工人转移工作单位的合同变更管理。明确规定了合理流动的条件，审批手续、保险金的转移和劳动合同变更的管理。三是认真按合同办事。广东省决定，停工停产企业对凡是合同到期的合同制工人可以解除合同，合同未到期的如个人愿意解除合同的，应该允许解除合同。这样做，既坚持了合同制度，也为停工停产企业减轻了负担。

（8）建立劳动监察制度。为了加强对企业用工行为的间接管理，杜绝企业利用手中的权力，侵犯劳动者合法权益的行为，广东省深圳、珠海、中山等12个市（占60%）从1989年起建立了劳动（务）监察机构，配备了专兼职监察员400多名。同时，通过法规，建立了劳动监察制度，注意加强对企业用工行为（包括履行劳动合同情况等）的监督检查，发现问题，及时纠正，增强了企业与劳动者自觉执行劳动合同的法律观念。

二、几点体会

总的来看,广东省贯彻四个暂行规定取得了较好的效果。主要表现在,改革促进了广东有计划商品经济的迅速发展,为社会提供了较多的就业岗位,待业人员择业意识发生了变化,"三结合"就业方针深入人心,劳动者转变了依赖政府就业的旧观念,增强了竞争就业意识,消除国家统包统配的旧体制所带来的弊端,对于发挥企业和劳动者的积极性,加强劳动纪律,改善企业经营机制,提高经济效益都起到积极的作用。

(1)必须坚持改革方向。在贯彻四个规定中,广东省遇到一些很尖锐的问题,即在四个规定中没有明确规定,而广东省在试行阶段已经实行或开始试行的改革如何办,是否坚持。一是对城镇复退兵和技校毕业生,已经实行合同制的是坚持下去还是改为固定工?二是县以上集体所有制企业已实行合同制的是否退回去?三是对国营农林茶场的职工是否执行四个规定。对此,两种意见争论很大,我们认为,上述改革是符合劳动制度改革方向的,应该坚持,不能后退。为此,我们在实际操作中,一方面坚定不移地坚持改革用工制度,推行劳动合同制这一方向;另一方面采取积少成多、稳步推进的办法,不但坚持了已经实行的改革,而且逐步扩大了劳动合同制的实施范围,成效比较明显。实践证明,只有不断坚持改革方向,劳动制度改革才能顺利发展并不断深化。

(2)必须有强有力的组织领导。劳动制度改革是一项繁杂的系统工程,政策性强,涉及面广,任何政策上或措施上的失误,必然导致改革的挫折甚至停顿。因此,我们认真总结前几年劳动制度改革的经验,注意抓好改革的组织领导,为改革提供坚实的组织保证。省、市、县各劳动部门先后成立了劳动制度改革领导小组,定期召开专题会议,分析和布置劳动制度改革的形势和工作,做到精心组织,稳步实施,总结经验,逐步推进,从而有效地保证了四项规定的贯彻落实。

(3)必须重视抓好综合配套改革。劳动工资制度改革是联系相当密切的一项系统工程,有着内在不可分割的逻辑联系,相关方面的改革往往相互制约,如果只是用工制度改革单项突进,不与就业、工资、保险、培训制度改革相配套,即使能取得一些成效,也很难巩固、完善和持久发展。只有把各项改革内容有机结合起来,互相衔接,相互促进,才能有利于创建新的劳动工资管理制度。

(4) 必须切实加强劳动行政部门的宏观间接调控能力。在10年来的企业用工、招工制度改革中，我们逐步下放了企业招工、用工自主权，但是一度没有注意采取相应措施，改进和加强对企业用工的宏观管理，致使出现一些企业私招滥雇劳动力，肆意侵犯职工合法权益的现象，使合同制工人的主人翁地位得不到保障。近年来，在贯彻落实四个规定中，广东省逐步建立了劳动监察制度，依法开展劳动监察工作，对4万多家企业进行检查和监察，清退童工3200人，纠正了部分企业招收合同制工人不能签劳动合同和所签劳动合同不完善的现象。

三、今后深化改革的基本思路

实行劳动合同制是企业用工制度改革的正确方向，是适应对外开放、对内发展有计划商品经济需要的。但是推进改革的措施和办法还需要进一步改进和完善。今后改革的基本思路是：继续积极扩大劳动合同制的实施范围，通过进一步完善劳动合同制和改革固定工制度，全面抓好综合配套改革，逐步建立起在国家宏观调控和政策指导下，企业自主用人，劳动者自主择业和全员劳动合同管理的新型劳动制度。

建议当前要认真总结前段时间劳动制度改革的经验，研究解决当前改革中遇到的突出问题，逐步在全省范围内积极开展企业职工全员劳动合同化管理和岗位技能工资制试点，在试点取得经验的基础上稳步铺开。力争在三四年内对全省全民、集体以及"三资企业"实行全员劳动合同化管理，使固定工制度和劳动合同制两者互相取长补短，融为一体，最终建立起一套适应社会主义有计划的商品经济发展要求的新型劳动制度。

（注：1989年中央作出治理整顿的决定后，有些地方和企业对实行劳动合同制产生了怀疑。本文在总结改革经验基础上，充分肯定了劳动制度改革的方向。本文曾发表于《管理之友》1991年第6期。）

第五节 珠三角劳动制度改革的探索实践

改革开放以来，珠江三角洲各市、县通过大胆改革，积极探索，实现了经济的持续高速发展，走出了一条富有地方特色的社会主义经济发展新路子，其成就举世瞩目。在这个改革发展过程中，劳动制度改革的成效如何？它在经济发展过程中究竟起到哪些作用，目前还存在哪些问题。今后

广东劳动制度的深刻变革

能否通过深化改革,率先建立适应社会主义市场经济发展需要的劳动工资管理体制和运行机制,对此,人们十分关注。本节就调研时收集到的材料,对其劳动制度改革现状和问题进行分析,总结经验,提出今后深化改革的新思路。

一、珠三角劳动制度改革现状

改革开放初期,珠江三角洲各市、县按照中央关于"先走一步"的要求,紧紧围绕发展有计划商品经济,增强企业活力这个中心,在劳动就业、企业用工、工资分配、社会保险以及劳动计划管理体制等方面坚持市场取向改革,取得了显著成就。该地区城镇劳动力基本实现了充分就业(除经济特区和广州市外,各市失业率为1%左右)。1991年各类企业对劳动力的需求总量达1020多万人,农村劳动力向非农产业转移270多万人,外来劳动力305万人。企业年人平均工资达4200多元,高于全省平均水平。13年来改革的最大特色表现为:起步早,方向对,敢创新、抓配套,进展快,效果好。即改革起步比国家统一部署时间要早一些,发展的广度和深度比本省山区和内地省份要大一些和深刻一些,改革产生了良好的综合效应:作为生产力最活跃的要素——全社会劳动力开始在国家宏观指导下,通过市场机制调节,初步实现了与生产资料的灵活、优化配置。改革取得的显著成效,主要表现在以下五个方面。

(一)出现了比较灵活的劳动力供求市场

珠江三角洲各市、县在20世纪80年代的改革中,突出一个"放"字,坚持改革、放权、松绑,结果"放"出了一个劳务市场。

首先是放弃统包统配就业体制,全面实行"三结合"就业方针,实现了城镇劳动力全方位就业。从1980年开始,珠三角各市认真贯彻执行"三结合"(劳动部门介绍就业,自愿组织起来就业和自谋职业)就业方针,把过去主要靠全民单位安置就业的单一就业渠道,转变为全民、集体、私营、乡镇企业等多渠道、全方位就业。特别是1988年率先改革高度集中统一的劳动工资管理体制,实行指导性劳动工资计划后,人们的就业观念转变快,"三结合"就业方针得到落实,促进了多种经济形式和经营方式的共同繁荣和发展。据统计,该地区1980年安置就业的人员中到全民单位就业的约占当年就业数的85%以上,1991年,安置就业20多万人,其中到全民单位就业的仅占24%左右。

其次是打破地区封锁和城乡界限，逐步实现城乡就业一体化。农村劳动力可以在城镇各类企业就业，目前珠江三角洲各市、县均允许企业按照"三先三后"原则，自主招用省内农村劳动力。仅惠州、佛山两市农村劳动力向非农产业转移的总量达80多万人，约占当地农村劳动力总数的45%左右，居全省前列。进入珠江三角洲各类企业的外来劳动力达305万人（约占全省外来劳动力的80%），大部分在苦、累、脏、险等岗位工作。这既解决了这些企业生产岗位招不到人员的矛盾，又解决了农村劳动力转移就业问题，为企业发展和社会创造了财富，对珠三角经济腾飞起到了积极作用。

最后是放开高度集中统一的指令性劳动工资计划，赋予国营企业招工用人自主权。1980年率先放开深圳、珠海、汕头经济特区指令性劳动工资计划，允许特区企业根据生产发展需要，自主招工，不受国家劳动计划指标限期；1985年，各市、县对企业新增合同制工人，改指令性计划为指导性计划；1988年，广东省进一步改革劳动工作计划管理体制，向各市进一步放权，不再下达企业用工指令性计划，由企业在规定的工资总额范围内，自行制订招工或聘用人员计划。1988年以来，国营企业自主招工率达90%左右。

"放"的结果是：打破了统包统配的劳动力管理的传统体制，出现了企业用工和劳动者就业两个基本的劳务市场主体。不论是乡镇企业、"三资企业""三来一补"企业、私营企业，还是国营、集体企业，均可以面向社会、面向市场、自主招收人员，劳动者可以自由流动，自主择优就业。社会劳动力开始在计划指导下通过市场竞争，自主就业，于是出现了灵活的劳动力供求市场。从劳动力需求方面看，13年间，仅乡镇企业，"三资企业""三来一补"企业和私营企业，就为城乡劳动力提供了600多万个就业岗位。在劳动力市场需求的拉动下，近年来，拥有1213.5万劳动力的珠江三角洲仍感到劳动力明显不足；从劳动力供给方面看，近年来，从珠江三角洲农村转移到非农产业的劳动力估计达271万人。进入珠三角各类企业的外省劳动力有300多万人，加上每年新成长的城镇劳动力10多万人。这些劳动力完全受市场调节，进入各类企业就业，实行劳动合同制，能进能出。由此可见，在珠江三角洲，社会劳动力的计划配置已经向市场配置方式转变。

（二）就业竞争机制的初步形成，促进了劳动力的合理配置

在20世纪80年代，珠江三角洲各市坚持从以下几个方面推进改革，初步形成了就业竞争机制，促进了劳动力的合理流动和配置。

（1）在招工方面，大胆打破过去用行政手段"拉郎配"的办法，逐步废除"子女顶替"和"内招"职工子女，所有单位招聘人员，均通过新闻媒介或其他传播媒介，面向社会，公开报名，全面考核，择优录用。不论是在"珠三角"的报刊广告栏里，还是公共场所的宣传栏上，经常能看到各类企业的招工广告。据对87家企业的调查问卷统计，1985年来，企业新招用人员中，从社会上公开招收的约占90.8％，接受统包统配人员仅占9.2％。1990年共招收人员4872人，其中，从社会上公开招收的占91.5％，接收统包统配人员占8.5％。

（2）在用工方面，打破"铁饭碗"，实行以劳动合同制为方向的多种用工制度，改变一次就业定终身的弊端，增加就业的选择性和企业用工的灵活性。1983年来，珠江三角洲各市、县全面实行劳动合同制，截至1991年年底，该地区劳动合同制工人达41.62万人，加上订立劳动合同的临时工，两者约占国营企业职工总数的48％，2000多家企业采取优化劳动组合、择优上岗，合同化管理等多种形式，搞活固定工制度，赋予企业厂长（经理）辞退违纪职工的权力等；固定工队伍逐年减少。这些改革，增加了企业用工的弹性，初步形成优胜劣汰的竞争机制，促进了职工竞争上岗和合理流动。

（3）在开放劳务市场方面，各地积极建立和发展职业介绍机构，为用人单位和劳动者就业牵线搭桥，开展职业介绍服务。据调查，目前珠江三角洲10市21县均设立了职业介绍机构，并把这一机构延伸到乡镇一级，形成了劳动部门为主体，向上下左右延伸扩展的劳动力管理服务网络。如深圳市所属县区和街道共建立职业介绍机构20多个，并与省内各市、县60多个驻深劳动管理机构，建立了横向联系，积极开展求职登记、用工登记和职业介绍活动。至1991年该市为56.3万进入深圳经济特区的临时工办理了用工手续。佛山市劳动部门在市、县（区）以及镇一级共设立了劳动管理和职业介绍机构63个，配备专职人员423人，形成了遍布全市的劳务市场管理服务网络。全市198万社会劳动力中，从农村转移出来的劳动力达52.42万人，外来劳动力42.66万人，城镇每年新成长劳动力约1.9万人，均通过劳务市场竞争就业。据佛山市劳动局职业介绍机构1987年以来举办

的劳务集市(包括短期综合性劳务集市、每月 15 日的小型劳务集市和常设性的职业介绍)统计,五年来共为 539 家企业介绍城镇劳动力 13763 人,介绍本地农村富余劳动力就业 8 万多人,有计划地组织、引进本省山区和外省劳动力近 10 万人,约占企业招工计划总人数的 70%。顺德市劳动局和所属各镇还采用电脑管理当地劳动力,为企业开展职业介绍服务,有力地促进了企业招工和劳动者就业双向选择,推动了竞争机制的有效运行。江门市劳动局根据当地企业规模小、需求劳动力数量少且分散的特点,从 1988 年起建立了劳务市场办公室(1989 年 4 月改称职业介绍所),用人单位通过来函、来电、来人等形式,登记劳动力需求情况。劳动者求职时,则到职业介绍所登记,由职业介绍所为劳动力供求双方直接见面、协商挑选,提供服务。江门农药厂、电机厂等不少企业反映:"现在招工,一个电话搞定(办妥)。"据不完全统计,从 1988 年至 1991 年年底,到该市职业介绍所登记求职的劳动者共 7354 人,推荐成功率为 44.79%。竞争就业在广州、深圳等市表现得更为突出。如广州市中央酒店 1991 年计划招收管理人员 30 名,应招者达 260 人之多,最终能录用的只有 9 人。

珠三角各市通过推进上述改革,不仅有效地改变了过去人为地割断劳动力供给与需求双方有机联系的状况,促进了劳动力供求双方的直接见面,形成了就业竞争机制;而且在企业内部,竞争上岗也已成为风气,大量劳动力滞留在劳动生产率低的部门或行业的情况有明显改变。据调查,中山市玻璃工业集团公司实行竞争上岗,减少 100 多名富余人员,一批劳动合同制工人脱颖而出,走上了领导岗位。如副总经理、总监就是从工人中选拔上来的。广州市纺织、服装行业效益过去不好,职工年流失率达 30%;1990 年来,职工队伍稳住了,经济效益明显上升,并开始进入良性循环轨道。佛山市国营企业、集体企业基本上没有冗员,职工年流动率为 11.8%,乡镇以下企业职工的年流动率达 25.8%。

(三)工资分配制度改革调动了人的积极性,形成经济发展的巨大推动力

经过 13 年来的改革,珠江三角洲地区企业工资分配呈现出以下明显特点:一是工效挂钩面大,宏观调控步入良性运行状态。1985 年来,各市逐步改变了政府直接干预国营企业工资分配的做法,国营企业普遍通过实行"工效挂钩"调控工资总额,工效挂钩面达 70% 左右。少数未实行工效挂钩的企业,实行工资总额包干。"三资企业"一般随行定价,由董事会按高于

国营企业职工工资水平的20%～50%的比例确定本企业的工资水平，乡镇企业、集体企业模拟"三资企业"的分配办法实行。二是在企业内部敢于拉开差距，分配形式灵活，形成激励机制。在国家与企业通过实行工效挂钩确定双方的分配关系后，不少企业在内部结合落实经济责任制，层层挂钩，把分配权下放到车间以至班组，从而把个人工资收入与劳动成果密切挂钩，拉开档次，体现多劳多得、少劳少得原则。如有的推销员月工资可达上千甚至几千元，有的只拿100多元。三是活工资所占比重不断增大。随着经济的持续高速发展，与经济效益挂钩的新增效益工资增长较快。职工工资收入总额中，国家规定的基本工资和补贴（俗称"固定"工资）所占比重越来越小，活的部分所占比重越来越大。据调查，1980年企业职工工资收入中，"固定"工资由1980年的85%左右下降至1991年的40%左右，有的甚至更低。据1991年统计数字分析，佛山市"固定"工资只占职工工资收入总额的42.3%，中山占41.6%，东莞占36.5%，惠州占43.2%，广州占37.9%，江门占43.5%。

活工资的增加和分配自主权的下放，促使企业开始运用工资的经济杠杆作用，激发人的积极性，调节劳动力的供求和流向最具代表性的做法有两种：

一种是实行全浮动岗位效能工资制。做法是：企业把国家规定的基本工资和津贴、补贴作为档案予以保留，内部工资制度、各类人员的工资关系以及分配形式，完全由企业重新确定。一般对生产人员，能够计件的全部实行计件工资；对非生产人员和无法计件的人员，再按系数法确定不同岗位不同工种的工资关系。一般设定人均工资水平为1，则最低工资系数为0.7～0.8，最高系数为2.5。具体计发到个人时，再考核职工个人实际劳动贡献（工作数量或质量）等因素按比例增减。这样，职工每月的工资都随经济效益和个人实际贡献挂钩浮动。这种做法最初在"三资企业"和乡镇企业实行，后来推广到国营企业。如广东珠江冰箱厂、广州味精厂、鹤山毛纺织厂、珠海格力集团公司等。

另一种是半浮动效益工资制。具体做法是：国家原规定的标准工资制度予以保留，奖金、部分津帖补贴随效益增减浮动。浮动部分由企业根据综合经济指标分配到车间，再由车间或班组根据职工所在岗位的劳动繁简程度和实际贡献拉开档次，计算到个人。这种做法往往在实行工资总额包干的国营企业中实行。如顺德酒厂、中山纸厂、江门农药厂等企业。

上述改革改变了职工长期存在的靠吃"皇粮"过日子的旧观念，产生了强大的激励效应。一是活工资、活分配,大胆拉开差距,不搞平均主义,调动了广大职工的积极性。许多企业内部普遍实行职工个人收入与企业经济效益和个人劳动贡献密切挂钩,向关键技术岗位和生产一线倾斜,对贡献大的敢于给高工资、高待遇,真正体现按劳分配原则。如我们实地考察的江门农药厂、中山造纸厂、东莞糖厂等企业,普遍拉开分配档次,工资高的可拿700多元,甚至上千元,低的只拿200元左右。受利益机制的驱动,职工积极性得到发挥,从而促进了生产的发展。二是在企业外部,"高薪诚聘"和竞价招贤,打破了劳动力管理"一潭死水"的局面,劳动力合理流动的目标得以实现。

1985年来,珠江三角洲乡镇企业率先亮出高薪招聘的绝招。如顺德县1981—1991年,从外地引进专业技术人员2000多名,接纳大专院校毕业生4000多人。目前,已评聘专业技术人员达2万多人,相当于1980年的9倍多。三水县各镇对调入的科技人员的工资收入建立最低保护线,不少镇斥资建造工程师楼或在县城购买工程师房等,这些优厚待遇使该县1990以来共从外地引进科技人员和大专以上毕业生770多名。东莞市国营糖厂陈副厂长和雀巢有限公司(合资企业)温锦坚副总经理都说,在招聘工程技术人员时,如果不能招到,企业可以自行提高工资,直到招到为止。1991年投产以来,雀巢有限公司向全国各地招聘技术人员21人。劳动力的合理流动,带来了技术,有力地推动了经济的发展。

(四)实行社会劳动保险制度改革,为职工流动和社会稳定创造了良好的外部环境

13年来,珠江三角洲各市在改革开放中,循序渐进,积极进行以职工养老、工伤、待业保险为主要内容的保险制度改革,探索建立以社会保险为特征的社会劳动保险制度,初步形成了社会劳动保障机制,为促进劳动制度改革的深化和劳动力资源的合理流动,创造了条件。

从1981年起,各地开始打破由企业单独负担职工各项劳动保险的旧框框,开始对劳动合同制工人实行社会养老保险,1984年后发展至国营企业固定职工、临时工以及集体企业、"三资企业"和部分乡镇、私营企业职工。目前上述不同所有制、不同用工形式的养老保险基金统一由当地劳动部门属下的社会劳动保险机构管理,初步改变了保险费用畸轻畸重状况,提高了企业保险的社会化程度,减轻了企业负担。如珠海市全民、集体企业2250多家10.31万职工参加了养老保险,占全民、集体职工总数

的 89.3%。

1986 年，各地又在国营企业中建立了职工待业保险制度，对破产或濒临破产企业被精简的职工，企业终止、解除劳动合同的人员和企业辞退的职工实行待业保险。广州、珠海、惠州、江门等市还把待业保险范围扩大到经当地政府批准关闭的国营企业职工和部分县以上集体企业职工，为企业正式职工流动创造了有利条件。1990 年，深圳、东莞市率先在全市各类企业进行职工工伤保险制度改革试点。目前，珠江三角洲 10 市及所属各县（区）各类企业已全面实行工伤社会保险。仅深圳、东莞两市，参加工伤保险的单位共 10627 个，职工达 120 多万人，其中东莞市参加工伤保险的企业共 6007 个，人数达 73.05 万人。保险制度改革为劳动力的合理流动和劳务市场的形成和社会稳定创造了有利条件。特别是在经济特区、由于建立了社会保障制度，出现了劳动力选择性待业的新趋势。1991 年仅深圳、珠海两个特区由就业转待业的人员达 3000 多人。佛山市每年要求转换工作岗位的劳动力有 22.82 万人。

（五）初步建立了宏观间接调控机制，使全社会劳动力管理有序，活而不乱

在对外扩大开放、对内放权搞活的新形势下，珠江三角洲各级劳动部门积极转变管理职能，在建立劳动力宏观间接调控机制方面作出了积极的探索。

一是积极探索建立劳动监察制度。1989 年深圳、珠海、中山市在全国率先建立劳动监察制度。后来，广州、佛山、惠州、东莞等市也陆续建立这一制度。它们通过建立劳动监察制度，深入基层，依法对劳务市场活动中企业和劳动者执行国家劳动政策、法规情况进行检查、监察，改变有法不依状况，初步实现了在放权情况下对微观劳动工作的间接依法管理，保证了劳务市场秩序管而不死，活而不乱。如 1991 年深圳市劳动监察大队对 2575 家企业和 37.5 万劳动力进行检查，发现未办理用工手续的有 56271 人，占总数的 15%。其中，违法雇用童工 74 人，便立即做出处理，从而有效地维护了劳务市场的正常运行。

二是依法建立劳动争议仲裁和调解制度，预防和处理劳动争议，防止劳动关系激化。据对深圳、珠海、东莞、惠州、中山五市调查，仅 1991 年劳动部门受理结案劳动争议 1413 宗，处理、接待来信来访 2068 件（次）。较好地维护了劳动关系双方的合法权益和正常的劳动生产秩序。

第二章　探索——率先实行劳动合同制

三是运用经济处罚办法，对违反劳动政策法规的企业和个人进行处理。如珠海市劳动局1991年对严重违反劳动政策的91家企业进行经济处罚，追回被拖欠、克扣的工资补贴和押金300.24万元，对违反劳动法规、纪律的17名工人处罚赔偿金3625元。

四是运用行政手段，建立务工许可证制度，加强必要的管理。各地明文规定，凡外来民工，一律凭"三证"（即外出务工证、计划生育证、身份证）就业，城镇待业人员凭待业证、身份证和专业技术（或学历）证书应聘就业。

二、改革实践的有益启示

13年来，珠三角各市在劳动领域坚持市场取向改革，重视发挥市场机制在劳动力资源配置中的积极作用，取得了显著成果，积累了丰富的经验，我们可以从中得到许多有益的启示。

（一）发展社会主义商品经济，必须坚持市场取向改革，大胆开放劳动力市场

在改革开放过程中，珠江三角洲的干部群众对劳动力是不是商品问题，采取不争论的态度。他们十分注意根据所有制结构、产业结构调整、变化和商品经济发展的内在要求，大胆改革劳动管理体制，开放劳务市场，不断推动劳动力要素与生产资料的合理配置。改革开放初期，为了适应城乡集体经济、个体经济的发展，他们率先放宽了城乡就业政策，鼓励城镇劳动力自谋职业，允许农村劳动力进城务工经商。后来，随着"三资企业""三来一补"企业和乡镇企业的迅速发展，他们先是放开了企业招工的地区、所有制界限，促进了劳动力跨地区（跨市、县甚至跨省）、跨行业流动，满足企业用工需要；接着又放开了国营企业指令性劳动工资计划，改革工资分配制度，实行工资总额同经济效益挂钩，把过去按照个人劳动时间为分配尺度的做法，改变为按劳动成果（即社会必要劳动时间）分配的办法，把劳动者个人收入和自己创造的劳动成果紧密地联系起来，谁为社会创造的价值多，谁就可以多拿工资，否则相反。这一分配方式，尊重了价值规律。劳动产品采取了商品的形式，用价值来衡量，实行等价交换，克服了平均主义，形成了激励机制。这些市场取向的改革，使企业大胆运用工资杠杆调节劳动力，使国营企业学非所用、用非所长的人才（包括技

术工人）大胆流向其他所有制企业，因而出现了一批（个）人才带动一个行业发展的现象，较好地带动和促进了其他所有制经济的迅速繁荣发展。实践证明，对生产力的解放首先应当是对人的解放。人是生产力三要素中最活跃的因素。发展商品经济，不能没有劳务市场。如果没有劳务市场，没有300多万外来劳动力与当地资金、生产资料的结合，珠江三角洲的经济快速发展是不可能的。近年来，澳门因劳工短缺，经济萎缩。而深圳、珠海、东莞等市，因有充足的外来劳动力，便创造了被人们称誉的"深圳速度""东莞效益"。

（二）就业市场化是实现人力资源配置得更加有效方式

劳动制度改革的根本目的是实现人力资源的合理配置，解放和发展生产力。改革开放以前，我国实行的是统包统配就业制度，劳动部门用行政指令手段管理劳动力，从宏观直接管到微观，不尊重企业的实际需要，不尊重劳动者的意愿，一次分配定终身，排斥劳动力的流动，造成人力资源的严重浪费，企业经济效率低下。改革开放以来，珠江三角洲各市从就业和用工制度改革入手，实行劳动合同制，消除固定工制度的弊端，进而放弃指令性劳动计划，赋予企业用人自主权和劳动者择业自主权，培养了市场机制运行的多元利益主体，使微观经济活动中，真正出现了劳务市场的两个基本主体。作为用人主体的企业，什么时候招人，招什么人，招多少人，均由企业自行决定。作为劳动力载体的劳动者，可以根据自己的意愿选择职业，竞争上岗。这就有效地引进了竞争机制和市场调节机制。实践证明，在瞬息万变的商品生产条件下，通过市场调节实现的劳动力与生产资料动态优化配置，能够较好地满足不同层次的用人单位对劳动力的需要，也能够使劳动者在竞争中找到自己的位置。这种配置方式比过去用行政指令手段直接配置的方式更为有效，更能促进生产力的发展。

（三）培育和发展劳务市场机制，必须坚持综合配套改革

开放劳务市场，培育市场机制，涉及劳动领域以及社会许多方面的改革。珠江三角洲各市的改革经验证明，不围绕人们从事生产劳动等相关问题进行改革，劳务市场机制就无法发育形成并正常运行。珠江三角洲各市之所以能够改革先走一步，其重要的标志是以人为本，从实际出发，坚持配套改革。起初他们围绕如何让劳动者进入市场问题，对招工、用工及其计划管理体制进行了改革。1985年后，他们在更大范围内进行了配套改革，

主要是举办职业介绍所，发展劳动就业服务体系；深入改革固定工制度，打破职工的身份界限，促进合理流动；改革工资分配制度，在实行企业工资总额同经济效益挂钩前提下，落实企业分配自主权。在企业内部，职工个人工资收入与其劳动成果密切联系，体现了各尽所能、按劳分配原则；在企业外部，不同的分配主体能够自主运用工资杠杆调节劳动力的流向和流量。因而有效地促进了劳务市场价格机制的形成。此外，还积极改革劳动保险制度，建立社会劳动保险体系，解决职工后顾之忧，保障劳动者的合法权益，保障社会稳定等。正是他们在较长时间内坚持配套改革，促进了劳务市场竞争机制、优胜劣汰机制、激励机制和保障机制的形成。因而，珠三角劳务市场发育比较成熟，市场机制对劳动力调节的覆盖面较广，市场化程度较高。

（四）加强宏观间接调控是消除市场局限性的必要手段

对劳动就业主要实行市场调节，并不是不要国家宏观控制。市场是一个由价值规律发挥作用的体系，往往是通过价格波动来实现的。因而市场对劳动就业等方面的调节不是事前的、自觉的、有意识的，而是事后的、自发的。它只反映市场供求状况及需求结构，因而有其自身的局限性。珠江三角洲的实践证明，规范而科学的市场规则和市场秩序，是实现市场平等竞争、公平交易的基础。要弥补市场缺陷，消除其局限性，就要加强政府的宏观调控能力。要随着市场调节比重的不断增加，逐步把劳动行政部门工作重心转到统筹规划、制定政策、组织协调和指导服务方面来，要建立社会主义劳务市场的法规和各种管理制度、规章和条例，重视运用经济、法律等手段，加强监督检查，使各项劳动工作在法律的约束下，有序地健康发展。

三、当前面临的主要问题

纵观13年来珠三角劳动制度改革进展情况，我们看到，珠江三角洲各市劳动工资保险制度改革虽然取得了显著成果，但是，按照广东要在20世纪末实现经济体制和运行机制的根本转换的目标来衡量，当前，现状与目标之间仍存在较大差距。主要表现在劳动工资管理体制"双轨"运行，管理上存在漏洞，政策上不相适应。

（1）企业用工"双轨"制运行，造成矛盾和摩擦，压抑了部分职工的积极性,加上劳动合同制度不完善,影响了新制度主体地位的确立。从1980年起,珠三角各市对从社会上新招人员实行劳动合同制,使合同制职工队伍有了较大发展,但原有固定工制度仍予保留,因而形成了新旧两种用工制度并存和"双轨"运行态势。固定职工仍然依靠国家包揽一切,致使相当部分企业内部不同用工形式存在着事实上的不平等,难以形成能上能下、能进能出的运行机制,企业职工存量结构调整难,冗员和缺员并存。江门甘化厂劳资干部说:"我厂冗员与缺员并存,机关和后勤富余人员100多人,调剂不了,关键技术岗位和一线生产岗位缺员300多人,只好从农村招临时工顶岗生产。"另外,合同制工人虽通过订立劳动合同形式,明确其与企业的劳动关系,但劳动合同制度不完善,缺乏约束力,技术工人流失严重,影响企业正常生产。如中山市纸厂近年来仅电工就流失了80多人。

(2) 企业工资分配仍处于"双轨"运行状态,不利于搞活国营企业。表现为国营企业内部,国家直接管理职工工资分配的传统体制尚未根本改变(如等级工资仍作为计算退休待遇的依据等)。大部分企业通过"工效"挂钩控制工资总额,但"工效"挂钩办法不够完善,甚至被扭曲,只升不降现象仍存在,致使新的工资运行机制的主导地位尚未确立。在各类企业之间,国营企业受限制过多,而非国营分配权完全由企业根据经济效益、物价水平和个人劳动贡献决定,造成不同企业之间竞争条件不平等,不利于搞活国营企业。

(3) 保险制度改革滞后,阻碍了就业机制的根本转换。从全省来看,珠江三角洲保险制度改革发展较快,但社会化、一体化程度仍不高。据调查,该地区国营企业内部职工(含临时工)养老投保率约为70%,企业目前不愿给临时工投保,其他所有制企业投保率更低。待业保险、工伤保险起步慢,覆盖面还比较窄。上述各险种之间,各项基金分别向企业和个人(工伤除外)收取,提取比例不一,且不能融通使用,对基金的营运增值,政策上限制过多,管理水平不高等,阻碍着就业机制乃至企业经营机制的根本转换。此外,职工退休待遇计算办法陈旧,制约了工资、保险制度改革的深化。

(4) 就业的结构性矛盾开始显现,劳动力供求存在缺口。据1990年人口普查,珠江三角洲社会劳动者人数1213.5万人,待业率为1%左右(广州、深圳、珠海稍高)。预计今后10年劳动力供求存在缺口,加上就业难与招工难并存问题仍然存在,劳动力供求缺口矛盾会加大。表现在:①企业竞争的条件仍不平等,一些经济效益不高的国营企业(主要是纺织、机械、化工、环卫行业)工资水平偏低,劳动条件较差,缺乏竞争力,因而出现招工难、留人难现象。②农村大量富余劳动力转向非农产业和外省劳动力进入珠江三角洲各类企业,从事苦、脏、累、险工种工作,虽填补了某些工种招不到工人的空白,但又在很大程度上挤占了城镇待业人员的就业岗位。③城镇相当部分劳动者不愿到第二产业和苦、累、脏、险行业工作,就业转待业的人员增多,致使劳动力供求的结构性矛盾开始突显。

(5) 劳动者整体素质不高,难以适应企业技术进步的需要。一方面,企业需要的技术工人难以招到,另一方面,技术素质低的劳动力又不适合企业生产需要。在20世纪80年代,韩国在制定进入发达国家行列的目标时提出,要达到成熟的工业化国家水平,在科技人力中,科学家应占5%,工程师和技术员应占10%,具有不同技能的技术工人应占85%。而据统计资料分析,在珠江三角洲社会劳动力中,受过高等教育的只占2.44%,受过高中阶段(及相当高中)教育的占11.93%,受过初中教育的占27.2%。从工人队伍状况看,广州、深圳、佛山、中山、东莞、江门等市均反映,制造业(如车、钳、电、焊工等)技术工人十分缺乏。1990年,广州市劳务集市计划招收技工2000多人,前来应招的仅有600多人,占计划招收总数不足30%。深圳市需招收中级以上技工800人,广东只能满足四分之一。

(6) 职业介绍机构、就业训练、劳务信息网络等劳务市场基础设施不完备,配备人员少,服务功能不健全,市场调节机制发育不够完善,制约着劳务市场的正常运转。

(7) 在劳动工资宏观管理方面,存在不少漏洞。表现为:①管理的覆盖面较窄,各级政府有关部门对劳动工作宏观管理的视野,仍局限于全民单位和部分集体企业,因而存在着"管死全民,放活其他"的现象;②管理手段方法单一,且不配套协调。主要是法制建设不完善配套,未能形成立法、执法、监督和调解的有机整体。如对工资分配的调控,已出现分配向个人倾斜,部分非国营企业职工工资增长过快现象,但工资调节税、个人收入所得税未能认真实行,调控乏力。不少非国营企业非法雇用农村和外省劳动力,侵犯劳动者合法权益现象时有发生,以至发生劳动纠纷,影响正常的生产秩序和社会安定。

四、今后深化改革的思考

今后10年,是广东经济能否走上良性循环轨道,实现用20年时间赶上亚洲"四小龙"的关键性10年。珠江三角洲是广东省国民经济发展的重心区，是追赶"四小龙"的主力军。据预测，今后10年，珠江三角洲地区劳动力需求总量将增长5%以上，第三产业从业人员占社会劳动者总数的比重将上升到50%，企业实际人均工资水平年递增9.5%，企业职工社会保险覆盖面达90%以上。

今后珠江三角洲地区要加快步伐，继续先走一步，率先建立富有活力的、适应社会主义市场经济发展需要的劳动工资管理体制和运行机制，实现劳动管理体制的根本转换，为全省经济腾飞创造条件和提供经验，必须更加大胆地坚持改革的市场取向，按照市场经济发展要求，从以下几个方面深化改革。

（一）深化企业用工制度改革，重建企业劳动关系，形成企业与职工的利益共同体

切实改变过去由政府通过指令性劳动工资计划直接管理职工和包揽一切的做法，通过全面实行全员劳动合同制这一法律形式，在企业内部重新建立职工与企业直接联系的和谐劳动关系。逐步将国家直接管理职工的制度改为企业职工制度，消除企业干部与工人、不同所有制和不同用工形式的界限，形成能进能出、能上能下，人尽其才、合理流动的用人机制。有条件的企业，可结合实行股份制，率先通过建立职工持股制度，把企业经营成果同职工的利益更直接地联系起来，使职工关心企业的经营成果，形成利益共同体，从而调动职工生产的积极性。至于企业内部具体用工形式，完全由企业根据生产经营特点确定，采取固定工、合同工、临时工、发包工、钟点工等多种用工形式，政府不加干预。

（二）抓紧建立健全正常的工资分配机制，充分发挥工资在劳动就业中的经济杠杆作用

要进一步全面取消指令性企业工资计划，落实企业分配自主权。主要措施是坚持"工效"挂钩方向，完善工效挂钩的指标体系，将企业职工的全部工资性收入纳入工资总额，按成本管理，并与企业效益挂钩，逐步建立起职工工资收入与企业经济效益增减上下浮动的增长机制和约束机制。自我约束能力较强的国营企业，可以按照"两个低于"的原则，确定本企业工资总额和工资分配水平。在不突破国家规定的工资总额前提下，逐步取消档案工资，内部分配权还给企业。企业有权根据每年经济效益、物价

水平和职工实际贡献，决定职工个人工资、奖金的分配档次和形式，有权决定职工晋级增薪、降级减薪的办法、条件和时间，有权根据劳动力市场供求情况灵活确定各类人员的工资水平，以达到调节劳动力供求和流向以及调动广大职工积极性的作用。

（三）全面开放劳动力市场，实现劳动就业市场化

进一步打破劳动者就业的城乡界限、所有制界限和地区界限，全面开放劳动力市场，在珠江三角洲率先建立具有中国特色的社会劳动力市场调节体系，实现各类企业在国家宏观指导下，面向市场自主招用人员，择优录用；城乡劳动力自主择业，合理流动。允许现职人员特别是技术人员在不同所有制企业之间合理流动，允许企业采取多种形式，自行向国内外招聘人才，解决劳动力尤其专业技术人员或技术工人的供给缺口。

（四）建立劳动就业服务体系，促进市场机制的完善和正常运行

抓紧建立以各级劳动人事部门为主体，社会职业中介为补充，向上下左右延伸和扩展的职业介绍机构和人才交流服务中心，形成职业介绍网络，同时把职业介绍和就业指导、就业训练、失业救济、劳务输出、信息咨询等工作结合起来，强化相互联系，形成全方位的市场就业服务体系。同时，要通过贷款扶持和税收优惠等政策，鼓励办好劳动服务企业，吸纳失业人员就业，分散改革风险。

（五）加快建立和完善社会劳动保险制度体系

"八五"期间，要分别按养老、待业、工伤、医疗等险种，建立覆盖城镇各类企业职工的法定的、统一的社会保险基金制度和个人专户制度，改变目前按照不同所有制、不同用工形式、不同方式分别设立劳动保险基金制度的做法，使各险种内部各项基金可以融通使用，增强社会保障能力和社会化程度。改革职工退休待遇计算办法，按照本省上一年度社会平均工资的一定比例和职工个人缴费年限长短、缴费工资基数多少计发退休待遇。建立统一的社会保险管理体制，形成专业化、社会化管理网络，把"企业保险"变为法定社会保险。此外，企业还可在国家法定保险之外，自办补充保险。

(六) 加快建立职业教育培训体系,大力发展职业技术教育和培训事业,不断提高劳动者素质

政府要增加对培养技术工人的资金投入,扩大办学规模,提高教学质量。要采取多条腿走路的办法,大力发展技工学校和中等职业学校教育,建立健全开放式、门类齐全的就业培训基地,发动社会各界举办各种类型的职业培训班,形成以技工学校为龙头,职业中学和就业训练中心为主体的、多渠道、多形式的职业培训网络体系,面向社会招生,实行有偿培训,提高在校生的比重,减少结构性待业矛盾。所有经培训的人员均凭培训结业证书或技术证书,进入劳务市场,竞争就业,国家不包分配。要从政策上保证技术工人的待遇和地位,建立正常的技师评聘制度和职称系列,给予最高职称的技术工人和专业技术人员享有相同的社会荣誉和待遇。

(七) 加强对各类企业劳动工资的宏观间接调控,创造公平竞争的环境和条件

政府要建立劳动工资分配宏观调控体系。这个体系主要包括对劳动力市场供求情况进行预测、规划和统筹协调、依法管理,适当放宽对外省民工入粤就业的控制,建立适应市场经济发展需要的劳动力市场规则和秩序,控制好城镇待业率;进一步完善个人收入所得税制度,引导企业建立工资储备金制度;继续按照"两个低于"的原则,控制工资总额和工资分配水平,防止劳动力价格成本上升过快,以免在国际市场竞争中失去劳动力价格低廉的比较优势;要制定并发布最低工资标准,保障底层劳动者的合法权益。

(八) 加强劳动法制建设

加快制定适合各类企业劳动管理的法规、规章,建立完善劳动监察制度和劳动争议调解、仲裁制度,把各类企业特别是大量非公有制企业纳入法制管理轨道,强化立法监督和咨询服务,及时处理劳动争议,保证社会稳定。

(注:本文是作者比较系统全面总结珠三角地区劳动制度改革的一篇调研报告,曾在广东劳动学会第四届会员代表大会上宣读。文章强调坚持市场导向的改革,有不少创新之处。全文共有四个部分,《岭南学刊》1993年第3期曾发表第二至四部分。收录时,作者增加了第一部分。题目改为:

《珠三角劳动制度改革的探索实践》。本文为广东省劳动局调研组集体撰写，主要执笔者：陈斯毅。参加调研人员：孔令渊、陈斯毅、梁国英、谢树兴、周理斌、颜学俭、周志葵、陈苏武。）

第六节　充满生机的顺德企业活力缘何来

被誉为广东"四小虎"的顺德市，1979年至1990年间，工农业总产值翻了近三番。这个巨大的历史成就是怎么得来的？企业劳动工资制度改革在经济发展中究竟起了多大作用呢？最近我们到顺德市实地调查，对所见所闻深刻印象。

顺德市企业活力的来源，主要是着重从四个方面推进劳动工资制度改革。

第一，大刀阔斧进行企业劳动人事制度改革，变国家职工为"企业职工"，给企业发展带来了巨大的动力。广东省石油气用具发展有限公司办公室副主任梁尚武告诉我们，公司前身为市大集体企业，1988年与港、澳合资，建立石油气用具发展有限公司。全公司职工1500多名。任何人到该公司工作，不论资格多老、职务多高、工龄多长，也不论是固定工、临时工，还是干部和新进厂的大中专毕业学生，一律从"零"开始，签订劳动合同，先到车间当工人，或到非生产岗位当办事员。真正有本事、有能力的，经在生产岗位锻炼并考核合格后，可直接聘任为管理人员或领导职务。该公司近年来有4名临时工被聘为车间主任。被聘当干部的，其岗位也不是终身固定的。企业经营者把竞争机制引入企业劳动人事管理，使能者上、庸者下成了气候。有个副部长，工艺设计是内行，但组织管理能力差，被免去副部长职务，到技术部当技术员，发挥其所长。

广东珠江冰箱厂办公室主任张成耀同志告诉我们，打破"铁饭碗"，关键是变"国家职工"为"企业职工"，改变职工对国家的依赖关系，使职工与企业形成利益共同体，与企业共存亡。从1988年起，所有职工进厂，均试用一年，一年期满，经考核合格，根据双方愿意，转为本企业合同制职工，签订期限为三年的劳动合同。三年合同期满，经考核合格，双方愿意，转为本企业职工，签订无固定期限劳动合同或不再签订劳动合同。企业职工有权享受本企业的各项福利待遇，同时也要为企业尽义务。凡违反国家政策、法律、法规和厂规、厂纪者，企业有权辞退、除名，甚至开除。离开企业的人员，上述待遇随之取消，只能到劳动部门登记待业或自谋职业，国家不包分配或调配。这些改革从根本上打破了干部与工人之间的界限，改变了过去往职工身上贴"国家职工"标签的做法，变国家职工为企业职工。这成为增强企业活力的重要一招。

第二，大胆打破"大锅饭"，充分发挥工资的经济杠杆作用。工资分配能否成为调动职工积极性的激励机制，关键在于克服平均主义。该市改革放权后，企业有充分的内部分配自主权。在国家核定的工资总额范围内，企业普遍把过去的等级工资存入档案，采取多种分配形式，使职工个人的工资增长同劳动贡献（实际工作数量和质量）挂钩，工资能升能降，调动了职工的积极性。如具有40年历史的国营老厂——顺德酒厂，结合经济承包责任制，采取了以按劳分配为主体的多种分配形式。在工资总额的调控方面，他们通过实行工资总额同经济效益挂钩办法，建立了工资总量决定机制。在这个前提下，厂部对生产车间实行"六定一奖一罚"（即定人员、定产量、定质量、定消耗、定安全、定管理，超定额奖励，不完成定额扣罚）分配办法。具体做法是：厂部向车间下达生产承包任务，并以成品包装数×吨酒工资含量（单价），作为车间提取的工资额。超额完成承包任务者奖，反之，则罚。车间再根据职工个人的劳动表现及劳动成果（贡献），把工资计发到班组或个人。对非生产人员实行"四定一罚"办法，并根据岗位责任、劳动强度、实际表现等情况，通过确定工资分（或工资系数）形式，来确定个人工资。以全厂车间生产人员月平均工资为100分作为基数，一般管理人员工资分为110～120分，中层管理人员（含专业技术人员）为130～180分，正副厂长250～300分。经严格考核完成"四定"任务者，可得所在岗位工资，不完成任务者，则予以扣分。对供销人员普遍实行按销售额工资含量包干办法。上述做法，直接瓦解了多年来企业内部工资、奖金、补贴平均分配的做法，体现了按劳分配、多劳多得的原则，极大地调动了人的积极性，1991年劳动生产率达56191元（80年不变价），比改革前的1987年增长了49.2%。在我们调查的四家企业中，有三家实行上述分配办法。只是在具体做法上，珠江冰箱厂和石油气用具发展有限公司实行职工个人工资收入与经济效益全浮动；顺德酒厂实行半浮动，即标准工资和国家规定的补贴照发，其余部分全浮动。实际上在职工个人工资收入中，标准工资只占30%左右，其激励功能完全由浮动工资代替，因而，激励机制的形成又成为搞活企业的又一大法宝。

第三，坚持培训考核，不断提高员工整体素质。顺德市各类企业都十分重视员工的培训考核工作。石油气用具发展有限公司员工上岗前培训达100%。该公司委托市技校对新招人员实行3个月全脱产上岗前培训。4年来他们还坚持按照"干什么，学什么"的原则，对在职职工进行培训，培训经费实报实销。珠江冰箱厂领导认为："要提高产品质量，就要培养人才，聚集人才，清理庸才。"该厂每月都请专家学者或有实践经验的技术人员到厂讲课，从厂长到工人都坚持学习，提高业务技术水平。为了使培训工作持之以恒，他们还建立了每月考核制度。把培训考核与岗位调整、个人工资收入结合起来。考核不仅考文化知识和业务技术知识，而且着重考核现实表现和实际工作能力。考核的程序是：厂长（经理）负责考核中层管理干部，各中层部门（车间）领导负责考核班组长，班组长负责考核属下员工。一级考核一级，各级负责人在相应范围内有权决定所属人员岗位变换和工资升降。这种切合实际、行之有效的考核办法，形成了一种激励与约束相互作用的机制。它使每一个员工都处于竞争状态，都尽可能充分发挥个人的聪明才智，从而增强了企业的活力。

第四，全方位开放劳务市场，促进城乡劳动力合理流动。随着经济迅速发展和企业劳动工资制度改革的深化，顺德市政府十分重视培育和发展劳务市场。市劳动局及属下的11个镇，全部建立了职业介绍所和社会劳动力管理机构，配备专职人员100多人。北滘、陈村等5个镇劳动管理所采用电脑储存和传递劳动力供求信息，搭建了企业与劳动者联系的桥梁。与此同时，该市早在1986年就改革高度集中统一的劳动计划体制，下放企业招用工自主权。企业用工计划由企业自行制定，报市或镇劳动部门备案，企业可以根据生产发展需要，采取面向社会公开招收办法招用人员。劳动部门对企业用工，主要是实行宏观间接管理。一是坚持贯彻"三先三后"（即先城镇后农村，先本地后外地，先本省后外省）原则。二是建立劳动监察制度，负责对各类企业执行劳动工资政策、法规情况依法进行监督、检查。三是对国营企业职工建立了待业保险制度。从而保证了全市劳动力管理放而不乱，活而有序。全市社会劳动力68万多人，其中城镇劳动力13万人，外来劳动力13万多人，农村劳动力42万人。农村劳动力中，有24万人已转移到非农产业。丰富的劳动力资源和灵活有效的劳动力调节机制，为搞活企业、增强企业活力创造了良好的外部条件。

通过对顺德市企业的调研，我们认为，该市社会主义商品经济的迅速发展，对企业劳动工资制度改革起着催化作用；而企业劳动工资制度及管理体制方面的改革，调动了广大职工积极性，增强了企业活力，成为推动经济发展强大动力，其作用不可低估。特别是它们在建立本企业职工制度、劳动合同制度、浮动工资制度，发挥工资的经济杠杆作用以及坚持逐级培训考核、开放劳务市场等做法和经验，有可能成为今后广东劳动工资制度改革发展的重要趋势，值得进一步学习和总结推广。

（注：本文是作者1991年随同孔令渊厅长到顺德市调研时写的报道稿，曾发表于《创业者》1992年第7期。）

第三章 突 围

——非公有制企业推行劳动合同制的探索实践

【本章导读】改革开放伊始,为了适应对外开放和搞活经济的需要,广东按照中央部署,从两个方面推进劳动制度改革:一方面是从体制外率先对经济特区举办的"三资企业"实行劳动合同制,进行突围;另一方面是从体制内的国营、集体企业新招人员中试行劳动合同制,进行突破。在高度集中统一的计划经济体制条件下,推进劳动制度改革是需要很大勇气的。本章收录的几篇文章,着重介绍外资企业、"三来一补"企业、涉外企业、私营企业、股份制企业依法率先推行劳动制度改革的做法和经验。非公有制企业是当时劳动管理的薄弱环节,劳动争议案件多,劳动者合法权益没有得到保障。广东非公有制企业全面实行劳动合同制,有力地推动了劳动制度实现根本转变,保障了劳动者的合法权益,促进了经济的发展。笔者时任厅办公室副主任兼劳动制度改革研究小组副组长,按照厅领导部署,侧重对非公有制企业劳动管理问题进行调研,写出一批调研报告供领导参考。这几篇文章,反映了当时非公有制企业推行劳动合同制度改革的情况,体现了笔者坚持以人为本、维护劳企双方合法权益的执政理念。

第一节 广东外资企业劳动法例规定和招聘员工手续

改革开放以来,我国制定了一系列鼓励外商投资的优惠政策,简化审批手续,提高办事效率,使投资环境不断改善,利用外资规模随之迅速扩大。至1994年6月,全国开办的外商投资企业19万家,其中广东44705家,占总数的23%。凡开办外资企业,都必须招聘员工才能从事生产经营活动。在广东开办外资企业,应当如何办理招聘员工手续?员工进入企业后,在劳动用工、工资分配、社会保险、劳动保护以及劳资关系处理方面,有哪些法规规定？企业应当如何遵循？笔者拟从以下几个方面做扼要的介绍。

一、广东劳动力市场运行概况

改革开放以来，广东坚持按照发展社会主义市场经济的要求，积极培育和发展劳动力市场。目前，全方位开放的、服务功能比较齐全的劳动力市场已基本形成。外资企业在广东招聘员工，完全可以通过劳动力市场来运作。

（一）劳动力资源供给情况

广东是一个劳动力资源丰富的省份。据统计，截至1993年，全省拥有6400多万人口，劳动力总量达3400多万。其中，农村劳动力2300万，城镇劳动力1100万。此外，还有进入广东的外省劳动力650万。全省城镇劳动力资源供给总量预计达2800万人（含本省农村转移和外省入粤劳动力）。

在计划经济条件下，劳动力受城乡、地区、所有制的限制，处于封闭状态，不能自由流动。在改革开放过程中，广东在全省范围内取消了高度集中统一的劳动工资计划，打破了城乡、地区和所有制就业的界限，促进了劳动力市场主体的形成和劳动力要素的合理流动。

所谓城乡界限，是指在二元经济条件下，我国曾采取严格的就业制度，不允许农村劳动力进入城镇务工经商。农村剩余劳动力无法进入企业做工。企业要招收农村劳动力，需经当地劳动部门下达指令性计划指标，方可招收。1988年7月，省政府批转省劳动局《关于改革劳动工资计划管理体制的意见》，明确取消企业招工的指令性计划，同时，取消了农村劳动力进城务工的限制。

所谓地区界限，是指不允许劳动者跨市、县，跨省流动，不允许企业跨地区招聘劳动力。改革开放初期，我们把允许外资企业跨地区招聘员工作为一条优惠政策，但在实行中，仍按照先城镇后农村，先本地后外地，先本省后外省的原则进行控制。1992年后，我们基本取消了这条限制，允许劳动力跨地区流动，允许企业跨地区招聘员工。

所谓所有制界限，是指劳动力一旦进入全民、集体或其他所有制企业工作，它只能在同一所有制单位之间流动，不能在不同所有制单位之间流动。1992年以前，只允许外资企业面向社会招聘职工。1992年以后，随着改革开放的深入发展和劳动保险社会化程度的提高，广东率先打破了劳动力流动的所有制界限。允许各类企业面向社会、面对市场、自主招聘本单位需要的劳动力，劳动人事部门协助办理招聘手续。

冲破三大界限，标志着广东劳动力市场的发育成型，标志着广东有了比较完整统一的劳动力市场。近年来，劳动力可以跨城镇、地区、所有制流动，为企业招聘有用人才开拓了广阔天地。全省农村劳动力向非农产业转移的有1000万人，外省入粤劳动力650万人，较好地满足了广东发展"三资企业"的需要。

（二）职业中介服务组织

随着劳动力市场的发育，广东职业介绍服务机构应运而生，并成为劳动力市场运行的主要载体。目前，全省基本形成了以政府部门设立的职业中介组织为主体、社团和个人举办为补充的职业中介服务网络体系。

政府部门设立的职业中介服务机构，主要有以下三个相对独立的系统。

一是由各级劳动部门设立的职业介绍机构。主要职能是收集和发布劳动力供求信息，为用人单位和劳动者相互选择提供信息咨询、推荐技术工人，开展职业介绍和办理有关招聘手续等。至1994年，全省设立的职业中介机构达1300多个，其中各级劳动部门设立的有960个。

二是各级人事部门开设的人才交流中心。主要职能是负责推荐各类专业技术人员和大、中专毕业生，并为用人单位开展人才智力开发和办理有关招聘手续等。目前，全省县以上人事部门均设立此类机构，共有140多个。

三是县以上科技干部局开办的科技人才交流中心。主要职能是培训开发、交流各类专业技术人才。机构改革后，这个部门的人才工作逐步划归当地人事部门。

此外，还有各级工会、妇联或街道组织的"家庭服务中心"或"人才交流中心"以及个人举办的职业介绍机构等。

外资企业招聘员工，一般可委托当地劳动人事部门属下的职业中介机构办理招聘手续。从当前各地开放劳动力市场的实践来看，各职业介绍机构普遍采取两种活动方式：一是举办短期劳务集市，集中发布劳动力需求信息，为企业招聘急需的劳动力提供服务；二是在固定场所开展常年性的职业介绍活动，方便劳动力求职登记和选择职业。

广东劳动制度的深刻变革

二、外资投资企业劳动管理的主要法规

劳动管理是外商投资企业管理的一项重要内容。由于外商投资企业主要面向国际市场,受市场供求关系的变化和价值规律的影响很大。因此,为了适应外商投资企业发展的需要,1979年以来,我国按照国际惯例,陆续制定和公布实施了一系列外资企业管理的法规和文件,对劳动管理作出明确规定。

1.《中华人民共和国中外合资经营企业法》

1979年7月1日,第五届全国人民代表大会第二次会议通过并公布该法。该法规定了中外合资经营企业劳动管理的基本原则,明确由合营企业董事会讨论决定利润的分配、劳动工资计划、停业以及职工的雇用、解雇,依法由合营各方按协议、合同规定办理。

2.《中华人民共和国中外合资经营企业劳动管理规定》

1980年7月26日,国务院发布该规定。该规定是我国关于外商投资企业劳动管理的第一部法规。1984年1月19日,劳动人事部发布了《中外合资经营企业劳动管理规定实施办法》。该办法主要是对上述《管理规定》的若干条款加以具体化,并做了适当的补充和修改。总的精神是进一步放宽政策,扩大中外合资经营企业的自主权。

3.《中华人民共和国中外合资经营企业法实施条例》

1983年9月20日,国务院发布该条例。该条例具体规定了中外合资企业职工的招收、招聘、辞退、辞职、工资、福利、劳动保险、劳动保护、劳动纪律等事宜的原则、依据等。

1983年3月,国务院批转了国家经委、对外经济贸易部《关于进一步办好中外合资经营企业的报告》指出,要确保合营企业在招聘、雇用、解雇、开除职工以及在确定本企业工资标准、工资形式、奖励与津贴制度、奖惩职工等方面的自主权。

4.《中华人民共和国外资企业法》

1986年4月21日,第六届全国人民代表大会第四次会议通过该法。该法规定外资企业雇用中国职工应当依法签订合同,并在合同中订明雇佣、解雇、报酬、福利、劳动保护、劳动保险等事项。

5.《关于鼓励外商投资的规定》

1986年10月11日,国务院发布该规定。该规定要求各级人民政府和

有关主管部门保障外商投资企业的自主权，其中包括用人自主权，支持外商投资企业按照国际上先进的科学方法管理企业。

6. 《中华人民共和国中外合作经营企业法》

1988年4月13日，第七届全国人民代表大会第一次会议通过该法。该法规规定合作企业职工的录用、辞退、报酬、福利、劳动保护、劳动保险等事项，应当依法通过订立合同加以规定。

7. 《关于外商投资企业用人自主权和职工工资、保险福利费用的规定》

1986年11月10日，为了贯彻《国务院关于鼓励外商投资企业的规定》，保障外商投资企业的用人自主权，恰当确定外商投资企业职工的工资、保险待遇等，劳动人事部发布了此规定。

8. 《关于中外合资经营企业内中方干部的管理办法》

1987年8月4日，劳动人事部发布该办法。该办法旨在加强对中外合资经营企业中方干部的管理，提高中方干部的素质，保障企业用人自主权。

9. 《劳动部、人事部关于进一步落实外商投资企业用人自主权的意见》

1988年5月5日，国务院办公厅转发该意见。该意见与以往有关规定在某些方面做了重要的调整与修改，以往有关规定与该意见有抵触的，均按该意见执行。

10. 《关于进一步改进和加强外商投资企业劳动工作的通知》

为了适应我国对外开放不断扩大和外商投资企业大幅度增加的新形势，进一步改进和加强外商投资企业的劳动工作，保障职工和企业的合法权益，劳动部于1993年5月15日发布该通知。该通知在招聘职工、工资分配、社会保险、劳动保护、劳动合同管理和劳动监督等六个方面作出了新的明确规定。

11. 《关于加强外商投资企业中方职工社会保障工作的通知》

1992年12月30日，国家体委与劳动部联合下发该通知。该通知指出：各级人民政府和有关部门要高度重视外商投资企业中方职工的社会保障工作。要认真贯彻国家有关法律、法规，切实解决外商投资企业中方职工的社会保险问题。

12. 《中华人民共和国劳动法》

1994年7月5日，全国人大第八届常委会第八次会议通过颁布该法。该法把外商投资企业劳动管理与我国其他各类企业同等对待。

除以上法规和文件外，还有劳动部对北京市劳动局、大连市劳动局、广东省劳动厅、上海市劳动局等单位关于外资企业劳动管理中具体问题的批复和各地方政府制定的本地区范围的一些有关外资企业劳动管理的规定和文件。

13.《广东省外商投资企业劳动管理规定》

1988年4月22日，广东省政府颁布了《广东省外商投资企业中方干部管理规定》。该规定是由广东省政府于1989年颁布的。

归纳起来，上述法律和文件中有关外商投资企业劳动管理制度规定，具有一般劳动管理制度共有的内容，也具有其侧重的特点。其主要内容有以下五大部分：

（1）劳动力招聘和管理。外商投资企业劳动力的招聘和管理在外商投资企业劳动管理有关规定中占有十分重要的位置，涉及面比较广泛。它主要包括职工的招收录用、劳动合同管理、辞退和辞职、奖惩、中方干部管理、外籍员工管理和劳动争议处理等七个方面。

（2）工资管理。包括工资水平的确定、工资标准和形式、高级管理人员工资制度、资金和津贴、最低工资制度、外籍员工的工资管理等内容。

（3）劳动保险和职工福利管理。主要包括中方职工养老、失业、医疗、工伤以及生育等项保险制度的建立与完善有及劳动保险费用的统筹、筹集和使用。

（4）劳动保护管理。外商投资企业的职工劳动保护管理包括改善职工劳动条件、保证安全生产和文明生产；工时制度和休假制度；发放劳动保护用品；职工伤亡事故的检查和处理等内容。

（5）劳动法规的监督检查。

三、外商投资企业员工的招收与管理

（一）外商投资企业职工的招收录用

外商投资企业职工的招收录用主要涉及劳动计划、招录职工、试用培训等内容。招收录用的形式主要有：①从社会上招收；②招聘在职人员包括委派借调和从应届大中专毕业生中选招；③雇用境外人员等。

1. 劳动计划

（1）1979年《中华人民共和国中外合资经营企业法》规定，董事会讨论决定合营企业的一切重大问题，其中包括劳动工资计划等事项。不受国家指标限制。

（2）1984年《中外合资企业劳动管理规定实施办法》中明确规定，合营企业的劳动计划，经董事会决定后，报企业主管部门和所在地区劳动人事部门备案，专项纳入国家劳动计划。

（3）1986年《关于外商投资企业用人自主权和职工工资、保险福利费用的规定》中又强调指出：外商投资企业可根据生产经营的需要，自行确定机构设置和人员编制。

（4）1993年《关于进一步改进和加强外商投资企业劳动工作的通知》中指出：外商投资企业自行确定机构设置和人员编制，自主决定招聘职工的数量、时间、条件和方式。

2. 招收录用职工

（1）1980年《中外合资经营企业劳动管理规定》中指出：合营企业职工，或者由企业所在地的企业主管部门、劳动管理部门推荐，或者经劳动管理部门同意后由合营企业自行招收，进行考试，择优录用。

（2）1984年《中外合资经营企业劳动管理规定实施办法》中强调，合营企业根据劳动计划招收新人员时，按照国家有关政策，在劳动人事部门规定的地区内公开招收，通过考试，择优录用。同时还规定，合营企业用人，应尽可能招用中方人员，并实行劳动合同制。

（3）1986年《关于外商投资企业用人自主权和职工工资、保险福利费用的规定》和1988年《关于进一步落实外商投资企业用人自主权的意见》这两项规定重申了外商投资企业可以根据生产经营需要，自行招收、招聘职工、通过考核、择优录用。

（4）招聘外籍员工或港、澳、台地区员工，必须按照国家有关规定严格控制，除在中外合资（合作）经营企业合同中确定聘任的高级管理人员外，招聘其他员工必须得到企业所在地区劳动行政部门的同意，并办理有关手续。

（5）1989年在广东省政府颁布的《外商投资企业劳动管理规定》中规定，外资企业招用职工，应将工种人数告知当地劳动部门。劳动部门应当本着先城镇后农村、先本地后外地、先本省后外省的原则，做好组织协调和服务工作。所需技术人员，在所在市、县无法解决的，可到省内其他地区招收。省内招不到的，经当地劳动部门确认，可到外省招收。

3. 招聘在职职工与跨地区招聘

（1）在《中外合资经营企业劳动管理规定实施办法》中规定：合营企业所需要的工程技术人员和经营管理人员，在当地确实无法解决的。经省、

广东劳动制度的深刻变革

市、自治区劳动人事部门批准，并征得有关劳动人事部门同意，可到外地招聘。

（2）《关于外调投资企业用人自主权和职工工资、保险福利费用的规定》重申，外资投资企业所需要的工程技术人员和经营管理人同，在当地无法解决的，经所在省、自治区、直辖市劳动人事部门协商得到有关地区劳动人事部门同意，可到外地招聘。并指出，外商投资企业经过考核，决定录用的在职技术人员、经营管理人员和技术工人，原单位应积极支持，允许流动。如有争议，由所在地区劳动人事部门裁决。

（3）《关于中外合资经营企业内中方干部的管理办法》指出，合营企业聘用在职专业技术人员，经营管理人员，如果发生争议由合营企业的主管部门会同有关部门协商解决，经过协商仍然不能解决的，由原单位所在地区的政府劳动人事部门仲裁，跨地区的，由上级劳动人事部门仲裁。对劳动人事部门的仲裁，各方（合营企业、干部所在单位、干部个人）都应服从。

（4）《关于进一步落实外商投资企业用人自主权的意见》进一步强调，外商投资企业所需专业技术人员和经营管理人员，由企业面向社会公开招聘：在本地区职工不能满足需要时，可以跨地区招聘，有关部门和单位应积极支持，不得采用不合理手段加以限制。该意见还明确规定，跨省、自治区、直辖市招聘职工，不再报省级劳动人事部门批准。

（5）1993年5月15日在《关于进一步改进加强外商投资业劳动工作的通知》中再次重申：外商投资企业，在招聘职工方面，凡属国家法律、法规赋予外商投资企业的用人自主权，必须保证落实。可以自主决定招聘职工的数量、时间、条件和方式。企业在本省、自治区、直辖市招聘不到所需要的职工时，经省级劳动行政部门确认，可以跨地区招聘。企业招聘在职职工，除国家有关规定限制流动的人员外，原单位应允许流动。企业从农村招聘职工须按各省、自治区、直辖市的有关规定执行。

4. 招聘外籍员工或港澳台员工

主要有以下规定：①劳动人事部、公安部1987年10月颁发的《关于未取得居留证件的外国人和来中国留学的外国人在中国就业的若干规定》；②劳动部《关于进一步做好外国人在华就业管理工作的通知》；③劳动部1993年5月《关于境外人员入境就业工作几点具体意见的通知》；④广东省公安厅转发公安部《关于对外国人来华就业依法加强管理的通知》和劳动部1994年2月关于颁发《台湾和香港、澳门居民在内地就业管理规定》等五个法规、文件。

上述文件、规定的主要内容可归纳为五个方面。

第一,关于就业的界定。凡境外人员受雇于国内任何用人单位,从事一定社会劳动,并取得劳动报酬,一并视为就业,须先按国家有关规定办理就业申报审批手续,取得就业许可证后,方可合法就业。任何单位和个人不得以培训、研修,或其他名义聘雇境外人员就业。

下列人员,公安机关可凭专家证,工商营业执照或有关批准机关的证明文件直接为其改变签证种类和审发居留证。无须劳动部门批准。①经国务院外国专家局批准,聘任为专家的外国人和港澳台同胞、海外华侨。②经劳动部、公安部认可的部委聘雇的外国人和港澳台同胞、海外华侨。③经省人民政府批准聘雇的外国专家及有特殊需要的外国人和港澳台同胞、海外华侨。④具有法人资格的来粤投资或者投资股东中的董事长、副董事长。⑤在华外国侨民。

外国驻华使领馆和联合国系统组织驻中国代表机构人员的配偶在华就业,按外交部《关于外国驻中国使领馆和联合国系统组织驻中国代表机构人员的配偶在中国任职的规定》办理。

第二,关于就业的审批和管理。企业要求聘用境外人员,要预先做出计划并向所在地的市(地级市)以上劳动部门提出用人计划申请。一个单位招聘的境外人员就业在10人以下(含10人)的报市(地级)的劳动部门审批,11人以上的报省劳动厅审批(含计划单列市),省属、中央和部队驻穗单位直接向省劳动厅申请。申请内容:所需用人的数量、国籍、人员的技术要求和入境后所从事的工种岗位,聘用的时间及工资待遇等。

用人单位根据劳动部门批准的用人计划,确定聘雇对象后,填写"境外人员就业申请表"一式二份,连同申请人的证件复印件(必要时提供原件)报上述审批计划的劳动部门办理。对要求雇用在非技术、管理岗位上一般性的人员和个体谋职就业的人员,要严格控制。确定需招用的,一律上报省劳动厅审批发证(含计划单列市)。省属、中央和部队驻穗单位的境外就业人员直接报送省劳动厅审批发证。境外人员就业按用人单位的隶属关系由县(区)、市和省的劳动部门分别进行管理。如果原关系不明确的,即按用人企业注册登记的工商行政管理部门同级的劳动部门管理。省属、中央和部队在广州市的境外人员就业由省劳动厅直接管理,在其他市、县的,省委托各市、县的劳动部门统一管理。

第三,办证手续。省、市劳动部门受理用人单位报送的"境外人员就业申请表",经审查批准后送同级公安出入境管理部门审核。公安出入境管理部门着重审查申请人员是否属不准入境者,在华有无违法犯罪记录,及国籍认定等,并在审批栏签署审批意见。劳动、公安部门审查批准后,由省或市的劳动部门签发就业许可证,公安出入境管理部门凭劳动部门核发的就业许可证及持证人的有效健康证明书办理居留证件或改变来华身份等手续。居留证件到期,可凭劳动部门新发的就业许可证办理延期和加签手续。

第四,就业条件。未取得居留证件和来中国留学的外国人申请就业需符合下列条件,方可签发就业许可证。

(1) 年满18周岁,持有效的护照、证件和签证的(注:指持有 F、L、G、C 等签证来中国的人员以及因改变身份而被公安机关收缴的居留证件的人员;持标有 X 字签证来中国留学、进修、实习的人员及来华进行研究的学者)。

(2) 具有将要从事的工作所必需的技能和专业知识。

(3) 受聘雇用者将要从事的工作是聘雇单位有特殊需要非该受聘者而不能进行的某种工作,并且这种工作由外国人担任不违反国家有关规定的。

(4) 来中国留学的外国人在学习期间不能申请就业。如要求就业,须经国家教委同意先办理退学手续,退学后按有关规定办理申请就业手续。

第五,关于港澳台居民在内地就业的申请与审批。内地用人单位(含个体工商户)聘雇港澳台人员,须向劳动部门申报,并填写《就业申请表》,经省、市、劳动部门批准,发给《港澳台人员就业证》,持《就业证》到当地公安机关申请办理暂住手续。在内地开办企业并担任正副总经理的港澳台人员,无须申办就业审批手续。

此外,内地用人单位聘雇港澳台人员,须具备上述条件。并且是在劳动部门指导下公开招聘三周以上,仍招聘不到所需要的人员时,才予允许。

(二) 外商投资企业职工的劳动合同

外商投资企业招用人员必须签订劳动合同。劳动合同管理主要包括劳动合同书的制定和签订,对劳动合同的内容要求和劳动合同的审批程序等内容。

1. 劳动合同的制定

(1)《中外合资经营企业法实施条例》中指出,合营企业合同的订立、合同的效力与合同的解释、执行及其争议的解决,均应适用中国法律。

（2）《中外合资经营企业劳动管理规定实施办法》规定，劳动合同由企业和企业工会组织协商制定（未成立工会组织的，和企业职工代表协商制定）。

2. 劳动合同的内容

（1）《中外合资经营企业劳动管理规定》指出，合营企业职工的雇用、解雇和辞职，生产和工作任务，工资和奖惩，工作时间和假期，劳动保险和生活福利，劳动保护、劳动纪律等事项，通过订立劳动合同加以规定。

（2）《外资企业法》指出，外资企业雇用中国职工的劳动合同中，应订明雇用期限、解雇、报酬、福利、劳动保护、劳动保险等事项。

（3）中外合作经营企业法指出，合作企业职工的录用、辞退、报酬、福利、劳动保护、劳动保险等事项，应当依法通过订立劳动合同加以规定。

（4）1993年5月，《关于进一步改进和加强外商投资企业劳动工作的通知》再次强调，劳动合同应当规定双方的权利和义务，合同的期限、变更、终止和解除劳动合同的条件以及违反劳动合同所应承担的责任。劳动合同的内容要力求明确、完善，便于执行。各地劳动行政部门可根据需要制定劳动合同规范文本供企业使用。

3. 劳动合同的签订和鉴证

（1）《中外合资经营企业劳动管理规定》明确规定，劳动合同由合营企业同本企业的工会组织集体签订；规模较小的合营企业，也可以同职工个人签订。

（2）《中外合资经营企业劳动管理规定实施办法》再次重申，合营企业可以同本企业工会组织签订集体劳动合同，也可以同职工个人签订个人劳动合同。

（3）《中外合资经营企业法实施条例》规定，合营企业工会是职工利益的代表，有权代表职工同合营企业签订劳动合同，并监督合同的执行。

（4）1993年5月印发的《关于进一步改进和加强外商投资企业劳动工作的通知》重申：外商投资企业必须按照国家有关法律、法规，经过平等协商，与所聘用的职工签订劳动合同，使劳动合同成为确定和调整双方劳动关系的法律依据。上述规定还明确：劳动合同一经签订并鉴证，双方必须严格执行，确需变更合同时，须经双方协商同意。任何一方违反劳动合同，侵害对方合法权益或者给对方造成经济损失的，应当依法给予赔偿或者承担其他法律责任。

4. 劳动合同的审批和修改程序

(1)《中外合资经营企业法实施条例》规定,合营企业协议、合同和章程经审批机构批准后生效,其修改时也须经审批机构批准。

(2)《中外合资经营企业劳动管理规定实施办法》规定,劳动合同制定后,要按照《管理规定》的要求,报省、市、自治区劳动人事部门批准,省、市、自治区劳动人事部门也可委托合营企业所在地的县以上劳动人事部门批准。《实施办法》还规定,劳动合同一经签订,双方必须遵守执行。签订合同的一方要求修改合同时,须经双方协商同意,并报原审批机关批准。

另外还规定,除劳动合同外,合营企业还可就职工的招收、录用、辞退等事项,同提供人员的单位或者所在地区的劳动服务公司签订劳务合同。

(三) 外商投资企业职工的辞退与辞职

1. 解雇、辞退职工的法律、法规

(1) 中外合资经营企业法规定,合营企业职工的解雇等事宜,依法由合营各方的协议、合同规定办理。

(2)《中外合资经营企业劳动管理规定》(简称《管理规定》)明确指出,合营企业对于因生产、技术条件发生变化而多余的职工,经过培训不能适应要求,也不适宜改调其他工种的职工,可以解雇。《管理规定》还明确,合营企业解雇职工,工会认为不合理的,有权提出异议,并派代表同董事会协商解决。

(3)《中外合资经营企业劳动管理规定实施办法》(简称《实施办法》)规定,在劳动合同期内,因生产、技术条件变化,需要辞退多余的职工时,或者因其他原因辞退职工时,须在辞退前一个月通知企业工会组织和被辞退职工个人,并报企业主管部门和所在地区劳动人事部门备案。《实施办法》还规定,职工因工伤、职业病经医院证明进行治疗、疗养期间,因病或非因工负伤住院治疗期间,女职工怀孕六个月以上和休假期间,不得辞退。

(4)《关于进一步落实外商投资企业用人自主权的意见》(简称《意见》)进一步对辞退职工有关事宜做了规定。该《意见》指出,外商投资企业按照合同和有关规定辞退职工,任何部门、单位或个人不得干预。对于在辞退职工中搞不正之风的,应当进行批评教育,情节严重的,应根据实际情况追究法律责任或给予行政处分。

以上几个法规，逐步完善了外商投资企业解雇、辞退职工的办法。

2. 给予解雇和辞退职工的经济补偿

（1）《中外合资经营企业劳动管理规定》指出，合营企业解雇职工，必须按照劳动合同规定，由企业给予补偿。

（2）《中外合资经营企业劳动管理规定实施办法》规定，对于在劳动合同期内被辞退的职工以及合同期满后被解除合同的职工，合营企业根据他们在本企业的工作年限，每满一年发给一个月的本企业平均工资的补偿金；10年以上的，从第11年起每满一年发给一个半月本企业平均工资的补偿金。

广东省规定：每满一年发给个人月平均工资的100%，10年以上发给个人月平均工资150%的补偿金。

3. 被解雇和辞退职工的安排

（1）《中外合资经营企业劳动管理规定》做了原则性规定，即由企业主管部门或劳动部门另行安排工作。

（2）《关于进一步落实外商投资企业用人自主权的意见》具体规定，对被辞退的职工，原属借调、借聘的，由原单位接受；属于应聘的，到应聘前所在地区的劳动服务公司或人才交流服务机构进行失业登记，可以由有关部门介绍就业，自愿组织起来就业，也可以自谋职业。

4. 职工辞职

（1）《中外合资经营企业劳动管理规定》指出，合资企业职工的辞职等事项，通过订立劳动合同加以规定。同时规定，合营企业职工因有特殊情况，按照劳动合同规定，通过工会向企业提请辞职时，企业应予同意。

（2）《中外合资经营企业劳动管理规定实施办法》规定，合营企业职工在劳动合同期内因有特殊情况，需要辞职时，须通过企业工会组织提前一个月向企业提出。对于职工因有正当理由的辞职，企业应予同意，但可不发给补偿金。辞职职工如系由合资企业出资培训，在培训期满后工作未满合同规定年限的，须按劳动合同规定，赔偿企业一定的培训费用。

（3）《关于进一步落实外商投资企业用人自主权的意见》规定，外商投资企业从在职职工中招聘所需人员时，聘用职工提出辞职的，辞职后重新就业，其工龄可连续计算。

（四）外商投资企业职工的奖惩

外商投资企业职工的奖惩主要涉及对职工的奖励、处理违纪职工和开除职工等内容。

1. 职工的奖励

《中外合资经营企业劳动管理规定实施办法》规定，合营企业对于模范执行企业各项规章制度，在完成生产、工作任务、革新生产技术和改善经营管理中作出优异成绩的职工，可分别情况，由正副总经理决定，给予不同的荣誉奖励和物质奖励，对于其中有突出贡献的，可以晋级、晋职。同时还指出，合营企业对于本企业中属于由国家行政机关任命的工作人员给予奖励或者处分，其审批权限和程序按照 1957 年《国务院关于国家行政机关工作人员的奖惩暂行规定》办理。

2. 违纪职工的处理

（1）《中外合资经营企业劳动管理规定》中规定，合营企业对于违反企业规章制度，造成一定后果的职工，可以根据情节轻重，给予必要的处分。同时明确，合营企业处分职工，工会认为不合理的，有权提出异议，按照本规定的程序请求仲裁或提起诉讼。

（2）《中外合资经营企业劳动管理规定实施办法》进一步规定，合营企业对于违反企业各项规章制度，违反劳动纪律，造成一定后果的职工，可分别情况，给予批评教育或者不同的行政处分；必要的时候，还可酌情处以一次性罚款或者赔偿，情节严重、屡教不改的，可以开除。对职工进行处分时，须征求工会组织的意见，听取被处分职工笔者的申辩，由正副总经理作出决定。

（3）《关于鼓励外商投资决定》和《关于外商投资企业用人自主权和职工工资、保险福利费用的规定》都重申，外商投资企业对违反企业规章制度，造成一定后果的职工，可以根据情节轻重，给予不同处分，直至开除。

3. 职工的开除

（1）《中外合资经营企业劳动管理规定》中曾规定，合营企业给予职工开除处分，须报请企业主管部门和劳动管理部门批准。

（2）《中外合资经营企业劳动管理规定实施办法》对上述规定进行了修改，规定给予职工开除处分，只需报企业主管部门和所在地区劳动人事部门备案。

（3）《关于鼓励外商投资的规定》又重申，外商投资企业开除职工，只需向当地劳动人事部门备案。这样修改的目的，在于保证企业拥有必要的开除职工的权限，落实企业用人的自主权。

(五) 外商投资企业的干部管理

外商投资企业的干部管理主要涉及企业机构设置与人员配备、对中方高级管理人员的要求、中方干部的委派和解聘等问题。

1. 机构设置和人员配备

（1）中外合资经营企业法就有关董事会的设立、董事长和副董事长的人选等问题做了明确规定。即：合营企业设董事会，其人数组成由合营各方协商，在合同、章程中确定，并由合营各方委派和撤换。董事长和副董事长由合营各方协商确定或由董事会选举产生。中外合营的一方担任董事长的，由他方担任副董事长。

（2）《中外合资经营企业法实施条例》对董事会与经营管理机构做了详细规定。规定指出，合营企业的经营管理机构，负责企业的日常经营管理工作，经营管理机构的总经理、副总经理（或正副厂长），由合营各方分别担任。合营企业需在国外和港澳地区设立分支机构（含销售机构）时，应报对外经济贸易部批准。

（3）《关于外商投资企业用人自主权和职工工资、保险福利费用的规定》进一步明确，外商投资企业可根据生产经营需要，自行确定机构的设置和人员编制。

2. 中方干部任职方式

（1）中外合资经营企业法规定，合营企业董事会董事，由合营各方委派。

（2）《中外合资经营企业法实施条例》规定，合营企业总经理、副总经理由合营企业董事会聘请，可以由中国公民担任，也可以由外国公民担任。

（3）《关于中外合资经营企业内中方干部的管理办法》（简称《管理办法》）具体规定，按照合同规定由中方干部担任的总经理和副总经理，经中方合营者推荐人选后，由董事会聘任。该《管理办法》还规定，合营企业对在本企业内担任正、副总经理、总工程师、总会计师、审计师以及其他职务的中方干部，一律实行聘任合同制。

3. 中方干部解聘后的安置

《关于中外合资经营企业内中方干部的管理办法》规定，到合营企业工作的中方干部被终止或解除聘用合同后，进行以下安置：①凡属借聘的人员，仍回原单位工作；②凡属组织委派，从原企业选派或由国家分配到合营企业工作的，由中国合营者或企业主管部门负责另行安排工作，所在地区劳动人事部门予以协助，个人也可以自谋职业；③凡由合营企业自行招聘的，由人才交流服务机构协助推荐就业。

4. 中方干部的调动

（1）《关于外商投资企业用人自主权和职工工资、保险福利费用的规定》中指出，中方委派到外商投资企业工作的高级管理人员，在任期内，一般不得调动他们的工作，必须调动的，应征得董事会的同意。

（2）《关于中外合资经营企业内中方干部的管理办法》规定，对在合营企业内担任高级管理职务的中方干部，在合同期内，未经合营企业董事会同意，中方任何部门不得调换他们的工作。

（3）《关于进一步落实外商投资企业用人自主权的意见》重申，指出对在中外合资经营、合作企业担任董事长、董事的中方人员，在任期内不得擅自调动他们的工作，如需调动时，委派单位应征求该企业的审批机构和合营他方的意见。

（六）外商投资企业外籍职工的管理

1. 外商投资企业外籍职工管理的基本原则

《中外合资经营企业劳动管理规定实施办法》规定，合营企业职工，除外方合营者的代理人外，凡中方能够提供并能胜任工作的，应招用中方人员。

目前在我国外商投资企业中工作的外籍职工主要是一些管理人员和技术人员。对于这些人员的管理主要涉及雇用、收入、税收、任职、出入境等几个方面。

2. 外籍职工的雇佣

《中外合资经营企业劳动管理规定》指出，合营企业外籍职工的雇用、解雇、辞职等事项，都应当在雇用合同中规定。

3. 外籍职工收入和税收

（1）中外合资经营企业法规定，合营企业的外籍职工的工资收入和其他正当收入，按《中华人民共和国税法》缴纳个人所得税后，可按外汇管理条例汇往国外。

（2）《中华人民共和国外资企业法》规定，外资企业外籍职工的工资收入和其他正当收入，依法缴纳个人所得税后，可以汇往国外。

（3）《中华人民共和国中外合作经营企业法》规定，合作企业的外籍职工的工资收入和其他合法收入依法缴纳个人所得税后，可以汇往国外。

4. 外籍职工的出、入境

在外籍职工出、入境方面，《中外合资经营企业法实施条例》指出，合营企业的外籍职工和港澳职工（包括其家属），需要经常入、出中国国境的，中国主管签证机关可简化手续，予以方便。

（七）外商投资企业的劳动争议处理

目前，外商投资企业发生劳动争议，主要按照以下法规处理。

《中外合资经营企业劳动管理规定》规定，合营企业发生的劳动争议，首先由争议双方协商解决；通过协商不能解决的，可以由争议的一方或双方向所在省、自治区、直辖市人民政府劳动管理部门请求仲裁；如一方不服仲裁裁决，可以向人民法院提起诉讼。

1993年5月劳动部《关于进一步改进和加强外商投资企业劳动工作的通知》再次强调指出，因履行劳动合同发生争议时，当事人可以向企业所在地区劳动争议仲裁委员会申请仲裁。

劳动法第七十九条规定：劳动争议发生后，当事人可以向本单位的劳动争议调解委员会申请调解；调解不成的，当事人一方要求仲裁的，可以向劳动争议仲裁委员会申请仲裁。当事人一方也可以直接申请仲裁。对仲裁裁决不服的，可以向人民法院提起诉讼。第八十二条规定，提出仲裁要求的一方应当自争议发生之日起六十日内向劳动争议仲裁委员会提出书面申请。仲裁裁决一般应在收到仲裁申请的六十日内作出。

四、相关的几项主要制度及法律规定

主要包括工资、保险福利、劳动保护法等五个方面，现分述如下：

（一）外商投资企业职工工资管理

外商投资企业职工的工资管理包括：工资制度的确立、工资水平的确定、工资的增长、工资标准、工资形式、高级管理人员工资制度等。

1. 外商投资企业工资制度的确立

外商投资企业工资制度的确立，主要以中外合资经营企业法、外资企业法、中外合作经营企业法和劳动法等有关条款为基本依据。

（1）《中外合资经营企业法实施条例》指出：合营企业职工的工资等事宜，按照《中华人民共和国中外合资经营企业劳动管理规定》办理。同时还指出，合营企业的工资制度，必须符合按劳分配、多劳多得的原则。在董事会研究有关职工工资制度等问题时，工会代表有权列席会议，董事会应听取工会的意见，取得工会的合作。

（2）中外合资经营企业劳动管理规定中，合营企业职工的工资制度，由董事会讨论决定，同时还指出，合营企业职工工资等事项，通过订立劳动合同加以规定。

（3）中外合资经营企业法和外资企业法规定，外资企业和合作企业雇佣中国职工，应当在合同中订明报酬等事项。

2. 外商投资企业职工工资水平的确定

（1）中外合资经营企业劳动管理规定，合营企业职工的工资水平，按照所在地区同行业的国营企业职工实际工资的120%～150%确定。

（2）《中外合资经营企业劳动管理规定实施办法》强调，合营企业必须按照《管理规定》工资水平支付中方职工的工资。并且说明，《管理规定》中所说的所在地区同行业国营企业职工的实际工资，是指所在地区同行业规模和生产技术条件相近的国营企业职工的平均工资，其具体数额由所在地区劳动人事部门会同财政部门和企业主管部门核实。

（3）《关于外商投资企业用人自主权和职工工资、保险、福利费用的规定》取消了过去法规中对外商投资企业职工工资水平上限的限制，规定：外商投资企业职工的工资水平，由董事会按照不低于所在地区同行业条件相近的国营企业平均工资的120%的原则加以确定。

（4）1993年5月劳动部《关于进一步改进和加强外商投资企业劳动工作的通知》中对工资水平的确定又作出新的规定：①中外合资（合作）经营企业中方职工的工资总额和平均工资水平，由企业在坚持工资总额的增长不超本企业劳动生产率的增长的原则下自主确定；②外资（指外商独资）企业应当根据生产经营情况，适时调整职工的工资，其调资时间和幅度由企业自主决定。外资企业职工法定工作时间内最低劳动报酬不得低于所在地区同行业国有企业平均工资水平。各行业国有企业平均工资额每年由当地劳动行政部门提供。

3. 外商投资企业工资的增长

（1）《中外合资经营企业劳动管理规定实施办法》指出，合营企业职工工资的增长，按照合营合同、章程的规定和企业的生产、经营状况，由董事会决定，不必与国营企业同步进行。

（2）《关于外商独资企业用人自主权和职工工资、保险福利费用的规定》指出，外商投资企业职工工资水平，可根据企业经济效益好坏逐步加以调整。经济效益好的，工资可以多增；经济效益差的，可以少增或不增。

（3）1993年5月劳动部《关于进一步改进和加强外商投资企业劳动工作的通知》进而指出：中外合资（合作）经营企业工资水平的增长在坚持"两个不超过"的原则下自主确定；外商独资企业的工资水平根据生产经营状况由企业自主确定。企业获得了工资分配充分的自主权。

4. 外商投资企业职工的工资标准

（1）《中外合资经营企业劳动管理规定》指出，合营企业职工的工资标准由董事会讨论决定。

（2）《关于鼓励外商投资的规定》重申，外商投资企业有权在批准的合同范围内，自行确定工资标准。

（3）《中外合资经营企业劳动管理规定实施办法》规定，职工离开合营企业到其他单位工作时，实行所在单位的工资、奖励、津贴制度。

5. 外商投资企业的工资形式

（1）《中外合资经营企业劳动管理规定》指出，合营企业的工资形式，由董事会讨论决定。

（2）《关于鼓励外商投资的规定》重申，外商投资企业有权在批准的合同范围内，自行确定工资形式。

（3）外资企业法和中外合作经营企业法先后再次明确，外资企业与合作企业职工的报酬形式等事项，应依法通过订立合同加以规定。

6. 高级管理人员的工资制度

关于外商投资企业高级管理人员的工资制度，目前有关法规均明确规定由董事会决定。

7. 外商投资企业的工资基金管理、监督和调控

1993年5月劳动部《关于进一步改进和加强外商投资企业劳动工作的通知》指出，外商投资企业职工的工资、奖金、津贴和补贴等各项收入，都应纳入工资总额并如实填入工资基金管理手册。工资基金管理手册可由各地劳动行政部门根据外商投资企业的特点自行制定；企业要在银行设立工资基金专户和职工个人收入账户，并为职工代扣代缴个人所得税。企业必须按时足额地向职工发放工资。各地劳动行政部门应会同有关部门，通过强化税收、考核效益、信息引导等方式对企业发放工资情况进行监督和调控。

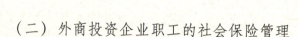

（二）外商投资企业职工的社会保险管理

外商投资企业的职工社会保险包括：养老、待业、医疗、工伤及生育等保险制度。

1. 外商投资企业中方职工社会保险的基本原则

1992年国家体改委、劳动部在《关于加强外商投资企业中方职工社会保障工作的通知》中指出：要切实加强对外商投资企业中方职工的社会保障工作。重申要坚持有关法律法规的原则，有效地保障中方职工的合法权益。①《中外合资经营企业劳动管理规定》指出，合营企业职工的劳动保险，通过订立劳动合同加以规定。规定还指出，合营企业必须按照规定标准支付中方职工的劳动保险费用。②《关于外商投资企业用人自主权和职工工资、保险福利费用的规定》具体指出，外商投资企业要按照所在地区人民政府的规定，缴纳中方职工退休养老基金、待业（失业）保险基金。③《中外合资经营企业劳动管理规定实施办法》进一步指出，合营企业职工的劳动保险，要按照中国政府对国营企业的有关规定执行。合营企业认为有不适用的，可以提出意见，报请省、市、自治区劳动人事部门在商得财政部门和同级工会组织同意及批准后执行。④外资企业法与中外合作经营企业法都规定，外资企业和合作企业雇用中国职工，应在合同中订明劳动保险事项。

此外，要发挥各级工会组织的作用，使之积极参与外商投资企业中方职工社会保障制度的建设。

2. 外商投资企业中方职工社会保险的主要内容和具体规定

1993年5月劳动部《关于进一步改进和加强外商投资企业劳动工作的通知》指出，各地劳动行政部门要尽快建立和完善外商投资企业中方职工的养老、待业、医疗工伤及生育等保险制度。其主要的内容和具体规定有：

（1）职工的养老保险实行国家基本养老保险，参照补充养老保险和个人储蓄养老保险相结合的制度。企业和职工个人须按照当地政府的规定向劳动部门所属的社会保险机构缴纳基本养老保险费。有条件的企业应从自有资金中提取补充养老金，由社会保险管理机构按人记账和储存，退休时一次或按月发给退休职工个人。

（2）外商投资企业要按照当地政府的规定参加待业（失业）保险，并按规定的比例按时向劳动部门所属的待业（失业）保险机构缴纳待业（失业）保险费。

(3) 已经实行大病医疗费用社会统筹或开展医疗、工伤及生育保险制度改革试点的地区,要积极组织和吸收外商投资企业参加。

(4) 劳动人事部《关于外商投资企业用人自主权和职工工资、保险福利费用的规定》,职工在职期间的保险福利待遇,按照政府对国营企业的有关规定执行;所需费用,从企业成本费用中如实列支。

《广东省外商投资企业劳动管理规定》明确:外资企业应按当地政府规定的办法和标准向社会劳动保险机构缴纳各项保险金,项目主要有养老、失业、工伤保险。

(三) 外商投资企业职工福利管理

1. 外商投资企业职工享受福利待遇的规定

(1)《中外合资经营企业劳动管理规定》、外资企业法、中外合作经营企业法都规定,合营企业、合作企业和外资企业,都应在合同中明确职工的福利等事项。

(2)《中外合资经营企业劳动管理规定实施办法》进一步指出,合营企业职工的福利待遇,按照我国政府对国营企业的有关规定执行。合营企业认为不适用的,可以提出意见,报请省、市、自治区劳动人事部门在商得财政部门和同级工会组织同意后批准执行。同时还指出,合营企业支付给中方职工的福利费用以及国家在房租、基本生活品价格、文化、教育、卫生保健等方面对职工的各项补贴的数额,由省、市、自治区劳动人事部门会同财政及其他有关部门核定,并随着国营企业职工福利费用和国家补贴的变动,进行相应的调整。

2. 福利基金的提取和使用

(1)《中外合资经营企业法实施条例》规定,合营企业纳税后,可提取职工奖励及福利基金,提取比例由董事会确定。条例还指出,合营企业工会应协助企业安排和合理使用福利、奖励基金。

(2)《中外合资经营企业劳动管理规定》强调,合营企业提取的职工奖励和福利基金,必须用于对职工的奖励和集体福利,不得挪作他用。

3. 福利费用的提取和使用

(1)《中外合资经营企业劳动管理规定实施办法》规定,合营企业职工的福利费用留给中方合营者,由企业工会组织监督使用。

(2)《关于外商投资企业用工自主权和职工工资、保险福利费用的规定》进一步指出,外商投资企业职工的福利待遇所需费用,从企业成本费用中如实列支。

4. 国家补贴的处理

（1）《中外合资经营企业劳动管理规定实施办法》规定，国家补贴部分按照国家有关规定处理。

（2）《关于外商投资企业用人自主权和职工工资、保险福利费用的规定》具体规定，外商投资企业按照所在地区人民政府的规定，支持住房补助基金，由企业中方用于补贴建造、购置职工住房费用。

（四）外商投资企业职工的劳动保护管理

1. 外商投资企业职工劳动保护管理的原则

（1）《中外合资经营企业劳动管理规定》指出，合营企业必须执行中国政府有关劳动保护的规章制度，保证安全生产和文明生产，中国政府劳动管理部门有权监督检查。

（2）《中外合资经营企业法实施条例》在董事会会议研究决定有关职工劳动保护等问题时，工会的代表有权列席会议，董事会应听取工会的意见，取得工会的合作。

（3）《中外合资经营企业劳动管理规定实施办法》再次强调合营企业必须加强对职工的劳动保护，要有必要的人员管理本企业的劳动保护工作，采取有效措施，改善职工的劳动条件，保证安全生产和文明生产；所需劳动保护措施经费，参照国家计委1973年《关于加强防止矽尘和有毒物质危害工作的通知》办理。并且指出，合营企业应参照国营企业标准，发放职工劳动保护用品。

2. 职工因公伤亡、职业中毒、职工伤害事故的处理

合营企业发生职工因公伤亡，严重职工中毒、职工伤害事故时，《中外合资经营企业劳动管理规定实施办法》规定，须按国务院1956年《工人职员伤亡事故报告规程》，及时报告企业主管部门。所在地区劳动人事部门和工会组织，并接受他们对事故的检查和处理。

3. 劳动安全卫生

劳动部《关于进一步改进和加强外商投资企业劳动工作的通知》指出，①外商投资企业必须执行国家有关劳动安全卫生的法律、法规和标准，为职工提供符合劳动安全卫生要求的劳动条件，保障职工的安全与健康。②凡新建、扩建、改建的生产性工程项目，劳动安全卫生设施必须与主体工程同时设计、同时施工、同时投产作用。③企业对易发生伤亡事故的特种设备（如起重机、电梯、企业内机动车辆等）应经劳动行政主管部门安全认证，发放安全许可证后，方可运行。④要执行国家关于女职工劳动保护的规定，做好女职工的特殊保护。⑤企业应定期对职工进行身体健康检查，建立健康档案，发现职业病应及时负责治疗。⑥企业要按规定发给职工符合劳动安全卫生标准的劳动防护用品，并教育职工正确使用。

4. 工时和休假

（1）《中外合资经营企业劳动管理规定实施办法》强调，合营企业应执行我国国营企业规定的工时制度和休假制度。

（2）1993年劳动部《关于进一步改进和加强外商投资企业劳动工时的通知》再次强调，要执行国家规定的工时制度和休假制度，严格控制加班加点。

（3）《劳动法》第四章规定，国家实行每日工作不超过8小时，平均每周工作不超过44小时的工时制度，并保证劳动者每周至少休息一日。加班时间，一般每日不得超过一小时，因特殊情况，延长工作时间每日不得超过3小时，但是每月不得超过36小时，发生自然灾害、事故等情况时除外。

（五）外商投资企业劳动法规的监督检查

劳动部1993年5月15日《关于进一步改进和加强外商投资企业劳动工作的通知》中，对强化劳动法规的监督和检查方面，作出如下规定：

（1）在建立健全劳动法规和强化监督、服务功能方面指出，各地劳动行政部门要把建立、健全外商投资企业劳动法规，加强劳动监督检查，作为改善投资环境的一项重要工作抓紧抓好。

（2）各地劳动行政部门要开展经常性的劳动监督检查工作，依法保护职工的合法权益，改变有法不依、执法不严的现象，要坚持教育为主、惩罚为辅的原则，对情况较轻、及时纠正错误并赔偿损失的，可从轻处理；对情况严重、态度恶劣、屡教不改的，必须依法严惩；对触犯刑律的，要提交司法部门处理。

（3）劳动法第八十五、八十六条规定，县级以上劳动行政部门依法对用人单位遵守劳动法律、法规情况进行监督检查，对违反劳动法律、法规的行为有权制止，并责令改正。劳动监察人员执行公务，有权进入用人单位了解执行劳动法律、法规的情况，查阅必要的资料，并对劳动场所进行检查。

（4）在保护中方职工合法权益方面，要充分发挥工会代表职工实行民主参与和民主监督的作用。

（5）劳动法第八十九至一百零一条规定，用人单位在制定内部劳动规章制度时，工时、克扣工资、劳动保护、招用童工、限制人身自由、劳动保险等方面违反劳动法律的，应当承当相应的法律责任。

第二节 深圳市"三来一补"企业劳动关系现状剖析

深圳经济特区毗邻香港，华侨众多，经过10年改革开放，交通、通信等基础设施发展迅速，投资环境有很大改善。近年来，香港产业界针对当地劳动力短缺状况，及时调整产业结构，将加工制造业内迁深圳，使深圳"三来一补"企业迅速发展。据统计，到1988年年底，全市共与外商（含港商）签订"三来一补"协议6000余项，兴办"三来一补"企业5000余家，累计引进外资11亿美元，从业人数迅速增至41万多人，为深圳外向型经济发展做出了积极贡献。

"三来一补"通常包括来料加工、来样加工、来件装配及补偿贸易四种形式。前三项在法律上统称为外来加工装配，它是一种将进口原材料、半成品经加工或装配成为成品，再出口的特殊外贸业务；而补偿贸易，则是一方（设备出口方）向另一方（设备进口方）提供机器设备、技术，也可以辅以必要的原材料，在一定期限内由设备进口方用进口设备所制造的产品或所得利益偿还给对方的一种贸易方式。总之，"三来一补"企业作为一种特殊的投资方式，具有投资灵活、程序简单、周期短、见效快、劳动密集等特点。在生产经营方面，其设备、原材料和产品销售均在国际市场，按国际市场机制运行。由于"三来一补"企业属劳动密集型企业，其生产规模和产品销售均受国际市场制约，因而在企业劳动管理、工资分配等方面形成了一套与国内国营企业不同的、特殊的劳动关系。

一、以雇用廉价的外地劳动力为主，实行合同化管理

由于"三来一补"企业生产变化大，工作条件较差，工资水平较低（与深圳"三资企业"相比），绝大多数有深圳户口的劳动力不愿从事这方面的工作。因此，"三来一补"企业中除少数管理人员（如经理、厂长及财务人员）是当地人外，其余人员均来自外地（故亦称为外来劳动力）。据统计，目前"三来一补"企业外来劳动力约占企业职工总数的95%以上。这

部分人按招工有关规定招收进厂后,均与企业签订临时劳动合同,借以建立双方的劳动关系。劳动合同内容主要包括合同期限、工作任务、工资福利待遇、劳动纪律和安全生产等。其显著特征是:合同期限短,一般为一年。合同期满后,用工单位因生产需要延期使用的,经劳动部门核实后可续订劳动合同;若因订货或其他原因引起生产变化而多余的临时工,企业可以辞退。

深圳市规定,有下列情况之一者,可终止劳动关系:①合同期满,任何一方不再续约;②合同期未满,临时工擅自离开工作单位;③合同期内,企业因生产变化可以裁员;④违纪辞退;⑤临时工违反计划生育,可以辞退;⑥临时工因其他原因离开特区。双方终止劳动关系,须将有关情况及《临时工劳动手册》送交当地劳动部门注销。

总之,"三来一补"企业用工形式灵活,终止劳动关系手续简单,为企业所欢迎。

二、规定最低工资待遇

"三来一补"企业在工资分配方面享有充分的自由权。企业可根据生产需要自行决定工资分配形式。目前主要实行计件工资制。政府调整企业与职工之间的分配关系,主要是规定外来临时工最低工资标准。最低工资标准随物价指数上升而提高。深圳市从1987年起开始制定并实行最低工资标准。目前最低工资已从1987年的120元提高到180元。同时规定停工待料应发生活费。这些规定对保障外来临时工的最低生活消费,稳定双方的劳动关系起到了积极作用。

三、建立簿式档案管理制度

深圳市"三来一补"企业对临时工的管理,主要是建立《临时工劳动手册》(简称《手册》)制度。《手册》是记载临时工工作情况及现实表现的簿式档案,是申报暂住户口的凭证,也是考察临工素质、择优淘劣的依据。市政府规定,领取《手册》的从业人员须具备下述条件:①具有从事本职业相应的法定劳动年龄及文化程度,身体健康,现实表现好;②有个人与用人单位或用人单位与劳务输出单位依法签订的劳动(务)合同;③符合国家实行计划生育的规定;④有用人单位为其提供的固定居住场所。

这些规定为加强企业内部劳动管理、建立劳动领域宏观调控机制提供了依据。

四、发生劳动争议，由劳动争议仲裁机构受理

按照《广东省国营企业劳动争议处理实施细则》，深圳市劳动局规定，"三来一补"企业行政与职工因履行劳动合同发生的争议，劳动争议仲裁机构有权管理，并依据程序裁决；裁决不服的，当事人可向人民法院起诉。这就把"三来一补"企业劳动争议处理纳入了法律轨道。

但是，由于"三来一补"企业与我国国营企业劳动管理上有很大区别，目前又缺乏研究，因而出现不少问题。

一是企业生产经营过多依赖外商原材料进口，劳动关系不稳定。"三来一补"企业原材料供应和产品销售渠道完全为外商所控制，供应链长，我方处于被动地位。企业决定招多少工人，使用多长时间，完全视生产经营状况决定。因此，企业与劳动者往往不签订劳动合同。有的签订了劳动合同，往往是短期劳动合同，也没经劳动部门鉴证，致使有些合同条款与我国劳动法律法规相抵触，有的显失公平。劳动合同从签订之日起就给日后劳动关系的协调发展与劳动争议的出现留下了隐患。

二是缺乏立法保障。由于"三来一补"企业既不属于外商投资企业，又不属于国营或集体企业，其性质尚未确定。因此，国家关于上述企业劳动管理的有关规定，"三来一补"企业均不适用，而国家目前又没有关于"三来一补"企业的劳动立法，结果造成工人合法权益缺乏法律保护。去年深圳"三来一补"企业共发生60多起劳资纠纷，主要是企业无故扣发工人工资、奖金、押金以及加班加点引发的。

三是管理职责不清、督促检查不力。目前，广东省不少县（区）和乡镇设立了对外加工贸易办公室，负责对"三来一补"企业的全面管理，但该办实际上只是对生产经营进行管理，没有对企业劳动工资进行管理。而劳动部门由于人手少，管理的范围主要是国营和县以上的大集体企业以及"三资企业"，因而出现了管理上的真空和漏洞，造成"三来一补"企业劳动管理比较混乱。

上述情况表明，加强"三来一补"企业劳动管理，有许多事情要做。政府部门应当重视加强对"三来一补"企业劳动关系的研究，制定相关政策，调整劳动关系，认真解决这类企业存在的劳动管理问题。

第三章　突围——非公有制企业推行劳动合同制的探索实践

第一，应当加强"三来一补"企业劳动立法，尽快完善劳动合同管理。"三来一补"企业职工的工资福利、劳动保护、安全卫生、劳动时间等，要参照"三资企业"的规定，通过签订劳动合同，以法律形式确立劳资双方的劳动关系。

第二，要明确"三来一补"企业劳动管理应当由各级劳动部门统一管理。各乡、镇要建立劳动管理站，负责所在地区"三来一补"企业劳动管理工作。企业应当设立劳动争议调解委员会，发生劳资纠纷，应先由企业调解，调解不成时再由当地劳动仲裁机构裁决。

第三，应当尽快建立劳动合同鉴证制度。劳动合同是确定企业与劳动者劳动关系的凭证，劳动部门要建立劳动合同鉴证制度，依法对劳动合同实行鉴证，保证劳动合同中的有关条款符合法律规定，依法成立，真正做到平等自愿，协商一致，并保证所签订的劳动合同不违背国家的劳动工资方针政策。

第四，加强劳动监察，实行综合治理。"三来一补"企业职工大多数是外来劳动力，流动性大，不易管理。各级政府应当按照省政府的部署，抓紧批准建立劳动监察机构，协调公安、工商、城建、对外加工办、计划生育办等部门，加强对"三来一补"企业招、用工情况进行监督检查。一旦发生违反劳动工资政策、法规的行为，要及时依法处理，切实维护劳动者合法权益。

（注：本文是作者与深圳市劳动局曾虹文同志共同撰写，曾发表于《劳动与人事》1990年第1期。）

第三节　中山、东莞市私营企业劳动管理情况调查

最近（注：1989年），我们到中山、东莞两市对私营企业劳动管理情况进行调查。先后到石岐中区、小榄、古镇、莞城区、石龙镇召开了6次座谈会，并到3家规模较大的私营企业进行实地考察，在分析私营企业劳动用工和工资分配等情况基础上，提出进一步加强私营企业劳动管理的对策建议。

一、两市私营企业发展简况

1988年6月，国务院颁布《中华人民共和国私营企业暂行条例》（以下简称《条例》）后，中山、东莞两市按照《条例》关于"私营企业是指企

业资产属于私人所有、雇工8人以上的营利性的经济组织"这一标准,划定私营企业,并核发营业执照。据统计,至1989年年底,两市已领取营业执照的私营企业共726户,雇工9964人,平均每户雇工13.7人。其中,独资企业206户,雇工2904人;合伙企业462户,雇工6094人;有限责任公司56户,雇工964人。

(1)小型企业多。据工商部门反映,两市私营企业大部分是由个体户转过来的,凡雇工8人以上的个体户,换证时均转为私营企业。目前两市私营企业规模均较小,平均每户13.7人。100人以上的企业仅5户,占总数的0.7%。

(2)生产型、加工型工业企业多,商饮服业少。两市726户私营企业中,工业企业567户,占总户数的78%,商饮服业142户,占总户数的19%。

(3)企业经营管理素质较差。据了解,在经营管理方面,除了规模较大的工业企业建立财务制度外,大部分企业尚未按照国家规定建立财务会计制度和劳动管理制度。

(4)职工整体素质不高。由于企业所招工人大部分是来自当地农民和外省民工,没有经过职业技术培训,文化程度低,法制观念差。

(5)企业的地区分布不平衡。如东莞市茶山,石龙两镇私营企业156户,约占全市总户数的三分之一以上,但有些乡镇私营企业很少。

二、私营企业劳动管理情况

(一)企业招工、用工方面

私营企业普遍拥有招工自主权。在我们重点调查的30户企业中,只有1户(古镇宏发机械厂)因在当地招不到工人后,经当地劳动站介绍招收35名工人。其余29户均自行招收工人。其基本做法是:在企业门口出示招工广告,或经亲戚朋友介绍。招工进厂后,经过一个星期至三个月的试用,认为合格的,由企业收集所招工人的身份证、相片(中山还收计划生育证明或未婚证明及个人外出务工证明),到当地乡镇劳动管理站(公司)办理招工手续,领取务工许可证和暂住证。大部分企业虽没有明确试用期,但招到工人后,一般都能够按规定到劳动部门办理招工手续。

在用工上,普遍采取临时工形式,人员能进能出,大部分企业没有与职工签订书面劳动合同,一般采取口头协议办法。在所调查的5镇、区中,只有中山古镇私营企业普遍与职工签订书面劳动合同并经镇劳动管理所进行劳动合同鉴证。在所调查的30户企业中,除古镇7户外,还有小榄温控器件厂、莞城东强电器公司、石龙东发制衣厂3户企业与职工订立了劳动合同。

(二) 工资分配方面

据调查,目前两市私营企业表示有工资分配自主权。工资分配主要有三种形式。一是计件工资。在调查的30户企业中,实行计件工资的有17户,占57%。计件的做法有两种:一种是个人计件;一种是以班组为单位计件。如古镇宏发机械厂是生产大型木工机械工具的,难以计件到人,便采取以生产班组为单位实行计件工资,新工人进厂经试用一个星期后,如认为合格者便进入班组,实行计件工资。二是日工资制。一般不便于实行计件工资、且生产任务不饱满的企业,采取日工资制形式。每日工作按8小时计,日工资5~8元不等,没有奖金。三是实行"基本工资+奖金"形式。比较典型的如古镇罗氏电子厂,确定工人进厂后第一年的基本工资为:男工90元,女工80元。奖金每月最高250元,最低160元,还有季度奖10~30元,发明奖1000~5000元。基本工资随本企业工龄逐年增加。总的来看,私营企业没有采取国营企业的等级工资制度,比较灵活,工资水平比当地同行业集体企业工资水平略高。一般最低工资150~200元;最高工资600元左右;企业主的工资一般与企业高层次管理人员的水平持平或稍高。如中山小榄永安温控器件厂普通工人最低月工资150元,最高工资500元,企业主工资700元。

(三) 职工福利方面

职工福利与国营企业的做法不一样。私营企业本身的做法也不一样。为了稳定人心,留住工人,大多数企业给雇工享受以下几种福利待遇:

(1) 雇员享受国家规定的节假日和探亲假。每月有4天假期,如果星期天为了赶货不休息,以后可补休。一些企业可报销职工单程探亲路费(有的企业可报销双程路费或租车送职工回家)。

(2) 职工因工负伤,企业负责医疗费用至治愈。

(3) 雇请外地民工较多的企业,一般都设有饭堂和宿舍,不收住宿费和水电费,吃饭有补贴。雇请外地民工较少的企业,包住宿,吃饭自理,企业每日有0.5~1元的补贴。

（4）少数企业每月发给工人医疗费5元。如中山伟成制衣厂和东莞石龙金汉斯酒廊。

三、存在的主要问题

目前，私营企业劳动管理方面存在的主要问题是：

（1）普遍没有建立社会劳动保险制度。

据调查，中山市临时工养老保险还没建立。原因是市政府认为外地临时工多，流动性大，参加社会养老保险增加企业负担，省的文件还未转发下去。私营企业雇工多数是临时工，因而还未建立临时工养老保险制度，待业和工伤保险也未开展。东莞市已开展临时工养老保险和私营企业职工工伤保险，但目前正处于逐步展开和试点阶段，私营企业也尚未建立待业保险制度。

（2）劳动保护工作未引起足够重视。从我们深入现场检查的中山伟成制衣厂、小榄永安温控器件厂和古镇罗氏电子厂三家企业来看，普遍感到工场狭窄，原材料与机器放置杂乱，劳动环境较差，设备落后。据介绍，除个别工业企业建立劳动安全的规章制度外，大部分企业没有建立劳动安全制度。多数企业生产任务足时，常加班加点，一般每天工作10小时以上。有个别工厂规定员工每天工作11小时。

（3）没有建立劳动合同制度，工人流动性较大，发生劳动争议难以处理。据反映，企业和职工对建立劳动合同制度还缺乏认识，企业主普遍认为，劳动合同没有多大约束力，即使订了劳动合同也没起什么作用；工人则认为订立劳动合同"困身"，因而也不愿意签订劳动合同。

（4）企业经营者素质较低，对国家的劳动工资制度和有关政策不了解、不熟悉，企业内部劳动管理的各项制度不健全，尤其是职工福利待遇不如集体企业。

四、几点建议

（1）各级劳动部门要大力宣传国家关于私营企业的劳动工资政策和法规。有条件的市、县，应当举办劳动政策培训班，组织私营企业经营者学习国家和省有关于私营企业的劳动政策。也可组织编印私营企业劳动工资文件汇编小册子，广为宣传，让国家有关政策法规与私营企业管理人员直接见面。

（2）全面建立私营企业劳动合同管理制度。建立劳动合同管理制度，私营企业主比较赞成，劳动者也乐意接受。目前的关键在于，基层劳动部门要加强对私营企业用工进行具体的业务指导。如中山市古镇劳动管理站制定了《劳动合同书》样式，并负责对劳动合同进行鉴证，对劳动争议负责处理。该镇企业经营者认为，这样做有利于加强劳动管理、建立平等互利的劳动关系，因而各私营企业都与工人订立了劳动合同。这个经验值得借鉴。

（3）抓紧建立私营企业社会劳动保险制度。目前，广东省私营企业职工劳动保险虽是个空白，但私营企业主是愿意购买保险的。东莞市没有开展工伤保险前，一些私营企业到人民保险公司买了人身保险。石龙镇裕华工艺制品厂厂长说："我们愿意买工伤保险，保了工人就是保了我自己。"可见，目前建立私营企业劳动保险制度确是好时机。建议按照先易后难原则，先尽快全面建立工伤保险制度，待广东省企业职工养老、待业保险改革方案出台后，再逐步推行。

（4）加快私营企业劳动立法。1989年6月，国务院发布了《中华人民共和国私营企业暂行条例》，同年9月，劳动部发布了《私营企业劳动管理暂行规定》，广东省相应制订实施办法。同时结合实际，着重研究私营企业最低工资保障标准和职工平均工资水平问题，制定政策措施，保护私营企业职工平均工资水平不低于同行业集体企业职工平均工资水平，以保障劳动者的合法利益。

（5）依法加强私营企业的劳动管理。对私营企业劳动保护、劳动报酬、用工管理等薄弱环节，要加强监督检查，指导建立安全生产的规章制度，避免出现因工伤亡事故，消除社会不稳定因素。

（注：本文原载《创业者》杂志1990年第9期。）

第四节　珠三角涉外企业劳动管理情况的调查

改革开放以来，广东省充分利用毗邻港澳、华侨众多的优势，积极吸引外资，兴办"三资企业"和"三来一补"企业（以下简称涉外企业）取得了较好的经济和社会效益。但是，当前涉外企业经营管理方面存在不少薄弱环节，尤其在劳动管理方面，中方职工合法权益得不到保障，导致劳动争议案件增多，直接影响到企业发展和社会稳定，引起了各方极大的关注。为了深入了解情况，分析原因，寻求对策，提高管理水平，1990年8月18日，我们（注：省劳动局副局长带队，办公室、计划劳力处、工资处等五位同志）深入东莞、深圳、珠海三市进行调查，先后召开了有经贸委、加工办、经协办、乡镇企业局、劳动局、工会和企业劳资干部参加的座谈会8次，实地抽查了东莞联发毛纺织有限公司、雅文首饰有限公司，深圳中华自行车集团公司、嘉华印刷厂、罗湖村企业公司，珠海威望磁讯有限公司等14家企业，对17家企业的14357名职工进行了问卷调查。现就我们调查到的情况进行分析，并提出加强涉外企业劳动管理的意见建议。

一、涉外企业劳动管理概况

自1978年实行改革开放以来，广东积极利用外资兴办"三资企业"和"三来一补"企业，取得了较大的成绩。据调查统计，至1990年7月底，全省经批准的"三资企业"16663家，其中，深圳3760家、珠海1554家、东莞583家，实际利用外资达75.3亿美元，已开业投产的企业约8000家，约占全国开业投产企业的50%，从业人数达171万多人；"三来一补"企业2万多家，其中，深圳5400家、珠海2051家，东莞8001家，实际利用外资13亿多美元，从业人员达150多万人；"七五"期间，全省"三资企业"和"三来一补"企业出口额达105.71亿美元，占全省外贸出口总额的比重，由1985年的17%上升到1990年的41.5%。12年来，"三资企业"和"三来一补"企业的迅速发展，对促进广东省有计划商品经济和外向型经济的发展，繁荣市场、扩大劳动就业和社会稳定，起到了有益的补充作用，做出了积极贡献。我们在调查中了解到，广东省涉外企业在自身的发展过程中，根据国家的政策、法律和自身特点，对企业劳动工资管理，进行了许多有益的改革探索。初步建立了一套符合涉外企业发展的新型的企业劳动工资管理体制。从总体上看，涉外企业劳动管理主流是好的，发展是健康的。与国营企业相比较，它们加强企业内部劳动管理的做法和经验，值得借鉴。

（1）逐步建立以劳动合同为特征的企业用工制度。许多企业按照国家规定和国际通行做法，招用员工普遍订立劳动合同，以劳动合同维系企业和员工的劳动关系，从而真正做到了企业需要的人能招进来，不需要的人出得去。用人单位有聘用和解雇工人的自主权，而劳动者也有充分的择业自主权。问卷调查的17户企业14357名职工中，按省有关规定与企业签订劳动合同的占85.33%。

（2）建立健全厂规厂纪，加强企业内部劳动管理。多数涉外企业都按照国家和省的有关规定，结合企业的具体情况，制定《企业员工手册》，把国家有关劳动工资政策具体化、规范化，其内容通常有：雇用制度、薪酬制度、工作制度、员工福利、守则与规例、奖励与纪律处分、安全措施、劳资关系、附则等。东莞市的雀巢有限公司在制定《企业员工手册》和厂规厂纪时，先到市劳动局了解有关的政策规定，然后制定出初稿送市劳动局征求意见，正式定稿后，主动报给市劳动局备案，较好地避免了企业的有关规定与国家、省的有关规定相矛盾的现象，促进和加强了企业内部的劳动管理。

（3）涉外企业拥有较大的工资分配自主权。多数企业能执行国家的有关规定，职工的月工资最低水平比同地区、同行业条件相近的国营企业一般高20%。如东莞市1990年"三资企业"职工工资最低的200元/月，最高的为700多元/月，人平均约350元/月。深圳、珠海的工资水平也大致如此。"三资企业"和"三来一补"企业内部分配能够根据企业的生产特点，实行多种灵活的分配形式，以计件为主，不能计件的则计时，按劳动贡献加奖励等灵活的分配形式。在同一劳动岗位，实行同工同酬。

（4）改善职工福利，增强企业的凝聚力。多数企业在生产发展基础上，切实抓好职工福利，从生活上、集体福利上关心工人，激励工人为企业多作贡献。如珠海市金鼎镇那州工艺（首饰）厂，是一间村办的来料加工企业，投资者为职工提供比较完备的生产厂房及住宿条件，职工饭堂办得很好，还投资兴建了游泳池和卡拉OK室，免费提供给职工使用。投资者关心工人福利，工人生产积极性高。深圳、东莞一些涉外企业还为职工建立了补充保险（或津贴）制度，每月为职工存入15元，合同期满，连本带利息发给职工。

（5）部分"三资企业"和"三来一补"企业为职工办理了养老保险和工伤保险。东莞市自1990年的"5·30"特大伤亡事故发生后，在所有的"三资企业"和"三来一补"企业中实行了职工工伤保险统筹。

二、存在问题及原因分析

目前，全省涉外企业在劳动管理尚存在一些问题，集中表现在中方职工合法权益得不到保障。具体表现为以下几个方面：

（1）劳动时间过长，超时加班加点的现象比较普遍，影响工人身体健康。为了获取更多的利润，大部分企业工作时间为10～12小时，不少企业不但工作时间长，而且星期天也不休息，少数企业一个月只休息二天，多数企业没有休息日，上班就发工资，不上班就一分钱也不发。例如，珠海市威望磁讯有限公司、深圳市光大木材公司规定每天工作12小时。在对中华自行车有限公司的问卷调查中发现，有56.34%的工人每天工作10小时，有25.35%的工人每天工作12小时以上，有的企业在工作12小时后，还要工人加班。少数企业还强制工人加班，如不加班就扣发工资或予以辞退。例如，深圳市罗湖区个别村办企业在赶任务时，工人工作12小时后，仍要求工人加班12小时，使得工人连续工作24小时；东莞金陵玩具厂规定，工人如不服从工厂加班安排，则予以辞退。这些企业严重违反了国家和省有关劳动保护的规定。

(2) 拖欠工资的现象屡有发生。据统计，在东莞市引起劳动争议的主要原因是企业拖欠工人工资，在近年的劳动争议案件中，有507个案件是由企业拖欠工人工资引起的。据深圳市反映，"三来一补"企业，特别是一些小企业及转手承包企业，拖欠工资的情况较突出。例如，深圳市华侨城珠宝厂，1991年年初拖欠工人工资9万多元，因老板外出不归，至今未能解决。拖欠工资的原因颇多，主要有两个：一是多数小企业老板手头有钱，却故意拖着不发，以多赚利息；二是企业因产品积压而资金周转不灵，暂时无钱发放工资。

(3) 生活福利待遇普遍偏低。"三资企业"工人工作期间医疗费一般采用补贴办法，但大部分"三来一补"企业工人工作期间医疗得不到保障。因病不能上班不发工资，医疗费全部自理。据对东莞、深圳、珠海三市的6个镇、村办"三来一补"企业调查，仅有一家企业工人可免费在本企业医疗室看病。其余五家企业工人医疗费全部要自己负责。部分企业没有职工宿舍，没有食堂，对工人的生活一概不管。例如，珠海市最大的独资企业——威望磁讯有限公司，全厂有2400多名员工，却没设集体饭堂，中午工人只能到街上买盒饭，或在其他厂搭伙。企业也没有集体宿舍，工人只能到处投亲靠友，或租房住宿，生活很不稳定。

(4) 部分"三来一补"企业劳动环境、条件差，不重视安全生产，工伤事故时有发生。特别是塑料厂、玩具厂、制鞋厂、纺织厂、人造花厂等劳动密集型企业的情况更严重。工人天天与有毒有害气体打交道，却无劳动保护措施；企业机器设备安放密度大，无通气设备，厂房内闷热、拥挤；工人劳动强度大，影响工人身心健康。例如，斗门县兴盛塑料厂的溶塑车间，设备简陋，毒烟在车间内盘旋，久久不散，气味刺鼻难闻，且工人在操作时也没有戴口罩。斗门县乾务织造厂、东莞某玩具厂、深圳罗芳村琥珀手袋五金厂等,机器设备陈旧落后,安放密度大,工人几乎是背靠着背,肩挨着肩地进行操作。通过调查,我们发现,多数"三来一补"企业只顾生产,忽视生产安全,企业普遍不重视对工人的安全教育,新工人往往不经过安全培训就上岗作业,工伤事故频繁。

(5) 忽视女工保护,女职工劳动保护法规没有落实。"三资企业""三来一补"企业所招工人,多数是 17～21 岁的女工,工作二三年后,接近结婚年龄,多数都被辞退(不再续聘)。大部分"三来一补"企业女工没有产假,女工生孩子则辞退,部分"三资企业"虽保留产假期,但不发工资。不少企业规定,女职工生育后,须自己妥善处理好婴儿的照顾和哺乳问题,女工上班后必须坚守工作岗位,紧张的工作往往迫使女工生育后不得不辞职。多数企业未按规定设立女工"四期"保护设施,且工作时间过长,严重危害女工身体健康。

(6) 国家法定的劳动保险制度没认真执行。广东省有关法规、规章已规定,"三资企业"必须建立职工养老、工伤保险制度。但目前大部分没有执行上述规定。有些企业只是为固定工或合同制职工投保,没有为临时工投保,致使绝大多数中方职工存在后顾之忧。

据分析,存在上述问题的主要原因:

一是一些市、县政府和有关部门在吸引外资方面存在着"重引进,轻管理"的倾向。他们侧重于改善投资环境,搞好项目审批,忽视加强企业劳动工资管理,担心强调劳动管理会吓跑投资者,不敢理直气壮依法加强劳动管理。

二是中方管理人员及职工法制观念淡薄,缺乏劳动法律知识,不敢依法维护自己的合法权益。我们对深圳市中华自行车有限公司 71 名员工和深圳嘉华印刷厂 85 名员工进行问卷调查,对于"你知道自己在"三资企业"工作的权利和义务吗?"这一问题,中华自行车有限公司的员工仅有 14.08% 填写知道,50.7% 填写知道一些,33.8% 填写不知道;而嘉华印刷厂的员工有 22.35% 填写知道,64.71% 填写知道一些,11.76% 填写不知道。工人对自身的权利和义务了解不多,是很难运用法律维护自身合法权益的。

三是涉外企业劳动管理法规不健全,尤其是"三来一补"企业劳动管理无法可依。目前,国家和省尚未颁发"三来一补"企业劳动管理方面的法规,"三来一补"企业劳动管理处于无法可依的状况。东莞、珠海市劳动部门反映,由于人手少,目前"三来一补"企业劳动工作处于"不告不管"的松散状况。

四是"三来一补"企业中方干部素质偏低。大部分村办"三来一补"企业管理人员是刚洗脚上田的农民、乡村干部,文化水平低,没有经过培训就上岗,对劳动法规知之不多,政治、业务管理水平低下。当外商以罚代教、随意克扣工资、超时加班加点,甚至开除、体罚工人的违法行为发生时,中方管理干部未能依法予以制止。

三、几点建议

针对上述情况和问题,我们认为,当前要采取如下措施加强涉外企业劳动管理。

(1) 加快劳动立法,依法加强劳动管理。建议省政府尽快制定颁发"三来一补"企业管理法规及劳动管理法规、临时工劳动管理法规,尽快改变"三来一补"企业劳动管理无法可依的状况。适当增加劳动部门的人员编制,使各级劳动部门能进一步扩大劳动管理覆盖面,尽快把2万多家"三来一补"企业的劳动工作纳入管理轨道,结束当前管理不力的状况。

(2) 深化劳动制度改革,加强劳动合同化管理。劳动合同是维系涉外企业和职工劳动关系的法律依据。在劳动法规不完善情况下,实施劳动合同化管理尤为重要。各有关部门要协助劳动部门抓好涉外企业劳动合同签订及鉴证工作。堵塞因劳动法规不完善而可能出现的一些漏洞。各级劳动部门和工会要帮助、指导工人签订劳动合同,同时加强宣传教育,提高工人对劳动合同的认识。

(3) 建立劳动监察制度,加强涉外企业劳动监察,维护涉外企业、职工合法权益。要全面健全劳动监察制度,加强对涉外企业在招工、用工、工资分配和劳动保护等方面执行国家有关法律、法规情况的监察检查,改变当前"不告不管"的被动局面。各级劳动部门都要及时、主动向同级政府汇报情况,依靠当地政府建立劳动监察机构和专门的涉外企业劳动管理机构,配备素质较高的专、兼职人员,加强对"三资企业""三来一补"企业劳动工作进行专门的研究和管理。

(4) 建立正常的劳动工资统计报告制度,提高全省涉外企业劳动管理水平。当前广东省涉外企业招用工和工资分配等情况不明,已开业的"三资企业"有8000多家,从业人数约171万人,但省统计部门统计就业人数仅40多万人，其他项目的数字也不完整，漏洞甚多，无法为政府及有关部门决策提供依据。因此，建议尽快建立正常的"三资企业""三来一补"企业劳动工资统计报表制度。

（5）加强对企业中方人员的培训考核，提高政治思想和业务素质。对凡是派到涉外企业工作的中方管理人员，均应通过严格的政治思想、法律知识和文化技术方面的考核，保证中方管理人员的政治、业务素质。对广大中方职工要加强职业技术培训和必要的劳动法制知识培训，充分运用各种形式，广泛持久地开展宣传教育活动。

（6）各级政府和涉外企业主管部门要克服"重引进，轻管理"的倾向。不但要优化引进项目，注意引进一些高科技项目，而且要加强劳动工资管理，提高劳动者素质，引导涉外企业主动参加法定的社会劳动保险，建立健全党、团和工会组织，以保证国家的各项方针、政策和法律在涉外企业中得到贯彻落实。

（注：本文曾发表于《厂长经理之友》1991年第6期。）

第五节　关于外商投资企业劳动管理的"国际惯例"

对外开放10年来，广东外商和港澳台同胞以及海外华侨到国内投资办企业日益增多。据统计，1988年年底，广东省境内共兴办"三资企业"7300多家，共利用外资额达120多亿美元，实际利用外资比上年增长一倍，直接安置就业近百万人。这些企业的兴办，对于吸引外资，引进先进技术，增加劳动就业，起到了积极作用。然而，随着外资企业不断增多，有些外商投资企业提出，在劳动管理方面要按照"国际惯例"办事，为企业发展营造一个更加宽松的环境。当前，如何加强和改善外商投资企业劳动管理，确实是一个值得重视研究的问题。

我们认为，所谓国际惯例，其实就是国际上通行的做法。在企业劳动管理方面，归纳起来，主要有以下内容：①东道国通常应该具备较发达的劳动力市场，为投资者提供有关企业招工、用工以及工资福利等方面的咨询服务，包括发布招聘员工信息，介绍合格劳动力等。②企业有权根据生产需要，自行决定人员配置；有权自主向社会招聘员工，签订劳动合同，并按照劳动合同规定，辞退或解雇职工；有权在国际上招聘企业经营所需要的高级职员。③企业有权按照通行的工资率支付本企业职工工资，并自定奖罚制度。④企业有权自行决定职工的福利待遇和奖金，并根据经营管理情况对优秀的管理人员和专业技术人员给予特别奖励。⑤企业与职工发生劳动争议，一般在3个月内应向当地劳动争议仲裁机构申请调处；当地劳动争议机构无法解决的，则可向东道国加入的国际仲裁机构进行强制性的国际仲裁。

为了适应对外开放、发展外向型经济的需要，近年来，广东省在加强外商投资企业劳动管理方面做了大量工作。一是加强外商投资企业劳动立法。根据国务院关于鼓励外商投资的规定，1989年年初，广东省政府颁发了《广东省外商投资企业劳动管理规定》，广州、深圳等市相应制订了实施办法，开始做到有章可循。二是深入调研，交流经验，协助企业建立一套适应外向型经济发展需要的劳动管理制度。目前，广东省许多"三资企业"都制定了严格的奖惩制度或员工管理条例，如中国大酒店制定了《酒店管理条例》和《员工纪律》等46项规章制度，坚持严格管理和赏罚分明相结合，促进了企业的发展。三是政府部门主动转变管理职能，尽量减少直接干预企业劳动管理的做法，保障外商投资企业在劳动用工和工资分配方面的自主权。目前，广东省外商投资企业劳动工资计划均由董事会决定，企业有权根据需要，设置机构和配备人员，有权根据董事会决定随时面向社会公开招收员工或到国内外招聘高级职员。劳动用工采取签订劳动合同的形式，并有权根据合同规定，决定留用或辞退员工。企业还有权确定工资分配水平和形式。工资水平一般不低于省内同类国营企业工资水平的120%～150%，一些市、县还成立了劳动争议仲裁机构，开始受理外资企业劳动争议案件，建立了职工待业保险和养老保险社会统筹制度，初步改善了企业劳动管理的外部环境。

但是，与国际惯例相比较，广东省外商投资企业劳动管理方面还存在不少问题。主要是：①法制不健全，立法不完善。有些法律条文不明确，企业招工用人和分配方面的自主权仍缺乏有效的法律保障；②红头文件多，干扰大，许多体现"国际惯例"的方针、政策法规难以落实，外商想招用的高素质人才难以在社会上招到，而外商不想要的人员却"搭配"进去不少，阻力很大；③司法制度不健全，没有专门管理涉外企业劳动争议的机构，致使企业劳动争议投诉无门；④劳务市场发展不充分、不完善，社会保障制度不适应市场经济发展需要。

由此可见，广东省外商投资企业劳动管理工作虽然取得了一定成绩，但与国际惯例办事的要求相比，还有不少差距。为此，笔者认为要让外资企业与国际接轨，按照国际惯例办事，应当努力采取以下改革措施。

1. 加快完善涉外企业劳动立法

党的十一届三中全会以来，为适应对外开放，吸引外国投资的需要，我国先后颁布了60多项涉外经济法规，但其中涉及劳动管理的专项法规或规章只有1980年7月国务院颁布的《中华人民共和国中外合资经营企业劳动管理规定》和1986年经国务院批准发布的《关于外商投资企业用人自主权和职工工资、保险费用的规定》。广东省也颁布了《广东省经济特区企业劳动工资管理暂行规定》。上述规定的基本精神与国际惯例是一致的，但有些内容与国际惯例有抵触，有待进一步修改和补充完善。另外，作为实施法规，上述规定原则性过强，适用性较差，实践中遇到一些具体问题无法解决。对此，我们应当进一步作出具体规定，以利于各地贯彻执行。

2. 尽快培育和发展劳务市场

应有计划地在外商投资比较集中的沿海地区建立一个比较完整的劳务市场体系，形成有利于外商选择用工的环境。珠江三角洲地区外商投资企业比较多，应当尽快建立全面开放的、多层次、网络型的劳务市场。同时，应当在企业招工、用工、工资分配、劳动保险、职工培训等方面相应进行改革，打破劳动力单位、部门、地区所有制，打通各个环节，减少办事层次，简化办事手续，促进劳动者按照市场经济要求合理流动。

3. 建立健全涉外企业劳动争议仲裁机构

目前，广东省还未建立涉外企业劳动争议仲裁机构。在经济特区，外资企业劳动纠纷也是由当地劳动部门代管。应尽快改变这一状况，按照国际惯例的要求，建立专门的劳动争议仲裁机构，或明确由各级劳动部门现有的仲裁机构负责，并充实人员。

4. 进一步解放思想，更新观念

要继续解放思想，破除产品经济思想观念，从思想上尊重国际惯例。同时充分认识到我国社会主义制度同资本主义国家虽然有根本区别，但在发展商品经济上有共同之处，对国际上通行的做法，可以在不损害国家根本利益的原则下，可以而且应当相互借鉴和采用。必须注意的是，有些国际惯例也有其薄弱环节和不完善之处。比如在劳动安全卫生和职工保护方面的条款比较少见，致使工业污染、劳动意外事故和职业病问题不少。对此，我们要结合我国国情，在加强职工安全生产和劳动保护方面作出明确规定，充分保护劳动者的合法权益。

（注：本文写于1989年。）

广东劳动制度的深刻变革

第六节 股份制企业改革用人制度的探索与思考

股份制是商品经济发展的产物,是与社会化大生产相适应的一种企业组织制度。近年来,广东省有500多家企业进行了股份制改革试点。这些企业在清产核资、界定产权的同时,普遍在其内部推动劳动人事工资制度(以下统称用人制度)改革,有力地推动了股份制企业内部管理制度的完善,取得了可喜成果。最近,我们对广东股份制企业用人制度改革情况做了调查,发现股份制企业用人制度改革与其他企业相比,有许多新突破,新特点。它们的做法和经验,对于当前指导国有企业深化改革具有借鉴意义。

一、改革用人制度的探索实践

用人制度改革是股份制企业组织管理制度的核心内容之一。许多股份制企业在组建的同时,都面临着一个至关重要的问题,即有了钱以后,应当如何用好钱,如何实现资本和人力要素的优化配置,迅速形成现实的生产力,使资本获得最大的增殖,使投资者获得丰厚的回报。这里面,生产力中最活跃的决定性因素——人的管理问题突出起来了。对此,许多企业都十分重视这个问题,并着力从领导体制、劳动人事、工资分配和劳动保险制度等方面进行了富有成效的探索。

(一)改革企业领导体制和组织架构,形成统一指挥,高效运行的决策——执行系统

股份制企业在财产权利关系上的一个显著特点,就是经济所有权与法人所有权相分离。由此决定了股份制企业在组织机构上具有其他企业不同的特点。它客观上要求首先相应改革国有企业现有的组织管理体制,迅速建立所有权与经营权分离相适应的组织管理体制。这个组织管理体制,主要由股东大会、董事会、监事会、公司经理等几个层次组成。按照这一组织管理架构,广东省所组建的股份公司,普遍对国有企业组织管理体制进行了全面改革。

1. 董事由股东大会选举,企业不再套用行政级别

广东省原国有企业改造为股份制企业后,改变了企业负责人按国家干

部任免的做法。企业负责人不再由政府部门任命，而是由股东大会选举产生，没有行政级别。对于国家股在企业总股份中所占份额大的企业，各级国家资产管理部门慎重选派代表国家股的董事。做法是按照现行的干部管理权限，先征求干部主管部门对被委派董事的意见，经同意后参加股东大会选举。选举结果报干部主管机关备案，以保证挑选政治素质较好，懂得经营管理的干部去当董事，行使管好国家股的权力。

2. 实行董事会领导下的总经理负责制，实现"两权分离"

一般做法是总经理由董事会任命，并与董事会签订聘任合同，明确双方的责、权、利。总经理负责贯彻执行董事会的决策，自主负责公司的一切生产经营活动，实现资本增值。如广东华立实业集团股份有限公司1993年下半年经省政府批准创立后，严格按照人事部、国家体改委关于《股份制试点企业人事管理暂行办法》（人行发〔1992〕5号）的规定，由董事会决定聘任总经理，任期与董事相同，并与董事会或董事长签订聘任合同。副总经理及其他高级管理人员，由总经理提名，交由董事会任免，或经董事会同意后，由总经理直接任免（聘任或解聘），并决定其报酬和支付方法。这样，总经理成为执行董事会决策和公司整个运行机构的统帅，成为股份公司经营者的代表，行使实际经营管理权，从而真正割断了企业与政府的脐带关系，成为相对独立、自主经营的主体。一些企业如中山火炬高新技术实业股份公司、深圳石化集团公司还明确规定：凡因经营亏损而撤并的企业经理一律就地免职，并按其特长安排一般性工作，工资待遇同步下降，从而打破了"铁交椅""铁饭碗"。

3. 大刀阔斧精简企业内部组织机构

企业领导体制的更新，必然引起内设机构变化。为了便于总经理统一指挥公司的运作，加强各职能部门内部之间的协调，提高管理效率。许多改组为股份公司的企业，无一例外地大刀阔斧进行内设机构改革，重新科学地设置机构，做到职责分明、关系明确，运作协调、机制灵活。如原为国有企业的广东美雅股份有限公司于1992年9月改组为公司后，该公司把原20多个科室合并为"五部一室一所"，共精简科室人员20多人。其下属一分厂把原有的29个行政管理人员精简为10人。广东华立实业集团股份有限公司实行总经理领导下的"三师一室"（总工程师、总经济师、总会计师、总调度室）管理体系，使公司的科研、生产、财务和经营运作，在董事会的决策后，通过总经理贯彻到"三师一室"进行统一管理，从而大大提高了企业的管理效率。前身是国有企业的韶关水泥厂，现改为广东北江实业股份公司,将过去18个科室精简为"八部一室",改变了过去与上级部门对口设置机构效率低的状况,减少了管理层次,明确了职责,提高了工作效率。据对13家股份公司的调查统计,这些公司原设置机构有197个,改为股份制后,机构压缩至98个,精简50%以上,精简管理人员约占原行政管理人员总数的35%。

(二)改革劳动人事制度,积极探索适合股份制企业特点的用人机制

许多股份制企业认为:管理是企业运行的内在动力。改革劳动人事制度,是实现内部管理规范化、科学化的核心内容。许多股份公司创立后都普遍按照劳动部、国家体改委关于股份制试点企业劳动工资管理暂行规定,着力在用人制度方面的改革上下功夫,力求建立一套科学的现代企业用人机制。其主要做法有:

1. 实行全员劳动合同制

改国家职工为企业职工。公司从总经理到一般员工,均与公司法人(或总经理)签订劳动合同,通过合同确定双方的劳动关系。在企业内部,职工地位平等,竞争就业机会均等。同时打破干部与工人的身份界限,即统称企业员工。

2. 实行公开招聘、择优录用、竞争上岗和动态优化劳动组合

公司有用人权、辞退权,可以根据企业生产需要自主决定用人数量和形式。从社会上招聘人员,一律按照因岗定人、公开招聘、择优录用的原则进行。对原企业职工,实行动态优化劳动组合。一般把用人权下放到分厂和车间,形成双向选择机制;对原干部队伍也实行能上能下的用人制度;对缺乏管理经验,或不称职的予以解聘,并鼓励到生产第一线;对生产第一线中有管理经验、有能力的人员可以聘到管理岗位,实行职务聘任制。如潮州三环集团股份有限公司改制后,打破干部与工人身份界限,原有干部39人中,有21人落聘,被安排到生产一线;在70多名管理人员中,有40多人是从工人中选拔上来的。这就较好地保证了企业人才资源的合理配置,充分发挥了人才的作用。

3. 建立经常性的、严格的职工培训考核奖惩制度

实行全员劳动合同制后,不少公司还建立了岗位培训考核制度。对各级管理人员,依照业绩、能力进行考核,决定升降去留。如肇庆星湖味精股份有限公司建立了培训、考核、推荐、选用的员工管理制度,促使公司

员工认真钻研业务,在实践中接受考验,增长才干,使公司涌现出一批有培养前途的年轻人。又如江门甘化厂股份有限公司为适应企业转制需要,大抓员工培训,对未达到中专学历的员工,按工作岗位需要,选送37人到大、中专学校对口学习。此外,还对7029人次进行了培训考核,收到较好效果。

(三)改革工资分配制度,建立企业运行的动力机制

实行股份制的企业,获得了完整意义上的工资分配自主权。一是企业工资分配水平由董事会确定。省明文规定,对股份制企业不再下达职工人数计划,也不下达指令性工资总额计划,由企业根据生产经营实际情况,在坚持工资总额增长幅度低于本企业经济效益增长幅度,职工平均实际工资增长幅度低于本企业劳动生产率增长幅度的前提下,自主确定工资总额。二是企业内部分配制度和分配形式,由董事会根据本企业生产经营特点,按照体现按劳分配、效率优先,兼顾公平的原则,自主决定。许多企业实行了体现按劳分配的岗位技能工资制以及其他分配形式。例如宝安集团股份有限公司为了增强企业凝聚力,调动广大员工的积极性和创造性,全面改革了旧的工资分配制度。该公司按照股份制的特点,创造性地实行了一套新的工资福利制度。其主要内容是:①按照国际惯例,实行经营者年薪制。年工资额与企业人均创利水平挂钩,上下浮动。每月预发工资不超过预定月工资的80%。②企业员工工资分配按"两个低于"原则制订分配方案,由企业董事局审核同意,即付实施。员工工资按其工作岗位、劳动强度、劳动条件和劳动贡献确定,适当拉开档次。③奖金数额与完成的利润指标挂钩,年终兑现。经理和员工的奖金水平不一样。对经理的奖励方式是送干股,提取干股的比例,相当于完成利润指标的0.8%~5%,由企业董事会根据行业特点和历史条件等情况确定;对副经理及员工的奖励方式是,集体提成相当于完成利润指标的10%~12%的数额。按其劳动贡献由经理确定。④建立职工退休福利基金(相当于企业补充养老保险),基金来源由三部分构成:一是由员工缴交月工资总额的10%;二是公司按工资总额的10%缴纳;三是基金投资经营收入。基金主要用于员工退休后的养老、医疗补充保险和直系亲属困难救济。

广东天贸(集团)股份有限公司在工资分配方面,坚持按劳分配,多劳多得,拉开差距,按岗位级别确定薪点。高低相差5倍左右。员工工资由聘任者视工作表现不定期调整,一般每年考核一次,对有功人员给予奖励

或升职加薪,对表现差的人员,给予降职降薪,甚至予以辞退。

二、改革的成效和启示

广东省股份制企业劳动人事工资制度改革取得了新的突破和明显效果。主要表现在:一是通过改革,确立了企业新的领导管理体制和运行机制。企业两权分离体现得比较充分,运作比较协调,提高了工作效率,使企业在用人和工资分配方面开始成为独立经营、自负盈亏的市场主体。二是通过改革,引入竞争机制和激励机制,激发了广大职工的积极性、创造性,使企业取得了显著的经济效益。与没有改革的国有企业相比,1993年整个股份制企业的发展速度、经济效益都要高近10%。绝大多数公司的分红率都超过一年期银行的存款利息,有的超过30%。例如,肇庆星湖味精股份公司在1992年产值、税利比前年取得双翻番的基础上,1993年产值达3.72亿元,税利3377万元,分别比上年增长6.8%和4.8%。

从总体来看,改革有力地推动了企业经营机制的转换,给我们提供了不少有益的启示。

(一)实现企业经营机制转换,建立现代企业制度,必须自上而下地进行脱胎换骨的全面配套改革

10多年来,我们在国有企业进行劳动工资制度改革,没有很好地与干部制度改革紧密结合起来,往往只改劳动用工制度,对工人实行劳动合同制,不改干部制度,保留"铁交椅",因而改革不彻底,各项改革之间互相掣肘,深化不了,难以形成新的管理运营机制。劳动部、人事部均分别与国家发改委联合发文,明确要求股份制企业应同步推进产权制度、劳动人事工资制度改革,使企业投资主体多元化,也为深化企业领导体制改革创造了有利条件。许多股份制企业,都自上而下地进行领导管理体制、机构设置、人员编制、用人制度以至工资分配等方面的一揽子综合配套改革,因而改革阻力少,效果十分显著。这种自上而下的改革给我们许多启示:当前推进企业综合改革,不能再沿袭旧的办法,必须在深入分析各项制度内在联系的基础上,制定总体改革方案和政策措施,同步实施。只有这样,才能够用较短的时间,实现企业经营机制转换,促进新体制的生成。

（二）劳动人事制度改革是建立现代企业制度的重要内容，实现企业制度创新必须深化用人制度改革

许多进行股份制改造的企业都深刻认识到，建立股份公司的资本，是股份制企业赖以存在的基础，是生产力诸要素中的基本要素。但是，要使资本增殖，必须通过人的运作和劳动来实现。因此，在组建股份公司的同时，企业要按照市场经济规律的要求，改革过去长期沿袭的劳动人事工资分配制度，促进企业组织管理制度的创新。实践告诉我们，劳动人事制度改革是建立现代企业制度的重要内容。一切经济活动都是由人从事的。人作为劳动者，利用机器、设备、原料、工艺和资本等从事生产和经营，其劳动行为如何，不仅直接影响企业产出的水平，也影响企业经济效益主要是资本的增值。没有与劳动者行为相关方面的制度改革，企业制度创新必定流于形式。然而，目前仍有不少地方政府和企业，不重视推进和深化企业劳动人事工资制度综合改革，其结果必将延误企业经营机制转换的时机，不利于增强企业活力，不利于改革的深化。

（三）必须重视保障劳动者的合法权益

股份制企业在改革过程中，自觉实行劳动合同制，通过订立劳动合同这一法律形式，确定企业与所有职工的劳动法律关系，明确双方的责权利，使各类人员各司其职，职责明确。这样既有利于保障广大职工的合法权益，又较好地调动了它们的生产劳动积极性、创造性。然而，一些国有企业不敢实行全员劳动合同制，"三资企业"、乡镇企业、私营企业不愿实行劳动合同制，这都不利于保障职工合法权益，不利于建立一支与市场经济发展相适应的相对稳定的职工队伍，不利于提高企业经济效益。目前，不少涉外企业劳动争议不断增多，劳动关系日趋紧张，处理劳动关系缺乏法律依据。由此可见，在企业改革过程中，必须重视保护广大职工的合法权益。而实行劳动合同制是保护职工合法权益的一种较好形式，必须坚持。

三、对策思考

目前，广东省股份制企业在劳动人事工资制度改革方面虽然已取得了初步成果，为建立现代企业用人制度奠定了基础。但是，改革还不彻底，劳动合同制度还不够完善，富余人员自行消化的新机制还未形成，工资分

配制度还不规范,以人为本的现代经营管理理念尚未真正确立。今后,必须继续从以下四个方面进行深化改革。

(一)进一步完善劳动合同制,形成优胜劣汰的用人竞争机制

在现代经济中,劳动关系的建立主要体现在劳动合同上。劳动合同制是适应市场经济发展需要的一种现代企业用人制度。完善劳动合同制,就是要把企业与所有职工签订劳动合同(或聘用合同)这一用人形式制度化、规范化。因此,当前应当继续采取如下改革措施:①坚持通过签订劳动合同确定双方的劳动关系,从法律上确立企业与职工具有独立、平等的主体地位。②坚持对所有职工签订劳动合同,打破干部、工人身份界限、打破固定职工与合同工的身份界限,使所有岗位上工作的人员,其社会地位平等,竞争公平。③坚持动态优化劳动组合。企业用人必须坚持面向市场、择优录用,选贤任能。不胜任工作岗位需要的,不论原来是何种身份均应就地免职,安排其他适当工作;胜任管理岗位工作的,不论原来是何种身份,均可受聘到管理岗位。④落实企业用人自主权,把企业用人自主权贯穿到招聘、录用、奖惩和辞退等环节。劳动者同样拥有支配自身劳动力的权利。要建立保障双方运用自己权利的制度,实现双向选择,形成优胜劣汰竞争机制。这是企业充满活力的重要保证。

(二)牢固树立"以人为本"的现代经营管理理念,建立和谐稳定的劳动关系

目前,正在进行股份制改革试点的企业,普遍通过筹资,扩大生产规模,因而几乎没有出现富余人员。但是在充满竞争与风险的市场经济大环境中,今后企业出现富余人员是不可避免的。因此,股份制企业在迈向现代企业的过程中,必须牢固树立以人为本的经营管理理念,围绕尊重人、关心人、爱护人这一指导思想,在企业内部营造良好的工作环境与和谐的劳动关系,形成内聚力,调动人的积极性、创造性。对确属生产经营不需要的富余人员,企业应当从关心人、爱护人的角度出发,建立一种风险补偿机制(如负责进行转业训练,给予一定的经济补偿等),使企业在不景气时,能够顺利地精简富余人员,同时使富余人员离开企业时能够得到合理的经济补偿而没有怨言。这样优胜劣汰的竞争机制就能够贯彻到底,并且逐步形成良性循环,从而使企业始终保持旺盛的活力。

（三）规范企业分配行为，建立健全工资激励机制和工资成本调控机制

股份制企业在分配方面有较大的自主权。但由于产权结构多元化和法人化，分配关系比较复杂。在今后的改革中，必须进一步规范股份制企业的分配行为，理顺各种分配关系，建立工资分配激励和约束机制，保障职工权益。主要是理顺按资分配与按劳分配的关系，即理顺股东、经营者与职工的分配关系。按照国际惯例，股份制企业职工工资收入属按劳分配范畴，应从企业人工成本中支付。对于企业职工的工资分配水平，应当坚持按照"两个低于"的原则进行调控。既不能片面追求增强企业的凝聚力而增大工资成本，也不能为了照顾股东利益而压低职工工资分配水平。在企业内部职工工资分配方面，应当坚持采取体现效率优先、兼顾公平的多种按劳分配形式，主要根据职工的工作岗位、劳动强度、劳动贡献等因素确定个人的工资收入，合理拉开分配差距，形成激励机制。一方面，要探索建立经营者年薪制，把经营者收入与经营成果挂钩并从税后利润中列支，以便形成工资分配方面的相互制约机制，促进企业家队伍的形成。此外，还应当通过工会组织代表职工与企业进行谈判，确定工资分配水平。另一方面，要引导企业合理使用从税后利润中提取的公益金，用来改善职工福利和奖励有突出贡献的职工，增强职工对企业的向心力，激发广大职工的生产经营积极性，促进企业生产发展。

（四）重视建立健全企业劳动关系自我调整机制

在加快理顺企业产权关系的同时，要重视建立完善企业劳动关系自我调整机制，理顺企业内部劳动关系。这对于调动广大职工生产经营积极性、创造性，促进企业经济发展具有重大意义。从实行市场经济国家的经验来看，国有企业改组为股份制公司后，企业内部劳动关系将发生很大变化，国家将不再直接控制劳动过程，劳动关系的处理权将由国家转到企业，由企业劳动关系双方自行处理。在这种情况下，劳动者个人往往势单力薄，难以与企业展开平等的协商谈判，合理权益难以得到保障。因此应当提倡建立由工会组织代表职工与企业法人进行集体谈判、协商的制度，或签订集体劳动合同。通过建立集体谈判确定工资分配水平的制度，形成协调和稳定企业劳动关系的调整机制，使劳动关系双方的矛盾首先在企业内部得到妥善解决，从而达到维护职工合法权益，建立和谐劳动关系之目的，共

同为企业的发展而努力奋斗。

（注：党的十四届三中全会确定改革的目标是建立市场经济体制后，广东开始对企业进行股份制改造。针对股份制企业劳动管理的新情况，笔者时任厅办公室副主任，根据厅领导的部署，对股份制企业劳动管理情况做了调研，形成此报告。本文原载于《广东经济》1994年第6期。）

【参阅资料】实施劳动法难点透视

劳动法的颁布实施,对应维护广大职工合法权益,建立协调稳定的劳动关系,促进生产力发展,起到了积极作用。但在实施过程中,仍遇到一些难点问题,难以落实,使劳动法利剑空悬。

一是全面建立劳动合同制度难。一些固定职工多的国有企业,担心全面实行劳动合同制,会引起新旧两种制度的矛盾;一些乡镇企业和非公有制企业经营者在经济利益上存在短期行为,担心与职工签订劳动合同后,要相应承担缴纳社会保险基金的责任,增加人工成本;不少企业领导把改革与加强内部管理、发展生产对立起来,不愿花大力气深化劳动制度改革。因此,目前全面推行和建立劳动合同制度面临不少困难。

二是缴纳社会保险费难。劳动法规定:"用人单位和劳动者必须依法参加社会保险,缴纳社会保险费。"但由于目前我国社会保险管理体制不顺,政出多门,保险项目不统一,保险收费比例偏高,致使企业负担过重。一些企业经营不好,资金短缺,长期拖欠社会保险金,致使社会保险扩面难。

三是实行新工时制度难。劳动法规定:劳动者每日工作时间不超过8小时,每周平均工作不超过44小时。对加班加点也作出了限制规定。目前不少乡镇企业和非公有制企业安排职工每天工作时间严重超过最高标准,强迫职工常年加班加点,赚取利润。对于工人来说,也愿意通过加班加点,多拿工资。这就使实行新工时制度遇到新的难题。

四是调整或确定最低工资标准难。劳动法规定了确定和调整最低工资标准应当综合参考的几个因素。同时规定具体标准由各省(市、区)制定。目前广东经济发展不平衡,如只制定一两个标准,难以执行。定的过多,也难以执行。而且标准过多,高低差距大,企业也有意见。对此,必须认真听取意见,合理确定。

五是营造平等竞争的就业环境难。劳动法规定,劳动者享有平等就业和选择职业的权利。这一权利具体包括平等地享有就业的权利、职业选择权利、不被非法解雇和辞退的权利以及失业登记的权利。但是,由于目前我国正处于经济社会转型期,多种经济成分并存,市场主体行为不规范,使劳动者难以公平竞争就业;有些企业还继续实行"内招",不向社会公开招收员工;有些非法中介机构发布虚假招工信息,使求职者受骗上当。当前要规范市场主体和中介机构行为，营造一个公平竞争的就业环境难度较大。

六是依法监督检查难。劳动法赋予了县级以上劳动部门依法对用人单位遵守劳动法律法规情况进行监督检查的权利。但是，目前劳动行政部门执法却遇到重重困难。主要是执法人员少，无法对众多的企业进行检查。广东用人单位 11.85 万个，从业人员 901.57 万人，劳动监察人员只有 500 多人，对职工的投诉无法及时处理。此外，不少用人单位劳动法律观念淡薄，对劳动执法监察不理解、不支持，有些还借故刁难，给劳动执法监督增添了困难。

（注：本文曾发表于《南方农村报》1995 年 6 月 2 日。）

第四章 发 展

——率先推进全员劳动合同制

【本章导读】在改革劳动计划管理体制的同时，广东按照转换企业经营机制的要求，从1987年起，采取合同化管理等多种措施，搞活固定工制度。当时对固定工制度的存废问题曾有较大争论，为了避免贻误改革时机，广东在总结实践经验基础上，报经省政府批准，于1991年起在经济特区和佛山、茂名市开展全员劳动合同制试点。1992年总结试点经验全面铺开。党的十四届三中全会《关于建立社会主义市场经济体制若干问题的决定》指出，社会主义市场经济是同社会主义基本制度结合在一起的。建立社会主义市场经济体制，就是要使市场在国家宏观调控下对资源配置起基础性作用。按照中央决定，劳动部于1993年12月召开全国劳动工作会议，提出劳动体制改革的目标是：建立符合社会主义市场经济体制要求的新型劳动体制。改革的总体思路是：以培育和发展劳动力市场为中心，全面深化劳动工资保险制度改革，争取在20世纪末初步建立起与市场经济体制相适应的新型劳动体制。劳动部还确定广东作为劳动体制区域性综合改革试点省。根据劳动部部署，广东省劳动厅制定了《广东省劳动体制区域性综合改革实施方案》，决定以培育发展劳动力市场为中心，在各类企业全面实行劳动合同制。1995年，广东率先在企业实行全员劳动合同制，为两大用工形式并轨打下了坚实基础。这是一项重大的历史性突破。本章收录的几篇文章，反映了广东在推行全员劳动合同制过程中遇到的一些深层次问题和改革的做法和经验。

第一节 固定工制度不应该废除吗

《广州日报》第209期《探索与争鸣》栏目发表了刘成基同志关于《固

定工制度应活不应废雇佣观点不宜提》的文章。文中提出：固定工制度是在公民皆有劳动权利的社会主义原则上建立的，它本身并没有阻碍生产力发展，因此应搞活而不应废除。笔者拟就这个问题谈些粗浅认识，并与刘成基同志商榷。

固定工制度是根据公民皆有劳动权利的社会主义原则建立的吗？不是的。我国现行的固定工制度是在20世纪50年代末按照苏联经济模式建立起来的。当时，它对保障劳动就业和经济建设曾起过积极作用。但是，在此后的20多年中，由于我们缺乏社会主义建设经验，加上长期受"左"的指导思想和苏联高度集中统一的计划经济体制模式影响，逐渐形成了一套与计划经济体制相配套的、高度集中的、单纯以行政计划办法进行管理的劳动工资管理体制。现行固定工制度就是按照这一管理体制的要求建立的。它的主要特征是，企业招工用人必须按照国家统一的建设发展计划进行，大权在中央。比如1989年要上多少项目，要搞多大基建规模，企业需要新增多少工人，全部由国家统一安排。国家对劳动者实行统包统配，企业需要增加多少职工，先由国家按照指令性计划统一招收，然后把劳动者作为国家职工统一分配到企业，并以固定工的形式，使劳动者与企业保持终身固定的劳动关系。劳动者一旦挤进全民所有制单位，便终身固定，不能辞退，生、老、病、死、住、食全由企业包下来。这就是人们通常说的"铁饭碗"。长期以来，这种"铁饭碗"用工制度给人们一种错觉，似乎在社会主义国家，每个劳动者都有权与属于公有制的生产资料结合，国家必须分给每个劳动者一份工作，而且就业以后，再也不会失去这份工作，这就算是落实了公民劳动权。显然，这是一种曲解，马克思主义认为，权利和义务是统一的。作为社会主义国家的公民，应该为国家、为社会尽到应尽的责任和义务，然后才能享受相应的权利。任何人如果不向社会尽到其应尽的义务，也就不能享有相应的权利。

我国宪法明确规定：中华人民共和国公民有劳动的权利和义务。一方面，国家要通过各种途径创造劳动就业条件，加强劳动保护，改善劳动条件，并在发展生产的基础上，提高劳动者的报酬和福利待遇。另一方面，劳动也是一切有劳动能力的公民光荣职责，国营企业和城乡集体经济组织的劳动者都应当以主人翁的态度对待自己的劳动。由此可见，固定工制度并不是根据公民皆有劳动权利这一原则建立的，它是计划经济体制下的产物，它恰恰违反了公民皆有自主选择职业的劳动权利这一基本原则。

那么，这一固定工制度有没有阻碍社会生产力的发展呢？回答是肯定的。多年来的实践证明，现行固定工制度存在着严重的弊端。具体表现为，一是企业缺少选择职工的自主权，难以根据生产发展的需要，主动调节劳动力结构，改善劳动组织，加强劳动纪律，因而影响劳动效率和经济效益的提高；二是它使劳动者丧失选择职业的权利，一次分配定终身，常常出现学非所用、用非所长的现象，不能做到人尽其才，不利于发挥劳动者的聪明才智和积极性，因而严重阻碍了生产力的发展。

显而易见，在刘成基同志的文章中认为"固定工这一原则本身并没有阻碍生产力发展"的说法是不能成立的。也许刘文的原意是指固定工这一用工形式本身没有阻碍生产力的发展。即使如此，也不能得出固定工制度应活不应废的结论。大家知道，用工形式不等于用工制度。固定工作为一种用工形式是可以保留的，资本主义国家可以用，社会主义国家也可以用。这应另当别论。而现行固定工制度与固定工形式是不同的，它是旧体制的重要组成部分，它本身存在着许多弊端，为什么不能废除呢？我们不能以固定工这一形式可以保留，进而否定改革固定工制度的必要性。如果仍然抱着"十年后，固定工制度与合同工制度可按民意一争高下"的想法，就会混淆视听，动摇民心，贻误改革良机，甚至会给优化企业劳动组合，搞活固定工制度，推行劳动合同制带来新的阻力。

（注：本文为作者与刘成基同志讨论固定工制度改革的一篇文章，澄清了有关固定工制度存废问题的认识。本文发表于1989年4月13日《广州日报》《探索与争鸣》专栏，收录时有删节。）

第二节　全员劳动合同制是劳动制度改革的方向

实行全员劳动合同制是深化劳动制度改革的方向。近年来，广东省按照发展社会主义市场经济要求，抓住经济发展和扩大开放的有利时机，展开新一轮劳动制度综合配套改革：即以实行全员劳动合同制为突破口，推进劳动工资保险制度综合配套改革，使企业劳动制度改革由个别企业试点迅速进入区域性全面铺开新阶段。实践证明，实行全员劳动合同制，对于加快实现新旧劳动制度的平稳转换，建立适应市场经济发展要求的新型劳动合同制度，促进企业转换经营机制具有重要意义。

一、改革进展情况及成效

随着企业从社会上新招人员实行劳动合同制改革的深入发展，广东省合同制职工队伍不断扩大。这种情况，导致新旧两种用工制度之间出现新的矛盾。为了减少两种用人制度并行的矛盾与摩擦，应尽快在企业确立新型的劳动合同制度，以适应经济发展需要，从1991年起，广东在总结改革实践经验基础上，制订了关于在广东省企业进行全员劳动合同制改革试点的方案，经省政府批准后即付诸实施。试点初期，确定佛山、茂名两市为第一批试点城市，同时，要求各市自行挑选两三家有条件的企业进行试点，当年全省第一批进行试点的企业27家，职工共2万多人。1992年，在党的十四大精神和邓小平南方谈话①鼓舞下，广东省围绕贯彻落实《企业转换经营机制条例》（以下简称《条例》），加快改革步伐，扩大试点范围，至1993年年底，全省实行全员劳动合同制的企业发展到197家，职工27.6万人。此外，还有2953户企业实行了优化劳动组合或合同化管理。试点企业精简的6000多名富余人员，均通过转岗训练、发展第三产业等途径做了妥善安置，企业内部初步形成职工能上能下、能进能出的新机制。1993年，广东省继续抓住深入贯彻落实《条例》的有利时机，按照建立市场经济体制的要求，不失时机地推动各市、县加快改革步伐，使改革由单个企业试点进入区域性全面推进新阶段。至1993年年底，全省实行全员劳动合同制的企业达39194家，职工310多万人，分别占全省各类企业（不含乡镇企业和私营企业）的30.43%和36.4%。深圳、佛山、阳江、梅州、河源市和德庆县等市、县（区）部署了在全市范围内全面推进以全员劳动合同制为主要内容的三项制度综合改革。其中，深圳市已于1993年年底基本完成此项改革，全市33800多家企业，250多万职工普遍通过签订劳动合同确定劳动关系，分别占全市企业总数和职工总数的99%以上。佛山市约有50%的市直属企业进入实施阶段。目前，广州、珠海、江门、汕头、揭阳、湛江、茂名、肇庆、韶关、清远、惠州、中山等10多个地级市均制订了区域性推进全员劳动合同制改革的实施方案，报当地政府审批后即可全面实施，至

---

① 1992年年初，邓小平同志前往深圳、珠海、上海、武昌等地视察，发表了一系列重要讲话，当时媒体称为"南巡谈话"，由于"南巡"一词带有帝制色彩，因此根据出版现行规范科学的表述应为"南方谈话"。

此，广东省全面推进区域性劳动制度综合改革的格局基本形成。

三年来，以实行全员劳动合同制为龙头的新一轮改革实践证明，实行全员劳动合同制带来的效果是明显的。首先，它有利于企业根据生产经营需要，合理调整劳动组织，实现劳动力的合理配置，真正落实企业用人自主权；其次，有利于劳动者根据个人意愿自主择业，发挥所长，从而激发人的积极性和创造性，促进企业生产发展；再次，有利于通过签订劳动合同这一法律形式确定双方的劳动关系，实现劳动关系法制化，保障双方的合法权益。总之，这些改革适应了市场经济发展的需要。例如，广州国光电器有限公司，是一家有42年历史的国有企业，近年来，该企业在进行公司制改造的同时，让员工自由择业，公平竞争上岗。优化劳动组合，签订劳动合同，同时把效益计件工资制改为岗位技能工资制，体现多劳多得，调动了员工的积极性，有力地促进了生产的发展。该公司生产的扬声器先后获得世界音响十大跨国公司的技术认证，获法国汤姆逊音响跨国公司授予的最高荣誉奖——质量优秀奖。五年间，该公司产值、销售收入增长3倍，出口创汇和利润增长10倍，在全国500多家扬声器生产厂家中独占鳌头。深圳市深华工贸总公司3236名职工与企业签订了劳动合同，占职工总数的93％。公司董事长郑奕龙说，实行全员劳动合同制，有利于发现人才、留住人才、使用人才，促使生产发展。该公司下属某企业，由于管理不善，一直亏损。1993年，在人员不变，生产条件不变情况下，该企业决定实行全员劳动合同制，企业法人与上级签订了目标责任合同，职工与企业法人签订劳动合同，当年一举扭亏为盈，盈利100多万元。他们深有体会地说，在生产力诸要素中，决定因素是人，实行全员劳动合同制，把人的积极性调动起来，企业就有希望。广州市首批32家试点企业取消干部工人身份界限，实行优化劳动组合，科室管理人员平均压缩40％，中层管理人员平均压缩14.6％，促进了劳动力的合理配置，当年销售收入，实现税利、全员劳动生产率均比上年同期增长35.6％、62.2％和25.9％。

二、改革的基本做法和体会

实行全员劳动合同制，目的在于通过企业与所有职工签订劳动合同这一形式，建立新劳动关系，打破干部、工人身份界限，搞活固定工制度，减少以至消除固定工制度与劳动合同制之间的矛盾和摩擦，从而逐步建立起一种适应市场经济发展要求的灵活的新型企业用人制度，保障企业与职工双方的合法权益,建立和发展协调稳定的劳动关系,促进市场经济的发展。这项改革是劳动制度的根本变革,涉及广大职工特别是固定工的切身利益,涉及企业生产发展和社会稳定,政策性强,改革难度大。回顾近年来的改革实践,我们体会到,要保证改革在稳定的条件下顺利推进,必须根据实际情况、整体规划、分类指导、典型引路、重点突破、及时配套、逐步推进,才能保证改革顺利进行,取得良好效果。

(一)把握机遇、抓好试点、典型引路、分类指导、逐步推进

1991年对广东来说,是一个特殊的年头,经过两年的治理整顿,广东经济呈现持续稳定、协调发展的良好势头,但经济运行中暴露出的新旧劳动用工制度并行带来的深刻矛盾,使人们认识到:不改革,经济就不能发展;不发展经济,就会影响社会稳定。人们对深化改革有了共识。这既是机遇,也是新的挑战。面对新的历史机遇,我们按照劳动部的部署,及时把深化改革的重点放在推进全员劳动合同制上,并根据广东实际,提出了加强分类指导,分步实施和重点突破、逐步推进的指导方针。在所有制方面,我们确定把改革的重点放在国有企业,第一批进行试点的全部是国有企业。从地区来说,我们根据广东经济发展不平衡的特点,坚持分类指导,先在经济基础较好、就业环境比较宽松的经济特区、开放城市和珠江三角洲各市县选点推进。1991年我们选定了广州味精厂、敬修堂药厂、佛山市水泥厂、塑料一厂、茂名水泥厂、珠海格力集团公司等27家企业进行试点,均取得较好的效果。1992年我们分别于6月和11月在茂名和佛山各召开了两次改革现场会,总结推广第一批试点经验,并提出条件比较成熟的市县可扩大试点范围,全面推进改革。1992年年末,试点企业发展到197家。1993年10月,我局又在佛山市召开现场会,不失时机地总结推广深圳、佛山市全面推进改革的经验,推动各市、县在学习试点经验基础上,把握时机,把改革由单个企业试点向全市、县区域性全面推进。由于采取典型引路,加强分类指导的方针,全省各市都行动起来,制订了全面实施方案,形成了基层和企业主动要求全面推进改革,建立新型劳动合同制度的局面,使改革得到蓬勃发展。

(二)抓住关键、迎难而上、重点突破、推动改革

在劳动领域各项改革中,实行全员劳动合同制,既是重点,也是难点。推进这一改革,不仅要打破"铁饭碗",让企业与职工签订合同,而且要实

现新旧用人制度的根本变革，妥善安置富余职工，促进劳动力资源的合理配置，实现企业用人机制和经营机制的转换。我们的做法是：围绕建立新型用人机制这一关键，突出抓好三个重要环节：一是对企业全部职工坚持全面考核，择优录用，竞争上岗，打破干部、工人身份界限，做到职工能上能下。二是在企业内部打破不同用工形式界限，不论是固定职工，合同制职工，还是临时工、季节工等，均与企业签订劳动合同，实行全员劳动合同制度，确立劳动关系。在合同面前，职工地位平等，工资福利待遇平等。三是打破职工流动的所有制界限，允许职工在不同所有制企业之间合理流动，取消强加于职工身上的所有制标签，拓宽了富余职工重新就业的门路，使职工合理流动的愿望得以实现。

由于我们在上述三个环节取得了突破，使企业和职工尝到甜头。他们看到，这项改革不是虚的，而是实实在在的，体现了劳动关系责任、权利对等的原则。一方面企业感受到用人自主权落实了，能够真正根据生产需要灵活用人。另一方面，职工也获得了择业的自主权，而且地位平等，竞争公平。因而，改革不仅有力地推动了劳动合同制度的进一步完善，使企业内部形成了职工能上能下、能进能出的新机制，而且使全员劳动合同制度被企业和职工所接受，从而成为广东省劳动体制改革的"龙头"，有力地带动了其他方面的改革。

（三）继续坚持搞好有关方面的配套改革

实行全员劳动合同制不能孤立地进行，必须注重搞好有关方面的配套改革。这是稳步深化改革的一条重要经验。广东省在推进全员劳动合同合同时，坚持了以下两个原则：①不论以实行全员合同制还是岗位技能工资制为改革的突破口，都要协调好与有关方面的配套衔接；②凡实行岗位技能工资制的企业，都要以实行全员劳动合同制为先决条件，没有实行全员劳动合同制的，一般不能搞岗位技能工资制试点。

按照这一指导原则，我们在企业内部，注意把实行全员劳动合同制与工资保险制度改革有机地结合起来。具体说来，就是抓好"六定二保"环节。①定岗，即根据生产工作需要设岗，并进行岗位劳动评价；②定编，即以岗设编，确定那个岗位需要多少人；③定责，即确定岗位责任和上岗的条件；④定薪，即经过测评，确定岗位、技能工资水平；⑤定人，即按规定对全体职工进行考试考核，优化组合，择优上岗；⑥定合同，即企业与上岗人员一律签订劳动合同，确定劳动关系；⑦保险，即按国家规定，为全部签订合同的员工缴纳养老、失业、工伤保险基金，有些企业还自设补充养老保险；⑧保护，即明确依法保护职工合法权益，发生劳动争议由劳动部门受理。这八个方面的配套操作，实际上包括了企业劳动用工、工资分配、培训考核、保险福利和劳动争议处理等主要内容。我们通过制订改革方案，把这些方面的改革内容有机地联系起来。这些内容互相渗透，互相依存，密不可分，从而使企业在用人方面形成了激励与制约并存的新机制。

在企业外部，我们大力培育和建立劳动力市场，加强职业介绍、转业训练、就业指导、失业救济和组织生产自救等基础工作，主动帮助消化企业实行全员劳动合同制过程中分流出来的劳动力，帮助企业卸"包袱"，为企业深化改革创造了有利条件。

（四）制定妥善安置政策，积极消化富余人员，保护老弱病残职工合法权益

如何妥善安置富余人员，是深化劳动制度改革、实行全员劳动合同制过程中遇到的大难题。为了保证改革全面实施而又不影响社会稳定，广东省根据国务院关于《国有企业富余职工安置规定》，制定了《广东省国有企业富余职工安置实施办法》，要求企业努力创造条件，兴办第三产业，发展劳服企业以及鼓励富余职工组织起来自办企业，安置富余职工。国家继续在场地、税收等方面给予优惠政策；对于办理企业内提前退休或参加转业（岗）训练的人员，由当地劳动保险机构适当拨付保险基金予以支持。近两年，全省实行全员合同制改革的国有企业共有富余职工11000多人，已安置9000多人。

为了使安置富余职工工作取得实质性进展，广东省一些改革先行城市按照"企业内部消化为主，社会调剂为辅"的原则思路，结合实际，提出了一些突破性的安置新措施。主要做法是，允许企业辞退富余职工，允许富余职工自行选择安置办法。例如广州、顺德等市明确规定，对企业中的固定职工可以采取留用、调动、离职、辞退、离岗退养五种办法进行安置。职工有权根据其实际情况，一次性合理地选择其中一种安置途径：①对于留用或调动的，一律转为合同制职工；②对于离职的固定工，由企业按每满一年连续工龄发给不少于3个月全市上年月平均工资的离职费；③对于辞退的固定工，由企业按其每满一年连续工龄，发给1个月生活补助费，其标准不低于该职工离岗前12个月的平均工资的60%，满15年工龄的，每增

加一年增计一个百分点,辞退后,原连续工龄视作退休缴费年限,重新就业后其缴费年限和工龄可连续计算;④距离法定退休年限五年以内的固定工,可办理离岗退养,到达退休年龄时再正式办理退休手续,如企业破产或关闭,清资核产时,按规定向当地社会保险公司缴纳职工退休医疗基金,上述人员由市退管办负责管理,市社会劳动保险公司负责发给生活费并报销医疗费;⑤对于确属富余的合同制职工和临时工,允许企业提前解除劳动合同。解除合同后,由企业按其在本企业工龄和提前解除劳动合同的年限,每满一年发给1个月生活补助费,最多不得超过12个月,其标准按离岗前2个月个人平均工资(指工资总额)的60%计发。广州市实行上述新政策后,富余职工开始向社会和市场分流,安置富余职工工作由被动变为主动。广州市第三染织厂等关闭企业职工基本上已由社会消化。1993年,该市企业富余人员由社会和市场调节消化的比例达35.9%。

对于企业的老职工和特定群体,我们注意制定了一些相应的保护措施。①原固定职工改订劳动合同后,改制前的连续工龄视为养老保险缴费年限;②因工负伤、致残和患职业病的职工,按规定给予照顾,不列为富余职工;③对男年满45周岁,女年满40周岁,且连续工龄满20年及以上的,考核基本合格的,优先安排上岗,签订无固定期限合同,考核不合格的也不辞退,可安排力所能及的工作;④原企业干部改当工人首次签订合同时,可免岗位考核优先上岗,对国家统一分配进入企业的人员,给予1~2年的适应期,暂不参加上岗考核,安排上岗;⑤原固定职工需调出本省的,如接收地同意,可按原身份办理调动。由于采取了积极稳妥的措施,富余职工安置难问题初步得到解决。

(五)切实加强领导,重视做好宣传舆论工作,推动改革深化

加强对改革的领导,做好宣传舆论工作,是推动改革不断深化的有效措施。在推进此项改革过程中,广东省各级政府和劳动部门都明确把此项改革列上重要改革日程,指定一名领导负责抓此项改革,并成立改革领导小组,协调有关部门不断研究解决改革中出现的新情况、新问题。如深圳、佛山市经常就改革实施过程中遇到的具体问题,提出处理意见,形成文件下发执行,从而促使改革不断深化。加强舆论宣传,也是深化改革的有力武器。以往劳动部门不注意做宣传工作,企业和各有关部门对劳动制度改革政策了解不多。三年来,我们召开了三次改革现场交流会,请各市劳动部门和企业领导以及新闻单位参加会议,总结、推广和宣传改革的典型做

法、经验,大造舆论,宣传改革对转换企业机制带来的好处。各市、县主动编印经验材料、宣传小册子,创办刊物,或主动与新闻单位联系,采取多种形式,积极开展宣传舆论工作,促使人们转换观念,这对推动改革深化也起到积极作用。

三、全面深化改革,建立新型企业劳动制度

广东省实行全员劳动合同制虽然取得可喜成果。但是,当前全面推进改革仍面临许多难题。主要表现在与劳动体制改革密切相关的干部、住房、保险和户籍制度等方面的改革滞后,制约着劳动制度改革的深化。例如打破干部、工人身份界限后,企业职工是由劳动部门统一管理还是由劳动、人事两家分开管理?如果分开管理,职工身份界限还是难以打破!广东省就业环境比较宽松,企业辞退富余职工本来不成问题,但职工离开企业就要退回住房,这一条把人卡住了,住房制度改革滞后,难以实现劳动力的合理流动。社会保险制度不完善,管理体制未理顺,也在很大程度上制约着劳动力的流动。此外,一些领导干部对劳动工资制度改革在经济建设中的重要地位认识不足,也在一定程度上影响着改革的深化。

当前,劳动体制改革已进入攻坚阶段,下一步应当如何深化改革,是我们面临的新课题。改革的根本出路,是按照发展社会主义市场经济要求和劳动部关于在广东进行区域性综合改革的部署,配合建立现代企业制度,采取整体推进和重点突破相结合的方针,继续以实行全员劳动合同制为龙头,在全省各类企业全面实行全员劳动合同制,全方位协调推进各项改革,加快推进新旧劳动制度的转换,实现企业用人制度的创新。

(一)全面规划,整体推进

根据劳动部关于劳动体制改革的总体部署,各级劳动部门应当根据《广东省建立社会主义市场经济体制时期劳动体制改革的总体设想》,坚持先走一步,力争从今年起用五年时间,在广东建立起与市场经济相适应的新型劳动体制。在内容上,把握三个重点:即加快培育和发展劳动力市场,大面积全方位推进以全员劳动合同制为龙头的企业三项制度综合改革;建立比较完善的劳动工资间接管理和宏观调控体系。在步骤上,坚持分两步走,今明两年着重实行全员劳动合同制,培育发展劳动力市场体系;"九五"前三年,着重推进工资制度和宏观调控体系方面的改革。为实现上述

第四章　发展——率先推进全员劳动合同制

目标，建议省政府将印发《关于企业全面实行全员劳动合同制的通知》，在总结试点经验基础上，全面推开，力争在1994年内基本完成此项改革。

（二）加强分类指导，实现重点突破

在建立新型劳动体制这盘棋上，实行全员劳动合同制是当前牵动全局的关键环节。各级劳动部门要建立健全改革领导协调小组，加强对此项改革的指导。重点是加强对国有企业实行全员劳动合同制的指导，处理好新旧制度的衔接。同时，加强对所有非国有企业与职工所订立的劳动合同进行规范化管理，使各类企业的劳动合同制度相互衔接，不断完善，实现制度创新。在地区布局上，要求经济特区、开放城市、珠江三角洲各市、县加快步伐，全面铺开，继续先行一步；其他地区在取得经验基础上全面铺开。

（三）切实抓好相关方面的改革大配套

在实行全员合同制取得突破的同时，要继续围绕促进劳动力合理流动这个目标，抓好以下几个方面的配套改革。在劳动体制方面，主要是加强企业劳动管理，要求企业严格按照定员定额组织生产，实行动态优化组合，完善合同制度；改革工资分配制度，探索建立企业自主分配，政府监督调控的工资体制；加快保险制度改革步伐，提高保险的社会化程度，逐步做到职工流动不需转移保险基金，在哪里定居、就业就在哪里领取各项保险待遇；大力发展劳动力市场，完善职业介绍体系和社会劳动力调节机制；积极探索由市场调节、消化富余职工的新路子，转换安置富余人员的机制；等等。

（四）加快地方劳动立法，进一步完善劳动合同法律制度

作为一项新型的劳动制度，不可能一出现就是完善的，而是在改革过程中通过立法不断巩固和完善的。我们要认真总结10多年来推进劳动合同制的做法和经验，抓紧制订颁布《广东省劳动合同管理规定》，进一步完善劳动合同管理和鉴证制度，巩固和发展改革成果。同时，要依据劳动部《劳动监察规定》和省人大颁布的《广东省企业职工劳动权益保障规定》，制定《广东省劳动监察规定》，探索建立劳动合同鉴证、劳动监察、劳动争议仲裁等"三位一体"的新型劳动关系调整机制，依法处理劳动关系，促进劳动关系稳定、协调发展，使新型劳动合同制度更加趋于完善。

（注：本文写于1994年3月29日。）

第三节　劳动工作治理整顿与深化改革要有新思路

当前，劳动工作治理整顿和改革取得了阶段性成效，但存在的问题仍不少。如何正确分析当前我国劳动工作面临的形势和问题，研究提出相应的对策，是摆在我们广大劳动工作者面前的一项重要任务。这里，拟结合广东劳动工作治理整顿实际，提出深化改革的新思路。

自1989年来，广东各级劳动部门认真贯彻中央关于治理整顿和深化改革方针，在劳动工作治理整顿与深化改革方面做了大量工作。目前，劳动部门提出的控制工资总额过快增长，整顿劳动市场秩序和加强劳动力管理等三大目标基本实现，用工制度、工资分配制度和保险制度改革取得新的进展，主要表现在六个方面。

（1）工资总额和职工人数的增长得到有效控制。自1989年以来，全省职工工资总额增长速度呈现逐季下降趋势。据统计，1989年广东全民单位职工工资总额（138.45亿元）比1988年增长22.9%，与1988年比1987年增长35.5%的速度相比，下降12.6个百分点；职工平均货币工资2744元，比上年增长19.3%，扣除物价因素，实际下降2.1个百分点。而1989年广东国民收入和国营工业企业劳动生产率分别比1988年增长6%和4.3%。1990年上半年，全省职工工资增长势头也比1989年同期明显趋缓，全省发放职工工资总额（97.87亿元）比1989年同期增长8.2%；职工平均工资1289元，比1989年同期增长6.3%，经过治理整顿，全省职工工资增长速度低于国民收入和劳动生产率的增长速度。全民单位职工人数的增长也得到有效控制。1989年全省全民职工人数511.88万人，比1988年增加8.69万人，增长1.7%，明显低于前两年平均递增3.96%的速度；1990年上半年职工人数505.84万人，比1989年同期增长1.3%。一年多来共清退计划外用工10万多人，约占计划外用工总数的13%。此外，还清退进城务工人员（含外省务工人员）近百万人。

（2）部分停产半停产企业恢复了生产，停工待工人员得到合理调整和安置。至1990年6月末，广东全民、集体企业停产半停产642户，占企业总户数1.59%，比一月份减少669户，减少51%；停工待工人员72530人，占全省同口径职工人数的1.43%，比一月份减少86954人，减少54.5%。大部分停工待工人员通过余缺调剂、临时劳务等形式予以妥善安置。

（3）劳务市场开始呈现有序运行状态，城镇待业率回升不大。治理整顿以来，广东全面开展就业服务，全省职业介绍机构从1988年来的190多所发展到1989年的240所，1989年共安置城镇待业人员40万人，年末待业率为2.1%，比1988年年末上升0.2个百分点。1990年1—6月，全省城镇共安置18万人，比1989年同期增长20%。城镇待业率仍控制在社会可承受的水平以内。

（4）企业分配不公问题初步得到缓解。明显的标志是：对少数企业经营者收入偏高问题，从政策上做出适当调整；对各类公司工资福利制度进行整顿，全省70多个没有执行企业工资制度的企业化管理单位，已按企业工资制度执行，克服了"两头沾"现象；对离退休人员待遇偏低问题，结合企业调资，普遍增加一个级差，其最低保障数从原来的40~45元提高到50~55元，加上各种补贴，国营企业退休人员最低月收入可达124元。

（5）保险制度改革范围继续扩大。1989年年末广东各类企业职工参加社会养老保险人数达539.09万人，占全部职工的58.7%。其中，全民单位固定工、合同制职工290多万人，约占应参加投保职工人数的95%；集体单位参加社会养老保险的人数达53.09万人，占其总数的50%；其他所有制企业职工参加社会养老保险的人数迅速增多。待业保险范围从原来的"四种人"扩大到新出现的停工停产企业待工人员；东莞、深圳、佛山市对工伤保险制度进行了改革试点，实施范围扩大到各类企业。

（6）劳动保护安全监察有所加强，部分事故多发行业安全生产事故上升局面得到控制。1990年1—6月，煤炭行业死亡人数比1989年同期下降12.75%；全省各类企业因工伤亡事故306宗，比1989年同期增加1.32%，死亡人数198人，比1989年同期减少5.71%。

广东劳动工作治理整顿和深化改革取得阶段性成效，主要是采取了加强和改善宏观调控的一系列措施。

（1）采取多种措施整顿劳务市场秩序，加强对城乡劳动力的综合管理。具体措施有四条：①普遍建立和完善农村劳动力进城务工许可证制度，改变了劳动力盲目流动状况；②抓紧全面建立乡镇一级劳动管理机构，作为市、县劳动部门的派出机构，加强对乡镇各类企业和进城务工的农村劳动力的管理；③全面建立职业介绍机构，开展就业指导和服务；④进一步建立健全用人单位招用工行为规范，综合运用法律、行政、经济手段整治劳务市场秩序。由于采取了上述措施，增强了宏观调控的力度，从而有效地整顿了劳务市场秩序，使企业招工和农村劳动力向城镇转移初步呈现有序运行状态。

（2）抓住三个环节，改善和加强劳动工资计划管理。一是确立以控制工资总额计划为主，通过工资总额调控职工人数的改革原则，并按照劳动部的要求，编制下达工资总额计划和清理计划外用工计划；二是继续全面推进工资总额同经济效益挂钩，实行分级管理、分层调控；三是编制工资基金使用计划，填入《工资基金管理手册》，实行弹性计划管理。由于采取上述措施使劳动工资计划管理各个环节，逐步衔接，初步堵塞了漏洞。

（3）加强劳动立法，依法开展劳动监察和检查。一年多来，广东省领导重视劳动立法工作。在劳动工作中，对凡是符合改革方向、有利于治理整顿和巩固改革成果又条件成熟的，我们就抓紧制定地方性政策法规。整顿期间，先后制定地方性劳动法规、规章10多个。同时，还针对有法不依、执法不严的情况，逐步建立劳动监察制度，目前全省有8个市已建立劳动监察机构，依法开展对企业用工行为进行监督检查，有效地端正了企业用工行为。

当前，劳动工作治理整顿和深化改革虽然取得明显成效，但也面临着一些值得引起注意的新情况和亟待研究解决的深层次的新问题。比较突出的是社会保险制度改革覆盖面不宽，社会化程度不高，因而制约着劳动制度改革的深化和就业机制的转换。过去曾设想通过推行劳动合同制和优化劳动组合等办法，消除固定工制度的弊端，逐步建立新的劳动就业机制，但没有切实可行的社会保障制度，统包统配的就业机制难以彻底转换，劳动合同制推行的效果也不明显。特别是在治理整顿中，由于对退休和待业职工的生活安排缺乏有效的社会保障，企业的竞争、淘汰、兼并机制难以形成，严重制约了经济结构的调整。工资制度改革方面，主要是工效挂钩进展慢，办法不完善，标准工资在工资总额中所占的比重偏低、结构不合理，平均主义和分配不公问题依然存在，非工资性收入难以纳入宏观管理轨道。传统的劳动管理体制不适应发展多种经济成分的需要，非公有制企业、乡镇企业劳动管理制度不健全，劳动争议和安全生产事故有增多趋势等。

出现上述情况和问题的原因是什么？

首先是实行财政包干体制严重制约着保险社会化程度的提高。广东是全国最早实行劳动保险制度改革的省份，各市、县普遍实行了社会养老保险，有95%以上的国有企业参加了保险统筹。但是，实行财政包干体制后，各市、县为了维护本市、县的财政收入和其他经济利益，为了尽量避免因实行社会劳动保险导致财政收入减少，往往在实行保险的项目、收费标准、保险种类等方面采取不同的做法，致使过渡到省级统筹，提高社会化程度遇到市、县利益刚性的障碍。例如，省政府决定从1989年6月1日起全面实行临时工养老保险，但至今仍有几个市没有实行。

其次是理论界、决策者及企业经营者对实行工效挂钩的认识，至今仍有较大的分歧，影响着这一改革措施的贯彻落实和完善。在推行企业承包责任制时，有些地方和企业没有把工效挂钩列为承包的重要内容之一；即使是实行工效挂钩的企业，由于两个基数难以合理核定，随机性较大，手续烦琐，影响到企业推行工效挂钩的积极性。

再次是现行劳动管理体制本身的局限性，影响到管理职能的转变、管理范围的扩大和管理水平的提高。在现行体制条件下，各级劳动部门往往只管到全民单位和县以上大集体这一块，而对乡镇、街道小集体企业、非公有制企业的劳动管理往往管不到。从政策法规上看，国家对于乡镇、街道小集体企业、非公有制企业的劳动立法还是个空白。从计划统计上看，也没有把后者列入统计范围，使宏观管理缺乏依据。所以体制问题是一个深层次的原因，在治理整顿期间，如何推进改革，把上述问题摆上重要改革日程，需要进一步统一认识。

上述分析表明，一年多来劳动工作治理整顿虽然已经取得阶段性成效，但老问题仍然存在，新问题不断出现，其根源在于现行经济体制以及劳动管理体制的弊端远未根除。因此，今后劳动工作治理整顿和深化改革要有新思路，即坚定不移地继续贯彻执行党的十三届五中全会提出的进一步治理整顿和深化改革的方针，把整顿、改革和发展有机结合起来，统筹兼顾，协调推进，把近期改革措施与治理整顿的目标步骤衔接起来，以推进保险制度改革为龙头，推动企业制度、用工制度、培训制度和工资分配制度改革，逐步为建立适应社会主义商品经济发展需要的劳动管理体制和运行机制打下良好基础，为国民经济的持续、稳定、协调发展服务。

（1）加快保险制度改革步伐，健全社会保障体系。这是当前搞好治理整顿促进社会稳定的重要措施，也是深化改革，形成保障机制的重要内容，在整个劳动工作中具有举足轻重、影响全局的重要作用。当前必须以推进社会保险制度改革作为深化三大制度改革的突破口，带动各项劳动工作。改革的重点是，逐步扩大社会统筹覆盖面，加快保险一体化、社会化进程，争取两年内在养老、待业保险方面过渡到省级统筹。同时，要在总结社会保险试点经验基础上，抓紧建立全省性社会工伤保险制度，从而形成比较完善的社会化保险体系。为加快此项重大改革，建议建立统一的管理机构，研究确定改革的目标、方案和具体实施步骤，以利于改革的顺利进行。

（2）继续加强和改善劳动工资计划管理，建立健全分级管理体制。这是当前治理整顿和深化改革的共同要求。近两年内，重点抓好以下工作：一是把对工资基金的宏观管理与改革措施有机结合起来。严格按照中央的规定，加强企业工资基金管理，完善总量控制和基金管理配套措施，同时，注意改善工资结构，控制工资水平。二是结合企业新一轮承包制，普遍推行工效挂钩，并在承包合同中明确具体的挂钩办法。通过挂钩，建立和完善分级管理、分层调控体制。三是继续加强对非工资性收入的宏观管理，缓解社会分配不公矛盾。

（3）探索建立计划经济与市场调节相结合的新的就业机制。当前，治理整顿的重点正在逐步转到调整结构和提高效益上来。经济结构的调整势必引起就业结构的变动和劳动力的流动，如果没有一个在国家宏观控制下的灵活有效的就业机制，就无法促进劳动力合理流动和职工存量结构调整问题的解决，从而严重制约经济结构的调整。因此，在有一定的社会保障的条件下，应当相机推进就业制度改革，以促进整顿任务的完成。改革的着眼点是逐步打破统包统配的就业制度，引进就业竞争机制。各级劳动部门应当在加强对全社会劳动力尤其是农村劳动力进城务工宏观调控的同时，积极发展职业介绍机构，全面开展就业指导和职业介绍服务。大力发展各类职业技术培训，提高劳动者素质，以适应竞争就业的需要。

（4）继续巩固和发展劳动合同制。劳动合同制度代表着我国劳动用工制度改革的方向。自国务院发布《国营企业实行劳动合同制暂行规定》以来，这一新型劳动用工制度有了较大发展。但是，由于新旧两种用工制度并存，旧制度的惯性作用大，致使劳动合同管理制度难以完善，有关政策难以落实，劳动合同制有流于形式的危险。这已成为当前劳动制度改革中一个值得重视的新问题，必须予以高度重视。要在完善劳动合同管理制度、落实配套改革政策、扩大实施范围等方面下功夫，进一步巩固和发展劳动合同制度。

（5）加强对非公有制企业的劳动工资管理。目前，非公有制企业和乡镇企业在国民经济中占有相当的比重。但这方面的劳动管理还是个薄弱环节，应当在制订劳动事业"八五"计划和十年发展规划中，明确将其列为各级劳动部门的一项重要工作，加强统一管理和指导。加强对非公有制企业劳动管理工作，要与改革传统的劳动工资管理体制、转变管理职能结合起来。有条件的地方，应当尽快建立乡镇劳动管理机构，作为县级劳动部门的派出机构,把企业用工、保险福利、劳动保护、劳动争议调解、劳动安全等各项劳动管理工作落到实处。

(6)进一步加强劳动法制建设和执法监察工作。在治理整顿期间,运用法律手段增强宏观调控力度和巩固改革成果、实现间接而有效的管理,很有必要。当前应当结合学习贯彻《中华人民共和国行政诉讼法》,进一步加强劳动法制工作,努力做到"立法、宣法、执法、监督"八字并举,切实改变劳动工作中无法可依,有法无知和有法不依、违法不究的状况。各级劳动行政部门特别是市级以上劳动行政部门,要切实加强对劳动法制工作的领导,主要负责同志要亲自抓,并逐步建立健全法制工作机构,配备相应的骨干力量。行政诉讼法是一部新的法律制度,而且与劳动行政机关关系密切。为此,建议在行政诉讼法正式实施前,把劳动行政工作中属于行政诉讼法受案范围的内容,能够比较完整地分列出来,以利于各地执行中减少差错和出现矛盾。有条件的地方,应加快建立劳动监察机构,依法开展执法监督和检查,以更好地推动各项劳动工作的健康发展。

(注:本文写于1990年9月8日。《广州经济》1990年第6期发表时选用了最后一部分,题目为《当前劳动工作遇到的新问题》。)

第四节 广东劳动体制改革的总体设想

根据党的十四届三中全会的决定和劳动部的部署,广东省委提出要"力争用五年时间把社会主义市场经济体制基本框架建立起来"。劳动体制是整个经济体制的重要组成部分。为了加快推进劳动体制改革,培育发展劳动力市场,建立适应社会主义市场经济的劳动体制基本框架,现结合广东实际,提出改革的总体设想和实施方案。

一、广东劳动体制改革的总体目标和要求

广东劳动体制改革的总体目标是:以培育和发展劳动力市场为中心,全面推进改革劳动领域各项改革,力争用五年时间建立起符合社会主义市场经济体制要求的新型劳动体制基本框架。

这一新型劳动体制的基本内涵和重点要求是:①充分发挥市场在劳动力资源开发利用和配置中的基础性作用,打破城乡地区界限制和旧的封闭式的用工制度,使劳动力通过市场实现充分就业、合理流动、优化配置。

建立健全以政府举办的职业介绍机构为主体,社会举办的职业介绍机构为补充的职业介绍服务体系;②全面实行全员劳动合同制,以劳动合同为基本方式确立劳动关系,通过劳动关系双方的自我调节和政府的适当干预,保持劳动关系的协调和稳定;③加强职业技能开发,在政府统筹规划管理下实行办学主体多元化,形成多层次、多形式的职业培训新格局;④改革企业工资制度,形成工资由市场机制决定,企业自主分配,政府实行监督和调控的新体制;⑤全面改革劳动保险制度,在全省建立统一的、覆盖城镇所有职工的养老、失业、医疗、工伤等社会保险制度;⑥实行企业负责、行业管理、国家监察、群众监督的安全生产管理体制;⑦建立较完备的地方性劳动法规体系,把劳动工作纳入法制化轨道;⑧建设劳动工资宏观调控体系,实现劳动行政部门的职能转变,综合运用法律、经济手段及必要的行政手段进行间接管理和宏观调控,做好规划、指导和协调服务工作。

上述八个方面是构成新型劳动体制的基本内容。其中,培育和发展劳动力市场,改变传统的劳动力资源配置方式,是建立新体制的中心环节。因为劳动力市场是按照市场规律对劳动力资源进行配置和调节的一种机制。培育劳动力市场要求企业有真正的用人自主权,劳动者有充分的择业权,形成劳动力供求主体。它涉及劳动者从求职、就业、失业和转业,直至退休的全过程;涉及对劳动者的职业训练、报酬给付、社会保险、劳动保护等环节;涉及劳动关系的确立、调整和终止,以及劳动力市场中介服务、信息引导、法律规范和宏观调控等诸方面。所以要求我们把培育和发展劳动力市场作为劳动体制改革的主线,作为建立新型劳动体制的基础。其目标模式是:建立省内统一开放、公平竞争、运行有序、服务完善、调控有力、辐射国内市场,并与国外市场相衔接的现代劳动力市场体系。并在这个基础上,形成比较完善的劳动力市场管理体制。

二、改革的主要任务

(一)加快建立完善市场就业服务体系,促进充分就业

就业工作的基本目标模式是:以充分开发利用和合理配置劳动力资源为出发点,以实现充分就业为目标,以完善市场就业服务体系为重点,建立国家宏观调控、城乡协调发展、主体双向选择、市场调节供求、社会提供服务的市场就业服务体系。规划期内,我们的主要任务是,着重采取以

下五个措施。

（1）加快培育劳动力市场主体，实现双向选择，公平竞争，促进充分就业。主要是进一步取消统包统配就业制度，全面打破省内城乡、地区和所有制的界限，取消职工身份界限，使市场供求主体地位平等。除少数国家政策性安置的人员外，一律取消国家分配，实行竞争就业。

（2）建立功能完备、制度健全、服务高效、面向全社会的就业服务体系。一是建立覆盖全省城乡的职业介绍网络，各市、县及乡镇都要设立具有固定场所与相应设施、人员配备合理、服务项目齐全的职业介绍机构。大中城市职业介绍机构要运用电脑等先进设备传递信息，加强联系，提高服务质量和效率。二是扩大和完善就业培训网络。积极发展以劳动系统职业技术培训基地为主导的就业前培训、转业、转岗培训，开辟乡镇培训市场；充分发挥社会办学积极性，多渠道办学，形成城乡一体化的培训网络。三是扩大失业保险覆盖面，提高社会化程度，充分发挥失业保险的社会保障功能，发挥失业保险在促进再就业中的作用。四是积极发展劳动服务企业，发挥劳动服务企业网点多、核算单位小、经营灵活等特点，大力发展第三产业项目，推行股份合作制，增强企业活力，建立企业集团，提高企业的竞争能力及经济效益，扩大就业容量，增强吸收待业人员和企业富余人员的能力。通过加强上述四个方面的相互联系，使之成为劳动力市场运行的支撑点。

（3）加强城乡就业统筹和地区之间劳动力余缺调剂。重点是逐步放开农民迁转户口进乡镇、城市的限制，着手建立农村劳动力到非农产业就业的求职登记及统计制度，将农村就业纳入全省社会就业的总体规划；加强珠江三角洲等经济发展较快地区与贫困区之间的劳动力余缺调剂，使之适应区域经济发展，实现全省就业均衡；加强省际劳务协作，建立外省劳动力入粤就业统计监控制度，引导省际劳动力有序、合理流动。

（4）建立有效的市场就业宏观调控机制。主要是通过加快立法，建立劳动力市场运行规则，规范市场主体及中介机构的行为，形成良好的运行秩序；通过编制规划、信息引导和行政干预等手段，促进全省劳动力供求的总量平衡，结构合理；制定保护妇女、残疾人等特殊群体的就业政策，保障其就业权利。

（5）制定与国际劳务市场相衔接的政策，发挥毗邻港澳、华侨众多的优势，拓展国际劳务输出，全方位、多渠道开展国际劳务合作和交流，促进充分就业。

（二）全面实行全员劳动合同制，实现企业用人制度创新，建立和完善劳动关系调整机制

实行全员劳动合同制是建立现代企业制度、发展市场经济的客观要求，也是确立新型劳动关系的基础。在加快建立新型劳动体制期间，此项改革的目标是：在各类企业全面实行全员劳动合同制，形成由劳动法规规范的劳动关系，劳动者与用人单位通过协商签订劳动合同、建立劳动关系，工会与企业代表参与协调劳动关系，政府指导和监察维护劳动关系，司法仲裁调整劳动关系的机制，促进劳动关系的协调和稳定，从而逐步建立和长期保持良好的劳动关系，以适应市场经济的健康发展和有序运行。

1. 在全省各类企业和所有职工中全面实行全员劳动合同制

1994年要着重抓好此项改革，重点是在国有企业实行全员合同制，加快新旧制度转换，实现用人制度创新；对所有非国有企业与职工所订立的劳动合同进行规范化管理，使各类企业劳动合同制度相衔接，成为企业与劳动者之间建立劳动关系的基本方式。珠江三角洲地区要先走一步，加快实行全员劳动合同制步伐，并进行订立集体劳动合同的试点。全省要争取在年内基本完成此项改革。

2. 抓紧建立完善劳动关系调整机制

主要内容是：①加强劳动合同管理。建立劳动合同签订、履行、变更、解除与终止的规范程序，全方位开展劳动合同鉴证工作，使劳动关系的建立走上规范化、法制化轨道。②在各级劳动部门建立劳动监察机构及制度，配备专兼职劳动监察人员，依法开展劳动监察，规范劳动关系双方的行为，预防和减少劳动争议。③健全劳动争议处理和仲裁制度，运用司法手段解决劳动争议。重点是完善企业劳动争议调解委员会，使多数劳动争议纠纷主要通过调解、协商解决；推行仲裁庭、仲裁员制度，发展职业化仲裁员队伍，将所有用人单位与职工发生的劳动争议纳入仲裁范围，逐步使劳动仲裁机构成为准司法或司法性机构。

3. 建立劳动关系宏观监测、预警系统

建立劳动争议、集体上访、罢工、怠工等情况的定期统计报告制度和处理程序，及时处理各种纠纷，防止矛盾激化，维护双方合法权益。

强化上述三项工作之间的内在联系，形成比较完善的劳动关系调整机制。

第四章　发展——率先推进全员劳动合同制

（三）大力发展职业技能开发体系，逐步实现职业技能开发科学化、社会化、规范化

改革的目标是：建立多层次、多形式的、覆盖全省城乡的职业技能培训网络和职业技能开发需求预测信息网络，建立完善社会化的职业技能鉴定制度，实现职业技能鉴定的科学化和社会化管理。着力培养一支以技师、高级技师为龙头，中级技工为主体，初级技工为基础的具有较高政治思想和职业能力、结构合理、纪律严明、与经济发展相适应的技术工人队伍。

实现上述目标的基本措施是：

（1）加快职业技能培训实体建设。鼓励政府部门、社会、个人办学和联合办学，建立多层次、多形式的覆盖城乡的职业技能培训网络。一是进一步深化技工学校改革，大力发展技工学校，扩大招生量，着重培养高新技术发展紧缺的中、高级技术工人。争取五年左右，全省技校达200所，其中高级技校10所，在校生22万人。特别是要改革技校专业设置，逐步扩大招收农村生源，为发展"三高"农业和农村第三产业服务。二是积极发展各类就业培训中心，并向乡镇延伸拓宽培训范围，改革教学制度和教学方法，实行城乡结合，长短结合，职前职后结合的办学方式和先培训后就业方针，培养适合经济发展需要的各类技术工人。三是鼓励社会力量兴办职业技能培训学校，实行办学许可证制度，加强社会化管理。进一步改革学徒培训制度，除在传统工艺和少数工种继续实行以师带徒方式外，其他工种的学徒培训要与技工学校或其他培训机构的培训结合起来，走厂校结合的道路，以便快出人才，适应市场经济发展需要。

（2）建立健全职业技能开发服务网络。建立职业技能开发信息统计制度和信息预测网络，收集毕、结业生供求信息，为各类职业技能开发实体提供服务；加强职业技能培训教师队伍建设和教材改革，不断提高教学质量。力争将国防技校、汕头市高级技校改为专门培养技校教师的学院，纳入国家计划。

（3）建立健全社会化的职业技能鉴定网络。抓紧在省、市、县劳动部门和行业、部门全面建立职业技能鉴定机构，实行职业技能鉴定机构许可证制度。凡已按国家规定标准纳入技能鉴定的工种，必须统一由技能鉴定机构实施职业技术等级考核鉴定，颁发职业资格证书和毕（结）业证书，作为劳动者求职的主要依据。

（4）积极开辟经费来源，拓宽经费渠道，增加对职业技能开发经费的

广东劳动制度的深刻变革

投入。确立国家、社会、企业、个人共同分担,共同投入的机制,制定适合广东省实际的经费投入政策,使职业技能开发经费的投入随国民经济的增长而逐年增加。

(四) 建立和完善适应市场运行的新型企业工资体制

企业工资制度改革的目标是:建立"市场机制决定、企业自主分配、政府监督调控"的新模式。按照这一目标模式,市场机制在工资决定中起基础性作用,通过劳动力供求双方的公平竞争形成均衡工资率。企业工资水平根据劳动力供求状况和职工生活价格指数等因素,通过劳动力供求双方协商确定;企业作为独立的法人,有权自主决定本企业内部工资总量、工资分配形式和工资关系;政府主要运用经济、法律和必要的行政手段调控工资总水平,调节个人收入分配关系,维护社会公平。

改革的主要步骤是,政府逐步放开对工资总额的行政控制,最终实现完整意义上的企业自主分配。规划期内改革重点是:

(1) 积极探索企业内部自主分配方式。对产权制度改革基本到位的国有企业,实行在"两个低于"前提下,由企业根据劳动力供求情况和国家有关规定自主决定工资水平和内部分配方式;其他企业逐步向这个方向过渡;先在非公有制企业和深圳、佛山、广州等市国有企业进行集体谈判决定工资水平增长的试点;取得经验后,再向国有企业全面铺开。

(2) 在各市、县选择一批不同所有制企业实行经营者年薪制,使经营者收入与企业经营状况、资产保值增值状况相联系。

(3) 积极探索市场决定工资水平的新机制。重点是研究制订企业工资增长指导线,作为各地区、各行业和企业进行谈判确定工资水平的依据。引导企业和劳动者通过集体谈判、协商方式,确定行业、企业工资水平,逐步发挥市场工资率对企业内部工资水平的调节作用。此项改革,经济特区、开放城市和珠江三角洲各市、县要先走一步。

(4) 结合财税体制和企业财会制度改革,调整职工收入结构,把应纳入工资成本的各种补贴、津贴以及工资外收入逐步纳入工资并进入成本费用。加强企业人工成本的控制,提高产品竞争力。

(5) 改善和加强政府对企业工资分配的宏观监督调控,主要是通过工资立法、确定最低工资标准、定期发布工资增长指导线和征收个人收入调节税等手段进行调节。

（五）建立覆盖城镇所有企业职工的、统一的社会保险体系

改革的目标是：力争在规划期内，建立起全省统一的覆盖城镇所有职工的法定的基本养老、失业、工伤、医疗保险制度，为城镇劳动者提供社会劳动保障。重点是完善法定的社会养老保险和失业保险制度，强化社会服务功能，减轻企业负担，为企业转换经营机制、提高经济效益，培育劳动力市场，创造良好的外部环境。

（1）加强社会保险法制建设。抓紧拟定企业职工养老、失业、工伤保险规定，把社会保险管理尽快纳入依法运作的轨道。对全民、集体、私营等各类企业和职工以及外商投资企业中方职工、个体劳动者实行统一的法规和制度，提高保险的社会化程度。同时，通过立法，引导企业实行补充保险。

（2）建立稳定的社会保险基金模式。抓紧制定与全国相衔接的政策，对企事业单位职工实行国家、单位、个人三方面合理负担，并根据经济发展水平和支付能力适时调整的办法，解决保险基金来源。养老保险基金实行部分积累方式，失业保险实行以支定收、略有结余方式，工伤保险按照企业工伤事故发生频率的高低实行差别费率和浮动费率。

（3）继续扩大社会保险覆盖面。重点是把养老、失业、工伤保险范围扩大到省内所有企业、事业单位及其职工，并探索改革养老金、失业保险金的计发办法。医疗保险要在推行大病医疗社会统筹和个人医疗账户试点取得经验基础上，逐步扩大范围。

（4）建立和健全统一的社会保险管理和服务机构。各级要按照政事分开原则，抓紧建立健全社会保险行政管理机构，负责制定政策、协助立法和实施行政管理监督职能；统一建立事业性的社会保险基金管理机构，受政府委托管理各项社保险基金，承办各项社会保险事务，强化社会服务功能；建立健全由政府有关部门和社会公众代表参加的社会保险监督组织，负责监督各项社会保险政策的贯彻实施和保险金的收支和管理。

（5）建立基金筹集、运营、保值增值的良性循环机制。在确保安全前提下，可用基金购买国库券和回收快的公共事业投资，以分散风险，实现保值增值。

（六）加快建立比较完善的地方劳动法律法规体系

劳动法制建设的目标是：依照即将颁布的《中华人民共和国劳动法》，

加快立法步伐，争取尽快建立起适应社会主义市场经济体制要求的地方性劳动法规体系，形成有法可依、有法必依、执法必严、违法必究的劳动法制环境。

（1）加快劳动就业、职业培训、劳动关系、劳动报酬、安全生产、社会保险和劳动执法监察等方面的立法。

就业及培训立法，主要制定就业促进规定、职业介绍规定、企业招用职工规定、残疾人就业保障规定、失业人员管理规定和职业技能鉴定规定等法规规章。

劳动关系立法，主要制定劳动合同管理规定、集体劳动合同规定、劳动争议仲裁规定、劳动监察规定和企业职工劳动权益保障规定等法规规章。

劳动报酬立法主要是制定工资管理规定和最低工资规定等。

劳动安全卫生立法，主要制定劳动安全卫生规定、未成年工劳动保护规定、女工劳动保护规定和企业职工工作时间规定等法规规章。

社会保险立法，主要制定养老保险规定、失业保险规定、工伤保险规定、企业职工医疗保险规定和女工生育保险规定等法规规章。

（2）加强普法教育，增强劳动部门依法行政的意识，提高企业和劳动者的法律素质。建立劳动法律咨询服务机构，开展劳动政策、法律法规咨询服务。

（3）建立严格的行政执法制度，加强对劳动法规执行情况进行监督和检查。

（4）做好劳动行政复议和诉讼工作，充分发挥劳动行政复议沟通劳动行政管理部门与行政相对人的作用，既保证劳动部门依法行使职权，保证劳动行政执法公正合理，又维护行政相对人的合法权益。

（七）进一步转变职能，建立完善劳动领域宏观调控体系

随着以市场为主的资源配置方式的确立，劳动部门过去以计划手段为主、直接管理的职能必须有大的转变。方向是以市场手段为主，进行间接的宏观管理。共同要求是，在继续大力推进改革过程中，宏观调控要加强，管理手段要改变，服务职能要强化，工作效率要提高。主要职能是：统筹规划、掌握政策、信息引导、组织协调，提供服务和检查监督。宏观管理和调控的目标是：保证劳动力市场的有序运行，实现劳动力资源合理配置和社会的公平与稳定。

（1）抓好劳动体制改革和劳动事业发展宏观预测和综合规划。重点是

协调好劳动体制改革和各项工作与经济发展的关系，主动处理好劳动部门与其他部门的关系，搞好中期规划，并通过立法形式保证顺利实施。

（2）建立完善劳动领域宏观调控体系。这一体系的主要内容是：①调控社会失业率，保持劳动力市场供求总量的基本平衡，特别是注意对市场竞争中的弱者和某些特殊群体（如残疾人、少数民族人员等）就业提供必要的政策支持和帮助，促其充分就业。②调整和优化劳动力结构。重点是调整国有企业职工存量结构和广东省地区劳动力结构，使之与经济结构、产业结构变动相适应。③调控劳动者个人工资收入水平。主要是定期制定和发布不同区域、行业职工工资指导线；制定最低工资标准，保护低收入者利益；通过协助制定和实施个人收入所得税政策，抑制过高收入，促进社会公平。④调节和规范劳动力市场行为，维护市场的正常运行。⑤通过建立完善劳动关系调整机制，保障劳动关系双方合法权益。

改变过去以行政手段为主的调控方式，注意通过综合运用经济、法律和必要的行政手段，加强宏观调控力度，保证上述目标的实现。

（3）建立覆盖全省劳动工作的统计体系和信息网络。

目标是：建立起覆盖全省劳动领域各主要方面的、现代化的统计体系和信息网络，进一步健全适应市场经济发展需要的劳动统计指标体系和统计报表制度；建立起快速反应的劳动统计、分析、预测和信息传递反馈系统，使劳动统计和信息工作更加有效地为劳动事业的发展和市场经济的需要提供服务。

（4）切实加强劳动科学基础理论和应用技术的研究，充分发挥劳动学会及综合研究部门的作用，依据市场经济理论，深入调查研究，为宏观调控决策和指导工作提供依据。

（5）改进和加强政府对工资的宏观监督调控，主要是通过工资立法、确定最低工资标准、定期发布工资增长指导线和征收个人收入调节税等手段进行调节。

三、实施步骤

建立新型的劳动力市场体制是一项伟大而艰巨的系统工程。当前，经过15年的改革开放，广东省社会主义市场经济发展较快，社会物质丰富，人民生活水平不断提高，劳动领域各项改革取得了显著成果，进入新旧体制转换的关键阶段。这是当前加快改革的有利条件，但是面临的困难仍然不少。实现上述目标，需要一个渐进的过程。从全省范围来看，由于市、县之间经济发展差异很大，市场发育程度不均衡，改革进度有所不同。因此，必须在统一规划前提下，实行分类指导、分步实施。

第一阶段为"八五"后两年（1994—1995年），主要是进一步消除劳动力市场发育中的障碍，全面实行全员劳动合同制，进一步明确市场主体，培育市场体系和市场机制，提高保险的社会化程度。

第二阶段为"九五"前三年（1996—1998年），着重深化企业工资改革，形成劳动力市场价格，完善宏观调控体系，并将各项改革配套衔接，从而奠定劳动力体制的基本框架。经济特区、开放城市、珠江三角洲各市、县要坚持先一步，整体推进，争取提前实现这一目标。其他各市要围绕中心，重点突破，逐步推进。

（注：本文写于1994年年初，后由省劳动厅给予印发。）

第五节 广东劳动制度改革的回顾和展望

邓小平同志曾指出："中国事情能不能办好，社会主义和改革能不能坚持，经济能不能快一点发展起来，国家能不能长治久安，从一定意义上说，关键在人。"联系改革开放20年来广东劳动制度改革的实践，学习邓小平建设中国特色社会主义理论，我们更加深刻认识到，改革劳动制度，对于加快建立统一规范的劳动力市场，促进人力资源的合理配置，实现广东省委提出的抓好三大发展战略，增创发展新优势，加快发展社会生产力，具有十分重要意义。本节从劳动力市场培育发展的视角，透视改革开放20年来，广东深化劳动制度改革所取得的成就，分析存在的问题，提出今后进一步建立完善劳动制度的对策建议。

一、广东劳动力市场发育现状

我国实行计划经济时期不存在劳动力市场。劳动力市场是党的十一届三中全会后，在改革开放中逐步培育发展起来的。20年间，广东劳动力市场的发育大体可分为两个阶段。第一个阶段是前14年，广东坚持市场取向，围绕培育市场主体，增强企业活力这个目标，在劳动就业、工资分配、社会保险以及劳动计划管理体制等方面进行了一系列的改革，逐步冲破了计划经济体制的束缚，培育劳动力市场。其重要的标志是从1985年起全面实行劳动合同制,1988年起全面取消指令性的劳动工资计划,把劳动力供需双方推向市场,实行双向选择。第二个阶段是从1992—1999年,广东按照党的十四大确定的改革目标,继续培育市场主体,着力建立有形的劳动力市场,建立以职业中介为主要内容的就业服务体系,培育市场运行机制,探索建立市场运行规则和宏观调控体系。到目前为止,广东劳动力市场已基本形成并有了长足的发展,其主要标志有四个方面。

(1) 劳动力供求主体已基本确立。原来由国家计划直接控制的国家企业和城镇集体企业,自1988年取消指令性劳动工资计划后,获得了较充分的用人自主权,企业能够根据生产经营需要,面向市场,自主招聘人员;广大劳动者能够以空前的规模跨地区、城乡、所有制流动,进入市场自主择业。1995年全面实施《中华人民共和国劳动法》,各类企业与劳动者在平等协商基础上签订劳动合同达97%以上,表明劳动力供求双方的主体地位已基本确立。

(2) 双向选择、竞争就业的市场机制开始发挥基础性作用,正在成为调节劳动力供求的有效手段。企业为了获得最佳经济效益,逐步打破了工资分配上的平均主义,注意以高薪吸引优秀人才,择优录用,合理使用劳动力;劳动者为了获得满意的工作岗位和较高的收入而进行就业竞争和职业选择,较好地促进了劳动力资源的优化配置。

(3) 以职业中介组织为基础的就业服务体系迅速发展,劳动力流动规模逐渐扩大,日趋活跃。至1997年,全省职业中介机构1547个,人才交流中心61个,基本形成了以省、市、县劳动人事部门举办的职业(人才)中介机构为主体,社会职介机构为补充的,覆盖全省城乡的职业中介网络。并以此为基础,开展了求职咨询、职业指导、失业保险、转业培训、流动挂档等多种形式的就业服务,一些市还采用现代化网络设备收集和发布劳动力供求信息,较好地将全省劳力资源以及外省入粤的劳动力纳入市场调节轨道。近年来每年通过职业中介机构介绍就业的人数由1990年的19.4万人次上升至目前的60多万人次。1983—1997年,从省外引进各类人才39.8万人。每年使用的外省劳动力达400多万。

(4) 初步建立了劳动力市场运行规则。随着市场经济的发展,广东省陆续制定颁布了《广东省劳务市场管理规定》《广东省社会劳务介绍机构管理办法》《广东省劳动合同管理规定》《关于加强劳务和人才市场管理的通知》《关于制止非法劳务中介活动的通知》等一批规范劳动力市场主体及中介机构行为的政策规章,初步规定了政府、用人单位、劳动者和职业介绍机构在劳动力市场上的法律地位和行为规范；加大打击非法中介活动的力度。1995年来，全省依法取缔非法中介机构350多家，维护了劳动力供求双方的合法权益，维护了市场的正常运作，促进了劳动力的合理流动。

二、当前劳动力市场发育与运行中遇到的新问题

改革开放20年来，广东省劳动力市场发育基本成型，对社会经济发展产生了积极的作用。但是随着改革开放的进一步深化和市场经济体制的全面建立，与其他要素市场发展相比，广东劳动力市场的发育和发展明显滞后，在一定程度上阻碍了广东发展新优势的形成，突出表现在五个方面。

（1）劳动力市场存在人为的行政性分割。由于受旧体制的影响，各级政府有关部门仍然沿袭计划经济的做法，把大中专毕业生当作干部，当作人才，从而把劳动力市场分为人才市场和劳务市场，实行分割管理，封闭运作。两个市场按照不同部门的要求和不同的规则运行，相互之间缺乏有机的联系和必要的沟通，有时甚至互相扯皮，造成劳动力市场规划不协调，运行机制不统一。劳动者不能根据自己的能力和意愿，自主进入各类市场选择职业，合理流动，导致一些工作没人做，同时不少人找不到工作的错位现象。

（2）职业中介机构规模小而分散，缺乏现代化的信息传递手段。政府举办的职业中介机构尚未形成及时、准确、高效运行的信息服务网络，导致劳动力市场供求信息不完全，中介成功率低，市场交换成本增加。私人和社会团体举办的职业介绍机构小而分散，缺乏信誉，有的甚至无证经营，乱收费，利用虚假信息牟利，严重妨碍了劳动力市场的正常运作，使求职者不敢进入市场，竞争择业，转向委托亲戚朋友谋职，阻碍了劳动力的合理流动。

（3）社会保险制度改革滞后，保障机制不健全。社会养老、失业、医疗保险覆盖面窄，社会化程度低，管理体制不顺。例如失业保险仍局限于国有企业，尚未全面铺开；非公有制企业养老保险投保率低，管理体制尚未理顺，对劳动力的合理流动形成很大阻力。

（4）劳动力市场需求主体发育不均衡，不健全。由于企业改革处于"锁定状态"，国企与非国企职工在社会保险福利方面的差别仍很大。国企内部还没有完全打破干部与工人之间的身份界限，劳动者流动择业仍受到社会身份的限制，公平竞争上岗的环境未形成；企业自主用人的约束机制

尚未形成，具有市场约束的理性化用人主体尚未健全，在就业压力大的情况下，一些效益较好的国企滥用用人自主权，没有坚持面向社会、公开招聘、择优录用原则，而是实行内招，近亲繁殖；效益不好的国企辞退人员仍受到较大的限制，使市场机制不能充分发挥作用。

（5）劳动力市场运行不规范，宏观调控体系不健全。国家尚未制定颁布统一的劳动力市场法规，同一市场由不同部门分割管理，导致运行规则不统一，政府干预和调控市场的功能和手段不明确，面对数以千计的非国企难以实施有效管理，导致一些非国企侵犯劳动者合法权益现象时有发生，扰乱了市场运行的正常秩序。

此外，现行户籍制度造成的城乡阻隔，不仅阻碍了农村劳动力流动就业，而且也阻碍了城镇劳动力异地流动就业。这都为建立统一规范的劳动力市场带来障碍。

三、建立统一、规范劳动力市场的对策思路

回顾20年来广东培育劳动力市场的经验和教训，我们深刻认识到，劳动力市场是市场体系中一个十分特殊且重要的市场。它的培育、发展与规范运作，已成为能否增创发展新优势的关键所在。社会主义市场经济本质上要求劳动力市场实现公平竞争，有序运行。这就要求我们必须建立统一开放，规范有序的劳动力市场，从而保证劳动力资源的整体开发、优化配置，保证经济运行的高效率和社会的稳定发展。然而，当前广东劳动力市场建设与上述要求还有较大差距。今后我们必须按照增创发展新优势的要求，针对市场运行中遇到的新问题，着重抓好以下工作。

第一，要进一步解放思想，树立建设统一规范的劳动力市场的观念。

在社会主义市场经济条件下，劳动者在劳动力市场上享有同等选择职业的权利，其流动一般不应受地域、身份、所有制的限制，否则，就业竞争就是不平等、不公正的，竞争机制的作用也不能充分发挥。目前，广东省劳动力市场存在着人为的行政性分割，有些部门沿袭计划经济的做法，把劳动力市场人为地截然分为劳务市场和人才市场，按照不同部门制定的规则，封闭管理与运作，被贴上"工人"标志的劳动者只能进入劳务市场，不能进入人才市场；被贴上"干部"标志的劳动者不愿进入劳务市场，只想挤进人才市场，因而阻碍了人才资源的整体开发、合理流动、公平竞争和优化配置。我们要按照发展社会主义市场经济的本质要求，树立统一开

放的现代大市场观念，改变过去部门纵向集权，封闭管理的观念。劳动者作为社会劳动力，其能力大小是在生产实践活动中不断发展、变化的，不能根据他们第一次参加工作时的学历或经历，贴上"干部"或"工人"、公有制或非公有制企业职工的身份标志，并使之"固化"，划归不同部门实行封闭管理。要改变这种落后的、自我封闭的意识和观念，不管是哪个部门办的市场（中介机构），都应该让劳动者以平等的身份、凭职业资格证书进入市场竞争就业；要树立现代企业人力资源开发与管理的新观念，从过去对人力资源僵化的静态管理转到开放式的动态管理上来，打破企业内部干部、工人的身份界限，根据劳动者的能力大小，竞争上岗，按岗位进行管理。劳动者进入哪个岗位，就享受哪种待遇，离开了所在岗位，就得以社会劳动者的身份重新进入市场竞争上岗。只有在思想观念上有新的突破，劳动力市场建设才能有新突破。

第二，要根据特定的服务对象，合理划分劳动力市场的层次结构。

沿袭计划经济时期的做法，按照政府劳动、人事部门的管理范围划分市场，这种纵向分割、封闭管理的做法，不利于劳动力的横向合理流动。建议政府有关部门根据特定的服务对象的职业技能以及有利于合理流动的原则，把劳动力市场细分为：科技人员市场、经营者市场、普通劳动力市场三大类型。科技人员市场的服务对象，主要是从事科学研究与开发等方面的专业技术人员和高层次的劳动力；经营者市场的服务对象，主要是进入各类企业经营管理岗位的专业人员；普通劳动力市场是各类市场的基础，服务对象主要包括当地城乡劳动力和外省入粤求职的劳动力。各类市场以各级政府劳动、人事部门承办为主，社会团体申办为补充。政府有关部门承办，并不意味着以行政方式直接来办，而是组建相对独立的事业法人实体，作为中介机构，按照市场规律的要求来承办。同时鼓励社会团体参与兴办，以打破垄断，促进各类职业中介机构的竞争，避免出现官办作风，使运行机制灵活、高效。

第三，进一步明确和完善各类市场的服务功能。

各类市场可统称为劳动力市场或就业服务中心。人事、劳动部门举办的劳动力市场，可称为一级市场，其内部必须具备职业介绍、转业训练、就业咨询、信息发布、职业评测等服务功能。各类市场应向所有劳动者开放；劳动者可以凭其职业资格证书进入各类市场，竞争就业；有专业技术资格证书的劳动者在高层次劳动力市场找不到工作，也可以进入普通市场求职。劳动部门作为综合管理全社会劳动力的职能部门，其举办的就业服务中心,要增加失业登记和失业救济两项服务功能。社会和私人举办的职业中介机构,可称为二级市场,其主要功能是开展就业信息咨询和中介服务。不负责开展失业登记和失业救济。

第四,要建立比较完善的劳动力供求信息网络,提高就业服务机构的权威性,推动市场的有效运行。

随着科学技术的发展,世界经济活动正在进入知识化、信息化时代,各种信息技术的出现,为市场建设和发展提供了新的物质、技术条件,并由此引起了市场运行方式的巨大变革。广东应借鉴上海、辽宁等地的经验,抓紧建设以现代电子、信息技术为依托、覆盖全省大中城市并与国内外联网的劳动力供求信息网络系统,把劳动力供求信息输入信息网以备查询。任何一个用人单位或求职者都可以在一个电脑终端查询劳动力供给与需求的具体情况,然后通过电话、电脑来联系询问或洽谈。这就可以极大地提高市场信息的可靠性、公正性,提高市场运行的速度和灵敏度,为交易双方提供快捷、公平、便利的服务,节约交易成本,促进劳动力资源的优化配置。如果能够在市场信息网络建设方面取得新突破,那么,将标志着劳动力市场建设进入一个新的阶段。

第五,抓紧建立职业技能测评制度。

在市场经济中,劳动者进入市场竞争就业,其能力一般以其获得的各种学历证书或职业资格证书作为凭证。目前,我国学历证书制度比较完善,而职业资格证书制度的发展严重滞后。今后应抓紧研究建立职业技术、技能考核、鉴定机构,按照国家制定的职业分类及技术、技能标准,负责对劳动者实施职业技术、技能考核鉴定,对考核合格者,发给相应的技术、技能等级证书。同时,要改革大中专毕业生就业分配制度,改变往大中专毕业身上贴上"干部"标签的做法,以利于劳动者根据个人特长和意愿进入各类市场竞争就业,不再受所有制、身份的限制。

第六,制定一套比较完整的劳动力市场法规体系,规范市场运行。

劳动力市场能否有序运行,关键在于制订统一的市场运行规则,用以规范劳动力供求主体双方和中介机构、职业技能鉴定机构的行为,确定人员流动、劳动合同、工资分配、社会保险、劳动保护、劳动仲裁与监察等方面的基本标准。近年来广东在这些方面先后颁布了一批法规规章,但与发展市场经济的要求还不相适应。当前要在劳动合同、市场管理、工资分配、职业技能鉴定等方面抓紧立法,同时要清理与新法规相矛盾的规定,依靠法律手段规范劳动力市场主体行为,调整劳动关系;同时要建立一支素质优良、精通劳动政策法律的劳动监察执法队伍,以保障劳动力市场的有序运行。

第七,建立有权威的劳动力市场宏观调控体系。

发挥市场对劳动力资源配置的基础性作用,并不意味着政府不要干预和调控劳动力市场。相反,在社会主义市场经济条件下,政府必须运用各项经济政策,加强对劳动力市场的宏观调控,以修正缺陷,减少摩擦,确保正常运行。目前由于调控主体、内容不明确,方式手段单一,缺乏科学性、有效性和权威性。今后应明确各级政府是劳动力市场调控的主体,调控的内容主要包括劳动力供求总量、结构和工资价格等方面。在调控劳动力方面,除了控制人口增长、加强对劳动力长期供给的调控外,还要根据失业率情况,调节短期供给,比如实施劳动预备制度,对未能继续升学的初、高中毕业生实行1—3年的职业技术教育,推迟就业,减少供给压力。在劳动力总需求方面,政府应当把就业纳入整个国民经济发展规划,通过制定恰当的财政、税收、投资政策以及产业政策,调整优化产业结构,增加就业岗位,扩大劳动力总需求,减轻失业压力;在工资价格方面,政府应根据经济发展水平和劳动力市场供求情况,定期发布人工成本水平和最低工资标准,成为调节劳动力市场供求的信号和有效杠杆。

第八,健全劳动力市场保障体系,解决劳动者的后顾之忧。

劳动者进入市场竞争就业,必然存在一定的风险。这就需要建立一个为劳动者在失业、养老、医疗、工伤时提供基本生活保障的安全网。当前要针对社会保险制度改革中出现的新问题,根据我国社会主义初级阶段生产力发展水平和各方面承受能力,合理确定改革的原则、步骤和缴费比例以及待遇计发方法,争取尽快建立适应社会主义市场经济体制要求,适合城镇各类企业职工和个体劳动者,资金来源多渠道,保障方式多层次,社会统筹与个人账户相结合,权利与义务相对应、管理服务社会化的养老保险以及失业、工伤、医疗、生育保险制度。

(注:本文写于1999年,曾发表于《广东社会科学》1999年第3期,收录时做了一些删节。)

第四章 发展——率先推进全员劳动合同制

【参阅资料】广东劳动体制改革获重大进展

1992年来，在邓小平同志发表的一系列重要讲话的指引下，广东省劳动部门把工作重点转到了建立适应市场经济发展要求的新型劳动体制和运行机制上来，积极启动新一轮改革，全面推进企业劳动工资保险三项制度改革，全面实行全员劳动合同制，大力培育劳动力市场，使全省劳动体制改革获重大发展，初步形成全方位开放的劳动力市场新格局。

——改革劳动计划管理体制，劳动力市场全方位开放格局初步形成。广东于1988年率先改革高度集中统一的劳动计划管理体制，取消指令性劳动计划，落实了企业招工用人自主权和劳动者择业权，从而培育出一个全方位开放的劳务市场。全省成立了职业介绍中心和境外职业服务机构，及时沟通与各市、县与省外的联系；各地继续把职业介绍机构向乡镇延伸，同时鼓励社团和个人创办职业介绍机构，使全省基本形成了以劳动部门办的职业介绍机构为主体，社团和个人办的介绍机构为补充的中介网络。目前，全省已有职业介绍机构近1000个。各地一方面依托职业介绍机构，积极开办劳动力交流集市，开展就业指导、职业中介、转业训练等"一条龙"服务，进一步完善服务功能；另一方面进一步消除劳动力流动的障碍，在省内打破就业的城乡、地区界限，部分市、县还打破了所有制界限，促进了市场主体的双向自主选择和劳动力的合理流动。据初步统计，至1993年年底，全省从农村转移到各类企业的劳动力近1000万人，从山区市、县到珠江三角洲地区就业的达200多万人，外省入粤民工达600多万人，全省48万城镇待业人员，90%以上通过劳务市场实现就业，年末待业率估计为1.9%左右。

——企业全员劳动合同制发展迅速，劳动工资保险制度综合改革进入新阶段。目前，深圳、佛山等5个市正在全面推进区域性综合改革，试点企业从上年的172户扩展到1500多户，参与改革的职工达170多万人。企业全员劳动合同制发展迅速，有5394户企业在内部打破干部、工人身份界限，打破用工形式界限，有60多万职工与企业签订了劳动合同；全省国有企业新招工人实行劳动合同制达120多万人，占国有企业职工总数的22.5%。

——国有企业内部工资分配自主程度明显提高，一定范围内的工资调节劳动力供求、劳动力供求决定工资的机制逐步形成。各地全面取消指令性劳动工资计划,使企业工资分配开始进入市场轨道。部分国有企业结合产权制度改革,在按"两个低于"原则控制工资总额前提下自主分配;近60%的国有企业在进一步完善"工效挂钩"的前提下,根据其生产特点、经营状况和职工个人劳动贡献,采取岗位技能工资、计件工资等多种形式进行分配。目前全省实行岗位技能工资试点的企业已发展到1443户,职工44.7万人;非国有企业工资分配基本上已由企业根据价值规律和劳动力供求状况自行确定。

——企业职工社会保险制度改革有新的发展。全省已有广州等51个市、县1923户企业进行了企业职工退休费计发办法改革试点;有100个市、县28749户企业实行了养老保险个人缴费制度;63个市、县26254户企业、190万职工实行了工伤保险度改革,24823户企业实行待业保险。因企业生产变化和个人原因由就业转为待业的职工有1.7万人,已重新安置就业1.2万人。

——适应市场经济的劳动工资宏观调控体系初步生成。全省在取消指令性劳动工资计划后,积极探索建立适应市场经济发展需要的劳动工资宏观调控体系,特别是加强对劳动就业总量和结构进行调控,通过与广西、湖南等九省区建立劳务协作关系,使进入广东省的劳动力流动有序化。1992年外省入粤的务工人员比上年增长约10%,但没有形成"民工潮"。此外,广东省还通过加强劳动合同管理、实行劳动监察、开展劳动争议仲裁等途径,探索建设"三位一体"的新型劳动关系调整机制,纠正无效合同5万多份,处理怠工、罢工事件89宗,处理劳动争议案件1100多宗,对建立协调和相对稳定的劳动关系,促进经济发展,起到了重要作用。

(注:本文原载《南方日报》1994年2月12日、《中国劳动报》1994年2月24日,收录时有修改和删节。新华社记者杨春南对笔者进行采访后,曾撰写《广东劳动制度改革调查》一文称:广东劳动制度改革,是"前所未有的大变革",劳动制度改革使广东"重建新的动力机制"。)

第六节　建立现代企业用人制度问题初探

深化企业劳动人事制度改革，建立现代企业用人制度是建立现代企业制度重要内容。在当前建立现代企业制度的探索实践中，搞好这项改革，对于加快实现企业制度创新，促进经济发展具有重要意义。然而，如何深化此项改革，人们的认识尚未一致。本节拟对此进行初步的探讨，提出深化改革的粗浅认识。

一、深化企业劳动人事制度改革是建立现代企业制度的重要内容

我国所建立的现代企业制度，应当是使企业真正成为面向国内外市场竞争主体的一种企业体制。当前推动建立现代企业制度应当主要围绕：完善企业法人制度，确定企业国有资产投资主体，确立企业的法人组织形式，建立科学规范的管理结构，改革企业劳动人事和工资分配制度，健全企业财务会计制度，发挥党组织政治核心作用、完善工会工作及职工民主管理等八个方面进行改革探索。这八个方面与建立现代企业用人制度是紧密联系的，至少在完善企业法人制度、确立企业的法人组织形式，建立科学规范的管理机构及完善职工民主管理等五个方面，与劳动人事制度改革密切相关。深化企业劳动人事制度改革，实现企业用人制度创新，是建立现代企业制度不可缺少的重要内容。

首先，从理论上看，实现企业用人制度创新对于建立和完善现代企业制度具有决定性的意义。建立现代企业制度的目的，无非是要把企业内部的人、财、物等生产要素有机地结合起来，形成更有效的现实生产力。在各项生产要素中，人和财是两个基本的主要的生产要素。其中，人是生产力要素中最活跃的决定性因素。在明晰企业产权关系的同时，只有通过建立科学的企业劳动管理制度，把"人"这个要素与"财"的要素合理地结合起来，并最大限度地把人，即经营管理者和广大职工的积极性、创造性调动起来、集聚起来，解决发展的动力问题，现代企业制度才能够日趋完善。但是，在当前的改革中，不少人见财不见人，认为建立现代企业制度，就是通过产权改革，实行公司制改造就可以了；也有人认为现代企业制度就是引进先进的生产设备和管理手段就行了，闭口不讲深化劳动人事制度

改革，不敢触动改革难点问题；等等。但这都是片面的，而且实践效果也很不理想。有些企业搞股份制的目的，只是想借溢价发行股票从中得到好处，借以弥补亏空或作为集资的一种手段，不愿意或不敢在企业内部管理制度尤其是劳动人事制度改革方面下功夫，结果机制还是转换不了。有些上市公司用人机制依旧，造成活力不足，效益欠佳就是证明。可见，在建立现代企业制度过程中，仅仅承认所有者和经营者的权益和地位，不重视人的问题，这并不能解决好企业内部的运行机制。

其次，从改革实践来看，建立现代企业制度迫切需要实现企业用人制度创新。实现用人制度创新有助于加快现代企业制度的建立和完善。我国现行的国有企业劳动人事制度是在传统计划体制下，为适应国家直接管理企业的需要而建立起来的。这种制度剥夺了企业用人和分配的自主权，限制了劳动者的择业权。企业需要的人进不来，不需要的人出不去；职工能进不能出，能上不能下，工资能升不能降，平均分配盛行；干部、工人身份界限森严，人的聪明才智不能得到充分发挥，积极性、创造性调动不起来。经过10多年的改革，旧体制的弊端已不那么明显，但是大量的国有企业职工还是沿用旧体制下形成的劳动用人制度，这在企业中形成了新旧体制的深刻矛盾，严重制约了企业按照市场要求进行的运作经营。在非国有企业，虽然用人机制比较灵活，但也尚未建立起科学、规范的用人制度，企业劳资不够协调，矛盾日趋增多，已构成影响企业生产发展的一个重要因素。从目前按照建立现代企业制度要求进行股份制改造的试点企业来看，凡是进行产权制度改革的企业，都迫切需要建立法人负责制；迫切需要按照责权利关系，重建内部组织机构，确立法人组织形式，明确分工；迫切需要对企业职工优胜劣汰，优化配置；迫切需要建立起主体明确、地位平等的协调机制和相对稳定的劳动关系；迫切需要为现代企业制度的建立提供一个良好的社会保障和市场环境。所有这些，都需要通过深化劳动人事工资制度改革来解决。

近年来，广东省在贯彻《全民所有制工业企业转换经营机制条例》，改革劳动计划管理体制，落实企业用人和分配自主权的同时，在企业中大力推行全员劳动合同制，取消企业行政级别，打破企业干部和工人的身份界限，允许企业自设机构、自定编制、自主用人、自主分配，取得了良好的效果，有力地推动了企业经营机制的转换。例如广州味精食品厂、广州铝材厂、佛山东方包装材料有限公司等企业，它们在转换机制，向现代企业迈进的过程中，都十分注意把企业劳动人事制度改革列为一项重要的改革内容，从而较好地解决了长期以来企业人浮于事，出勤不出力等问题，使企业活力倍增。如佛山东方包装材料公司自1983年以来，每一次投入资金进行技术改革的同时，都围绕增强企业活力这个中心，同步推进企业劳动人事工资制度改革，使这家创办于20世纪50年代、930多名职工的小型国有企业，1993年工业产值首次突破5亿元，全员劳动生产率达53万元/人，居全国同行前列。又如具有42年历史的国有老企业——广州国光电器有限公司在实行公司制改造后，在企业管理上进行了一系列改革。他们每年都在职能部门内进行上岗招聘，通过员工自由择职，严格考核上岗，让能者上庸者下；同时改革分配制度，实行岗位技能工资制，实行按劳取酬，公平竞争，从而有效地调动了广大职工的积极性。5年来，该公司产值、销售收入增长3倍，利润增长10倍。

二、现代企业用人制度的基本特征

现代企业用人制度是适应建立现代企业制度而提出来的。它与建立现代企业制度有密切联系，又与保障劳动者在现代企业中的地位与权益密切相关。因此，我国现代企业用人制度的模式应当是：在国家宏观调控下，企业自主用人，劳动者自主择业，用工形式灵活多样，全体职工与企业通过订立劳动合同确立劳动法律关系。

（1）劳动关系双方主体地位明确，具有相互选择的自主权和相对独立的平等权利。现代企业制度的核心是企业法人制度，它要求企业实现自主经营、自负盈亏、自我约束、自我发展。这就必然要求企业依法享有充分的用人自主权，包括自主招聘人员、自主辞退人员和自主决定工资分配等，从而成为用人主体，这是建立现代企业制度的必要前提条件；另一方面，在现代企业制度条件下，国家不再代表企业，企业也不再完全代表职工，劳动者作为提供劳动力的主体，拥有自主择业的权利，它们在履行劳动义务的基础上享有与劳动有关的利益和权力。

（2）通过订立劳动合同确立劳动关系，实现劳动关系法制化。这是现代企业用人制度的基本特征。在计划经济条件下，职工与企业之间的劳动关系是采取指令性计划和行政调配方式确立的。现代企业制度在用人方面，应当按照国家法律、法规的规定，由全体职工与企业法人在平等自愿、协商一致的基础上，通过签订劳动合同这一法律方式，确立和规范主体双方的劳动关系，明确规定各自的责任、权利和义务，规定终止、解除合同的时间和条件，保证企业用人的灵活性和相对稳定。劳动者个人可以与企业签订个人劳动合同；劳动者集体可以与企业签订集体劳动合同，用以作为调整双方利益关系的依据。企业按照合同对职工进行科学管理，职工依照合同从事生产经营活动。企业和劳动者双方都可以按照合同约定的时间和条件，终止、解除或续订合同。合同一经签订，双方都必须严格遵守。在执行合同过程中如发生劳动争议，双方协商解决不了时，任何一方面均有权向劳动争议仲裁机构申请调解、仲裁或向人民法院起诉。

（3）企业内部所有职工地位平等，劳动者可以随市场供求关系变化合理流动。劳动者不论进入什么企业，他们与企业确立劳动关系后，不论是当技术人员、管理人员，还是当生产人员，只是工作岗位分工不同，没有身份界限，他们都是企业职工。随着市场经济的发展和变化，职工的工作岗位也不是一成不变的。在管理、技术岗位的，如果不适应工作，可以下来当生产人员；有技术、有能力的生产人员，也可以被聘到管理岗位。因此，过去严格的干部、工人身份界限将逐步被淡化；职工离开企业后，享有平等的再就业机会，其流动择业应按市场规律要求，跨地区、跨所有制、跨行业流动就业。

三、实行全员劳动合同制是建立现代企业用人制度的突破口

从当前企业劳动人事制度现状来看，经过10多年的改革，全省企业劳动合同制职工发展到160多万人，约占企业职工总数的四分之一。加上签订劳动合同的临时工，其比重约占一半。事实上，以劳动合同制为主要内容的新型劳动制度已初步确立，并显示出它的生机和活力。然而，随着改革的深入发展，新旧用工制度的矛盾也日趋突出。固定工制度与劳动合同制的矛盾、干部与工人之间的摩擦与矛盾；落实企业用人和分配自主权与保障职工合法权益的矛盾；等等。这些矛盾在一定程度上不仅抵销了改革带来的积极成果，而且也阻碍了企业经营机制的转换。

改革实践证明，劳动合同制度是一条较好的解决上述矛盾的重要途径。即由企业与所招用的全部职工通过签订集体或个人劳动合同的形式，确立双方的劳动关系，明确双方的责权利，从而把企业用人管理纳入规范化、法制化轨道。推进此项改革，是当前深化企业用人制度改革的突破口，是建立现代企业用人制度的基本方向。但是，现在还有一些行政规定，硬性

要求企业安置转业复退军人、运动员、大中专毕业生，并实行固定工制度，这就与全面建立劳动合同制度产生了矛盾，因此，必须继续推进改革，加快实现企业用人制度创新。

第一，在改革的指导思想上，必须确立在全省范围所有企业实行全员劳动合同制。在改革步骤上，要抓紧在进行现代企业制度试点的企业和进行股份制度改革的企业全面推进。经济特区、开放城市、珠江三角洲各市、县要加快改革步伐，力争在一两年内完成此项改革；其他市、县也要在1994年内全面铺开。

第二，抓紧建立新型的企业用人机制。实行全员合同制，具体做法是在坚持搞好定岗定员，优化劳动组合的基础上，实行全面考核，竞争上岗，择优录用，签订劳动合同；要不折不扣落实企业用人自主权，允许企业根据市场需求和生产经营变化状况，择优录用人员；要瞄准建立现代企业制度的新目标，制定切实有效的措施，妥善消化安置企业生产不需要的富余人员，从而把竞争机制引入企业内部劳动人事管理。

第三，要加快劳动立法，推动和规范改革。主要是通过制定统一的劳动法律法规和政策基准，明确规定建立劳动合同制，不论哪种类型的企业，不论采取何种用人形式，都要与职工签订规范化的个人或集体劳动合同。在国家劳动法没颁布之前，有条件的地方政府，应当依据党和国家的政策、法规，抓紧制定和完善地方劳动立法，建立企业用人的基本行为规范，使劳动合同真正成为规范劳动关系双方行为、保障双方合法权益的法律形式，借以推动这项改革。

第四，加强劳动合同管理，实现企业内部职工管理一体化。要通过制定和推广劳动合同标准文本，使劳动合同的签订和实行一开始就建立在比较规范的基础上；要通过实施劳动合同鉴证，强化劳动合同管理，杜绝无效合同，避免和消除产生劳动争议的隐患，为建立协调和相对稳定的劳动关系打下良好基础；要通过加强对劳动合同的管理，包括合同的签订、变更、终止、解除等环节，在企业内部淡化传统体制下形成的职工所有制身份和工人、干部身份的差别，以及固定工和合同工的用人双轨制矛盾，形成统一的企业职工制度。

第五，要积极探索建立集体劳动合同制度。逐步在企业建立健全工会组织，发挥工会的作用，通过工会代表职工与企业法人就劳动报酬、劳动条件、劳动时间、劳动管理等主要内容进行集体协商谈判，签订集体劳动合同。这是市场经济国家通行的惯例，它对于建立良好的劳动关系有着积极作用。在改革中，我们应当积极进行探索试点，取得经验后再逐步推广。

四、抓好配套改革，实现企业用人制度创新

建立现代企业用人制度，是一个社会系统工程。在实行全员劳动合同制取得突破的同时，必须重视抓好相关方面的综合配套改革，巩固改革成果，实现制度创新。

（1）深化企业工资制度改革，建立企业工资增长决定机制和企业内部自主分配制度。为了促进企业自主用人机制的形成，今后在工资分配方面，要逐步放开政府对企业工资总额的直接控制，企业工资总量和工资水平的增长，由企业根据本企业经济效益和劳动力供求状况自主确定；对企业内部各类人员的工资标准，工资关系和职工个人的劳动收入分配，由企业依照按劳分配原则和劳动力市场的供求状况，根据职工个人劳动岗位、劳动技能、劳动条件和劳动贡献自主确定，从而形成岗位靠竞争，报酬靠贡献的激励机制。同时应选择一些具备条件的企业进行经营者年薪制试点，把经营者工资收入与企业规模、生产经营成果、责任、资产保险增值状况相联系，使经营者工资收入与职工工资收入之间，形成相互制约的机制。国家主要是通过工资立法，确定最低工资标准、工资增长指导线和征收个人收入所得税等方式，进行间接调控。

（2）加快建立覆盖城镇各类企业所有职工的一体化的社会保险体系。保险的内容主要包括国家法定的基本养老、失业、工伤、医疗保险。当前改革的主要任务是：继续把各种社会保险的覆盖面扩大到全省内所有企业、事业单位及其职工；建立稳定的社会保险基金模式以及根据经济发展水平和企业支付能力适时调整缴纳费率的机制；建立基金营运使用、保值增值的良性循环机制。探索改革基本养老待遇、失业保险待遇的计发方法和水平，合理运用保险基金，促进劳动力合理流动和维护社会稳定；此外，要按照政事分开原则，尽快探索建立全国统一的社会保险管理机构和服务体系，逐步把企业离退休人员从企业分离出来，实现管理社会化，减轻企业负担，提高保险的社会化程度。

（3）加快培育和发展劳动力市场，运用市场机制调节劳动力供求，促进劳动力资源的合理配置。改革的着眼点在于为深化企业改革创造一个宽松的环境，实现企业优胜劣汰的用人机制与社会劳动力市场机制相衔接。

因此，在企业外部，要进一步取消统包统配就业制度，全面打破省内城乡、地区和所有制界限，全方位开放省内城乡劳动力市场，让所有劳动者通过市场公平竞争就业，用人单位面向社会公开招聘，择优录用。建立覆盖城乡的职业介绍网络，完善以职业介绍为主要内容的就业服务体系，为劳动力供求双方相互选择提供中介服务，使之成为劳动力市场运行的支撑点。建立有效的市场就业调控机制，主要是加快劳动立法，确立劳动力市场运行规则，规范市场主体及中介机构的行为，形成良好的运行秩序；要加强编制规划，信息引导和行政干预等手段，加强对省内农村劳动力向非农业转移和外省劳动力入粤务工的监控，引导劳动力有序、合理流动，促进全省就业均衡，把失业率控制在社会可以承受的水平。同时，要抓紧制定保护妇女、残疾人、城镇待业多年人员等特殊群体的就业政策，保障其就业权利，促进充分就业和社会稳定。

（4）大力发展职业技能开发体系，提高劳动者素质和参与市场竞争的能力。职业技能开发要根据市场需求，向社会化、科学化方向发展。当前要抓紧在省、市、县劳动人事部门和行业全面建立职业技能培训机构和考核鉴定组织，逐步实现职业技能鉴定社会化。按国家职业标准，统一由技能鉴定机构实施职业技能鉴定，颁发职业资格证书，作为劳动者进入市场求职的主要依据。要建立多层次、多形式的覆盖城乡者的职业技能培训实体，为劳动者参加职业培训和转业训练提供方便。各级政府要予以足够重视，增加资金投入，发展一批投资大且具有长远社会效益的培训项目。

（5）抓紧建立完善劳动关系调整机制，形成和谐、合作的社会主义新型劳动关系，维护社会稳定。主要措施是加强劳动合同管理，全方位开展劳动合同鉴证，使劳动关系的建立走上规范化、法制化轨道；要在各级劳动部门建立劳动监察机构，依法开展劳动监察和检查，规范劳动关系双方的行为，预防和处理劳动争议；健全劳动争议仲裁制度，将所有企业与职工发生的劳动争议纳入受理范围，及时依法处理，保护双方合法权益，防止矛盾激化。要建立一支与现代企业制度相适应的企业家队伍。对在市场竞争中脱颖而出的经营者，要及时选拔到企业任职，并定期培训、考核，颁发资格证书，形成一个高素质的企业家群体。

总之，要通过有关方面的配套改革，使企业内部用人机制与企业外部市场调节机制和社会保障机制相衔接，形成一个有机的良性运行整体，以达到建立适应市场经济发展需要的现代企业用人制度之目的。

（注：本文原载于《南方经济》1994年第9期。）

第七节　珠三角国企富余人员由社会消化的可行性研究

优化劳动组合是当前企业改革的热点。在优化过程中，对富余人员怎么安排？这个问题长期困扰着企业改革的深化。当前有两种意见，一是主张仍以企业自我消化为主；一是主张转向社会消化为主。所谓由社会消化，就是指允许企业辞退富余人员，让其进入劳务市场，竞争就业，转换就业岗位。笔者认为，从全国经济社会发展和劳动管理制度改革情况来看，尚未具备全部由社会消化的条件。但我国经济社会发展极不平衡，一些率先进行改革开放的地区，由社会消化富余人员的客观条件或许已经成熟，改革可以从一些具备条件的地区取得突破，然后逐步推广，不能坐失良机。广东珠江三角洲地区（简称"珠三角"）是我国最早实行改革开放政策的地区，经济建设和劳动制度改革取得了较大的进展，已具备由社会消化的国营企业富余人员的条件，应当率先稳步推进。

一、消化富余人员应具备的条件

由社会消化国营企业富余人员应当具备哪些必要条件？从劳动力流动对社会的依赖关系看，起码应当具备四个条件。

（1）有一个比较宽松的就业环境。即相对来说，在一个地区范围内，城镇劳动力求大于供或供求关系大致平衡。

（2）有一个比较健全的劳动力市场调节机制。开放劳务市场，劳动者就业打破了地区、部门和所有制的限制，企业用工和劳动者就业基本上可以在平等条件下实现双向自由选择。

（3）建立了社会失业保险和养老保险制度。被企业辞退的人员在短期内找不到工作而失业或达到退休年龄时，能够从社会保险基金中领取到一笔满足其基本生活需要的救济金。

（4）职业技术培训制度比较健全，全社会初步建立起多层次、多形式、多渠道的职业培训网络。每个劳动者都能获得参加职业培训的均等机会。政府对待业人员参加职业技能培训能够给予一定的资助。

二、消化富余人员的客观条件

按照上述条件进行考察,笔者认为,珠江三角洲地区是具备由社会消化国营企业富余人员的客观条件的。

第一,企业对劳动力需求的总趋势是求大于供。自实行改革开放政策以来,珠江三角洲地区充分利用毗邻港澳,华侨众多的优势,通过积极利用外资,引进资金技术,使工业生产结构发生了根本变化,国民经济得到迅速发展,劳动就业容量迅速增大,表现在:①全省国营单位固定资产投资额增长快,1979—1987年投资额达774.28亿元,比1978年以前的27年增长3.1倍,在这些投资中,珠三角占绝大部分。固定资产的大量投入,不仅使半数以上的国营老企业得到改造,而且引进一大批比较先进的设备,新建了一批工厂,大大提高了国营企业的生产能力。1988年1—10月,全省完成工业总产值7098亿元,比去年同期增长33.8%,其中珠三角有6个市的增幅超过40%。按固定资产投入1万元可安排一名劳动力匡算,10年全省国有单位可增加安置774万人就业。平均每年可增加安置70多万人。②近年来珠三角地区积极利用外资,兴办企业,使珠三角出现了一个星罗棋布的外向型企业群,消化了从农村转移出来的大量剩余劳动力和部分城镇待业人员,减轻了城镇就业压力。据有关资料统计,全省"三资企业"近7000家,就业人数达50万人,"三来一补"企业13000多家,就业人数达100多万人。1987年乡镇企业发展到118万多家,比1978年增加12倍多,就业人数达600多万人。这些企业绝大部分分布在珠三角。③全省城镇集体单位近四年固定资产投资近120亿元。目前安置就业人数共216.16万人。还有从事个体经营的劳动者达42.54万人。综上所述,全省有就业岗位1500多万个,其中每年新增就业岗位至少有100万个。而近几年平均每年城镇新增劳动力仅约35万人。情况表明,随着经济的迅速发展,珠三角就业岗位猛增,已出现劳动力供不应求状况。1987年全省社会劳动者总数2910.99万人,其中城镇劳动者仅762万人。如果农村2148万劳动力每年以3%的速度向非农产业转移,一年转到非农产业的仅64.4万人,三年共转移190多万。与企业对劳动力的需求量对比,可明显看出劳动力供不应求。为了满足企业用工需要,外省进入广东务工的劳动力已近300万人,可见,珠三角劳动就业的门路多,容量大、它为国营企业职工的全面流动创造了比较宽松的就业环境。

第二，改革劳动计划管理体制，开放劳务市场，劳动力流动的内在调节机制已初步形成。

为了适应商品经济的发展，从1988年开始，广东全面改革劳动工资计划管理体制。各级劳动部门不再直接下达企业职工人数计划，把用人权交给企业，把择业权还给劳动者。企业在核定的工资总额范围内，可自行决定增减职工。这一改革，促进了劳动力的合理流动。引发百万"民工"南下珠江。另一方面，计划放开后，随着商品经济的发展，近来年珠三角随着资本的流动而出现的劳务市场日趋活跃。目前，这个地区基本形成以大中城市为依托、以乡镇为基础、各级劳动保障部门开办为主、社会职业中介当补充的劳务市场网络，广州、深圳、佛山、东莞、中山、珠海、惠州市劳动部门以及所属县城均建立了劳务市场管理服务机构，设立了常设性的市场服务场所，开展了形式多样的劳务交流活动。据不完全统计，近两年珠三角各大中城市举办的大型综合性劳务市场交流集市达30多次，进场人数有35万多人。当年就业人员基本上通过劳务市场实现了双向选择。乡镇劳务交流活动也极为活跃，以佛山为例，该市政府把全市乡镇劳动服务公司改制为劳动管理所，作为县劳动行政部门的派出机构，负责加强对乡镇劳务市场等各项劳动工作的管理；市、县、乡（镇）三级劳务市场交流网络基本形成，并开始在劳动力的介绍和输送方面发挥调节作用。据反映，目前顺德、南海县乡镇企业使用的几十万劳动力基本上是由乡镇劳务站牵针引线的。广州市劳务市场网络也初步形成，全市设立了4个固定地点的劳务市场中介服务机构，为劳动力流动提供了经常性服务，进入广州市的外来劳动力已有40多万人。近年来，每年约有1.5万人从企业辞职流向社会，重新选择就业岗位。

第三，劳动保险制度改革突破了过去单纯由各个企业独自负担的旧模式，以社会统筹为特征的社会劳动保险制度开始建立。

目前，在养老保险方面，全省已有400多万职工参加了法定社会养老保险。其中，国营企业职工300多万，固定工、合同制工人参加社会养老保险占职工总数的95%以上，集体所有制单位有80多万职工参加了保险，约占城镇集体所有制单位职工总数的36.8%。此外，珠三角部分县（区）开始建立临时工养老保险制度。在待业保险方面，全省建立了职工待业保险制度，对国营企业中的合同制工人、企业辞退的职工、宣告破产企业的职工以及濒临破产企业法定整顿期间被精减的职工实行待业保险，保险金收缴率96.2%以上。待业保险制度的建立，为职工在流动过程中出现的暂时性待业提供了物质帮助。

第四,人们的就业观念发生了很大变化,劳动者改变了过去单纯依赖政府分配进入全民单位当固定工的传统观念,对就业岗位的选择趋向多样化。据统计 1987 年 1 月至 1988 年 9 月,全省安置的 67.46 万城镇待业人员中,进入全民单位的只占 23%,从事个体经营和临时性工作的占 46.8%。原在国营企业工作的职工,离开原企业后,许多人进入"三资企业"、集体企业,一些人当上了个体户,不再留恋当固定工。最近佛山市劳动局对国营企业进行了调查。据统计,在 42 间国营工业企业 24622 名固定职工中,自动离职的有 2539 人,占总数的 10.3%。这些离职员工中,重新就业的有 1183 人。其中,从事个体经营的占 48.8%,到集体或国营服务行业的占 34.4% 和 7.9%,进入乡镇企业的占 8.9%。

第五,珠三角企业富余职工总量不多,易为社会所消化。从职工队伍状况分析,全民单位职工人数从 1978 年的 442.1 万人发展到 1987 的 550 多万人。10 年间增加 100 万,从总体上看,随着生产能力的不断扩大,企业对劳动力的的需求不断增加,职工平均年递增 4% 左右。但进入商品经济社会,企业的情况千变万化,从一个行业或企业用工情况考察,岗位缺员与人员多余情况并存。

据初步匡算,珠三角国营企业富余人员约占企业总人数的 15%,即约 35 万人,如果我们把国营企业对劳动力的需求与富余人员的存量做一比较,不难看出,随着经济的发展,珠三角国营企业是不应当存在富余人员的,问题在于劳动力没有由市场调节,一旦生产随市场发生了变化,而企业中的劳动力却不能随之变动,这就导致需要的人进不来,不需要的人出不去。近年来优化劳动组合的实践证明,珠三角国营企业存在富余人员的主要原因是:企业引进新的技术设备和使用新的生产方式,使部分素质较低的职工无法适应生产需要而出现富余;有的是由于统包统配制度使企业内部人员无法流动而导致一些岗位缺员,一些岗位人员过剩;有的是因生产出现周期性、季节性变化而出现富余,还有因企业整体人员多余、职工体质较弱或表现较差而无法适应生产经营发展需要。据广州市调查分析,目前富余人员主要有以下四种类型:一是整体数量过剩性富余;二是素质低下性富余;三是结构畸形性富余;四是间歇性富余。

综上所述,国营企业富余人员的出路在于通过社会劳务市场进行消化。目前,珠三角国营企业富余人员由社会消化的条件是具备的,应当抓住机遇,坚决而大胆地推进这一改革。

三、实施优化劳动组合是劳动制度改革向纵深发展的重要标志

在优化劳动组合过程中分离出来的富余人员，由社会消化，是劳动制度改革向纵深发展的重要标志，是由过去统包统配的劳动管理体制向新的劳动管理体制转变的重要步骤。这一改革涉及面广，政策性强，触及广大职工的切身利益，我们必须善于根据它的内在要求，把它与整治经济环境、调整产业结构和就业政策紧密结合起来，大胆放开，坚决而有秩序、有步骤地推进。近期内可考虑分两步走。第一步，从1989年开始，珠三角各中、小企业可以结合发展和完善承包制，推行股份制和租赁制等，进行"双辞"（即允许企业辞退职工，允许劳动者辞职）试点，被辞退人员与原所在企业解除劳动关系，进入劳务市场竞争就业。大型企业稳步推进，富余人员由企业通过内部劳务市场自行消化。第二步，从1992年开始，珠三角所有国营企业可以自行决定辞退富余人员，被辞退的人员均可通过劳务市场竞争就业。

实施上述改革，要注意研究解决以下几个问题。

（1）认真研究建立新型用工制度："双辞"的配套措施，明确辞退的条件、对象以及职工待业保险问题。对确属企业生产不需要的人员，企业可以辞退；对富余人员中的老弱病残职工，应采取适当措施予以照顾。被辞退人员的待业保险，可按照国务院颁发的《国营企业职工待业保险暂行规定》第二条第四款的规定办理，即企业辞退的职工可享受待业保险。待业保险基金不敷使用，一时又难以提高保险基金提取比例时，当地财政部门应适应给予补贴。各市、县要加快完善对待业职工的组织管理、转业训练、生产自救制度，使被辞退出来的人员有安全感。

（2）加快培育和发展劳务市场，改变过去单纯用行政手段直接管理和调配劳动力的做法。

以各级劳动部门为主体的就业服务机构要尽快建立并充实起来，逐步完善工作机构内部各项职能，做好管理服务工作。企业招聘员工要与政府部门举办的就业服务机构保持密切的联系。建立正常的招聘通报制度，沟通企业与市场的联系。各类市场之间，要通过建立快速、灵敏的信息反馈系统，使之形成劳动力供求信息网络，充分发挥其调节社会劳动力的作用。

（3）抓紧制定劳务市场法则，规范企业招工和辞退行为。加强劳动争议调解和仲裁机构的建设，及时处理劳动纠纷，为劳动者就业创造一个公平竞争的就业环境，保护劳动力供求双方的合法权益。

（4）加强对劳动就业的宏观控制和引导。一方面要注意控制从社会上新招工人补充自然减员。自然减员空缺的岗位如果生产需要，应先从大中专、技校毕业生、复退军人和优化组合分离出来的人员中择优录用。另一方面要加强对农村劳动力向城市转移的宏观控制，为被辞退的人员提供宽松的再就业环境。

（5）大力发展各类职业技能培训，动员社会各方力量办学，加强就业前培训、岗位培训和转业培训，建立和完善企业岗位培训、技术等级培训考核和技师聘用制度，提高劳动者的文化技术素质和竞争能力，以适应企业和劳动者双向选择的需要。

（6）研究制定再就业人员"考核定薪"办法和最低工资标准，保障被辞退人员新就业后获得合理的劳动报酬。

（7）充分发挥企业工会的作用，维护职工个人和企业整体权益，做好对职工的宣传教育和政治思想工作。

（注：本文写于1988年12月，曾发表于《中国劳动报》。这是笔者较早提出企业富余人员由市场消化的建议。实践证明，这个观点是正确的。）

第八节　优化劳动组合，增强企业活力

茂名市化工一厂是一个以生产炭黑为主要产品的化工企业，1990年有职工761人，其中，干部79人，固定工540人，合同制工人108人，临时工34人。1988年9月以来，随着经济体制改革的深入发展，该厂结合实行厂长任期目标责任制、厂长承包经营责任制和全员抵押承包责任制，针对企业内部还存在的机构臃肿、人浮于事、干部能上不能下、工人能进不能出、冗员过多等弊端，选择以优化劳动组合作为突破口，引进竞争机制，改革企业用工制度。经过两年来的实践，取得了明显效果。

一、优化劳动组合的主要做法

优化劳动组合涉及面广，政策性强，关系到广大职工的切身利益，是一项非常复杂而艰巨的社会系统工程。为了保证整个改革的顺利进行。该

厂花大力气从以下三个方面做准备工作。

(1) 建立得力的改革机构，做好优化劳动组合的组织准备。为了保证优化劳动组合工作的顺利开展，该厂专门成立了由党、政、工、团等主要领导组成的优化劳动组合领导小组，由厂长李崇业任组长，厂党委书记柯朝南任副组长。领导小组下设办公室，办公室又分设四个组，即宣传发动组、制定方案组、劳动定员定额组和资产分账组。同时，配备了有经验、有专业知识、工作能力强的干部，具体负责组织、实施和处理全厂优化劳动组合的日常工作，使这次改革一开始就置于该厂党、政主要领导的高度重视和可靠的组织保证之中。

(2) 开展广泛的宣传发动和深入细致的思想政治工作，做好优化劳动组合的思想准备。通过思想摸底，他们及时掌握了干部、工人对优化劳动组合的一些思想顾虑：一是个别厂领导求稳怕乱，不愿冒风险；二是中层干部怕丢掉"铁交椅"；三是工人怕砸了"铁饭碗"；四是部分干部、工人怕成为富余人员无对口岗位安排；等等。针对这一情况，他们及时开展层层宣传发动和步步深入的思想政治工作。第一，组织厂党、政领导班子认真学习上级有关推行优化劳动组合、搞活固定工制度的文件，统一思想认识，增强开创新局面的意志和胆识。第二，召开全厂党员大会，动员全体党员积极投身改革的前列。然后又分别开好全厂职工大会和中层干部、老干部、老工人、青年工人、工程技术人员、女工代表等各种座谈会，以及各车间、科室工人、干部学习讨论会，使广大干部工人深入了解优化劳动组合的目的意义和政策措施。第三，充分采用该厂的有线广播、黑板报、大字报等宣传工具，大张旗鼓地开展宣传发动，制造一个浓厚的改革气氛，并促进优化劳动组合均目的意义和有关政策深入人心，家喻户晓。第四，普遍开展谈心活动，特是个别有思想抵触情绪的干部、工人，厂领导亲自找他们谈心做过细的政治思想工作。通过上述各种宣传发动和思想政治工作，增强了职工的改革意识和参与改革的自觉性。全厂绝大多数职工对优化劳动组合都表示支持和积极参加，并提出了不少合理化的建议。

(3) 制定切实可行的改革方案，做好优化劳动组合的实施准备。制订出既有先进性、科学性而又切实可行的实施方案，是顺利开展优化劳动组合及其配套改革的前提。为做好这一工作，该厂着重抓了三个方面：一是首先对本厂原来的机构设置和人员配备，各车间、科室的职责、权利、劳动、人事、工资制度以及生产经营等情况进行深入的分析研究，找出存在问题，筛选出好的经验和做法；二是根据国家和省的有关政策规定，结合本企业的实际,吸取外单位的先进经验草拟出本厂优化劳动组合及其配套改革的方案条文;三是召开各种类型的座谈会,广泛征求群众对改革方案的意见,几上几下,反复修改并经厂职工代表大会讨论通过而成为企业合法的权威章程。经过上述三个步骤,该厂共制定了《机构设置及人事改革方案》《劳动制度改革方案》(包括富余人员安置)、《工资分配改革方案》等五个方案。对该厂整个优化劳动组合及其配套改革始终起到积极的指导作用。

二、步步深入,逐层开展择优组合

该厂在优化劳动组合中,按照"先干部后工人,先科室后车间"和"条件公开,机会均等"的原则。对全厂干部、工人进行逐层择优组合。具体做法是:

(1)通过招标竞争聘任科长和车间主任。全厂职工只要有志于改革的均可报名应聘,但是要提出"施政纲要",参加施政演讲、答辩,经考评小组评议、考核和民意测验,选择最佳施政方案。演讲、答辩质量高,政治思想好,工作能力强的人员,由厂长聘任为科长或车间主任。当时,全厂有 53 名职工报名应聘,其中 38 人(次)做施政演讲和答辩,结果考评总分最高的 15 名中标者被聘为科长或车间主任,这 15 名中标者中,有 11 名原是中层干部,4 名原是一般干部、技术人员和工人。

(2)科长和车间主任被正式聘任后,再由他们按照任人唯贤的原则,首先在本单位,也可以在全厂范围内择优聘任副职和其他工作人员,不论干部、工人均可受聘。通过这一聘任形式,全厂原 176 名干部和管理人员,被聘任的有 103 人,还有 73 人富余出来参加车间、班组的组合。

(3)干部和科室的优化组合基本结束后,即开始进行车间、班组工人的优化组合。首先由车间主任采取择优聘任或招标等办法选聘班组长,但无论采取何种办法,班组长必须由有经验,熟悉本班组工艺流程,有较强的组织指挥能力和工作责任心,善于团结同志,身体健康的人担任。班组长聘任后,再由他们采取择优上岗的办法,根据业务技术、劳动态度、组织纪律、身体情况等择优组合岗位工人。全厂原有 585 名工人,被组合上岗 550 人,富余 35 人。

通过层层择优组合后,从科长、车间主任到每一个工人,层层签订为期两年的聘用合同或上岗合同。在合同中明确规定双方的责任权利,如违反合同条款，可随时解聘。

三、注意搞好优化劳动组合的配套工作

该厂在实行优化劳动组合的同时，注意做好以下四项配套工作。

（一）按照满负荷工作要求，制定新的定员定额标准

这是开展优化劳动组合的一项重要配套工作。工作量虽然很大，但非做好不可。为此，该厂组织了大批人力，对全厂各科室、车间的管理目标、生产工艺流程，各班组、岗位的工作量和操作程序，以及全厂职工的素质等进行测算、核定，并按照满负荷工作法的要求，参照同行业先进定员定额的标准，结合本厂的设备和职工的素质情况，重新编制了各科室、车间及各岗位的定员定额标准，为优化劳动组合工作打下了坚实的基础。

（二）改革企业人事制度

优化劳动组合时，该厂对中层以下干部实行聘任制，打破干部和工人的界限，通过公开招标、选聘等形式产生各级管理人员。对落聘的干部，有的降职使用，有的当工人。其中，在本厂工龄25年以上和年龄50周岁以上的干部可保其原工资待遇不变；其余干部只保留其干部身份，工资待遇随岗位变动而变动。工人被聘为干部的，享受同级干部的一切待遇。人事制度改革的同步进行，为开展优化劳动组合，引进竞争机制，促进人才成长创造了有利条件。

（三）改革企业内部工资分配制度

优化劳动组合后，厂部按新的定员定额标准，重新核定各科室、车间的工资总额，实行增人不增工资总额，减人只减一半工资总额办法；同时，还实行工资总额与经济效益挂钩浮动。具体的分配办法：①车间实行独立核算，自行决定内部分配。如炭黑二车间，实行结构工资制。即平均基础工资占45%，岗位工资占35%，工龄工资占20%。②科室管理人员，实行目标管理责任工资制。即工作定标准，任务定指标，工资与有关车间的经济效益挂钩浮动，通过考评以分计酬。这样，就把个人的劳动贡献与工资报酬挂起钩来，拉开档次，真正体现了奖勤罚懒、多劳多得的分配原则。

（四）认真负责安置好富余人员

该厂通过优化劳动组合，由于各种因素未能组合上岗的富余人员 108 人，占全厂职工总人数的 14.1%。其中，干部 6 人，固定工人 101 人，合同制工人 1 人。该厂对富余人员以诚相待，在制订优化劳动组合方案的同时，就制订了安置富余人员的方案，区别不同情况给予妥善安置。具体办法：一是兴办独立核算、自负盈亏的集体单位，开拓新的生产经营项目。其中，成立铁路储运公司，安置了 40 人；成立生活服务公司，安置了 49 人。二是对表现不好而未被组合上岗的 6 人，实行厂内待业。由厂部派人组织他们适当的学习培训，为他们重新就业创造条件。在待业期间，只发基本工资，待业期最长为一年，在待业期满仍表现不好的，做辞退处理。三是对年老体弱离法定退休年龄五年以内，并经厂劳动鉴定委员会确认，不能坚持正常生产、工作的 6 人，实行"厂内退休"。"厂内退休"人员发基本工资，并享受与在职职工同等的福利待遇。待其到达法定退休年龄时，再办理正式退休手续。四是对 2 名哺乳期的女工，实行息工制度。息工期为一年，在息工期间，发 75% 的基本工资和各种补贴。五是对 5 名有一技之长的富余人员，允许其停薪留职，自谋职业。停薪留职期限为三年，在停薪留职期间，每人每月向厂部缴纳 50% 的本人基本工资管理费和退休养老保险统筹基金，停薪留职期间可计算工龄。

1992 年年初，该厂又把优化劳动组合工作推向深层次，主要抓好技术优化，对全厂各车间、各岗位的技术人员进行理论和实际操作的全面考核，择优上岗。全厂共有 353 人参加技术考核，结果有 332 人留在原岗位工作，21 人因本职技能不合格而撤离原工作岗位，由厂部组织他们进行短期的技术培训，培训后根据他们的表现和技能给予重新安排工作。

四、改革取得的明显效果

该厂实行优化劳动组合和进行有关的配套改革，经过两年的实践，取得了明显效果。一是促进了广大职工思想观念的转变，强化了竞争意识。过去，干部、工人坐惯了"铁交椅"，端惯了"铁饭碗"，领惯了"铁工资"。现在，上岗靠竞争，收入靠贡献，消除了优越感，产生了危机感，增强了竞争观念和风险意识。二是提高了职工队伍的素质。过去，一部分工人在干好干坏、干多干少一个样的"大锅饭"影响下，认为学不学文化和专业技术同样挣钱。通过实行全面考核，择优上岗，优胜劣汰的做法，使全厂出现了一个人人都争当先进、不甘落后的局面。现在，该厂职工学文化、学技术蔚然成风，职工的素质有了明显提高。三是精简机构和人员，贯彻满负荷工作法，提高了工作效率。通过优化劳动组合，将原来15个科室合为7个，减少53.3%；科室工作人员由88人，精简为65人，减少26.13%。全厂干部、工人原有761人，按新的定员组合上岗653人，减少14.1%。现在，全厂从科室到车间，从厂领导到工人，工作量都是满负荷的，减少了扯皮现象。过去是厂长求工人干活，现在是工人找厂长要活干。干部、工人的工作态度发生了可喜的变化。四是改善了劳动组织，进一步落实承包经营责任制。实行优化劳动组合，企业可以根据生产经营需要合理安排劳动力，职工也可在一定程度上选择工作岗位，初步实现了劳动力在企业内部的合理配置。同时，通过优化劳动组合，把目标管理和合同管理紧密结合起来，促进了承包经营责任制的落实。五是通过实行优化劳动组合和有关的配套改革，激发了广大职工的积极性和创造性，推动了生产的持续发展，经济效益显著提高。近两年来，在治理整顿、紧缩银根、原材料短缺、市场疲软等困难的情况下，经济效益仍持续上升。1990年与实行优化劳动组合前的1987年相比，工业总产值增长8.6%，实现税利增长11.8%，全员劳动生产率增长4.2%。

【参阅资料】中山市涤纶厂改革劳动制度纪实

投产不足4年的合资企业——中山市涤纶厂1991年全员劳动生产率达55.6万元/人，名列全国同行榜首，引人注目。其高效率、高效益是怎样创出来的呢？最近，笔者前往坐落在中山港附近的中山市涤纶厂，采访了该厂年轻的副书记梁锦添同志。

在装饰一新的厂部办公室里，梁副书记告诉我们：中山涤纶厂有限公司是一家年轻的中外合资企业，1987年11月建成投产。人员新，设备新，技术新，占有许多优势。但是，设备再好，如果不把人的积极性调动起来，也无法创造出高效率。梁副书记告诉我们，自办厂以来，他们坚持以人为本，发扬"精干、高效、求实、创新"的精神，进行企业人事、劳动、工资制度改革，调动全体职工生产积极性，从而实现了持续的高效率和高效益。

第四章 发展——率先推进全员劳动合同制

首先是选准改革的突破口,从精简入手,搬掉"铁交椅"。办厂初期,他们冲破旧框框,严格按照企业的实际需要和工作满负荷要求设置机构,定编定员。具体做法是:①对厂部进行职能归并,综合分类,仅设立7个职能部门,定员人数包含两个厂长在内共33人,仅占全厂职工总人数的7.1%。采取"几个牌子一个门,几个职务一个人"的办法,厂长兼任党支书记,经营副厂长兼任供应部主任,副书记兼任人事部主任,工会主任兼行政主任,劳动工资干部兼任文书、收发、打字、女工委员,团委书记、女工主任则由车间主任兼任均不脱产。由于人员精简,一职多能,责任到人。减少了扯皮推诿现象,大大提高了工作效率。厂部还规定,在生产和办公时间不开任何会议,建立每周一、三、五班后生产分析调查会制度,强化指挥系统。各级管理人员长期深入生产车间,现场发现问题现场解决,极少坐班办公,做到使整个管理机制多年来一直处于高效的良性运行之中。②对生产车间岗位定员。全厂各车间、部门由厂部与人事部核准定员人数,一经核准定员后,坚持按照定员定额组织生产。如前纺车间的卷绕岗位,按国内同类型厂的岗位人员定额标准,每班上岗人员11人,经过核定后,每班上岗人员只有7人。一个化验员同时能承担化验、物检、水处理、油剂配制等多项工作。建厂初期调入的一批管理干部和工程技术人员,厂里没有立即安排职务,一律让他们下车间、工段,熟悉一线工作,根据表现再推荐、提拔。现在厂里几个重要车间的主任都是20岁出头的技术人员。1988年年底,全厂职工510人,涤纶丝年产量7850吨;1991年经过定编定员,职工压缩至461人,人员减少了10.6%,产量反而增长了40.1%,劳动生产率提高了27万元/人。

其次是全面推行优化劳动组合,考核竞争上岗。梁副书记深有体会地说,引进西德、法国具有20世纪80年代先进水平的全套涤纶丝生产设备,这是获取高效率、高效益的物质基础。但光有先进的设备是不够的,还必须配备高素质人员,实现最佳配置,才能发挥最佳综合效益。1989年年初,他们在广泛听取意见的基础上,决定在厂内全面推行优化劳动组合,在对在岗员工进行全面技能考核和道德评定的基础上,在车间、班组,层层实行"兵选将,将选兵"。各班组在原范围内推选出组长,再由班组长按定员组合上岗人员。车间主任在征求群众意见和全面考核的基础上由厂部聘任。结果，有 60 名职工成为富余人员，其中 3 名是车间主任及部门领导，这在全厂职工中引起很大的震动。对于因优化而下岗的人员，由厂集中进行 3 个月技术业务培训和安排辅助性工作，首月工资照发，奖金发 50%，第二、三两个月按件计酬，多劳多得。3 个月后仍未组合上岗的，继续从事辅助性工作。同时允许辞职，全厂先后有 16 名职工被解除合同或自动辞职离厂。为了始终保持岗位定额人员的素质处于上乘的标准，厂里规定每年进行综合性考核一次，每半年复评一次。考核合格者为同技术等级或同工种岗位熟练工，享受现岗位奖金待遇，考核不合格的改按实习期奖金待遇，连续两次考核不合格的，解除劳动合同或调换其他工作。优化劳动组合，打破干部与工人，固定工、合同制工与临时工的界限，合同制工、临时工同样能参与企业管理，企业本着以岗择人、因才使用的原则，不拘一格用人。目前全厂 8 个工段长中，1 名是合同制工，3 名是临时工。

最后是建立以岗位工资为主要形式的工资分配制度，打破分配上的"大锅饭"：①基本工资部分，实行岗位（职务、职称）工资制。把全厂管理人员与职工按岗位、职务、职称划分为 10 个档次。拉大三班倒职工与其他职工、专业技术职务与一般科室管理人员的工资分配比例，不同职务和岗位，享受不同的岗位（职务）工资。中级专业技术职务的岗位工资相当于车间主任的岗位工资，技术员高于一般科室管理人员，三班倒职工高于其他职工。转岗时人随着岗位变动而变动工资，合理地解决劳动差别，岗位工资不是长期不变，而是由董事会根据当年企业经济效益和物价水平，拨一定百分比调升。②奖励部分，实行与效益挂钩。从厂长到职工一律实行定岗定人定质定分，奖金发放原则按照每个人劳动责任、劳动强度、劳动条件、技术高低、出勤率和思想政治表现来综合评定考核。具体做法是实行二级分配。由厂部对车间（部门）进行考核，车间（部门）对属下人员进行考核，根据考核情况，评定奖罚基数。再依照评定奖罚基数，按厂当月的经济效益情况确定奖金额度发放到车间（部门），再由车间（部门）根据上述原则发到个人。奖金发放标准，依照岗位、劳动条件和职务责任不同而定，全厂分为 8 个级别，实行向关键岗位倾斜。规定属三班倒的生产人员包括值班长、班组长、重点岗位主要操作工、保全工和一段操作工在原基数上加 10 分。一线生产工人的奖金高于职能部门工作人员,如加弹机岗位奖分145分,比厂的劳动工资员还要高,真正体现职工奖金收入与企业效益、与个人劳动贡献挂钩。厂部在全厂职工奖金总额中另提取10%～15%,作为厂长奖励基金,用于奖励表现突出、管理卓有成效、节能降耗、提高产品质量或技术革新开发新产品取得较好成绩的人员,真正做到奖罚分明。

实践证明,企业推进上述三项制度改革,有利于调动全体职工的劳动生产积极性,促进企业经济效益得到明显提高。

(注:本文原载于《创业者》1992年第10期。)

第五章 并　　轨

——依法全面建立劳动合同制度

【本章导读】《中华人民共和国劳动法》的颁布实施，标志着广东劳动制度改革进入依法加快完善劳动合同制度的新阶段。在这一新阶段，广东省政府抓住贯彻劳动法的有利时机，于1994年9月发出粤府116号文，要求"各市县、各部门和企业按照劳动法的规定，采取积极稳妥的措施，在1995年年底前完成劳动合同制度综合改革"。各级劳动部门按照省政府部署，集中精力，攻坚克难，解决了打破干部、工人身份界限、加快分流企业富余人员、推进企业新旧用工制度并轨等难题，于1995年率先全面建立劳动合同制度，1998年实现了新旧劳动制度的历史根本转换，为全面实施再就业工程奠定了坚实基础。本章收录的几篇文章，反映了这个阶段改革进程中所采取的政策措施、取得的成果和经验。

第一节　依法全面加快建立劳动合同制度

《中华人民共和国劳动法》经八届全国人大第八次全体会议审议通过，于1994年7月5日由国家主席令颁布，并于1995年1月1日起正式实施。认真学习劳动法，充分认识劳动法的立法宗旨和精神实质，结合广东实际，依法全面加快建立劳动合同制度，是当前劳动部门推进劳动制度改革的一项紧迫任务。

一、劳动法是全面调整劳动关系和规范劳动行为的基本法律

劳动法是一部具有鲜明的时代特征、明确的市场取向的基本法律，也是保护劳动者权益和加强劳动管理全国统一的法律，又是中华人民共和国成立以来第一部全面调整劳动关系和规范劳动行为的基本法律。

第五章 并轨——依法全面建立劳动合同制度

劳动法在法律体系中的地位，仅次于国家宪法，有的国家称之为第二宪法。劳动法的制定，以保护劳动者合法权益为基本宗旨，以建设中国特色社会主义理论为指导，既体现了市场经济条件下劳动关系的一般规律，又体现了社会主义劳动关系自身的特征；既反映了劳动制度改革的成果和深化劳动体制改革的要求，又注意到新的劳动体制建立和完善的复杂性、艰巨性和渐进性；既充分考虑到中国国情，又借鉴了国外的成功经验。在这一思想指导下，劳动法体现了宪法保护劳动者权益的精神，适应了建立社会主义市场经济的客观要求，有利于解放和发展生产力，是一部具有中国特色的劳动基本法律。

劳动法除了具有和一般法律所具有的共性外，还具有自身的特点。

（1）劳动法总结了中华人民共和国成立45年来劳动工作的成功经验，充分体现了改革开放15年来劳动体制改革和理论研究的主要成果。一是体现了建立社会主义市场经济体制对劳动工作的要求。例如，它以法律形式规定建立劳动关系应当订立劳动合同，明确赋予了劳动者择业自主权和企业用人自主权；二是按照市场经济的要求，确定了集体合同制度；三是以基本法律的形式第一次明确了工时和休息、休假制度；四是赋予用人单位依法自主确定工资分配方式和工资水平的权力；五是确立了最低工资保障制度；六是明确了国家确定职业分类，制定职业技能标准，实行职业资格证书制度；七是充分肯定了社会保险制度改革的成果，明确了逐步实行社会统筹的改革方向。另外，在劳动就业、劳动安全卫生、劳动争议处理等方面，也都吸收了改革的成果和经验。

（2）劳动法是保护劳动者的权利和义务等劳动管理相统一的法律。从立法的目的来看，劳动法致力于建立、维护和发展稳定和谐的劳动关系。同时还将劳动管理纳入法律轨道，在总体上是向劳动者倾斜的。这种保护主要表现在劳动法对劳动关系双方权利义务的规定，侧重于劳动者的权利和用人单位的义务。但对劳动者权益保护的同时，也从经济发展和社会稳定的大局出发，在许多条款中体现了对用人单位权益的保护。劳动法通过对劳动者和用人单位双方权利义务的规定，为劳动合同的订立提供了平等协商的法律基础。劳动部门依法行使监督检查职权，有关部门和工会组织、社会舆论对劳动法执行情况进行监督，使劳动合同确立的劳动关系稳定发展。在执行劳动合同过程中，如果发生争议，可以通过调解、仲裁、诉讼等法定程序来解决，从而有效地消除对劳动关系和谐发展的不利因素。总之，劳动法在整个立法思路上，体现了促进劳动者与用人单位之间建立起稳定和谐的劳动关系，体现了维权和管理的有机统一，如果单纯认为劳动法是劳动者的保护法或者是劳动管理法，是不对的。

(3) 劳动法是一部法典式的综合性基本法律，内容全面系统。劳动法把调整劳动关系、确立劳动标准和规范劳动管理行为结合起来，突出了劳动法的法典特征。

劳动法既有对现行劳动法律规范的汇总、提炼，使其系统化、规范化，又拓宽了劳动立法领域，把劳动关系的调整全面纳入法制轨道。①在适用范围上，涵盖面很宽，我国境内的企业、个体经济组织和与之形成劳动关系的劳动者，国家机关、事业组织、社会团体和与之建立劳动合同关系的劳动者均适用劳动法。②改变了以往按不同所有制立法的做法，适应了建立统一的社会主义劳动力市场的客观需要，使不同所有制形式的用人单位都处于同一起跑线上，遵循统一的标准，进行公平竞争。同时也有利于劳动者的合理流动。③在内容上，劳动法除了对劳动力市场中市场主体行为、市场运行规则、市场运行秩序及国家宏观调控劳动力市场的行为等基本问题做了全面的规定外，还是一个比较全面、系统、完整的法典式的基本法律。

(4) 劳动法粗细结合，具有宏观指导性和现实可操作性。劳动法从我国的实际情况出发，兼顾现实与发展、可能与需要，对于已经成熟的，必须做而且经过努力可以做到的事情，规定得比较细致具体。比如劳动合同制度，经过近10年的实践，已经为企业和广大劳动者基本接受，而且也有了成功的经验，因此，劳动法对劳动合同的订立、内容、期限、变更、解除都作出了明确的规定。又如劳动安全卫生和女工、未成年工特殊保护问题，我国在长期劳动工作实践中也已形成了比较完整的办法，劳动法对此也规定得比较明确具体。劳动争议和法律责任处理两章的规定操作性比较强。对于尚未成熟，但已经证明是发展方向，符合国家和劳动者长远利益的，劳动法规定得比较原则、粗略，采取了倡导性写法，如集体合同等方面的一些规定，就带有指导性。从总体上看，劳动法内容广泛，适用面宽，条款性质有别，有的条款属于政策性、方针性规范，有的是倡导性、道德性的规范；有的必须执行，有的则具有选择性，粗细结合，体现出基本法的高度，是一部既具有指导性，又切实可行的法律。

二、贯彻劳动法全面推进劳动合同制度

劳动法颁布后,广东省政府于1994年9月发出粤府116号文强调,"各市县、各部门和企业应按照劳动法的规定,采取积极稳妥的措施,在1995年年底前完成劳动合同制度综合改革"。广东各级劳动部门按照省政府的部署,把全面实行劳动合同制作为贯彻劳动法的首要任务,抓住有利时机,结合建立现代企业制度,强化组织领导,大力推进以实行劳动合同制为核心的劳动制度综合配套改革,取得了重要进展。据不完全统计,至1995年5月底,全省全面实行劳动合同制的企业达5万多家,涉及职工约有760万人。其中国有企业职工250多万人,约占国有企业职工总数的65%,呈现新旧用工制度快速并轨的良好发展态势。特别是东西两翼经济欠发达市县,改革进展很快,发展势头良好,令人振奋。从改革进展比较快的市、县来看,各地都能够从实际出发,大胆探索,积极进取,创造了许多成功的做法和经验,值得学习推广。

(一)切实加强依法推进劳动合同制度改革工作的领导,是加快改革步伐的重要保证

全面建立劳动合同制度,是一项深刻的社会变革,是涉及社会各方面的系统工程。要完成这一改革任务,必须有坚强的组织保证。从各地介绍的经验来看,凡是改革进展比较快的市、县,在推进过程中,都积极争取当地党政领导的重视和支持,把劳动制度改革与整个经济体制改革有机结合起来,普遍成立了劳动制度改革领导小组,由分管的书记或市(县)长任组长,各有关部门负责人任领导小组成员,负责对劳动制度改革的统一领导和组织协调。一些重大的部署、政策,不仅以政府的名义下发,重大的会议、活动,也都有政府主要领导参加。如河源、汕头、阳江、肇庆、湛江、珠海、中山等市召开改革动员大会,几套班子的主要领导都亲临会议做动员报告。地方党政领导的重视和支持是广东省劳动合同制得以顺利推进的重要保证。

在积极争取上级党政领导支持的同时,各级劳动部门全力以赴,按照省的部署,把全面实行劳动合同制作为1995年贯彻劳动法的首要任务来抓。做到"三个集中":一是精力集中。第一把手亲自抓改革。揭阳市劳动局朱章雄局长说得好:"当前改革机遇和困难并存,这是客观存在,关键是如何

加强领导，因势利导，创造性地开展工作。通过抓改革去发展劳动事业，而不是放下改革去抓钱。"二是力量集中。各市都抽调了熟悉业务的人员组成专门的工作班子，分工加强指导。做到组织落实，人员到位，分工负责，通力协作，使改革得以迅速地全面铺开。汕头、茂名、湛江、肇庆、河源等市劳动局，不但第一把手和分管领导亲自抓改革，而且领导班子的所有成员都参与这项工作，每个领导负责一两个县（区），实行分片包干制，定点挂钩，限期完成。各县（区）劳动部门也相应地把任务分解下去，明确责任和目标，一级抓一级，层层落实。三是时间集中。为了有更多的时间指导企业开展这项改革，揭阳市劳动部门还转变机关作风，规定每星期一、三、五在机关办公，二、四、六（实行五天工作制后改为二、四）下基层指导企业搞劳动制度改革。各企业及主管部门也相应成立了工作班子，根据本单位实际，制订改革方案并组织实施。他们的这些做法和经验，对推动企业加快改革步伐起到很好的作用。

（二）抓住宣传贯彻劳动法的有利契机，促进思想观念转变，是顺利实施劳动合同制的重要条件

在推进改革过程中，能否及时转变人们传统的思想观念，使全社会形成一个关心改革、支持改革、参与改革的良好舆论环境，是改革能否大面积铺开的一个重要前提。劳动法颁布前，很多地方都不同程度地遇到来自不同方面的阻力。有的企业领导认为，企业的当务之急是做生意、上项目、创利润，抓了劳动合同制会影响生产，签了合同怕留不住人才，对改革缺乏积极性；有些年龄较大的固定工，则担心搞合同制后被"炒鱿鱼"，思想负担重。甚至有些地方政府领导对劳动制度改革与企业改革的关系认识不足，摆不上位置。这些思想和观念，给劳动制度改革形成了很大阻力。劳动法的颁布和实施，为我们全面推进这项改革提供了极为有利的外部环境。全省各级劳动部门及时抓住了宣传贯彻劳动法的有利时机，通过举办座谈会、培训班、电话会、咨询日活动，向各级党政领导和企事业单位的领导宣讲劳动法，宣讲劳动法中关于建立劳动关系，必须签订劳动合同的法律条款。讲明实行劳动合同制，是依法推进的一项重要改革。同时，向广大职工和社会各界宣传建立劳动合同制度，是贯彻劳动法的核心，是维护劳动者合法权益的重要手段，把各级领导和广大职工对全面实行劳动合同制的思想认识统一到劳动法的规定上来。对那些存心维护非法利益，有意拖延，拒绝与职工签订劳动合同的用人单位，则以劳动法为武器，运用劳动

监察手段，发出"整改通知书"，限期签订劳动合同，从而大大加快了全面实行劳动合同制的步伐。地处山区的高州市，紧紧抓住宣传贯彻劳动法的契机，以劳动法为武器，坚持依法改革，全市395家国有、集体企事业单位36000多职工，到1995年5月已全部签订了劳动合同。

（三）坚持先易后难，分步实施，化解难点，分类指导，是加快改革步伐的有效方法

河源市在全面实行劳动合同制改革中，采取先易后难的办法。去年，他们集中精力、集中力量、集中时间，首先在易于接受新制度的国有企业、县以上集体企业予以突破，基本完成了任务。1995年，他们又集中精力、集中力量、集中时间，全市统一组织七个调查组，由市、县、区劳动局长带队，深入困难的国有企业、集体企业、"三资企业"和乡镇企业进行调查，在掌握情况的基础上，化解难点，分类指导，对恢复生产有望的停产、半停产企业，通过考核竞争上岗，与上岗职工签订劳动合同；下岗职工暂缓签订，先给基本生活费；对无法恢复生产的企业，除留守人员签订合同外，其余人员与企业签订停薪留职合同；"三资企业"的中方人员，已办招聘手续的一律签订劳动合同，未办招聘手续的则先签劳务合同；乡镇企业由乡镇劳动站和企业办负责组织实施，全部签订劳动合同。河源市是广东省停产企业、困难企业较多的市，但劳动合同制改革的进度很快。目前，该市已全面实行劳动合同制的企业1058户，职工96000多人，占各类企业总户数的89.35%和职工总人数的83%。河源市对待改革的这种深入细致、锲而不舍、勇于克服困难的精神和做法，具有突破性、创造性，值得许多地区认真学习。

（四）有关部门相互配合支持，是推动企业改革方案尽快落实到位的重要条件

广东全面实行劳动合同制改革以来，在各级政府的统一领导下，省、市、县、乡镇的各有关部门都给予了有力的支持，特别是各级工会组织、企业主管部门、宣传部门、新闻媒介，在各自的工作范围内，都给予了积极的配合。许多改革进展快的地区，都是劳动部门与各主管部门间协调得好，配合得好，分工负责、通力合作得好。

总之，劳动法实施以来，各地创造了十分丰富的改革经验，我们必须认真学习、互相借鉴，进一步加快全面实行劳动合同制的改革步伐。

三、当前全面依法建立劳动合同制度面临的问题和任务

当前各级劳动部门以贯彻实施劳动法为统领,大力推进劳动合同制度改革,取得了显著成绩,积累了丰富的经验。但是从总体上看,目前改革的进展情况与省政府关于在1995年年底前全面完成改革的要求相比,仍有较大的差距。

首先是地区发展不平衡。按照我们原来的设想,珠江三角洲各市、县经济条件较好,改革的进度应当快一些,但现在看来除深圳、佛山市以外,进展并不理想;东西两翼进展较快,抢先了一步,但不少市仅完成了60%左右。其次是从不同所有制企业的改革情况来看,改革阻力还比较大。全省国有企业签订劳动合同的职工仅占国有企业职工总人数的60%,已经制订实施方案的企业约占10%,国有企业改革的难点还在后头;在非公有制企业中,大约有60%的企业尚未与职工签订劳动合同。非公有制企业数量多、分布广,企业用工随意性大,职工流动性强,企业故意拖延不与职工签订合同的情况比较普遍。因而,阻碍了改革的迅速发展。再次是由于整个经济环境偏紧,企业经济效益总体水平不高,对推进改革带来不利影响。广东省相当部分企业生产经营面临困难,亏损和停产半停产企业增多。据统计,1995年一季度,全省工业企业亏损面仍高达三分之一以上,比去年同期增加了亏损企业近1000家。停产半停产企业中下岗职工较多,工资支付困难,这对于加大改革力度也带来一定影响。

总的来看,全省目前已完成改革的各类企业职工人数占其总数尚不足50%,而这不足的50%还是经过多年的努力才取得的,要在下半年完成全面改革的任务,时间十分紧迫,任务十分艰巨。我们必须充分认识到实行劳动合同制是实施劳动法的基础和重点,贯彻劳动法首先要从全面建立劳动合同制度做起。如果这项工作抓不住,贯彻落实劳动法就有可能成为一句空话。因此,要进一步认清形势,统一认识,明确任务,加强领导,鼓足干劲,集中精力,全力以赴,采取切实可行的措施,保证在1995年年底前完成省政府提出的全面实行劳动合同制度的改革任务。

第五章　并轨——依法全面建立劳动合同制度

（一）加强领导，集中力量，突出抓好国有企业改革方案的实施工作

各地改革经验证明，我国的各项改革，是靠政府来组织和推动的。改革能否取得大面积的丰收，关键在于领导，在于政府领导包括劳动部门领导，是否对全面实行劳动合同制予以足够重视。从目前情况来看，全省国有企业已签订劳动合同的约占60%，已制订改革方案尚未付诸实施的企业约占30%，未制订方案（含停产企业）的约占10%。此外，大约有60%的非公有制企业尚未与职工签订劳动合同。根据这一情况，下半年各地要全面实行劳动合同制度，必须在这30%和10%上做文章，下苦功。这是一块硬骨头，我们不能掉以轻心，更不能有所松懈。要主动向当地党政领导汇报改革的进展情况和意见，积极争取地方党政领导的重视和支持，确保这项改革有一个强有力的领导核心。特别是还没有发文件做出部署的市、县，或做出部署，但目前仍处于试点阶段的市、县，要赶快行动起来，争取当地政府及早发文件作部署，全面铺开，不能再按部就班，等搞完试点后才逐步铺开，而是从现在起就要以点带面，全面推进。劳动部门更要加强对改革的领导，不但第一把手要亲自抓，领导班子的其他成员也要齐抓共管。要学习河源、佛山、揭阳等市的好经验，做到统一领导，组织落实，人员到位，分工负责，分片包干，通力协作，限期攻破国有企业30%和10%这个堡垒，完成改革攻坚战，实现新旧制度的转换。各地级市劳动部门尤其要注意加强对所属市、县（区）劳动合同制改革的统一领导和具体指导。县一级的劳动部门人手少，中、小型企业多，部分企业劳资干部素质不太高。地级市劳动部门要加强对县一级改革工作的领导，要明确责任和目标，一级抓一级，层层落实。县（市、区）劳动部门下半年更要把全面实行劳动合同制度作为首要任务，集中精力打歼灭战。要学习高州市的经验，以全面实行劳动合同制为"龙头"，围绕此项改革，促进劳动部门各项工作，促进劳动事业的发展。不能光顾抓钱而不抓改革，这是舍本逐末，得不偿失。各级劳动部门的主要精力要狠抓企业劳动制度改革方案的实施工作，不要仅仅满足于宣传发动和办培训班，要在推动改革方案付诸实施、落到实处上下功夫，尽快与职工全面订立劳动合同。这样，改革才能取得实质性进展。

（二）加强分类指导，突破改革难点，下大力气，抓好困难企业改制工作

根据劳动法规定和企业改革的要求，我们认为，企业的情况千差万别，对改革基础好，经济效益好的企业，改革要一步到位，全面实行合同制；对亏损企业和半停产等困难企业，应按劳动法的规定先与职工签订劳动合同，其他配套措施可以分步到位；对处于停产整顿和濒临破产的企业，要根据具体情况来决定，对于仍与企业保留劳动关系的职工，应签订劳动合同，以保证他们的基本生活。困难企业与职工签订的劳动合同和生产正常的企业职工签订的劳动合同在内容上、合同期限上可以有所区别，困难企业中的上岗职工与下岗职工的劳动合同在内容和条款上也可以有所不同。具体内容可由企业与职工在不违背劳动法的情况下灵活处理。如放长假的期限、生活费的发放、社会保险金的交纳等具体问题，均可以由双方通过协商确定。但劳动合同还是要签订，基本的权利义务要明确。

困难企业中的原固定工改为合同制职工后，其合法权益应当依法予以保护，既要防止企业以实行劳动合同制为借口随意辞退职工，也要防止一些职工借实行合同制之机随意流走。当然如果双方愿意终止劳动关系，可以不签订合同。符合终止、解除劳动合同条件的，按有关规定办理。属于濒临破产处于法定整顿期间或者属于严重困难企业确需裁减人员的，也要严格按照有关规定办理，并发给经济补偿金。对困难企业中的劳动合同制职工，如生产确实不需要、合同期未满的，可以经过协商，提前解除劳动合同，给予一定的经济补偿，不再保留劳动关系。困难企业使用的外来工、临时工，要限期清退，腾出岗位安置富余职工；对这些企业中放长假、停薪留职的人员，也要订立劳动合同。总之，对困难企业也要按照劳动法关于建立劳动关系必须签订劳动合同的规定条款，结合企业的具体情况建立劳动合同，先把劳动合同订立起来，其他措施可以逐步配套和完善。

对富余职工的分流安置问题，省政府决定通过组织实施"再就业工程"予以解决。

（三）运用劳动执法监察手段，全面推动企业与职工订立劳动合同

各地要加强劳动监察机构和队伍的建设，加大劳动监察力度，并担负起推动非公有制企业实施劳动合同制度的主要责任。要运用执法监察手段，

结合下半年执法大检查，认真督促指导用人单位与劳动者遵守劳动法律法规，依法签订劳动合同。对故意拖延不签订劳动合同的，不管是"三资企业"、私营企业还是国有企业，劳动部门都要按照劳动法的规定，下达整改通知书，责令其限期改正，拒不整改、情节严重的要给予通报批评；对不签订合同的职工造成损害的，要按照劳动部关于《违反〈劳动法〉有关劳动合同规定的赔偿办法》，责令其承担赔偿责任。要通过严格的执法和监督检查，全面推进公有制和非公有制企业与职工订立劳动合同。

（四）认真做好总结验收工作，进一步发展和完善劳动合同制度

对于已经完成或基本完成劳动合同制改革的地区和企业，要认真做好总结验收工作，防止改革走过场，流于形式。各地可根据本地实际情况制订若干验收标准。我们认为，全面建立劳动合同制度的企业，一般应达到以下几个要求：用人单位必须与应当建立劳动关系的全部职工在平等自愿、协商一致的基础上订立劳动合同；劳动合同的内容符合国家法律、法规和有关规定；企业内部基本打破干部、工人的身份界限，初步形成平等竞争的用人机制；企业劳动组织比较科学，工资分配基本合理；企业和职工依法交纳各项社会保险基金。

在基本完成劳动合同制改革后，各地要继续完善劳动合同制度和有关的配套措施，巩固改革成果，使这一新型劳动制度尽快正常运转。要学习深圳市的经验，把企业与职工签订乃履行劳动合同的情况作为总结验收的重点，加强检查和督导，保证劳动关系的稳定协调发展。

四、改革中须注意把握的几个政策问题

（一）关于是否需制定统一的劳动合同标准文本问题

在全面建立劳动合同制度初期，需要有一些劳动合同样本推荐给用人单位和劳动者作为参考。由于各用人单位情况千差万别，对工作内容、劳动报酬的规定也就差异很大，因此，最近劳动部提出，国家不宜制定统一的劳动合同标准文本。目前，省和各市制定并向企业推荐的劳动合同文本将一些带有共性的、法律已经明确规定的内容作为劳动合同必备条款规定下来，对于用人单位和劳动者双方有一定指导意义，但这些合同文本只能

供用人单位参考，不能强行用人单位使用。行业根据自己的特点，制定并向所属企业推荐劳动合同文本也是可以的，但不能用劳动合同标准文本代替劳动合同，应逐步使用人单位和劳动者在平等协商的基础上签订劳动合同。

（二）关于困难企业（含停产、半停产企业）实行劳动合同制问题

困难企业开展劳动合同制改革，应区分不同情况进行。对于政策性亏损企业，生产仍在进行，还能发出工资，就应该按照劳动法的规定签订劳动合同，而不必等分流了富余职工后才签订劳动合同。什么人列为富余职工，如何分流、安置富余职工，可以放在下一步处理。停产、半停产企业也应根据具体情况签订劳动合同，以保证这些职工的基本生活。合同中有关合同期限、工资、保险等方面的问题，可以根据不同情况在双方协商一致的基础上进行确定。

（三）关于无固定期限劳动合同的签订与履行问题

无固定期限的劳动合同是指不规定劳动合同终止日期，但是规定在什么情况和条件下可以终止合同，只要劳动合同中规定的终止条件未出现，就可以无限期履行的劳动合同。按照平等自愿、协商一致的原则，用人单位和劳动者只要达成一致意见，无论是初次就业的，还是由固定工转制的，都可以签订无固定期限的劳动合同。在合同履行过程中出现时，就可以解除劳动合同。

（四）关于用人单位发生分立或合并后原劳动合同的处理问题

用人单位发生分立或合并后，分立或合并后的用人单位可依据实际情况与原用人单位的劳动者变更劳动合同，但应遵循平等自愿、协商一致的原则。

（五）关于外派职工劳动合同的签订问题

由原用人单位派出到合资、联营、参股单位的职工、与原单位如果仍保持着劳动关系，应当与原用人单位签订劳动合同，原用人单位可依据劳动合同的有关内容与合资、联营、参股单位订立劳务合同，明确职工的工资、保险、福利、休假等有关待遇。

（六）关于租赁、承包经营（生产）企业中劳动合同的签订问题

租赁经营（生产）、承包经营（生产）只是所有权与经营权相分离的形式，企业的所有权并没有发生改变，职工在签订劳动合同时，用人单位一方仍为该企业。依据租赁合同或承包合同，租赁人、承包人或其授权委托人为该企业的法定代表人时，则其可代表该企业（用人单位）与劳动者订立劳动合同。

（七）关于劳动合同制改革中稳定劳动关系的问题

劳动者和用人单位不得以实行劳动合同制度为由，单方面提出离开原单位或单位借机辞退部分职工。只有当双方当事人协商一致时，才可以不签订劳动合同，解除劳动关系。

五、全面建立劳动合同制度必须切实抓好配套改革

当前劳动制度改革的重点是在各类企业全面建立劳动合同制度，尽快把新型劳动制度的基本框架搭起来，然后再逐步完善。按照上述改革的总体部署，各级劳动部门要切实抓好以下几项配套改革：

（一）认真抓好劳动合同的管理，巩固完善劳动合同制度

目前，广东省已有相当一部分企业与职工订立了劳动合同。对已经订立的劳动合同，要加强劳动合同鉴证，及时纠正无效合同。1995年年初，省政府颁布了《广东省劳动合同管理规定》和《广东省劳动争议处理实施办法》，对加强合同管理，及时处理劳动争议做出了明确规定。我们要按照上述规定，着手建立劳动合同档案管理制度，明确签订、续订、变更、解除和终止合同的程序和办法，明确违反合同应当承担的责任和经济赔偿办法，按合同期限分类管理，保证劳动合同的严格履行。各级劳动部门要进一步建立健全劳动合同管理服务机构，完善劳动仲裁调解制度，指导企业和职工正确签订和履行劳动合同，努力纠正不订合同或走过场、流于形式的现象，对因履行劳动合同而发生的争议，要按照法定程序及时处理，保证劳动关系的协调、稳定发展。

（二）加强职业技能培训，提高职工队伍素质

最近，省委领导指出，广东省职工和劳动者素质偏低，是进一步发展经济的一个重要制约因素，要采取得力措施，加强职业技能培训，提高职工和劳动者素质。实行劳动合同制改革，不是单纯地为了"裁人"，单纯考虑撤离富余人员，而是着眼于有效合理地配置、使用劳动力资源。特别是现在处于产业结构、企业结构调整、升级阶段，有一部分劳动力由于技术上的原因，不适应企业发展的需要，为了缓解这个矛盾，各地在改革中，要把全面实行劳动合同制与开展职业技术培训结合起来，抓好在职职工的技术业务培训和日常考核。各级技工学校、培训中心，要挖掘潜力，重点做好关、停、并、转企业职工和下岗职工的转业、转岗培训工作，提高他们的技术素质。已完成改革目标的企业，在完善相关制度的同时，认真抓好全员技术技能培训，逐步实现劳动力资源的合理配置，做到人尽其才，才尽其用。要依靠行业主管部门并发挥企业的作用，调动社会各方面的积极性，共同做好此项工作。

（三）围绕改革重点，抓好企业工资制度改革

各级劳动部门要结合实行劳动合同制度，指导企业依照按劳分配原则建立科学合理的分配制度，在规定的工资总额范围内，由企业根据实际情况采取不同的具体分配形式，合理拉开不同岗位的工资分配差距，鼓励职工在一线生产岗位劳动。要严格执行省政府颁发的《广东省企业职工最低工资规定》，对职工在正常劳动和非正常劳动条件下的分配方式、水平等都要通过劳动合同予以明确和保障。防止克扣和拖欠职工工资现象，切实保障职工的合法权益。要加强对企业工资宏观调控，完善《工资总额使用手册》的管理和联审制度。对接收富余职工的企业，可以按增人增资的原则增加工资基数；对分流富余人员的企业，其工资总额也应当做相应的分流。要认真研究制订工资增长指导线及具体操作办法，引导工资合理增长；按照《广东省国有企业经营者年薪制试行办法》，选择一些具备条件的企业进行经营者年薪制试点，在企业内部形成工资增长的正常机制和制约机制。

（四）积极做好组织协调工作，共同推动劳动合同制的全面实施

1995年我国经济体制改革的重点是企业，劳动制度改革不仅是整个经

济体制改革的重要内容，也是企业改革的重要组成部分。要积极主动与各部门联系，把实行劳动合同制改革纳入企业转制工作规划，与企业内部各项改革配套进行。特别要注意主动与经委、体改委、贸易委、人事以及工商、财政、公安、房管等部门协调配合好，与实施《中华人民共和国企业法》《中华人民共和国公司法》结合起来，联合攻关，解决改革中不配套的问题，在与有关部门协调配合中，如果发生矛盾或争议，要及时向当地政府报告，请求政府出面协调。如果涉及部门上级规定的问题，要及时提出，请求省厅出面协调。要与工、青、妇组织加强联系，听取他们的意见，借助大家的力量，推动改革全面发展。

总之，广东省劳动制度改革已经到了最后攻坚阶段，我们要有高度的使命感和紧迫感，切实加强领导，创造性地开展工作；广大干部要认真学习劳动法及其配套的法规、规章，尽快熟悉和掌握国家和省近年来出台的各项劳动政策法规，以适应建立新制度的要求；要以富有成效的工作，争取在全国率先全面建立起符合社会主义市场经济要求的新型劳动用人制度，顺利实现新旧制度的平稳转换。

（注：本文写于1995年6月，反映了笔者学习劳动法的体会与广东各地依法推进改革的遇到的问题和解决问题所采取的政策措施，有力地推动了新旧劳动制度于1995年基本实现了的历史性变革，从而走上依法签订劳动合同确立劳动关系的新阶段。此后，改革的重心和注意力开始转向实施再就业工程。收录时有改动。）

第二节　当前全面建立劳动合同制度须解决的几个问题

自劳动法颁布实施以来，我国劳动制度改革已从新招人员实行劳动合同制发展到全面建立劳动合同制度的新阶段。初步统计，目前，全国实行劳动合同制的职工达5000多万，占职工总数的51%；其中，广东省实行劳动合同制的职工430多万，占应实行劳动合同制职工总数的51.3%。这标志着新型的劳动合同制度开始占据主导地位。然而，把传统的固定工制度转换为劳动合同制度，毕竟是我国劳动领域的一项重大改革，是涉及经济、社会各方面的一场深刻变革，改革中有许多理论问题和实际问题迫切需要解决。在这里，笔者拟对以下几个问题，谈一些个人的看法和意见，借以抛砖引玉，共同探索。

一、关于在企业内部打破干部、工人身份界限问题

劳动法明确规定:"建立劳动关系应当订立劳动合同。"这些规定把劳动合同作为建立劳动关系的基本形式上升为法律规范,这是劳动法的核心内容。依据劳动法的实施范围,各类企业和与之形成劳动关系的劳动者,都应订立劳动合同,成为企业职工。这从法律上取消了原来的国家干部、职工的称谓,在企业内部为打破干部、工人身份界限提供了法律依据。

在劳动法颁布之前,国务院于1992年7月颁布的《全民所有制工业企业转换经营机制条例》,不再使用国家干部的称谓,而对企业中原来的国家干部称为企业管理人员和技术人员,可以安排其他工作,包括到工人岗位上工作。企业可以从优秀工人中选聘管理人员和技术人员。这些规定,对于打破企业干部、工人身份界限起到积极作用。1994年9月省政府发出的《关于企业全面实行劳动合同制的通知》,则进一步明确提出:企业用人,应根据工作岗位需要,打破干部、固定工、合同工、临时工的身份界限,全面实行劳动合同制。上述规定从法律上、政策上为企业全面实行劳动合同制度,打破干部、工人身份界限,建立平等竞争机制再次提供了有力的依据。

但是,在实际改革过程中,我们受到人为的干扰很多。有些部门借口坚持"党管干部"原则,提出国家干部就是干部,企业工人就是工人,这个界限不能打破;有的政府部门仍继续向企业直接下达招干聘干指标,工人被聘为干部后,就享受国家干部的一切待遇,一直到退休;原干部落聘到工人岗位后仍保留国家干部身份,"铁交椅"打不破,干与不干一个样,企业没有办法。这种做法保护了所谓"国家干部"的利益,违背了改革的初衷,妨碍了企业用人自主权的落实。劳动者无法在平等的地位上竞争,广大职工也不满意。工人群众说,改革为什么只把国家工人的身份改掉了,而仍保留一部分人的国家干部身份,这是不公平的。

笔者认为,"在企业内部打破干部工人身份界限"这个提法,可能不够准确,但它所揭示的问题是十分重要的。其实质是要求统一取消企业国家干部、国家工人的身份,摘掉职工头上的"国家干部""国家工人"这顶帽子,统称企业职工。无论是工人还是管理人员、技术人员,都是企业职工。这既有利于落实企业用人自主权,有利于打破干部与工人岗位交流的界限,有利于理顺政府部门之间的管理关系,在全社会建立人才平等竞争,优胜

劣汰的机制，以适应发展社会主义市场经济的需要。被聘在领导干部岗位的职工，可以按照干部管理权限进行管理，这也不会妨碍"党管干部"原则的落实。因此，我们建议：①今后政府有关部门不应当再沿袭计划经济的做法，向企业下达招干指标。而是要把干部的任免权全部交给企业，取消企业的行政级别，取消企业管理人员、技术人员的国家干部身份。企业需要聘用管理人员或技术人员，由企业自主决定，并与所录用的其他员工一样订立劳动合同，统称企业职工。组织人事部门可以按照管理权限对在领导岗位的人员进行管理。②逐步取消企业领导的国家干部身份，确立企业家作为专业经营人才的社会地位，形成一支既懂专业技术又懂经营管理的职业化的企业家队伍，逐步形成让企业家作为市场要素，在市场上合理流动的机制。③理顺政府部门之间的管理关系。企业所有职工在企业之间跨地区流动，由劳动部门办理手续，如经考核被选录为国家公务员的，则由组织人事部门按规定办理。

二、关于企业富余职工分流安置的途径问题

妥善分流安置企业富余职工，是深化改革过程中不能再回避的一大难题。在深化改革的新形势下，各地提出了许多分流安置企业富余职工的主张。归纳起来主要有以下三点：

（一）坚持以企业自我消化为主

10多年来，各地政府制定的有关国有企业富余职工安置政策，一直强调"富余职工以企业消化为主"。这对发挥企业的积极性、努力发展第三产业安置富余职工、保护劳动者的利益、保持社会稳定起到积极作用。但是，实践证明，随着企业社会主义市场经济的发展，企业在市场中竞争，有生有死，特别是国有企业由于历史包袱沉重，处于不利地位，因此不少国有企业亏损严重，濒临破产，对于富余人员消化不了；另外，随着科学技术的发展，企业要在激烈的市场竞争中取胜，就必须不断采用新技术，开发新产品，进行优化重组、兼并等。但强调以企业为主消化富余职工，实际上是过分强调企业的责任，使绝大部分富余职工长期滞留在企业，包袱越背越沉重，这就制约了企业结构调整以及产品结构的优化升级，阻碍了企业改革的深化。看来单纯依靠企业内部消化安置的途径是行不通的。

（二）主张"富余人员安置以社会消化为主"

这个主张完全按照发展市场经济的要求，实行优胜劣汰，允许企业向社会释放富余职工，由社会来消化安置富余职工。这个思路的好处是能迅速减轻企业负担，按照市场规则，实现劳动力资源的合理配置。但是，当前我国正处于新旧体制转轨阶段，人口众多，就业压力大，社会保障制度不健全，完全按照市场经济的要求把2000万富余职工向社会排放，失业职工难以重新找到工作，这对社会稳定将带来不利影响。

（三）主张采取"企业安置、个人自谋职业和社会帮助安置"三结合办法，多途径分流安置富余人员

这个新思路强调，在富余职工增多，企业消化不了和失业保障能力相对薄弱的形势下，应当以充分开放和合理配置劳动力资源为出发点，以市场调节供求为中心，以保障富余职工基本生活为原则，多途径分流消化富余职工。这个主张的主要特点是：

（1）强调企业安置富余职工的责任，发挥企业安置的积极性，但不能强调以企业消化为主。企业确实消化不了的富余职工，可以与职工协商，逐步、分期分批地向社会释放。如对实行产权转让、兼并的企业，可以采取以下安置办法：①由买方安置，费用从产权出售价格中扣除（或兼并企业安置）；②由卖方安置，费用从出售收入中提取等。

（2）鼓励个人自谋职业。着眼点是强调劳动者就业是个人责任。调动个人寻找职业的积极性，解除其对企业和政府的依赖关系。在市场经济条件下，劳动者个人有择业权。要不要就业、什么时候就业、到哪里（岗位）就业，应当由劳动者个人决定。过去在国家统包统配条件下，劳动者个人没有择业权，完全依赖政府安排工作，养成了一种依赖的习惯，即使没有工作干了，也要躺在国家和企业怀里吃"大锅饭"。这使劳动者个人积极性调动不起来，富余职工越积越多，不利于深化企业改革。

近年来，不少地区和企业在深化改革中采取一次性付给职工安置费，买断工龄的做法，支持劳动者自谋职业，效果显著。如揭阳市供销系统富余职工约占三分之二，但大多数都自谋职业，有活干，有收入。广州市在企业结构调整中，也采取了这个做法，分流安置不少富余职工。过去，在政策上，我们没有这方面的规定，致使出去自谋职业的人员仍然与企业保留劳动关系（如停薪留职），现在，从政策上已经规定，有利于个人自谋职

业，也有利于实现劳动力资源的合理配置。如国务院在《关于在若干城市试行国有企业破产有关问题的通知》中，就明确规定，"政府鼓励破产企业职工自谋职业，对自谋职业的，政府可根据当地实际情况，发放一次性安置费，不再保留国有企业职工身份。一次性安置费原则上按破产企业所在市的企业职工上一年平均工资收入的3倍发放"。这些规定，目前尚在试点进行。笔者认为，今后不仅可以在破产企业实行，其他各类企业都可以逐步采取鼓励和保护相结合的办法，予以实施。

（3）强调政府责任的同时，发挥市场调节的功能，调动了社会各方面的积极性。长期以来，我们一直不敢主张企业向社会释放富余人员，因而富余人员的再就业，无法由市场来调节，从而无法实现劳动力资源的充分开发和合理利用配置。允许企业向社会释放富余人员，是改革中的新突破，是按照市场经济规律实现劳动力资源重新配置和合理利用的必然要求。但是，在实施中，也将会出现失业职工再就业难、基本生活保障难等一系列新问题。对此必须有足够的认识。

基于上述分析，笔者认为，第三种主张是符合改革方向的。应当积极实施。在目前的实施过程中，要采取逐步推进的办法，做好以下工作：一是抓紧完善失业保险机制，保障失业职工的基本生活；二是要重视实施再就业工程，充分发挥社会职业中介机构的作用，推荐介绍再就业；三是开展转业训练，对失业职工进行职业技能开发，提高再就业能力；四是制定扶持政策、组织生产自救基地；五是运用失业保险基金中的生产自救费，适当资助开发新的经济实体等。这是我们在改革中，尤其在分流安置人员过程中必须付出的代价。否则，就无法加速分流安置富余职工，无法实现劳动力资源的合理配置。建议今后要随着社会主义市场经济的发展和社会保障制度的完善，逐步转换富余职工再就业的机制，加大市场调节力度，从而较好地解决富余职工重新配置问题。

三、关于全面建立劳动合同制度与保障职工主人翁地位问题

建设有中国特色的社会主义，必须全心全意依靠工人阶级。江泽民同志指出："在发展多种经济成分的同时，我们要千方百计地搞好搞活大中型国有企业，要全心全意依靠工人阶级。离开他们的积极性、创造性和主人翁的责任感，一切都无从谈起。"改革开放以来，我国在深化企业改革中，

都十分重视依靠工人阶级，维护广大职工的主人翁地位，收到了较好的效果。但是，在近年来改制过程中，广大职工合法权益受到了侵害，其主人翁地位确实有下降趋势。于是，有些同志说，全面实行劳动合同制，使企业经营者与职工的劳动关系变成雇佣关系，致使职工的主人翁地位下降了。这种把职工地位下降归咎于全面实行劳动合同制的说法，是片面的，也是错误的，这不利于深化劳动制度改革，必须予以澄清。

不可讳言，在近年来的改制过程中，企业职工主人翁地位确实有下降趋势，主要表现在：①职工的政治社会地位下降，许多企业职代会未能保证职工真正参与企业重大决策和民主管理；②职工经济地位下降，工资收入整体上处于社会下层，且无保障，职工创造的利润被少数企业经营者、私营老板侵吞；③职工就业缺乏有力保障，虽然签订了劳动合同，但有随时被企业炒鱿鱼的担忧。出现上述情况的原因主要是：①在国有企业改制过程中，我们不适当地突出强调了企业经营者的作用，忽视职工群体的作用，落实企业自主权变成给厂长经理放权，从而形成个人专权，职工当家不作主，职代会形同虚设，职工变成随时被炒鱿鱼的雇员。②在实行股份制改造的企业中，强调了股东的地位，股东成为企业天然的主人、职工的地位受到排斥。特别是在股份制改造中，不少企业把国有公有的那部分资产划到法定代表人头上，企业代理人占了大股，他既可以不听政府的，更可以不听职工的，企业成了"自家"的企业。③在非公有制企业中，由于生产资料属于私人所有，加上法制不健全，职工的合法权益无法得到保护。④在实行合同制过程中，有些企业没有按照法定程序在平等自愿、协商一致的基础上与职工订立劳动合同，使职工的某些权益得不到保障，如拖欠工资、劳动保护条件不落实等等。

由此可见，企业职工主人翁地位下降的原因是多方面的，不能仅归咎于劳动制度改革，它也与深化劳动制度改革有一定的关系。那么，在当前深化企业改革过程中，应当如何保证职工的主人翁地位呢？笔者认为必须注意遵循如下几条原则：一是牢固树立全心全意依靠工人阶级的指导思想；二是要充分发挥公有制企业党组织的政治核心作用和工会、职代会在企业民主管理监督中的作用；三是摆正厂长与职工的地位和关系。确认厂长经营者的地位不能离开职工主人翁的地位。即使是非公有制企业，也要依法保护职工合法权益。

在劳动制度改革过程中，我们在指导思想上必须有一个清醒的认识，即不要把实行劳动合同制与资本主义条件下的雇佣劳动等同起来。在我国，劳动合同制度毕竟是一种平等协商、用合同形式来确定和调整企业与劳动者之间劳动关系的劳动用人制度。改革的目的是适应发展社会主义市场经济的需要。因此，在全面实行劳动合同制过程中，我们要十分重视坚持平等自愿、协商一致的原则，把实行合同制与维护职工主人翁地位结合起来。在具体操作上，要体现国家法律关于保护职工利益的政策，合理确定劳动合同期限；要在非公有制企业进行签订集体合同试点，增强职工集体观念，依法维护自身合法权益；此外，要教育职工树立主人翁思想、与企业共兴衰。

四、关于国有企业厂长（经理）是否要签订劳动合同，该怎么签订劳动合同的问题

这是当前企业全面实行劳动合同制度遇到的一个深层次难题。长期以来，我国干部归人事部门管理，工人归劳动部门管理，形成了两套不同的管理制度。当前广东省各地按照《劳动法》的规定，在各类企业全面实行劳动合同制度，实质上不仅是我国劳动制度的重大变革，也是我国企业人事制度的重大改革。但是，由于人们对此项改革认识不足，因而在干部尤其是厂长、经理是否要签订劳动合同，该怎么签订劳动合同这个问题上，产生了两种不同的意见。

一种意见认为，国有企业厂长作为法定代表人，实质上是受国家委托经营管理企业，并对企业资产增值保值负责。因而其厂长只需与代表国有资产的上级主管部门签订承包或租赁等经济合同，不应签订劳动合同。

另一种意见认为，国有企业厂长是全体职工的一员，也应与其他职工一样，应以劳动者的身份签订劳动合同。

笔者赞成后一种观点。主要理由是：①国有企业厂长身兼两重身份，既是经营者，又是以获取工资收入作为生活资料来源的劳动者，由于两重性集于一身，它可以以两种身份分别签订经济合同和劳动合同；②国有企业厂长受委托经营管理企业，不管是否法人代表，它与所委托的单位、组织形成了劳动关系，因此应与委托单位（如上级主管部门、董事会等）签订劳动合同；③劳动合同期限可以与经济合同期限相一致。

那么，国有企业厂长（经理）应与谁签订劳动合同呢？目前对这一问题有三种回答。

一是与企业签订劳动合同。在国有企业，厂长是法人代表。形成了厂

长与自己签订合同,这违背了劳动合同必须有一个以上当事人的基本原理是不妥的。但在股份制企业,厂长可以与企业董事会签订劳动合同。

二是与职代会签订劳动合同。目前,大多数国有企业厂长是由上级主管部门任命的,应向其任命的单位承担职责,因此与职代会签订劳动合同是不妥的。

三是与上级主管部门或聘任部门签订劳动合同。按《中华人民共和国企业法》规定,企业厂长(经理)实质上是受国家委托经营管理企业的,它所委托或聘任的部门、组织之间形成了劳动关系,因此,应当与上级主管部门或聘任部门签订劳动合同的。笔者赞成第三种意见,劳动部1994年8月发出的《关于全面实行劳动合同制的通知》(劳部发〔1994〕360号)明确规定:厂长经理应与聘任部门签订劳动合同,实行公司制的企业厂长经理应与董事会签订劳动合同。

(注:本文写于1995年6月,对广东在全面建立劳动合同制度的关键阶段遇到的深层次问题,提出了一些解决的办法。反映了笔者对当时深化改革的一些认识。)

第三节　劳动法奠定了新型劳动体制的法律基础

最近,全国人大颁布的《中华人民共和国劳动法》,是一部具有中国特色、体现发展社会市场经济要求的综合性劳动法典。它不仅对劳动者合法权益作了明确规定,而且突破了旧体制的框框,总结和肯定了改革开放以来劳动体制改革的主要成果,借鉴了国际上的一些国家的成功经验,从一些主要方面构筑了社会主义市场经济条件下新型劳动体制的基本框架,为加快建立新型劳动体制奠定了坚实的法律基础。

劳动法从哪些方面突破了旧体制的框框,构筑了新型劳动体制的框架呢?

第一,废除统包统配就业制度,促进公平竞争就业。劳动法明确规定,劳动者享有平等就业和选择职业的权利,国家支持劳动者自愿组织起来就业和从事个体经营实现就业。国家和政府主要是"创造就业条件,扩大就业机会。发展职业介绍,提供就业服务。"这些规定意味着,在就业方面,打破了所有制的界限,允许劳动者采取多种方式,多渠道就业,从而以法律形式确定了劳动力市场中企业和职工的主体地位,使市场机制能够在劳动力资源开发利用和配置过程中发挥基础性作用,有利于劳动者能够在政府宏观调控下通过市场实现充分就业和合理流动。这对旧体制来说，是一个重大突破，也是对 10 年来改革成果的肯定，体现了发展市场经济的原则要求。

第二，明确建立劳动合同制度。劳动法明确："劳动合同是劳动者与用人单位确立劳动关系、明确双方权利和义务的协议。""建立劳动关系应当订立劳动合同。"这些规定的重要意义在于：突破了传统的固定工制度模式，确立了以劳动合同为基本方式建立劳动关系的新型劳动制度。改革开放 15 年来，广东坚持实行劳动合同制，取得了显著成绩，但一直没有得到法律认可，改革难以大面积推行。新颁布的劳动法肯定了 10 多年来的改革成果，同时，还借鉴国际上有益的经验，明确"建立劳动关系应当订立劳动合同。"同时还提出要建立集体劳动合同制度。这为构建我国新型劳动制度确定了方向，奠定了基础，增添了新的内容。这完全是按照市场经济规律，为国有企业转换经费机制和建立现代企业制度而制定的，是一个新的重大突破。

第三，确立新型工资分配体制，为深化工资制度改革提供了法律依据。过去在工资分配方面，一直由政府直接管到企业，具体确定企业的分配方式、水平和标准。新颁布的劳动法规定：用人单位有权"依法自主确定本单位的工资分配方式和工资水平"。"国家对工资总量实行宏观调控，并实行最低工资保障制度。"这就明确了今后工资制度改革的方向是：市场机制调节，企业自主分配，国家间接调控。政府的主要任务是通过调控工资总量，确定和调整最低工资标准来间接调控全社会的工资分配水平。这对于过去传统的工资管理体制来说，无疑是一个重大突破，是一个重要的历史性进步。

第四，确立了适应市场经济发展需要的职业技能开发新体制。劳动法规定：国家通过各种途径、采取各种措施，发展职业培训事业。政府鼓励和支持进行各种形式的职业培训，开发劳动者的职业技能，提高劳动者素质，并实行职业资格证书制度，负责对劳动者实施职业技能考核鉴定。过去我国对职业教育和技能开发工作重视不够，没有统一、完善的职业分类和国家职业技能标准，对劳动者的职业技能只能依据其工资等级来判定。这对职业技能开发工作极为不利。劳动法通过立法形式，明确作出上述规定，并把职业培训纳入社会经济发展规划，这对于建立职业技能开发管理体制，加快发展职业培训事业，合理划分劳动者的职业技术等级，不断提高劳动者的就业能力和工作能力，都具有积极意义。

第五，明确建立统一的覆盖全社会用人单位的社会保险制度。劳动法第九章规定，建立社会保险制度，同时对保险基金的来源、筹集方式、待遇水平和管理体制等方面作出了明确规定。这些规定，从适用范围来看，是覆盖了所有与用人单位建立劳动合同关系的劳动者。使劳动者在年老、患病、工伤、失业、生育等情况下将获得社会帮助和补偿。这些规定为今后深化保险制度改革提供了法律依据。

第六，确立了新型的劳动安全卫生管理体制。明确用人单位必须建立健全劳动安全卫生制度，严格执行国家劳动安全卫生规程和标准，为劳动者提供符合规定的劳动安全卫生和必要的劳保用品，对劳动者进行劳动安全卫生教育等；明确规定劳动者在劳动过程中必须严格遵守安全操作规程，遵守劳动纪律，对用人单位管理人员违章指挥、强令冒险作业，有权拒绝执行，对危害生命和身体健康的行为，有权提出批评、检举和控告；国家明确建立伤亡事故和职业病统计报告和处理制度，并对进行监督检查等也作出了明确规定。这些规定为建立"企业负责、群众监督、国家监察"的安全生产管理新体制奠定了法律基础。此外，还对女职工和未成年工实行特殊劳动保护作出了具体规定，成为构建新型劳动安全保护管理体制的重要内容。

第七，明确了劳动争议处理程序，形成了新的劳动关系调整机制。劳动关系确立后，保持劳动关系的协调发展和相对稳定，是促进经济发展和社会稳定的重要环节。中华人民共和国成立40多年来，劳动争议处理方面一直缺乏有力的法律依据，尤其是受到"文化大革命"的冲击，劳动争议处理制度和程序很不健全。随着所有制结构的变化，劳动关系复杂多变，成为市场经济条件下影响社会稳定的一个突出因素。劳动法对此十分重视，列出专章，明确在用人单位内设立劳动争议调解委员会，在同级劳动部门建立劳动争议仲裁委员会，发生劳动争议，当事人可以依法申请调解、仲裁、提起诉讼等。这些机构、制度和程序的建立，为建立新型劳动关系调整机制提供了法律规范。

第八，明确了劳动工作宏观调控的职责、内容和手段。劳动法开宗明义在第一章"总则"中明确，由劳动行政部门主管劳动工作。这意味着劳动工作的范围与劳动法规定的内容是相一致的，劳动部门将对劳动就业、劳动合同、工资分配、劳动保护、社会保险、职业培训和劳动争议处理等主要方面进行间接调控，责任重大。调控的手段主要是依法行政。劳动法明确赋予县以上各级劳动行政部门依法对用人单位遵守劳动法律、法规情况进行监督检查及对违法行为进行处罚的权力。这些规定为建立劳动工作宏观调控体系奠定了基础。

综上所述，可以清楚地看出，劳动法从上述八个主要方面勾画了新型劳动体制的蓝图。它的颁布，指明了劳动制度改革的方向，增强了我们加快建立新型劳动体制的信心。当前，我们必须把贯彻劳动法与深化劳动体制改革紧密地结合起来，争取早日实现在实践中构建新型劳动体制这一宏伟的改革目标。

（注：本文写于1995年年初，为笔者学习劳动法的心得体会，曾在全省劳动系统干部培训班上宣讲。）

第四节　广东企业劳动制度的历史性变革

广东省各级劳动部门抓住贯彻实施《中华人民共和国劳动法》的有利时机，按照省政府《关于企业全面实行劳动合同制度的通知》的要求，集中精力，全力以赴，依法在全省各类企业全面实行劳动合同制度改革，先后突破了富余人员分流安置难，打破干部、工人身份界线难和困难企业改制难等难点，全面确立劳动合同制度，取得了显著成绩。至1995年年底，全省国有、集体和"三资企业"共有720多万职工与工会签订劳动合同，占职工总数的95%以上，从而结束了两种劳动制度并存状况，顺利实现了由过去的固定工制度向新型劳动合同制度并轨的历史性变革。

这个历史性变革，具有以下几个主要特点：

一是实施范围广泛。各地、各部门依据劳动法规定的实施范围，要求各类企业在1995年年底全面通过与职工订立劳动合同，确立劳动关系，加快构建新型劳动制度基本框架。因而改革不再局限于国有和大型集体企业，而是在各类企业，包括国有、集体、三资、乡镇和私营企业以及个体经济组织全面铺开；不再局限于从社会上新招人员订立劳动合同，而是对各类企业所有在职的全部人员（包括原固定职工、合同制职工、临时工和干部）以及国家机关、事业单位中没有实行公务员制度的工作人员，全面实行劳动合同制度。使用人单位和劳动者普遍在平等自愿、协商一致基础上签订劳动合同，确立劳动关系。

二是改革力度大，进展快。全民实行劳动合同制度是我国劳动制度的根本性变革，涉及广大职工的切身利益。改革开放16年来，此项改革经过多年试点，逐步铺开，至1994年年底，全省签订劳动合同的职工只占其总数的 25% 左右，并形成了两种用人制度并存的状态。在改制过程中，各市县政府和部门均成立了劳动制度改革领导小组，由主要领导亲自挂帅，召开会议，统筹规划，协调实施。各级劳动部门更是全力以赴，集中精力，深入调研，制订方案，采取分工负责，分片包干，分类指导，整体推进的办法，深化改革，从而有力地推动了劳动制度改革的迅速发展。至 1995 年年末，全省国有、集体和"三资企业"实行劳动合同制职工所占的比重由 1994 年年底的 25% 上升至 95%。基本完成了改革的历史性任务。例如，广州市是全省固定职工人数最多的市，固定职工签订劳动合同人数达 69.3 万人，占企业应转制职工总数的 98.4%。

　　三是改革的深度前所未有。主要是突破了一些深层次难点问题。首先，对分流安置富余职工问题，1995 年 1 月，省政府颁布了《广东省国有企业富余职工安置实施办法》，各市也制定了相应的具体措施。这些政策的着眼点是，不强调由企业被动地消化富余人员，而是充分发挥企业、政府和个人三方面的积极性，在保障富余职工合法权益基础上，实行企业、行业内部消化，社会帮助调剂和个人自谋职业相结合的办法，多渠道分流消化。1995 年全省共妥善分流消化富余职工 50 多万人，其中向社会分流约 8 万人。其次，有利于打破干部和工人的身份界限，建立企业劳动人事管理一体化新体制问题，省劳动厅、省组织部和总工会联合发出《关于企业领导班子成员订立劳动合同问题的通知》，明确规定："企业厂长（经理）、党委书记应按有关规定与其任命或聘任的部门、组织订立劳动合同，或由聘任的部门、组织委托有关管理部门与其订立劳动合同。副厂长（副经理）、党委副书记、工会主席等。一般应与用人单位订立劳动合同；由上级主管部门委任（聘任）的，也可按管理权限，委托有关部门或用人单位与其订立劳动合同。"其他干部与工人一样，在平等自愿、协商一致的基础上与用人单位订立劳动合同。这些改革措施，通过全面订立劳动合同的办法，突破了过去干部、固定工、临时工的身份界限，统称企业员工，使企业内部初步形成了劳动人事管理一体化的新格局，促进平等竞争机制的形成。再次，对困难企业改制难问题，各地按照先转制、后完善的改革思路，加强对困难企业实行劳动合同制的指导。把困难企业职工按照在岗、待岗、离岗三种状况，区别不同对象，在平等协商的基础上，与用人单位签订具有不同内容的劳动合同，先依法建立劳动法律关系，然后按照法定程序逐步解决历史遗留问题，使企业劳动关系全面走上了法制化轨道。上述三大难点的解决，有力地推动了改革的深入发展。

第五章 并轨——依法全面建立劳动合同制度

四是初步建立了相互配套的制度框架。在全面实行劳动合同制度的同时，省政府和劳动部门围绕巩固这一新型劳动制度，颁发了一系列新的配套规章和政策性文件：①省政府颁布了《劳动合同管理规定》，对劳动合同的订立、变更、解除、终止、鉴证以及管理职责作出明确规定，促使劳动关系双方认真履行合同；②在建立劳动关系调整机制方面，省政府颁发了《广东省劳动争议处理实施办法》及加强劳动监察机构建设的文件，明确要求劳动仲裁和监察机构对履行劳动合同过程中发生的争议及违法行为，及时进行督促检查，有力地保障劳动关系协调稳定发展；③建立解除劳动合同的经济补偿制度和违反劳动合同有关规定的赔偿制度，进一步增强劳动合同的约束力，维护了合同双方的合法权益；④在工资支付方面，省劳动厅转发了劳动部关于《工资支付暂行规定》，结合实行劳动合同制度的特点，要求用人单位应与劳动者以合同的形式明确工资标准，作为特殊情况下支付工资的基础。省政府还颁布了企业职工最低工资规定和标准，规范用人单位的工资支付行为，保证劳动者获得劳动报酬的合法权利。此外，省劳动厅还规定企业招聘省内城乡劳动力，原则上不受行政区域和所有制的限制；劳动者跨地区、所有制合理流动，不需要重新办理招工手续，从而促进了劳动力的合理流动。

由于全省各地以坚定的态度，采取各种积极有效的政策措施，依法推动改革，使广东劳动制度在全国率先实现了历史性根本变革，主要有以下四个标志。

（1）劳动合同制度占据主导地位。传统的固定工制度已转变为全新的劳动合同制度，除国有、集体、"三资企业"有95%的职工已依法订立劳动合同外，乡镇企业、私营企业、股份制企业和个体经济组织中的大部分职工也依法订立了劳动合同。劳动合同制度在职工队伍中已占据主导地位，标志着广东劳动制度改革已初步实现制度创新。

（2）用人主体顺利转换。过去的所谓国家职工已转变为企业职工，用人主体已由国家转变为企事业单位。用人单位与劳动者在平等自愿、协商一致的基础上签订劳动合同，确立劳动关系，明确双方的权利和义务，使企业与职工之间的劳动关系相对稳定，合法权益得到法律保护。

（3）用人形式灵活多样。过去单一的、固定僵化的用工模式转变为灵活多样的用人方式。企业用人不再采用单一的固定工模式，而是采取合同、聘用、借用、试用、录用等灵活多样的方式，并根据生产经营需要和双方意愿，在合同期限上采取有固定期限、无固定期限和以完成一定工作任务

广东劳动制度的深刻变革

为期限等多种形式,适应了企业根据市场变化灵活用人和保持职工队伍相对稳定的需要。

(4)引入用人竞争机制。过去封闭僵化、缺乏效率的用人机制正在转变为开放竞争、富有活力的用人机制。在企业内部,打破了干部与工人,固定工与临时工的身份界限,引入了竞争机制,为加强企业内部管理,节约人工成本,提高经济效益创造了条件;在企业外部,开放劳动力市场以及建立社会保险制度;在企业内部建立裁员和辞退、辞职制度,为劳动力供求双方双向选择机制提供了有利条件,促进了职工的合理流动。

1995年,广东全面建立了劳动合同制度,实现了劳动制度的历史性转变,这在改革发展史上是一件具有重大意义的事件。尽管改革过程中还存在一些问题,劳动合同管理制度尚未完善,企业与职工签订的劳动合同不够规范;操作上仍有一些配套政策有待落实。但是这些问题,都是目前转制过程中出现的新问题。我们相信,今后可以通过继续深化改革和依法加强管理予以解决,使劳动合同制度不断完善,以适应发展社会主义市场经济的需要。

(注:广东率先于1995年实现新旧劳动制度的并轨,全面确立以劳动合同为主体的企业用人制度。这是一件历史性的重大事件。《广东年鉴》编辑部约请笔者撰写此稿。本文写于1996年年初,曾发表于《广东年鉴》1996年版,收入本书时有删节。)

第五节 广东全面实行劳动合同制的成效与展望

劳动法颁布实施两年多来,广东各级劳动部门按照发展社会主义市场经济的要求,紧密结合经济结构调整和深化企业改革,依法推进以全面实行劳动合同制度为主要内容的综合配套改革,建立起与社会主义市场经济相适应的劳动制度。这对于推动企业改革和推进两个根本转变起到积极作用。然而,在改革进程中还遇到不少新情况、新问题。当前,按照党的十五大精神,认真总结改革经验,继续依法推进改革,进一步发展和完善劳动合同制度很有必要。

一、全面建立劳动合同制度的理论和法律依据

首先,从理论上看,实行劳动合同制,并没有把社会主义的平等劳动

关系变成买卖劳动力的雇佣劳动关系;并没有否定劳动者作为生产资料主人的权利。长期以来,人们在这个问题上有不同看法,因而,对改革总是犹豫不决。我们认为,我国国有企业实行的劳动合同制,实质上是社会主义初级阶段实行生产资料的国家所有权和劳动能力的个人所有权"双重两权分离"的一种适当形式。按照马克思的观点,所有权有两个层次:一是法律上的所有权,二是经济上的所有权,或者称使用权或经营权。在商品经济发展到一定阶段后,所有权的这两个层次是可以适当分离的。长期以来,我们讲"两权分离"时,只是片面地强调生产资料的两权分离,而忽视了劳动能力的两权分离。事实上,劳动能力也是存在法律所有权与经济所有权(使用权)两个层次的,在一定条件下它们也是可以分离的。

当前,在我国城市经济体制改革中,以生产资料国家所有制和劳动能力个人所有制为基础,必然会产生整体(国家)和个人及其派生的由部分劳动者集体经营的企业等不同的所有者,因而,他们之间也会发生买与卖的所有权的转移,即双重的两权分离:其一是全民所有的生产资料的所有权与使用(经营权)的分离,国家把使用权转让给企业。因为属于国家所有的生产资料,不可能直接由全体人民使用或经营。代表全体人民的国家,一般也不适宜直接经营全民所有的生产资料。其二是劳动者所有的劳动力的所有权与使用权的分离,劳动者把使用权也转让给企业。因为当劳动者没有属于自己所有的生产资料时,那么属于个人所有的劳动力,不可能直接和个人私有的生产资料结合,只能把自己的劳动力让渡给企业。

通过以上两个"两权分离"后,我们不仅把全民所有的生产资料使用权转给了企业,而且把劳动者个人所有的劳动力的使用权也转让给企业,因此,生产资料和劳动力就在企业这个载体上结合起来了。

由此可见,公有制基础上的劳动合同制,实质上就是这种生产资料经营权与劳动力使用权实行有机结合的法律表现形式。也就是说,劳动合同制所要求的只是劳动力使用权的让渡,而劳动力的终极所有权,即法律所有权仍被保留在劳动者个人身上。因此,这种让渡并不影响劳动者参与企业经营管理的民主权利。况且,党的十五大已明确,公有制可以有多种实现形式。国家控股为主的股份制企业也是一种公有制形式。

其次,从理论和实践的结合上看,建立劳动合同制度是推进两个根本转变的迫切需要。党的十四届五中全会提出:"实现今后15年的奋斗目标,关键是实现两个具有全局意义的根本性转变"。从传统的计划经济体制向社会主义市场经济体制转变来看,这一转变过程,离不开各要素市场的建立

广东劳动制度的深刻变革

和完善。劳动力市场是社会主义市场体系当中一个重要的要素市场,逐步发挥劳动力市场在人力资源开发、利用和配置中的基础性作用,可以有力地推进整个市场经济的建立和完善。劳动合同是劳动者与用人单位之间确立劳动关系、明确双方权利和义务的协议。全面实行劳动合同制度,有利于确立劳动者和用人单位在市场运行中的两个相对独立的主体地位,从而为促进劳动力市场的形成提供最基本的条件;实行劳动合同制,双方在平等自愿的基础上订立合同,有利于落实劳动者的择业自主权和企业用人自主权。从实行劳动合同制的企业来看,这个目标已经达到。劳动合同期限的相对稳定性和灵活性,能够较好地把职业稳定性与灵活性结合起来,双方可以在人员流动中找到配置人力资源的最佳方案,从而适应市场经济发展需要;劳动合同的内容,明确规定了劳动关系双方的权利和义务,更加有利于维护双方的合法利益。因此,全面实行劳动合同制,是建立劳动力市场的重要基础。它从一个重要方面推动社会主义市场经济的建立与完善,推动经济体制的转变。

再次,从经济增长方式转变来看,全面实行劳动合同制,有利于促进经济结构的调整和企业经济效益的增长,有利于提高劳动者素质。劳动合同制度是市场经济条件下确立劳动关系的基本形式,用订立劳动合同形式建立和谐稳定的劳动关系,使劳动者有一种内在的压力和责任感,可以转化为一种竞争、激励机制,从而极大地激发劳动者的工作热情和创造性,对企业经济效益的提高有重要的影响;劳动者在竞争中逐渐懂得提高自身素质的重要性,从而推动广大劳动者自觉学习先进技术和知识,提高自身职业技能和工作能力,进而提高劳动生产率。此外,实行合同制度,企业还可以根据自身生产经营情况,依法解除、终止劳动合同或者依法裁减、分流富余人员,减轻企业负担,为调整产品结构、转换增长方式提供有利条件。近年来,中央加大宏观调控力度,当企业一下子适应不了变化了的新形势,生产经营不景气时,可以与劳动者解除合同,减轻企业负担。

二、从法律上看,建立劳动合同制度是劳动法的核心内容

劳动法第一条规定:"为了保护劳动者的合法权益,调整劳动关系,建立和维护适应社会主义市场经济的劳动制度,促进经济发展和社会进步,根据宪法,制定本法。"第十六条规定:"建立劳动关系应当订立劳动合

同。"联系上下文来理解，除了要把握劳动法的立法目的和依据外，还要深刻理解"建立和维护适应社会主义市场经济的劳动制度"这句话的含义。我认为，这句话起码有三层意思：①我们所要建立的是适应社会主义市场经济的劳动制度；②这一劳动制度就是劳动合同制度；③我们不但要建立，而且要维护这一制度，因为这种劳动制度是与党的十四大提出建立社会主义市场经济体制相适应的，是能够较好地保护劳动者合法权益的。这就是劳动法的精髓所在。

正因为如此，劳动法从内容到形式都按照发展社会主义市场经济的客观要求，勾画出我国新型劳动制度的基本框架，其核心内容是全面建立劳动合同制度。这就从法律上奠定了我国现代劳动关系和劳动领域各项制度赖以建立和运行的基础。围绕这个基础，劳动法对促进就业、工资分配、社会保险、职业技能培训、劳动争议处理、经济补偿等方面，都作出了规定，进一步确立了劳动力市场运行的两个主体，确定了开放劳动力市场、发展职业介绍事业的方针，赋予了用人单位依法自主决定工资分配方式、水平的权力；国家实行最低工资保障制度、建立多层次的社会保险制度、实行劳动争议处理和劳动执法监督制度等等。这些规定和制度，都是按照发展社会主义市场经济和维护劳动者合法权益的客观要求而制定的。深刻领会劳动法这一精神实质，对于我们全面把握劳动法各章节、条款之间的关系，坚定信心，全面建立和完善劳动劳动合同制度，显得十分重要。

三、从现实来看，全面实行劳动合同制是建立现代企业制度的内在要求

10多年来，我国企业改革没有取得理想的成果，究其原因，一是国有企业产权制度改革严重滞后；二是企业用人制度改革滞后且不配套，造成冗员增多，负担沉重，效益低下。江泽民同志在党的十五大报告中指出，建立现代企业制度是国企改革的方向，要按照"产权清晰、权责明确、政企分开、管理科学"的要求，对国有大中型企业实行规范的公司制改革，使企业成为适应市场的法人实体和竞争主体。同时要继续贯彻抓大放小方针，逐步完善股份制经济。当前各地深化企业改革的实践表明，现代企业制度的推进速度决定着劳动制度改革和完善的进程；劳动合同制度的建立和完善又制约着企业改革的深化。例如，顺德市在全面推进股份制改革、明确产权的同时，全面实行劳动合同制，明确劳动者与企业的劳动关系，

广东劳动制度的深刻变革

分流富余人员，这对深化企业改革起到了积极作用。最近，省委组织专家组专门对顺德企业改革经验进行总结，其中，顺德市全面实行股份制的经验，已引起中央的重视。顺德在推进股份制改革的同时，同步改革固定工制度，全面实行劳动合同制，已经引起重视。劳动制度等项改革，主要是解决劳动权问题，从而有力地配合企业推进股份制改革。

总的来看，建立劳动合同制度，不仅有理论和法律上的依据，在实践上也是成功的。我们必须坚定信心，全力推动和完善这项改革。

四、全面实行劳动合同制度取得的成效

贯彻实施劳动法以来，各地紧密结合深化企业改革，积极推进以实行劳动合同制度为主要内容的改革。同时大力实施再就业工程和做好企业解困以及工资分配、社会保险等配套工作，使劳动制度改革取得了重大进展和明显成效。

一是劳动合同制度基本建立，集体合同制度也取得了新的进展。至1997年上半年，全国城镇企业职工劳动合同签订率达96.7%，报送劳动部门审核备案的集体合同达2.7万份。广东全省劳动合同签订人数751万人，签订率达98%；签订集体合同的企业有4983家，涉及职工124.8万人；乡镇、私营和个体经济组织订立劳动合同的有438万人，签订率达50%以上。

二是劳动争议处理体制基本形成，全国各级劳动争议仲裁委员会达3003个，专兼职仲裁员1.2万人。广东建立劳动仲裁机构139个，兼职仲裁员663人，近年来处理了大量劳动争议案件，保证了职工队伍的稳定。

三是劳动监察组织网络基本形成，全国县以上劳动部门建立劳动监察机构2900多个，专兼职劳动监察员2万多名，其中广东监察机构142个，专兼职监察员2755名。各地劳动监察机构开展了多次常规的和专项的执法监察活动，有效地保护了合同双方的合法权益。

四是初步建立了劳动合同管理制度，省政府颁布了《劳动合同管理规定》，对劳动合同的订立、变更、解除、终止、鉴证以及管理职责作出了明确规定。

五是按照劳动部的规定，初步建立解除劳动合同的经济补偿制度，增强了劳动合同的约束力。

随着劳动合同制度的全面实施，广东劳动关系总格局也发生了很大变化，呈现四个新特点。

（1）劳动关系主体基本确立。劳动者和用人单位的权利和义务基本明晰，择业自主权和用人自主权明显增强，对培养劳动市场产生积极作用；同时，劳动关系双方维护自身合法权益的意识也明显增强。

（2）用人形式灵活多样。企业用人不再采用单一的固定工模式，而是采取聘用、借用、试用，长期、短期、临时等灵活多样的方式，并根据生产经营需要和双方意愿，在合同期限上采取有固定期限、无固定期限和以完成一定工作任务为期限等多样形式，适应了企业根据市场变化灵活用人和保持职工队伍相对稳定的需要。

（3）用人机制富有活力。过去封闭僵化、缺乏效率的用人机制正在转变为开放竞争、富有活力的用人机制。在企业内部初步打破了干部、工人、固定工与临时工身份界限，引入了竞争机制；在企业外部，开放劳动力市场，建立裁员、辞职、辞退以及经济补偿制度，形成双向选择机制，促进了劳动力合理流动。

（4）维护劳动关系双方合法权益的方式走上法制化轨道。过去发生劳动争议，往往采取信访形式上诉，上级行政领导用行政批示的形式，批复给下级或企业行政主管部门，致使劳动争议久拖不决或无法合理解决。实行合同制度后，虽然劳动争议案件明显增多，范围大，烈度也增强。但各级劳动部门通过采取调解、仲裁和监察等多种形式，依法公正、公开地处理了大量（1996年达11000多家，1997年5600多家）的争议案件，使劳动争议的处理方式转上依法处理的轨道，促进了社会的公平和稳定。尽管目前一些企业经营者有短期行为，故意违法违规，主体双方自主协商机制还未建立，导致争议日渐增多，但争议的处理方式已走上了法制轨道。这是一个历史进步。

五、深化改革过程仍需要解决的几个难点问题

根据各地的实践，劳动合同制在全面实施过程中，由于各地经济发展不平衡，部分企业困难，加上法律规定不具体、不配套，因此在深化改革过程中，需注意研究解决如下几个难点问题。

（一）在企业内部打破干部、工人身份界限，原国家干部如何签订劳动合同问题

按照劳动部劳部发〔1994〕360号文规定，厂长、经理是由其上级部门

聘任（委任）的，应与聘（委）任的部门签订劳动合同；如由组织人事部委任的，应与组织人事部门签订劳动合同；也可委托企业主管部门或企业法人与其签订劳动合同；实行公司制的企业厂长、经理和有关经营管理人员，应根据《中华人民共和国公司法》中有关规定，与董事会签订劳动合同。

企业中的副厂长（经理）以下的原国家干部，均应与企业法人代表签订合同；企业党委书记、工会主席等党群专职人员也是职工一员，按劳动法规定，应当与用人单位签订劳动合同，对有特别规定的，可按有关规定办理。

（二）特殊身份职工如何订立劳动合同问题

（1）原用人单位派到合资、联营、参股单位的职工，如果仍与原单位保持劳动关系的，应与原单位签订劳动合同。原用人单位可就劳动合同的有关内容，与合资、联营、参股单位订立劳务合同，并在劳务合同中明确其工资保险福利、休假等待遇。

（2）企业中长期被外单位借用的人员、带薪上学人员以及其他非在岗但仍与原单位保持着劳动关系的人员，应与用人单位订立劳动合同。但其合同中的某些相关条款经双方协商可以变更。

（3）与原单位保留着劳动关系的富余人员、停薪留职人员、放长假人员，应与用人单位签订劳动合同。但其合同内容与在岗职工的合同内容可以有区别。双方经协商一致可以在合同中就不在岗期间的有关事项作出规定，如工资支付、投保、福利等。对经批准的停薪留职人员，愿意回原单位继续工作的，原单位应与其签订劳动合同；原单位无法安排其工作的，经双方协商可以续延停薪留职期限，签订劳动合同；不愿回来工作的，原单位可以与其解除劳动关系。

（4）企业中请长期病假的职工，在病假期间仍与原单位保持劳动关系的，应与所在单位订立劳动合同。医疗期满后仍不能从事原工作也不能从事由所在单位另行安排工作的，由劳动鉴定委员会参照工伤与职业病致残程度鉴定标准进行劳动能力鉴定。被鉴定为一至四级的，应退出劳动岗位，解除劳动关系，办理因病或非因公负伤退休退职手续，享受相应的退休退职待遇；被鉴定为五至十级的，企业可以解除劳动合同，并按规定支付经济补偿金和医疗补助费。

（5）用人单位发生分立或合并后，分立或合并后的用人单位，可根据实际情况与原用人单位的劳动者在平等自愿、协商一致基础上变更原劳动合同。

（6）原企业被租赁人、承包人租赁或承包后，其所有权并没有发生改变，法人名称未变，其企业职工仍应与原企业订立劳动合同，由原企业支付工资福利等待遇；如原企业法人授权委托租赁人、承包人为该企业的授权委托人时，由租赁（承包）人代表原企业与劳动者订立劳动合同，明确双方的责、权、利。

（三）如何合理确定劳动合同期限，保持劳动者职业稳定问题

劳动合同期限是劳动合同内容中必须具备的重要条款之一。能否合理确定劳动合同期限，关系到劳动者职业的稳定，也关系到用人单位职工队伍的相对稳定问题，必须予以重视。当前确定劳动合同期必须注意以下几个问题。

（1）按照劳动法的规定，劳动合同中可以约定不超过六个月的试用期。劳动部规定，劳动合同期限在六个月以下的，试用期不得超过十五日；劳动合同期限在六个月以上一年以下的，试用期不得超过三十日；劳动合同期限在一年以上两年以下的，试用期不得超过六十日。试用期包括在劳动合同期限中。用人单位对工作岗位没有发生变化的同一劳动者只能试用一次。

（2）在固定工制度向劳动合同制度转变过程中，用人单位对符合下列条件之一的劳动者，如果其提出订立无固定期限的劳动合同，应当与其订立无固定期限的劳动合同。①按照劳动法的规定，在同一用人单位连续工作满10年以上，当事人双方同意续劳动合同的；②工作年限较长，且距法定退休年龄10年以内的；③复员、转业军人初次就业的；④法律、法规规定的其他情形。

（3）在签订劳动合同时，按照劳动法的规定，只要当事人双方协商一致，即可签订有固定期限、无固定期限或以完成一定工作为期限的劳动合同。

（4）无固定期限的劳动合同是指不规定劳动合同终止日期且只要劳动合同中规定的终止条件未出现，即可以无限期履行的劳动合同。终止条件由双方按照平等自愿、协商一致的原则约定。一般不得将法定解除条件约定为终止条件，以规避解除劳动合同时用人单位应当承担支付给劳动者的经济补偿。用人单位和劳动者只要达到一致，无论是初次就业的，还是由

固定工转制的，都可以签订无固定期限的劳动合同。

（5）劳动合同可以规定生效时间。没有规定劳动合同生效时间的，当事人签字之日即视为该劳动合同生效时间。劳动合同的终止时间，应当以劳动合同期限最后一日的24时为准。

（四）关于固定职工签订劳动合同问题

劳动法明确规定："劳动合同是劳动者与用人单位确立劳动关系、明确双方权利和义务的协议。建立劳动关系应当订立劳动合同。"劳动部《关于贯彻执行〈中华人民共和国劳动法〉若干问题的意见》（劳部发〔1995〕309号）进一步规定："在国有企业固定工转制过程中，劳动者无正当理由不得单方面与用人单位解除劳动关系；用人单位也不得以实行劳动合同制度为由，借机辞退部分职工"。根据以上精神，对企业固定工在转制过程中遇到的问题，可按下述办法处理：

（1）职工不愿与用人单位签订劳动合同，经双方协商同意，可在书面申请三十日后解除劳动关系。对于用人单位招（接）收的大中专毕业生，按有关规定签订了服务合同或其他协议的，未到期的仍应继续履行，并应与用人单位签订劳动合同；对于拒绝签订劳动合同又不履行协议的，用人单位可在其提出书面申请三十日后解除劳动关系。劳动关系解除后，如原服务合同、协议约定或用人单位依法规定了赔偿办法的，职工应按服务合同、约定和用人单位规定承担赔偿责任；如无约定或规定的，按国家有关规定执行。

用人单位与职工解除劳动关系后，应及时将职工档案转到职工新的接收单位；无接收单位的，应转到职工个人户口所在地。

（2）对拒绝签订劳动合同但仍要求保持劳动关系的职工，用人单位可以在规定的期限满后，与职工解除劳动关系，并办理有关手续。

（3）职工给用人单位造成经济损失并经有关机构证明尚未处理完毕或由于其他问题在被审查期间，不得与用人单位解除劳动关系。

（4）在转制过程中，用人单位与职工应本着相互合作的精神，在平等自愿的基础上协商确定劳动合同期限。

（五）关于解除劳动合同的条件问题

劳动合同经用人单位和劳动者依法签订后，即具有法律效力，任何一方不得擅自解除。但是，如果双方协商同意或者依照法定条件，也可以解除。一般分两种情况。

（1）经双方协商同意而解除。劳动合同是合同的一种，是用来明确用人单位和劳动者之间的权利和义务关系的协议。正因为合同是双方意愿的反映，因此，双方既有订立的自愿，也有解除的权利。但是，任何权利都不是绝对的，在协议解除劳动合同时，也应当有一定的限制。笔者认为，在协商解除合同时，首先要考虑到国家利益和社会公共利益。在市场经济条件下，虽然由市场对资源配置起基础性作用，但在必要时，国家还要进行干预，还有可能给企业下达指令性计划。因此，在协商解除合同时，不能损害国家利益和社会公共利益。

（2）依法定条件而解除。依法定条件解除，其实质是一种单方法律行为，即不必经协商，只要具备一定条件，即可通知另一方解除。它包括用人单位单方解除和劳动者单方解除两种情况。本文主要探讨用人单位单方解除。

用人单位不必提前通知，即可解除劳动合同的情形。根据劳动法的规定，劳动者有下列情形之一的，用人单位可以单方面解除劳动合同：①劳动者在试用期间被证明不符合录用条件的；②劳动者严重违反劳动纪律和用人单位规章制度；③劳动者严重失职，营私舞弊，对用人单位利益造成重大损失的；④劳动者被依法追究刑事责任的。上述情况是由于劳动者不符合录用条件和主观过错造成的，所以不须提前通知即可解除。

用人单位需在解除合同前30日以书面形式通知劳动者个人的情况：①劳动者患病或者非因工负伤，医疗期满后，不能从事原工作或者不能从事由用人单位另选安排的工作的；②劳动者不能胜任工作，经过培训或调整工作岗位，仍不能胜任工作的；③劳动合同订立时所依据的客观情况发生重大变化，致使原劳动合同无法履行，经当事人协商不能就变更劳动合同达成协议的。上述三种情况，不是由于劳动者的主观原因造成的，而是由于劳动者客观上具备条件或者合同所依据的主观情况发生重大变化造成的，因此要提前通知劳动者。

用人单位因破产整顿而解除合同的情形。破产整顿是人民法院受理破产案件后，被申请破产的上级主管部门为了挽救该企业，向人民法院提出申请，按照一定的计划和方案对企业进行整顿，使企业获得一次再生的机会。如果破产企业与债权人能达成和解协议，进行整顿，企业必须努力改善经营管理，提高经济效益，不仅达到扭亏为盈的目的，而且要按和解协议偿还债务。在整顿过程中，企业根据具体情况，可采取多种有效措施，裁减人员也是其中一项。但是，目前我国企业内部已经实行劳动合同制，合同有效期内，是否可以裁减人员，单方解除合同呢？根据劳动法第二十七条规定："用人单位濒临破产进行法定整顿期间或者生产经营状况发生严重困难，确需裁减人员的，应当提前30日向工会或全体职工说明情况，听取工会或职工的意见，经向劳动行政部门报告后，可以裁减人员。"如果企业依照法律规定向人民法院申请了破产及进行法定整顿，在此期间，可以适当裁减人员，单方面解除与这些人员的劳动合同。由此可见，破产企业在法定整顿期间，企业有权单方解除劳动合同。

六、巩固完善劳动合同制度的展望

广东全面实行劳动合同制度取得了明显成效。但随着形势的发展变化，改革过程中出现了一些新的问题：一是劳动关系主体还不成熟，经营者行为短期化突出，劳动者处于被动地位；二是法规政策不具体、不配套，难落实；三是劳动争议显性化影响到职工队伍和社会的稳定。根据党的十五大关于深化企业改革的部署和广东省"九五"计划关于在1998年确立新型劳动制度基本框架的要求，今后在巩固完善劳动合同制度，构建和谐劳动关系方面，要做好以下工作。

（1）继续推进综合配套改革，建立健全劳动合同管理制度。重点是建立与劳动合同制相互衔接的工资分配、保险福利、职工奖惩、裁员辞退以及定额定员制度，为其正常运行提供制度、政策支持。特别是工资、保险制度改革，是完善劳动合同制度的重要配套内容，必须重视抓好上述两项配套改革。

（2）紧密结合实施再就业工程，做好富余人员分流安置工作。在国有企业改革、脱困过程中出现的富余人员，必须继续探索多途径安置办法。特别是要结合广东实际情况，促进富余人员实现再就业。这个问题解决不好，会妨碍劳动合同制度的巩固和完善。

（3）改革企业干部管理制度。政府不能把机关公务员的管理办法套用到企业干部的管理上。在企业内部，要成立人力资源部门，对企业所有职工实行统一的管理制度和办法，真正打破企业内部干部、工人的身份界限。

（4）加快建立健全劳动关系主体自主协商机制。其途径是逐步弱化个人劳动合同的作用，减少劳动合同内容，使其仅涉及劳动者个人与企业之间的特殊内容。同时，配合产权制度改革，逐步引进并强化集体合同制度，依靠集体力量强化劳动者在劳动关系中的主体地位,以利于通过集体合同保护劳动者共同权益。此项改革可先在非公有制企业中推行,然后逐步铺开。

(5)进一步完善劳动争议仲裁三方机制,由劳动行政部门、工会组织和企业三方共同协商处理劳动关系。逐步完善三方联合办案的工作制度,改进办案方式,提高办案效率和质量,以维护劳动关系的和谐稳定发展。

(注:本文写于1997年,为推动劳动制度深化改革时撰写的一篇文章,标志着至1995年广东基本确立了劳动合同制度的主体地位,1998年进一步建立完善新型劳动合同制度,实现了新旧劳动制度的根本转变。)

第六节 广东新型劳动制度框架基本建立

广东是全国率先进行劳动制度改革的省份。党的十四大以来,各级劳动部门按照党中央提出的关于建立社会主义市场经济体制的要求,及时把改革工作重心转移到建立适应社会主义市场经济体制要求的新型劳动体制上来,不断研究制定深化劳动制度配套改革的政策措施,坚持以培育和发展劳动力市场为中心,同步推进劳动就业、企业用工、工资分配和计划管理体制等方面的配套改革,不断突破难点,使全省基本建立起适应市场经济发展的新型劳动制度基本框架。

一、劳动力市场体系框架基本建立

党的十四大以来,广东省以培育和发展劳动力市场为中心,不断深化招工就业制度改革,大力发展就业服务体系,积极组织实施再就业工程,取得了阶段性的成果,全省劳动力市场体系框架基本建立。

一是市场就业制度基本建立。在就业制度改革中,广东逐步取消了高度集中统一的指令性计划,改变了国家作为劳动力管理和使用主体的状况,恢复了劳动力供求双方的主体地位,建立起双向选择、合理流动的机制,实现劳动者自主择业、企业自主用人,并在劳动力市场引入竞争机制,引导劳动者通过增强自身就业能力,参与市场竞争就业;企业通过不断提高经济效益,增强凝聚力,吸引人才。为规范劳动力市场运行,广东省不断加强对劳动力市场运行规则的研究,出台了一批劳动力市场管理法规规章,加大了调控力度,使全省劳动力市场基本保持平稳运行。

二是劳动力市场服务体系有较大发展。党的十四大以后,广东省在建立和完善以职业介绍、就业训练、劳动服务企业等为主要内容的就业服务体系上取得较大进展。至1996年年末,全省职业介绍机构已由1991年的754家发展到1576家,基本形成了职业介绍网络,六年来共有278.1万人次被成功介绍就业。1996年共接受求职登记150.9万人次,其中各级劳动部门举办的职业介绍机构接受求职登记120.7万人次。全省劳动力市场配置率达72.9%。全省各市、县(区)均建立了就业训练中心,积极开展就业前培训和转业转岗培训,1996年全省参加各类就业训练中心培训的人数达43.43万人,比上年增加10%;其中农村劳动力培训已由1991年的9%提高到1996年的15%,新就业人员接受职业培训的比重达到70%;有7万多"两类人员"参加了转业转岗培训,比1995年增加两倍多。"八五"期间,各地通过举办劳动服务企业吸纳从业人员15万人,比"七五"时期增加21%。各级劳动部门针对社会职业中介机构非法牟利行为,全面进行检查整顿,取缔非法中介机构400多家,有力地保障了求职者和用人单位的合法权益。

三是职业技能开发步伐不断加快。各级劳动部门以市场为导向,深化职业技能开发制度改革,加快了职业技能开发体系建设步伐。技工学校进一步落实了办学自主权,全面实行校长负责制,积极根据市场需求调整专业(工种)设置,有力地推动了技工学校发展。至1996年年底,全省各类技工学校180所,其中国家级重点技校19所、省一级类技校30所,技校总数比1991年增加44所;"八五"期间累计培养毕业生28.23万人,比"七五"期间技校毕业生数增长7.8倍。职业技能培训实体加快发展。广东鼓励社会和个人办学,通过实行办学许可证制度进行社会化管理。"八五"期末社会办学点发展到3600多个,比1990年增加18倍,五年共培训250万人次。职业技能鉴定社会化管理工作得到加强,出台了有关管理办法。至1996年年底,全省已建立职业技能鉴定机构218个,实行鉴定的工种有84个,参加技能等级鉴定的有25万人,评聘技师和高级技师1827万人。此外,以提高教学质量为中心,师资培训、技能竞赛等各项教研活动以及教材开发和试题库建设工作也不断发展,全省初步建立了职业培训、技能鉴定考核、颁发职业资格证书等项工作制度、程序和办法,通过不断提高劳动者的技能水平,有力地促进了就业。

四是广开就业门路,全面组织实施再就业工程。在改革过程中,各地认真贯彻"三结合"就业方针,鼓励社会安置就业和劳动者自谋职业,并通过发展多种经济成分和第三产业,广开就业门路。"八五"期间全省共安置城镇就业230多万人,比"七五"时期多安置30多万人。近年来,随着产业结构调整力度加大和企业深化改革,广东省"两类人员"数量呈上升趋势,各级劳动部门认真贯彻落实省政府有关再就业工程和调整劳动力结构的要求,陆续出台了再就业工程实施办法,引导和鼓励企业招用"两类"人员;积极筹措再就业工程资金,切实加大资金投入,有力地促进了就业再就业工作的发展。1997年上半年全省安置失业人员21万人,其中安置失业职工9万人;分流安置下岗富余职工18万人,均比上年同期有所增加。

五是农村劳动力跨地区转移就业制度基本建立。劳动部门认真组织实施农村劳动力跨地区流动就业有序化工程,切实抓好春运期间组织民工有序流动工作,进一步完善外来人员就业证卡管理制度和办法,推动流动就业证卡制度的贯彻落实。至1996年年底止,全省在岗外来人员的持证人数占外来工总数的80%以上。加强省际劳务协作,建立华南劳动力市场信息网络,发挥其调节劳动力供求的功能,较好地提高了外省劳动力入粤流动就业的有序化程度。1996年全省跨地区流动就业的农村劳动力213.94万人,比上年减少41.74万人。1997年春节后民工返粤人数下降了15%,外省入粤劳动力自1994年来,连续三年控制在360万人左右的水平。

二、适应社会主义市场经济要求的劳动合同制度全面建立

党的十四大以来,广东坚持以市场为导向的劳动用工制度改革,积极推行劳动合同制度。特别是劳动法颁布后,全省把这项改革纳入依法改革的轨道,加快改革步伐。至1996年年底,全省国有、集体和合资企业基本完成劳动合同制度改革,订立劳动合同的职工占98%。在这个基础上,继续大力推动乡镇企业、私营企业和个体工商户以及金融系统全面实行劳动合同制。至1997年上半年,全省乡镇企业订立劳动合同的职工占58.5%,私营和个体经济组织的劳动者,合同签订率达25.9%。在改革过程中,各地劳动部门注意研究保护职工合法权益和分流富余职工的政策措施,使这项改革得到了广大职工群众的支持,并较好地妥善分流企业富余职工。近两年全省各地共分流下岗富余职工30多万人,保证了改革的稳步推进。同

时，广东省还加强了改革的配套工作，开始建立企业裁员、辞退制度和经济补偿制度，对被裁减的职工以及解除劳动合同的职工，按规定给予一定的经济补偿；对违反合同，擅自离职，给企业造成损失者，按规定给予赔偿，从而增强了劳动合同的约束力。与此同时，各地还积极进行集体合同试点，帮助职工提高主体意识，开展集体协商。至1997年6月，各地订立集体合同的达4983家，有力地推动了劳动关系走上法制化轨道。

三、企业工资分配自主权得到落实

改革开放以来，广东就开始探索建立以按劳分配为主体、市场机制决定企业自主分配、国家宏观调控的工资分配体制，取消了指令性工资计划，赋予企业工资分配自主权，企业有权根据市场价格自主决定工资水平，许多企业在内部试行以岗位劳动评价和职工实际贡献为主要依据确定劳动报酬的岗位技能工资制，取得突破性进展。针对企业工资分配中出现的新的平均主义和两极分化现象，劳动部门积极采取措施，建立起企业工资分配增长机制和自我约束机制：①积极改革和完善工效挂钩办法，把国有资产保值增值作为原定指标等办法推动企业建立工资分配的自我约束机制。近年来实行工效挂钩的国有企业有5470多家。②省政府颁布了《广东省企业职工最低工资规定》和《关于颁布广东省企业职工最低工资标准的通知》，规范企业工资分配行为，保障职工合法权益。③研究建立工资增长指导线，引导各类企业合理增长工资，并为企业开展集体协商，签订集体合同提供依据。④对高收入行业实行工资控制线办法，主要是对垄断性行业和那些工资水平高于当地平均工资水平两倍以上的企业，规定当年平均工资增长幅度不能高于计划的工资增长幅度，并把这个规定与其他工资政策结合起来，会同财政、审计部门加强企业工资内外收入监督检查，按照国务院领导提出的"挂钩封顶、审批、试点"的原则，对国有企业经营者的收入进行考核和审批，同时积极稳妥地进行经营者年薪制试点。通过这些措施，使全省工资分配调控力度有所加强，保持了工资的适度增长。至1997年6月底，全省职工工资总额394.1亿元，比上年同期增长7.8%。职工人均月工资739元，比上年同期增长7.7%，扣除物价上涨因素，实际增长5%。工资增长的指标均在年年初制定的调控目标之内。

四、劳动领域宏观调控能力不断增强

党的十四大以来,广东按照建立社会主义市场经济的目标要求,对过去高度集中的劳动计划管理体制不断深化改革,在落实企业用人和工资分配自主权的同时,积极探索市场经济条件下劳动领域宏观调控的新路子,初步建立了"市场机制调节,企业行为自主,政府宏观调控"的劳动管理体制和运行机制,促进了广东省劳动事业与国民经济的持续、协调发展,维护社会稳定。一是认真研究编制劳动事业发展年度计划和中长期规划,确定了劳动事业发展宏观调控目标和指标体系。近两年主要是编制了广东劳动事业发展"九五"计划和2010年规划,全省技能人才规划、东西两翼劳动力资源开发和利用规划,对全省劳动事业的发展起到了重要的引导作用。二是初步建立了计划协商制度,改变了劳动计划与实际工作脱节的状况,形成了以指导性计划为龙头,横向和纵向相结合的综合协调机制,充分发挥指导性计划对各项劳动事业发展的宏观引导和调控作用。同时着手建立重大劳动政策出台前的内部协商制度和计划执行情况评估制度,初步形成调控合力。三是加强对城乡劳动力就业的综合调控。这是维护社会稳定的一项重要工作。劳动部门通过制订人力资源开发规划和外省劳动力入粤就业分类调控办法,适当控制外省劳动力入粤就业和本省农村剩余劳动力流动方向、数量和速度。1996年全省直接从农村招收10.58万人,农转非7.8万人。四是建立企业岗位余缺申报制度,推动就业结构调整。劳动部门按照省政府的布置,提出关于建立企业岗位余缺申报制度的实施意见,在全省进行部署,通过全面了解掌握企业对劳动力的需求状况,制定出相应的调控政策,从而促进了劳动力结构调整和总量平衡,推动企业加强内部用人管理。五是探索建立劳动领域监测预警制度。目前已在各市建立劳动力市场宏观监测台账制度,通过对本地劳动事业发展和相关的社会经济发展数据进行统计,对劳动力市场进行监测。各级劳动部门认真进行监测、分析、报告和联系,对监测中发现的警情,及时向当地政府和上级反映,提出应急对策措施,促进经济发展和社会稳定。劳动领域宏观调控能力的加强,为劳动力市场的稳定有序运行打下良好基础。

(注:本文写于1997年10月,反映了广东全面建立劳动合同制度,确立劳动力市场主体和运行机制的基本情况。1998年后,劳动保障部门的主要精力转向实施再就业工程方面,劳动制度改革的注意力主要放在构建和

谐劳动关系上。广东在率先完成新旧劳动制度并轨过程中，分流了大量富余人员，减轻了实施再就业工程的压力，从而率先实现了下岗待业与市场就业的并轨。）

【参阅资料】顺德市深化企业劳动制度改革的调查报告

一、深化改革的背景和主要做法

近年来，顺德市委、市政府针对国有企业规模小、人员老、设备旧，难以运作，特别是企业产权不明确，内部约束机制弱化，经营者行为缺乏有效约束，造成国有资产流失和劳动者权益受损害等新问题，决定把过去以放权让利为特征的企业改革转移到界定产权为主要内容上来，在推动企业改制、探索建立现代企业制度的过程中，同步深化企业劳动制度配套改革，取得了明显效果。

他们的主要做法：

一是加强领导，深入宣传发动。大造舆论，使企业迅速形成领导依法推进改革、社会关心改革、企业支持改革、职工自觉参与改革的崭新局面。

二是突出重点，加强分类指导，加快改革步伐。在改革过程中坚持突出重点、先易后难，全面推进方针。明确要求市镇属企业重点抓好固定工改制工作，区以下企业重点抓好临时工、外来工签订劳动合同工作；效益较好的企业先走一步，严重亏损等困难企业结合改制同步推进；劳动部门重点对改革进展慢、困难大的企业进行帮助指导、督促检查，解决疑难问题，推动改革全面深化。

三是抓紧制定具体实施政策，加强督促检查。针对用人制度改革、分流富余人员和就业工作中的一些主要问题，政府作出了具体规定：①对男年满55周岁、女年满45周岁，连续工龄10年以上，有本市户口的原国有、集体固定工，基本胜任本职工作的，都要与其订立无固定期限劳动合同；如确不胜任本职工作的，可允许其提前办理"内退"。"内退"期间生活费标准，不低于其个人正式办理退休的待遇标准。②企业一次或一年内累计裁员超过员工总数5%或裁减原固定工时，需经劳动部门批准，并按该市企业职工上一年月平均工资收入乘以员工个人连续工龄的积为标准，由企业向被裁员工发给补偿费。③本市农村户口的劳动力进入企业工作后,与城镇职工一样参加各项社会保险,全市基本实现城乡就业一体化。④加强对外来工就业的宏观调控。需招用外来工的用人单位,应向劳动行政管理部门申报,并经审批后才能招用。除一些特殊行业、工种外,原则上使用外来劳动力不能超过本企业职工总数的30%。超计划招用的,除责令改正并按有关规定予以罚款外,还按超出人数每人每月缴交100元的用工调节费。

为了落实上述法律和政策,市劳动局领导还分头带队深入企业,及时解决改制中企业和劳动者提出的具体问题,使劳动政策法律得到贯彻落实。并且注意搞好协调,同步推进就业、工资、保险制度的配套改革,培育新的用人机制。在全市各类企业强制推行养老、医疗和工伤保险。乡镇、私营企业同样缴纳社会保险基金。外来工只缴纳工伤保险。

二、改革取得的成效

结合建立现代企业制度同步推进企业用人制度改革,使顺德市这次改革比较彻底地突破了长期以来困扰企业改革深化的三大难点,即打破干部工人身份界限难、分流富余人员难和建立工资合理增长机制难等,在企业内部初步形成了适应社会主义市场经济发展的新型用人机制,从真正意义上巩固了职工的主人翁地位。

第一,真正打破了企业干部、工人的身份界限,形成了公平竞争、优胜劣汰、减员增效的新的用人机制。大家都是企业员工,不再存在干部、工人的身份界限。原干部身份只记载在档案里,作为今后调动的凭据。当地人事部门也不再下达转干、聘干指标。职工能不能上岗、上哪个岗,均经过全面考核,择优录用,并享受相应的待遇,不少工人走上了管理岗位。在改制过程中,被列为富余职工分流遣散的共3000多人,约占企业职工总数的7%。金沙实业集团公司在生产不景气时,曾分流富余职工(含季节工)600多人,生产恢复后又招用400人,基本形成了人员能进能出、能上能下、优胜劣汰的用人机制。

第二,企业内部工资增长自我约束机制明显增强,较好地解决了工资分配向个人倾斜问题。据该市金顺达机器有限公司(原国有农机工厂)副总经理董美财介绍,该公司改制后,贯彻了按劳分配与按资分配相结合的原则。首先是对所有职工实行岗位技能工资,需实行计件工资的,按岗位技能工资额进行合理折算,经营者工资相当于本企业人均工资的3.2至3.8倍。企业每年调资一次,每次有50%的职工升一级工资,50%的职工升半级工资。该谁升级,升多少级,由部门主管推荐,最后由企业劳资调解委员会(由工会、企业代表和员工代表三方组成)商定。其次是每年年初,由董事会召开股东大会,讨论利润分配和分红派息方案等。许多企业的工资分配也基本坚持了上述原则,并注意处理好按劳分配与按资分配的关系,处理好积累与分配的关系。由于企业决策者(股东和董事会成员)和职工个人的物质利益既有共性,又相互对立,因而较好地形成并强化了工资分配的约束机制。1995年全市职工人均工资收入9800元,比1994年增长11.52%,低于国内生产总值增长15.1%的水平。

第三,建立了社会保障制度,解除职工的后顾之忧,较好地解决了企业富余职工分流安置难和企业办"小社会"问题。不少企业普遍反映,社会保险制度未建立之前,企业对富余人员仍不敢依法解除合同,而生产经营需要的人员则留不住,劳动合同难以履行,富余人员分流安置更难。在这次转制中,该市加大了社会保险制度配套改革力度,在全市各类企业强制性推行了养老、工伤、医疗保险。同时对农村月人均收入不足100元、城镇月人均收入不足150元的贫困户,每人每月补足至100元和150元。这些贫困户的子女入学,免收学杂费。上述措施的实施,形成了有效的社会保障机制,较好地保障了劳动者的合法权益,解除了职工的后顾之忧。企业也就能够大胆分流富余人员。这次改制中,全市企业分流富余人员3000多人,占企业职工总数的7%,机关事业单位精简400多人。企业离退休人员移交给保险公司负责管理和支付退休费;离退休党员的组织关系转移到户口所在地的组织统一管理,企业职工的户籍也迁移到所属街道或管理区,从而较好地减轻了企业的负担,使企业真正成为按市场经济要求运行的经济实体。

第四,增强了职工的主人翁责任感。改制后,职工个人一般都购买了企业的股份,成为企业的股东。因此,职工的主人翁责任感有所增强。金顺达机器有限公司副总经理董美财同志说:"改制后有两个感受,一是增加了危机感,企业搞不好,职工也得不到好处。二是增强了职工的主人翁责任感,工作的积极性、自觉性明显提高",从而较好地促进了企业的发展。

三、可资借鉴的经验

其一，紧密结合企业转制深化劳动制度改革，是改革得以顺利进行的重要保证。顺德市各级政府、劳动局抓住了有利时机，取得了政府和企业经营者对劳动制度改革的重视，使改革得以顺利推进。

其二，抓住难点，大胆突破，是构建企业用人新机制的关键所在。深层次的改革，实质就是突破改革难点问题。难点不突破，新机制及其运行机制就无法生成。顺德市抓住了劳动制度改革中几个难点，大胆突破，因而取得了明显成效。

其三，重视抓好配套改革是保证职工队伍和社会稳定的重要条件。顺德市在推进劳动合同制度的同时，同步推进工资、保险和人事制度等方面的配套改革，切实加强政府对劳动力市场运行的宏观调控和执法监察，政府在资产评估、界定产权的同时，摸清了家底，从产权变现收入中规定用于安置离退休人员和被遣散人员的费用，从而较好地保护了广大职工的合法权益。

其四，精简机构，划清职能，实行政企分开，是保证改革到位的关键。改革前，部门林立，职责不清，互相扯皮，干扰了企业改革的深化。改革后，顺德市政府精简了机构，划清了部门的职责，明确要求依法行政，使部门之间为了各自利益，互相牵制，干扰企业改革的现象大为减少。这对企业真正打破干部、工人身份界限，建立统一的劳动力市场起到了积极作用。

（注：佛山市顺德县1992年改为顺德市，2003年又改为区。由于市场经济比较发达，一直是广东劳动制度改革的试点。本文反映顺德市大刀阔斧率先推进劳动制度改革，全面实行劳动合同制，加快分流富余人员，不仅减轻了企业负担，而且在实施再就业工程中，几乎不需要再分流富余人员，改革处于主动地位，为全国提供了宝贵经验。本文曾发表于《创业者》1996年第11期、《中国劳动报》1996年11月12日。）

第六章 创　　新

——率先创建劳动监察制度

【本章导读】创建劳动监察制度，是广东在劳动制度改革中为全国提供的新鲜经验。1988年广东率先取消劳动工资指令性计划后，出现百万民工下珠江、劳务市场行为不规范，用人单位违反劳动法律政策、损害职工合法权益的现象。为了维护劳动者的合法权益，1989年5月广东劳动局向省政府报送《关于整顿劳务市场秩序加强劳动管理的意见》，提出"建立劳动监察制度"的建议，经省政府批转后，深圳、珠海、中山三市率先创建了劳动监察机构，配备了人员，明确了工作职责，开展劳动监察工作，规范市场主体行为。当年12月，笔者在调研时发现上述三市率先创建劳动监察制度取得明显成效，于是撰写了一篇题为《广东开展劳动监察工作初见成效》的信息稿，报劳动部办公厅，引起重视。1990年4月7日部办公厅来函要求广东再次报送开展劳动监察进展情况。受厅领导委托，笔者再次深入基层调研，撰写了《加强劳动监察，规范企业用工行为——广东省部分市开展劳动监察工作情况调查》一文，详细汇报了建立劳动监察制度的背景、进展情况，主要做法和成效等，经厅领导批准后于1990年6月15日呈报劳动部。部办公厅于同年8月再次在《劳动工作信息》上刊发，引起全国各地的关注。此项制度创新从被误解到逐步被人们所认识、所接受，并上升为国家立法，是劳动领域一件大事。1993年7月4日，原劳动部吸收了广东经验，制定并发布《劳动监察规定》，为在全国建立劳动监察制度奠定了基础。1994年7月，国家颁布的劳动法设有"监督检查"专章，进一步明确规定了劳动监察机构及职责。这标志着我国劳动监察制度的正式建立。1996年7月12日，广东省第八届人大常委会第二十三次会议通过并颁布了《广东省劳动监察条例》，率先以地方法规形式为进一步建立完善劳动监察制度提供了法律依据。广东此项制度的创新，是对全国劳动制度改革的重要贡献。本章收录的几篇文章，反映了广东创建劳动监察制度的背景、做法和成效。

第一节　广东省开展劳动监察工作初见成效

为了适应劳动工作治理整顿和深化改革的需要，广东省深圳、珠海、中山等市劳动部门按照省政府的部署要求，于1989年6月开始探索建立劳动监察制度，针对用工单位法制观念淡薄、私招滥雇临时工、违反劳动政策、侵犯职工合法权益等现象，依法行使劳动监察监督权，维护劳动者的合法权益，取得了较好的社会效果。

一、创立劳动监察机构，明确劳动监察职责

1989年6月，广东省深圳、珠海、中山等八市劳动部门按照省政府关于各级劳动部门要在当地政府的领导下，抓紧建立劳动监察制度的部署，相继成立了劳动监察机构，配备了人员，明确了劳动监察的职责任务和工作程序。劳动监察机构为劳动部门属下的处（科）级建制单位，监察员由劳动部门推荐，报当地政府批准任命。

劳动监察机构的基本职能和任务是：积极宣传国家劳动政策、法规，依法加强对企业贯彻实施劳动管理法规、政策情况进行监督检查，发现和纠正侵犯职工合法权益的违法行为，对违反者及时按规定作出强制性的处理或处罚，严肃劳动法纪，端正企业用工行为，整顿各种劳务中介活动的行为，保障企业和劳动者的双方合法权益，促进劳动工资政策法规的正确贯彻执行。

劳动监察工作程序是：①根据工作需要或群众投诉、举报，主动深入用工单位进行检查；②劳动监察员深入检查或执行公务时，必须有两人或两人以上参加，并出示劳动监察证；③如发现用人单位有违法行为时，应依法制止，并采取相应措施予以处理，情节严重的，提请司法机关处理。

目前，深圳、珠海、中山市已制定了劳动监察工作纪律和监察人员守则，初步形成了一套比较规范的工作制度。

二、开展劳动监察的基本做法

（1）深入基层宣传党和国家的劳动法规、政策，增强企业经营者和广大职工的劳动法制观念。

长期以来，人们的劳动法制观念比较淡薄，一些企业经营者把劳动法规政策视为可有可无的东西，不习惯按劳动政策法规办事。不少人对推行劳动合同制度不了解，致使劳动合同制度难以推行和完善，工人合法权益得不到保障。为了帮助企业经营者和职工群众逐步树立劳动法制观念，自觉遵守国家的劳动方针政策，增强自我约束能力，劳动监察机构建立后的头一件事，就是扎扎实实地做好劳动法制的宣传、解释工作。深圳市劳动监察大队翻印了《广东省经济特区劳动管理条例》《广东省违反招用工人规定处理暂行办法》等文件2万多册，每到一家企业，即免费发给企业负责人，结合实际，对照文件，开展宣传教育，敦促企业针对自身存在的问题，作出整改。据初步统计，该市有106家企业接受宣传教育后，为4000多名职工补办了招工手续，签订了劳动合同。此外，还清退了生产不需要的外来务工人员1500多人。珠海市监察科成立宣传组，深入到使用临时工较多的华辉玩具厂等15家企业进行宣传，发现这些企业都不同程度地存在违反劳动政策法规的行为，便将调查情况写成书面材料，上报市政府。市政府领导立即批示深入查处，使上述企业增强了劳动政策法制观念，改变了私招、滥用临时工的行为。

（2）大力整顿各种劳务中介活动秩序，端正劳务中介行为。

推进用工制度改革后，企业有了一定的招工用人自主权，但由于相应的约束机制不健全，因而出现了一些新情况：一是企业私招乱雇农村和外省劳动力；二是一些私人举办的劳务中介机构从事非法劳务中介活动，扰乱了正常的劳务市场秩序。针对这些情况，劳动监察机构紧密结合劳动工作的治理整顿，督促企业严格执行劳动政策法规。具体做法是：①依据省政府颁发的《广东省社会劳务介绍机构管理办法》，及时查处并取缔私人非法进行劳务介绍活动的行为。如中山市劳动监察机构根据群众举报，及时查处了19宗私人违法进行劳务中介活动的行为，处罚金额6000多元，有效地维护了劳务活动的正常秩序。目前，该市跨市、县的劳务中介活动，均在劳动部门的领导下有组织地进行。②深入查处企业私招乱雇行为。在治理整顿中，一些企业强调自己有招工用工自主权，无视国家和省的招工政策，私招乱雇行为禁而不止。对此，劳动监察机构普遍采取主动深入现场检查的办法，先后抽查了600多家企业，清退农村和外省务工人员10000多人。1989年8月，珠海特区新乐丝花厂私自从湖南招用了100多名外来务工人员，劳动监察科立即派出监察员，对该厂进行检查和教育，当天就把这批外来务工人员劝返原籍。深圳市对私招滥雇外来劳动力比较严重的56家企业，发出限期整改通知书，有效地端正了企业用工行为。

（3）及时纠正损害职工合法利益的行为，保障企业和劳动者的合法权益。现阶段，由于新旧劳动管理体制并存，造成劳动争议日渐增多。有些违法案件，发生争议的当事者由于缺乏法律常识，不知道如何解决劳动纠纷，使违法行为得不到及时纠正。劳动监察机构建立后，承担起保障劳动者合法权益的职责，使信访、仲裁、监察三者各施所长，相互补充，凡企业经营者违反劳动法和侵犯职工合法权益的行为，不管是否有人告发和投诉，劳动监察机构都能通过行使监察权使问题得到解决。

据初步统计，到目前为止，深圳、珠海、中山三市运用劳动监察手段处理的案件达930多宗，结案率为94%。1989年12月2日，深圳市东升电子厂73名工人上访，反映厂方拖欠工人工资达4个月，扬言如不解决就到市政府请愿。该市劳动监察大队得悉后，立即深入该企业协调，妥善解决了这一矛盾。珠海市劳动监察科在依法监察过程中，促使企业为职工补发了拖欠的工资（含补贴）14.8万元，责令企业把无理克扣、没收的工资、押金11556元发还给工人，并按规定为职工支付医疗费8499元。

三、劳动监察工作取得的初步成效

上述三市开展劳动监察工作时间不长，但却产生了积极作用，取得了较好的效果，受到企业和群众的好评，也促进了劳动部门的自身建设，强化了劳动监察职能。

（一）维护了劳动政策法规的严肃性

开展劳动监察活动之前，一些企业不顾劳动行政部门的三令五申，不是顶着"风头"私招乱雇农村和外省劳动力，就是随意侵犯职工合法权益，难以做到令行禁止。开展劳动监察活动后，违法的企业受到通报批评处罚后，感受到法律的震慑和威力，有的企业连夜召开紧急会议，研究整改措施；有的企业负责人还写了书面检讨；有的主动到劳动部门补办招工手续，表示要认真贯彻国家的劳动工资政策法规,加强企业用工管理。目前,绝大多数企业招工都能按规定及时到劳动部门办理用工手续,签订劳动合同,一度比较混乱的违法招工用工现象基本消失。

(二) 及时解决了职工群众反映的劳动争议问题,促进了社会安定团结

不少职工反映,过去向劳动信访机构反映问题,虽有回音,但有些问题久拖不决。而劳动争议仲裁机构的职责主要是对投诉的劳动争议进行处理,如果没人告到仲裁机构,即使企业犯了法,也无人过问。有了劳动监察机构,不论是否有人投诉,他们一旦深入检查发现企业有违法行为后,即可依法行使劳动监察权,及时处理违法行为,从而及时解决处于萌芽状态的劳动纠纷或尚未上诉的违反劳动政策法规的行为,维护了社会稳定。

(三) 强化了劳动行政部门的监察职能

长期以来,劳动行政部门依法监察督促的职能未能充分体现出来,究其原因,主要是按传统的业务分工,其内部各业务部门都只是单纯负责一方面的业务管理工作,平时的督促检查,属于一般性的工作检查,所以发出的指示或指令,缺乏法律强制性。劳动监察机构建立后,由于监察员是经市政府任命,有依法行使强制执法权和处罚权,因而使劳动监察这一职能得以突显。实践证明,这样做,既能强化劳动监察职能,确保劳动法规的贯彻执行,维护良好的劳动管理秩序,又有利于促进劳动部门自身建设和职能转变,各市在开展监察工作中,设立了"投诉信箱"和公开投诉电话号码,增加了政务工作的公开性和透明度,使劳动部门的工作处于群众监督之中,客观上为劳动部门加强廉政建设和宏观管理创造了条件,得到了群众的普遍赞扬。

(注:本文写于1989年12月,是笔者任省劳动厅办公室秘书科科长时撰写的一篇信息稿,及时将广东深圳、珠海、中山市率先建立劳动监察制度的情况,报给劳动部办公厅。部办公厅负责同志来电了解有关情况后,认为广东的做法是一种创新。此前,国家劳动法律法规虽有零散规定,但是没有建立专门的劳动监察机构和制度。劳动部办公厅来电核实后,我们再次做了调研,将具体情况再次上报。部办公厅于1990年8月的《劳动工作信息》给予刊发(见下文)。广东建立劳动监察制度,为全国提供了宝贵的新鲜经验。此稿为最初报送的文稿,具有史料性,表明劳动监察制度是

由广东省于1989年率先创立的,是一项创举。劳动部于1993年8月发布了《劳动监察规定》,1994年国家颁布劳动法设有"监督检查"专章,进一步明确了劳动监察的机构和职责,标志着我国劳动监察制度正式建立。)

第二节 加强劳动监察,规范企业用工行为

为了适应劳动工作治理整顿和深化改革的需要,广东省深圳、珠海、中山等八市劳动部门于1989年5月后陆续建立了劳动监察制度。一年多来,他们充分发挥劳动监察机构的作用,针对用工单位法制观念淡薄,违反劳动政策法规,侵犯职工合法权益现象,依法行使劳动监督权,有效地整顿了劳务市场秩序,端正了企业用工行为,引起了社会有关方面的关注。在劳动部门建立劳动监察制度是一件新生事物,各市是怎样建立劳动监察机构并开展工作的呢?最近,我们按照劳动部的要求,赴各地进行调查研究。

一、广东劳动监察机构的建立

劳动监察制度是广东省劳动部门为了适应劳动工作治理整顿和深化改革的需要而建立起来的。党中央做出治理整顿和深化改革的部署以来,广东省劳动部门对10年来劳动工资保险制度改革情况进行了反思。不少同志认为,10年来,广东劳动工资制度改革的方向是对的。但是,由于放开计划后,政府劳动部门对企业的宏观监控措施跟不上,用工单位法制观念淡薄,自我约束机制不强,私招滥雇,违反劳动政策、法规,侵犯工人合法权益的情况屡有发生,影响了改革的深化。许多同志认为,要保证劳动制度改革的顺利进行,就必须建立一个专门的机构,代表国家履行劳动监察权,以便对企业执行劳动政策、法规情况进行强制性的监督检查,否则,就难以有效地约束企业的短期行为。基于这一认识,1989年年初,省劳动局借鉴香港经验,起草了《关于整顿劳务市场秩序加强劳动管理意见》(简称《意见》)上报省政府。同年5月,省政府批转了省劳动局的《意见》,明确提出"各级劳动门在当地政府的领导下,抓紧建立劳动监察制度"。按照省政府的部署,广东省深圳、珠海、中山率先建立起劳动监察制度,不久,广州、湛江、汕头、茂名、汕尾、佛山等市劳动部门经反复酝酿,提出了设立劳动监察制度的方案,并先后于1989年6—8月间分别报经当地政府批准,建立了劳动监察机构。据调查,目前已设立的劳动监察机构有两

种类型：一种是独立建制型，即在劳动部门属下专门建立处（科）级建制的劳动监察机构。如深圳、茂名市劳动监察机构名称叫劳动监察大队，珠海、湛江叫劳动监察科，四市共配备专职人员23人。另一种是挂靠型，即具体业务挂靠劳动局属下的劳动服务公司，如中山、佛山等市，监察员由市劳动局推荐给市政府，市政府批准任命。目前，八市共配备了专兼职劳动（务）监察员210多人，其中专职人员23人。

劳动监察机构建立后，各市先后拟定了劳动监察暂行规定或办法（如中山市政府已于1989年8月批准颁布），明确规定了劳动监察机构的基本职能和任务即：积极宣传国家劳动政策、法规，依法加强对劳动管理法规、政策贯彻实施情况进行监督检查，主动处理群众投诉的有关劳动争议案件，对违反者及时按规定作出强制性的处理或处罚，严肃劳动法纪，端正企业用工行为，整顿劳务市场秩序，保障企业和劳动者的合法权益，促进劳动工资政策法规的正确贯彻执行。

监察工作程序是：①根据工作需要或群众反映、举报，主动深入用工单位进行检查；②劳动监察员深入检查或执行公务时，必须有两人或两人以上参加，并出示劳动监察证；③如发现用人单位有违法行为时，应依法制止，并采取相应措施予以处理，情节严重的，提请司法机关处理。目前，深圳、珠海、中山市已制定了劳动监察工作纪律和监察人员守则，初步形成了一套比较规范的工作制度。

二、开展劳动监察的基本做法

1989年以来，各市劳动监察机构根据当地政府赋予的监察职能，认真行使劳动监察权，采取主动深入企业监督检查与受理群众来信来访相结合、宣传教育与经济处罚相结合的办法，积极开展工作，打开了劳动监察的新局面。

（一）深入基层宣传党和国家的劳动法规、政策，增强企业和职工的劳动法制观念

长期以来，人们的劳动法制观念比较淡薄，一些企业领导人把有关劳动的法规政策视为可有可无的东西，习惯于不按劳动法规办事。特别是改革开放以来，不少人对新推行的劳动合同制度不了解，致使劳动合同制度难以巩固，工人合法权益得不到保障。为了帮助企业领导和职工群众逐步

树立劳动法制观念，自觉遵守国家的劳动方针政策，增强自我约束能力，各市劳动监察机构建立后的头一件事，就是扎扎实实地做好劳动法制的宣传、解释工作。深圳市劳动监察大队翻印了两万多册《广东省经济特区劳动管理条例》《广东省违反招用工人规定处理暂行办法》等文件，每到一家企业，即免费发给企业负责人，结合实际，对照文件，开展宣传教育，敦促企业针对自身存在的问题，作出整改。据初步统计，该市有106家企业接受宣传教育后，为4000多名职工补办了招工手续，签订了劳动合同；此外，还清退了生产不需要的外来务工人员1500多人。珠海市监察科组成宣传组，深入到使用临时工较多的华辉玩具厂等15家企业进行宣传，发现这些企业都不同程度地存在着违反劳动政策规定的行为，便将调查情况写成书面材料，上报市政府。市府领导立即批示深入查处。通过宣传和查处违反劳动政策法规的行为，使企业领导和广大劳动者增强了劳动政策法制观念，改变了私招滥用临时工的行为。

（二）大力整顿劳务市场秩序，端正企业用工行为

开放劳务市场后，企业有了一定的招工用人自主权，但由于相应的约束机制不健全，因而出现了一些新情况：一是企业私招乱雇农村和外省劳动力；二是一些私人非法进行劳务中介活动，扰乱了劳务市场秩序。针对这些情况，刚成立的劳动监察机构紧密结合劳动工作的治理整顿，大力整治劳务市场秩序，督促企业严格执行劳动策法规。具体做法是：①据省政府颁发的《广东省社会劳务介绍机构管理办法》，及时查处并取缔私人非法进行劳务介绍活动的行为。如中山市劳动监察机构根据群众举报，及时查处了19宗私人违法进行劳务中介活动的行为，处罚金额6337元，有效地维护了劳务市场的正常秩序。目前，该市跨市、县的劳务中介活动，均在劳动部门的领导下有组织地进行。②深入查处企业私招乱雇行为。在治理整顿中，根据国务院的部署，省政府发出了关于整顿劳务市场秩序加强劳动管理的通知，但一些企业强调自己有招工用工自主权，无视国家和省的招工政策，私招乱雇行为禁而不止。对此，劳动监察机构普遍采取主动深入现场检查的办法，先后抽查了600多家企业，清退外来务工人员10000多人。如1989年8月，珠海特区新乐丝花厂私自从湖南招用外来务工人员100多名，劳动监察科立即派出监察员，出示监察证，对该厂进行检查和教育，当天就把这批民工劝返原籍。深圳市对私招滥雇外来劳动力比较严重的56家企业，发出限期整改通知书，有效地端正了企业用工行为。劳动部

广东劳动制度的深刻变革

门的干部深有体会地说:"监察机构帮了我们的大忙"。

(三)及时处理职工上诉案件,保障企业和劳动者的合法权益

在改革过程中,由于新旧劳动管理体制并存和摩擦造成的劳动争议日渐增多。如果按照过去的做法,通过信访渠道处理群众来信来访,往往缺乏法律效力,造成久拖不决,难以消除不稳定因素,如果等待群众上诉,依靠劳动争议处理机构去解决,往往难以把问题处理在萌芽状态,防患于未然。有些违法案件,群众不上诉,劳动争议仲裁就失去了依据。劳动监察机构立后,凡属企业领导不按劳动法规办事、侵犯职工合法权益而又不属于劳动争议范围的案件,劳动监察机构都能立即行使监察权。一是深入检查,晓之以法,防患于未然。二是对一些肆意违反劳动法规的企业绳之以法,追究法律责任。据初步统计,近9个月来,仅深圳、珠海、中山三市运用监察手段处理的投诉案件达930多宗,结案率为94%。

三、开展劳动监察的初步效应

广东省部分市开展劳动监察工作时间虽然不长,但却产生了积极作用,取得了较好的效果,受到企业和职工群众的好评,强化了劳动行政部门的监察职能,促进了劳动部门的自身建设。

(1)维护劳动政策法规的严肃性。开展监察活动之前。一些企业不顾劳动行政部门的三令五申,不是顶着"风头"私招乱雇农村和外省劳动力,就是随意侵犯工人合法权益,难以做到令行禁止。开展监察活动后,违法的企业受到通报批评或处罚后,感受到法律的震慑和威力,有的企业连夜召开紧急会议,研究整改措施;有的企业负责人还写了书面检讨;有的主动到劳动部门补办招工手续,表示要认真贯彻国家的劳动工资政策法规,加强企业用工管理。目前,绝大多数企业招工都能按规定及时到劳动部门办理用工手续,一度招工秩序比较混乱现象基本得到克服。

(2)及时解决职工反映的问题,促进了社会安定团结。不少职工反映,过去向劳动信访机构反映问题,虽有回音,但有些问题解决无力,有关单位不执行也拿它没办法。而劳动争议仲裁机构的职责主要是对投诉的劳动争议进行处理。如果没人告到仲裁机构,即使企业违法,也无人问津。有了监察机构,不论是否有人投诉,一旦深入检查发现企业有违法行为的,即可行使监察权,及时处理违法行为,从而及时解决处于萌芽状态的劳动

纠纷或尚未上诉的违反劳动政策法规的行为，促进社会稳定。

（3）强化劳动行政部门的监察职能。长期以来，劳动部门依法监察督促的职能未能充分体现出来，究其原因，主要是按传统的业务分工，其内部各业务部门都只是单纯负责一方面的业务管理工作，平时的督促检查，属于一般性的工作检查，所发出的指示或指令，缺乏法律强制性。劳动监察机构建立后，监察员是经市政府任命的，有依法行使强制执行权和处罚权，因而监察这一职能突出起来了。实践证明，这样做，既能强化劳动监察职能，确保劳动法规的贯彻执行，维护良好的劳动管理秩序，又有利于促进劳动部门自身建设和职能转变。各市在开展监察工作中，设立了"投诉信箱"和公开投诉电话号码，增加了政务工作的公开性和透明度，使劳动监察工作处于群众监督之中，客观上为劳动部门加强廉政建设和宏观间接管理创造了条件，得到了群众的好评。

（注：本文是按照劳动部办公厅监察室的要求撰写的广东省部分市开展劳动监察的调查报告，于1990年6月再次上报劳动部监察室。劳动部办公厅在《劳动工作信息》第57期、1990年8月15日给予刊发，引起全国关注。刊发的信息稿对原文做了修改。）

第三节　深圳市创建劳动监察制度的探索实践

一、劳动监察机构的建立及其职权

深圳市是我国最早进行开放、改革的地区。10年来，有计划商品经济有了很大发展。目前，全市有各类企业2万多家，其中外商投资企业2400多家。职工总数近20万人，其中固定工12万余人，合同制职工6万多人，临时工100万人。用工形式多样化和职工队伍的迅速增长，满足了经济特区发展的需要。但是，近年来，在多种经济成分并存和劳动管理体制转换的新情况下，劳动部门依法管理力量薄弱，致使劳务市场秩序混乱，主要表现在企业私招乱雇劳动力增多，大量外地劳动力盲目涌入深圳就业，致使劳动争议案件增多，带来了一系列严重的社会经济问题。据初步统计，仅1988年全年因劳动争议上访的人数达2000多人次，严重影响了深圳市劳务市场的开放和正常运转。面对这一新情况，深圳市政府按照省政府关于"建立劳动监察制度"的指示，借鉴国外及香港地区的经验，决定强化劳动监察职能。于是，1989年6月，深圳市政府批准在市劳动局属下建立劳动监察大队，具体负责全市各类企业及事业单位用工行为的监督检查，给予该机构15名事业编制，与市劳动局信访办合署办公。

劳动监察大队的主要职责包括：宣传贯彻国家有关劳动工作的法律、法规和政策，并监督用人单位实施；监督检查用人单位招工、调工、聘（雇）工、签订劳动合同情况；对违反劳动法律、法规和政策的用人单位及其当事人，依法进行处理；受理群众来信来访，及时解答及立案处理。

二、当前开展劳动监察工作的做法及程序

1989年9月，深圳市劳动监察大队正式挂牌办公。为了紧密配合劳动工作的治理整顿，他们从实际出发，把信访反映的问题作为劳动监察的线索来源，直接处理信访工作中遇到的问题。例如，当年12月，深圳市东升电子厂73名工人集体上访，反映厂方拖欠工人4个月工资，劳动监察大队据此立案，当天赶到该厂进行调查，了解该厂是来料加工企业，因拖欠工缴费，致使发不出工资。对此，劳动监察大队及时邀请团市委、企业主管部门及该厂负责人五方协商，统一认识，最后决定先由该厂主管部门垫付工人工资，并督促结清工缴费，维护了工人的合法权益。

劳动监察大队还注意把宣传教育与经济处罚结合起来，印制了大量《广东省经济特区劳动条例》和《广东省违反招用工处理暂行办法》发给企业，加大劳动政策法规的宣传力度，把法制教育贯穿于整个工作之中，帮助企业和员工树立劳动法制观念。对部分严重违反特区劳动管理制度的企业，劳动监察大队则采取坚决措施予以制裁，促使企业针对自身用工存在的问题作出整改。据统计，1989年9月至1990年一季度，深圳市劳动监察大队受理了群众来信来访615件，查处用工单位106家，清退外省劳动力约1500人，敦促期限补办劳动用工手续的有4000人次。同时，对其中56家私招滥雇问题严重的企业进行了经济处罚。例如，深圳电子工业美芝制造厂，投产不到一年时间，雇佣临时工2100多人，非法用工人数占总数的49.2%（其中外省77人）。针对该厂情况，劳动监察大队作出了限期清退和补办有关手续的整改通知，并按规定予以经济处罚。

根据前段工作的摸索，深圳市劳动部门初步总结出一套劳动监察程序和方法，其内容包括：①由市劳动局考核任命劳动监察员，并发给劳动监察证。②根据当事人的投诉、举报或其他工作需要，到某个单位调查前，

一般应提前通知用人单位,让其做好必要的准备;突击检查,应说明理由。③劳动监察员在执行公务时,必须有两人或两人以上参加,佩戴统一标志,出示劳动监察证,严格遵守劳动监察工作纪律。④发现用人单位负责当事人有违法行为时,应当场制止或指出,并视其情节轻重,给予批评教育、警告、限期整改、罚款、责令停产整顿,或者提请上级机关,或有关部门对当事人给予行政处分,情节严重的提请司法机关依法惩处。⑤当事人对违法事实的认定有异议,可进行旁听,出示证据及答辩,处理机关最后认定并处罚。

三、进一步完善劳动监察制度的思考

劳动监察工作,是劳动部门代表国家行使劳动监察权、对企业等用人单位的劳动用工行为进行监督、检查,并对违法行为进行处罚的活动。从其职权来看,它与劳动部门其他职能有明显区别。首先,劳动监察与劳动部门内部其他职能部门检查工作不同,劳动监察机构是劳动部门中专门负责监督、检查用人单位执行劳动政策法规情况的执法机关,具有一定的强制执行权和处罚权,而一般职能部门通常仅限于行政管理、落实本部门相关劳动管理内容。因此,比较而言,劳动监察机构具有法律强制性的特点。其次,劳动监察与劳动仲裁不同,劳动监察的对象是企业等用工单位整个劳动监察过程,不论是否有人投诉或申诉,一经发现企业等单位有违法行为,即可做出处理,而且其处理行为可能会导致行政诉讼。而劳动仲裁的对象是企业等用工单位与职工发生的劳动争议,通常适应"不诉不理"的原则,而仲裁机关发现劳动争议根源在于企业管理违法,亦只能纠正个别争议中非法之处,不能对企业作出处理,更不能处罚,不会导致行政诉讼。再次,劳动监察部门与劳动法制部门也不同,劳动监察部门的核心任务是对企业等用工单位的非法用工行为进行处理,严肃劳动法制。而劳动法制部门主要负责劳动部门政策、法规、规章起草工作,以及处理企业等用人单位对劳动部门处罚不服的上诉案件,进行行政复议等。

深圳劳动监察工作的开展,有力地整顿了特区劳动用工秩序,促进了企业依法管理水平。但是,劳动监察工作是一件新生事物,还存在许多不完善之处。从近一年来的工作实践看,有以下几个问题值得进一步探讨和完善。

(1)劳动监察机构的性质和地位问题。有人认为,劳动监察机构是劳动部门内部各职能部门监督、监察的一种形式,不能独立出来。我们认为,在现代社会，任何发达国家在劳动管理中十分强调劳动监察，把它作为劳动法制管理的重要组成部分，以确保劳动法的贯彻实施。正如列宁曾提出的："如果没有一个能够迫使人们遵守法权规范的机构，法权也就等于零。"实践证明，劳动管理要走上法制化的轨道，就必须在劳动部门内部成立专门的劳动监察机构，明确其依法监督和处罚的职权，从而强化劳动法律监督的职能，确保劳动政策法规得以贯彻执行。如果还是像过去那样，单纯地依靠劳动部门用行政手段进行监督检查，是难以实现管理职能从直接管理向间接管理的转变的。因此，必须从实现劳动管理法制化、规范化的角度，充分认识劳动监察工作的重要性。

（2）建立和健全与劳动监察相适应的劳动法规体系问题。目前，我国劳动法还未出台，劳动监察的程序法难以统一制订，劳动监察所适用的实体法也不规范、不统一。目前，深圳市劳动监察所涉及的法规主要有劳动部等五家部门联合颁发的《关于严禁使用童工的通知》、广东省政府颁布的《广东省违法招用工规定处理暂行办法》等劳动工资政策法规，以及深圳市政府颁发的《深圳特区暂住人员户口管理暂行规定》《深圳经济特区适用外地临时工实行〈临时工劳动手册〉的管理办法》等，其内容存在授权不明确、处罚条文冲突等问题，影响劳动监察工作的准确性、权威性。这些问题，应当逐步研究解决。

（3）关于完善劳动监察制度问题。劳动监察政策性强，涉及面广，其行为要受到司法监督，如果搞得不好，可能会引起纠纷，导致行政诉讼。因此，要进一步完善劳动监察制度，首先，要研究建立工作程序法，使之有章可循。其次，要统一劳动监察员的任命制度。建议通过立法，统一由当地政府任命监察员，以增强其权威性。最后，要建立对监察员定期培训考核制度，加强政治、法律及劳动政策业务的学习，提高人员素质，以确保劳动监察的合法、准确，从而达到维护用工秩序的目的。

（注：本文是在深圳市劳动局报送的资料基础上，经深入调研后，于1990年4月写成，是创建劳动监察制度最原始的资料。）

第四节　关于加强私营企业劳动管理的几点建议

在改革开放的新形势下，广东私营企业发展迅速。据统计，目前全省私营企业约有22.5万户，雇工总数达360多万人，它对于发展社会主义商品经济、改善产业结构、扩大就业、繁荣市场起到了有益的补充作用。但是，由于我们对私营企业劳动管理工作跟不上，因而出现不少问题。急需及时研究解决。

当前私营企业劳动管理方面存在的主要问题有：私营企业主雇工没有签订劳动合同，有的即使签订了合同，也很不完善；有的合同本身违反国家规定；有的私营业主克扣雇工工资，加班不发加班费，劳动时间超过8小时，福利待遇无保障；有的劳动条件差，缺乏必要的劳动保护措施，没有劳动保护津贴，职工病、伤得不到治疗，生活没有保障，死亡不给抚恤金；有的甚至还雇佣童工等。

上述问题的存在，严重损害了劳动者的合法权益。切实加强对私营企业的劳动管理，保障劳动者的切身利益，促进私营企业的健康发展，是当前一项迫切的重要任务。笔者建议从以下几个方面切实加强对私营企业的劳动管理。

（1）各级劳动部门要设立私营企业劳动管理机构，指定专人负责综合管理私营企业各项劳动工资管理工作。在私营企业比较多的地方，镇（乡）一级劳动管理所（站），作为县级劳动部门的派出机构，负责开展此项工作。

（2）指导建立私营企业劳动用工制度，明确规定以签订劳动合同形式确立雇主与雇工之间的劳动关系。在社会主义商品经济条件下，雇主与雇工的关系，不是人身依附关系，其社会地位是平等的。私营企业依法招用员工，应在平等自愿、协商一致的基础上，以书面形式签订劳动合同，明确规定双方的责、权、利。这是私营企业劳动制度赖以建立的基础。当前，各级劳动部门要对私营企业主进行一次全面调查统计，凡未按平等自愿、协商一致原则签订劳动合同的，都必须补签劳动合同；已签订的劳动合同条款，如违反国家有关劳动工资政策，应当重新修订。

（3）建立劳动合同鉴证制度，加强对劳动合同的管理，以实现对私营企业雇工的间接管理与调控。私营企业与雇员签订劳动合同后，应送当地劳动部门鉴证并予以存档。如发生劳动争议，可参照国务院颁发的《国营企业劳动争议处理暂行规定》有关程序处理。

（4）加强私营企业劳动立法。目前，我国私营企业劳动立法几乎是个空白，企业主普遍反映无法可依，建议省一级劳动部门根据国务院颁发的《中华人民共和国私营企业暂行条例》，拟订私营企业劳动管理规章，对私营企业的招工和用工制度、劳动报酬、劳动保险和福利待遇、劳动保护、劳动争议、工时制度等，作出明确规定，报省政府或省人大审批后，贯彻执行，使私营企业劳动管理逐步做到有法可依，有章可循。

广东劳动制度的深刻变革

(5) 建立劳动监察制度,加强执法监督。劳动部门应当设立专门劳动监察机构,坚持每年对私营企业劳动管理进行一次检查,督促私营企业执行国家的劳动政策、法规,指导建立必要的劳动安全生产规章制度,保障职工的生产安全和健康。对群众举报的问题,要及时查处。一旦发现违反国家劳动政策、法规的,有权视其情节轻重,予以警告、限期整改、罚款、责令停业整顿等处罚。同时,要在有影响的私营企业大户中,做好工会组建工作,发挥工会在劳动管理方面的监督作用。

(注:随着改革开放的深入发展,广东省私营企业迅速发展,但是劳动管理工作跟不上,发生了许多劳动争议。为了保护劳动者的合法权益,促进社会和谐稳定,时任厅办公室秘书科科长的笔者,主动深入基层研究了这个问题。本文发表于《中国金报》1989年11月。)

【参阅资料】建立劳动监察制度 强化外商投资企业劳动管理

据统计,珠海市到1990年为止共吸引外资举办"三资企业"1051家,吸纳就业16.9万人,取得了良好的经济社会效益。但是,随着"三资企业"的不断增多,劳动管理方面出现了不少新问题。企业违反国家劳动政策,损害劳动者合法权益现象十分突出,如私招乱雇外地农民工,不按规定签订劳动合同;劳动时间过长,任意加班加点;工资报酬低,拖欠工资事件经常发生;不按规定缴纳社会保险费等等,引发劳动争议或集体罢工事件,给社会带来不稳定因素。

针对这种情况,珠海市劳动局按照省政府的部署,及时向市政府申请成立劳动监察机构。市政府十分重视,于1989年8月1日批准珠海市劳动局增设劳动监察科,其主要职责是:①宣传贯彻国家劳动方针政策、法律法规。②加强对企业执行劳动工资保险政策法规情况进行监督检查,对做得好的,给予表扬;做得不好的,给予批评;对严重违反劳动法律法规和政策的,按规定给予处罚。③设置举报箱及投诉电话,接受工人来信来访,并根据有关政策、法规给予解答或处理。

劳动监察科成立两年来,注重树立服务意识,坚持依法监察,依法维护企业和劳动者的合法权益,受到社会普遍好评。两年来共清退企业私招外省务工人员748人,责令企业补办招工手续12020人,受理工人投诉423宗,接待工人来访1097次,为工人追回拖欠的工资、补贴、押

> 金、医疗福利费等共计295万元，对3家严重违反劳动政策法规的企业罚款43500元。劳动监察员在执行任务中，坚持依法办事，坚持廉洁执法，作风严谨细致，扎扎实实为群众办事，因而深受企业和工人的好评。工人称他们为"贴心人"，社会媒体赞扬他们"为民请命"，是"特区工人的卫士"。

（注：本文摘自孔令渊主编《外商投资企业劳动管理实务指南》，广东人民出版社1992年版。）

第五节 加强劳动监察，保障农民工合法权益的实践与思考

农民工是我国工业化、城镇化和现代化进程中涌现的一支新型产业大军，是推动社会经济发展的重要力量，解决好农民工问题事关我国经济发展和社会和谐稳定大局。近年来，广东各级党委政府认真贯彻落实党中央、国务院关于做好农民工工作的重大部署，出台了一系列政策措施，从提供职业培训、就业服务，改善就业环境，加强劳动监察，保障合法权益等方面着力做好农民工权益保障工作，取得了明显成效。但是，目前侵犯农民工合法权益问题尚未得到很好的解决。在新的历史时期，必须把维护农民工合法权益放在更加突出的位置上，按照构建和谐社会的要求，从全局和战略高度出发，切实做好这项工作。

一、近年来广东保障农民工合法权益的实践

农村劳动力向非农产业和城镇转移，是世界各国工业化、城镇化的一般规律。改革开放以来，随着经济的持续快速发展，广东社会经济发展进入了工业化、城镇化加速发展的新阶段。本省农村劳动力向非农产业转移就业和外省农民入粤就业的规模不断扩大。至2005年年底，全省农民工达2300万人，约占全国的五分之一，其中本省农村劳动力转移就业600万人。但是由于体制等方面的原因，农民进城就业，难以享受与城镇居民同等的待遇，从而引发许多新的矛盾和问题。为了适应经济发展，构建和谐社会的需要，2003年，国务院办公厅发出《关于做好农民进城务工就业管理和

服务工作的通知》；2004年12月，国务院办公厅又发出《关于进一步做好改善农民进城就业环境工作的通知》；2006年，国务院再次发出《关于解决农民工问题的若干意见》，采取了一系列措施保障农民工合法权益。按照党中央、国务院的部署，广东省政府结合实际，转发了国务院上述文件，决定把农村劳动力转移就业列入扩大与促进就业民心工程，先后印发了《关于推进统筹城乡居民就业工作实施意见》和《关于进一步加强农民工工作的通知》，要求各地从以下几个方面切实做好维护和保障农民工合法权益工作。

（1）建立农民工工资支付保障制度，切实解决拖欠、克扣农民工工资问题。为了规范企业工资支付行为，防止或减少出现拖欠、克扣农民工工资现象，保障农民工依法取得劳动报酬的权利，促进社会稳定和经济发展，省人大常委会于2005年1月颁布了《广东省工资支付条例》（简称《条例》），要求各类用人单位应当依法制定本单位的工资支付制度。该项制度包括：①工资分配形式、项目、标准及其确定、调整办法；②工资支付的周期和日期；③加班、延长工作时间和特殊情况下的工资及支付办法；④工资的代扣、代缴及扣除事项等。

该《条例》自2005年5月实施以来，企业工资支付行为逐步走向规范，拖欠、克扣农民工工资的投诉案件明显减少。2006年6—8月，省人大常委会组成了由黄丽满同志担任组长的执法检查组，对《条例》贯彻实施情况进行了检查。据统计，2006年一季度，全省拖欠工资案件涉及的人数及金额，比上年同期分别下降28%和22%。针对建筑行业拖欠农民工工资比较严重的情况，省劳动保障厅与省建设厅把保障建筑行业农民工工资作为重点来抓，转发了《建设领域农民工工资支付管理暂行办法》，进一步规范建筑行业工资支付行为。珠海市向全市建筑行业6万多名从业人员发放了《建筑施工从业人员劳动保障手册》，详细记载农民工个人工资支付情况，较好地遏制了建筑施工企业拖欠农民工工资的行为。

（2）加强劳动监察，加大对欠薪违法行为的查处力度。2005年来，广东各级劳动保障部门充分发挥劳动监察执法职能，把加强对企业劳动管理的日常巡查、专项检查和信访专查结合起来，组织开展了以查处拖欠工资为主要内容的劳动保障维权"雷霆行动"，及时查处和纠正了企业的欠薪行为，全省共为49.06万名农民工追加欠薪4.54亿元，维护了农民工的合法权益。2006年春节前，深圳市劳动保障、公安等部门联合开展了行政、司法联合打击欠薪逃匿行动，达到"惩治一批，教育一批"的社会效果。从2006年4月起，广东在全省范围推广了深圳的做法，对涉嫌欠薪逃匿犯罪的52宗案件立案侦查，目前已抓获欠薪逃匿的犯罪嫌疑人29名，追加拖欠工资金额725.21万元，起到了很好的教育和震慑作用。全省因拖欠工资引发的群体性事件比上年同期减少8.7%。此外，全省劳动保障部门还统一开通了"12333"劳动保障热线，设立了举报投诉电话和信箱，为农民工提供欠薪举报、投诉等项服务。一年来，全省共受理拖欠工资投诉案件32万批、涉及66万人、15.96亿元。

（3）逐步调整提高最低工资标准，提高农民工工资水平。我国劳动力资源丰富，就业压力大，形成了劳动力长期供大于求的局面。在这一情况下，用人单位往往不择手段压低农民工的工资。为了保障农民工取得合理报酬的权利，广东从1994年起开始建立最低工资保障制度。此后，随着社会经济的发展，不断提高最低工资水平，至2006年，广东七次调整提高了最低工资标准。1995年5月，省政府统一制定并颁布的企业最低工资标准（深圳、珠海市自行制定的标准为380元/月）分为五类，分别为320元/月、280元/月、250元/月、220元/月和190元/月。2006年9月，省政府第七次调整提高最低工资标准，提高的标准亦分为五类，由高到低分别为780元/月、690元/月、600元/月、500元/月和450元/月。历年最低工资标准调整情况见下表。

1995—2006年广东省历年调整的最低工资标准

单位：元/月

年份	类别						
	一类	二类	三类	四类	五类	六类	七类
1995	320	280	250	220	190	—	—
1996	380	350	320	280	250	235	220
1999	450	400	360	320	290	270	250
2001	480	430	380	340	310	290	270
2002	510	450	400	360	330	300	280
2004	684	574	494	446	410	377	352
2006	780	690	600	500	450	—	—

注：1. 调整的标准中不含深圳市标准。
　　2. 2004年调整的最低工资标准包含职工个人社保费，2002年的标准不含职工个人社保费。
　　3. 数据来源：广东省劳动保障厅。

从上表可以看出，在经济发展进程中，广东逐步提高最低工资标准，使农民工及低收入阶层的收入水平随经济发展而不断提高，较好地解决了农民工工资水平偏低的问题，使农民工和城镇居民一样享受到改革开放和现代化建设的成果。

（4）依法推行劳动合同制度，逐步完善劳动合同管理，维护农民工的正常权益。在市场经济条件下，劳动合同是规范用人单位和农民工双方责、权、利的法律文件。农民工的权益受到侵害，往往与用人单位不与农民工签订劳动合同有关。从 2006 年起，广东省决定在农民工中全面推行劳动合同制度。省劳动保障厅、省总工会和省企业联合会等单位在全省各市全面组织实施了"劳动合同制实施"三年行动计划。要求各用人单位与农民工按照平等自愿、协商一致的原则，依法签订劳动合同。至 2006 年 6 月底，全省签订劳动合同的农民工人数达 962 万人，占纳入就业登记的农民工总数的 75.8%。同时，要求劳动合同文本要规范、必备内容不得遗漏。如岗位工资及发放形式、日期、社会保险、劳动安全、工作时间和休假制度等，都要作出明确规定，使劳动合同起到了保障农民工合法权益的作用。

（5）取消对农民进城就业的不合理限制，积极探索建立城乡劳动者平等就业制度。劳动法规定："劳动者享有平等就业和选择职业的权利。"但是，由于历史方面的原因，我国存在着二元经济结构，对于农民进城务工，要办理就业登记，实行证卡合一管理制度，而且还要限定工种、收取管理费用等，这使得进城务工的农民处于不平等的地位。为了打破体制障碍，保障农民工合法权益，省政府按照科学发展观的要求，于 2006 年 1 月转发《省劳动保障厅关于推进统筹城乡居民就业工作实施意见》，明确提出要积极探索建立城乡劳动者平等就业制度，打破城乡劳动者的身份界限，实行五个统一，即：城乡居民到非农产业求职就业，统一凭身份证进行求职登记；统一提供免费职业介绍、职业指导和政策咨询等公共服务；统一签订劳动合同，并在工资分配方面一视同仁，平等对待；统一按就业状况参加社会保险；统一使用《广东省就业失业手册》和社会保险保障卡，作为享受公共就业服务的凭证。这从制度上打破了体制障碍，改善农民工进城就业环境，促进了农村劳动力向非农产业转移就业。2006 年来，本省农村劳动力向非农产业转移就业数量达 80 万人，比上年的 50 万增长 60%，出现明显增加势头。

（6）大力开展农民工职业技能培训，提高就业能力。从 2003 年起，广东各级劳动保障部门把加强农民工的职业教育和技能培训作为一项重要任务来抓。各地结合实际，制定了一系列政策措施和专门的培训计划，引导和鼓励农民工自主参加职业教育和技能培训。一是全面实施百万农村青年技能培训工程。省政府转发了省劳动保障厅《关于广东省百万农村青年技能培训工程实施方案》，明确提出2005年至2010年全省组织270万农村青年参加职业技能培训。二是鼓励用人单位、各类职业教育院校和社会职业培训机构，从实际出发，对农民工开展有针对性的、实用性的职业技能培训。三是积极组织、引导、鼓励准备进城求职或已在非农产业就业的农民工参加职业技能培训或安全生产知识培训；并鼓励参加培训的农民工自愿参加职业技能鉴定，对考核合格者发给国家职业资格证书。四是试行政府购买培训成果办法。由省和各级财政在财政支出中安排专项经费，扶持开展农民工职业技能培训工作；对参加职业培训合格者，由政府给予职业培训补贴和职业技能鉴定补贴，让农民直接受益。

（7）积极探索建立适合农民工特点的社会保障制度。农民工在流动就业过程中，存在流动性大、工资收入偏低、投保难、社保关系转移接续难的矛盾。针对这些情况，从2003年起，广东坚持分类指导、稳步推进、突出重点的原则，积极探索建立适合农民工特点的社会保障制度。第一是在征地农民中建立社会保障制度，在有条件的地区把被征地农民纳入城镇职工社会保障体系，按社会保险缴费办法参加社会保险。第二是优先解决农民工参加工伤保险和医疗保险。凡与用人单位建立劳动关系的农民工，必须依法参加工伤和基本医疗保险。至2006年7月底，全省农民工参加工伤、医疗保险人数分别达950万人和750万人，占全国农民工参保总数的一半以上。第三是积极推进农民工养老保险。各地根据农民工工资偏低的状况，适当降低缴费基数，把已稳定就业的农民工纳入城镇职工基本养老保险范畴，按统一规定参加养老保险，扩大养老保险覆盖面。至2006年7月底，全省农民工参加养老保险人数达600万人，居全国首位。第四是研究制定农民工养老保险关系跨地区和跨城乡流动转移、接续办法，切实保障农民工流动就业的社会保障权益。

（8）切实保护转移就业的女工和未成年工权益，严禁使用童工。2006年9月，省政府发出《关于进一步加强农民工工作的意见》，明确要求用人单位不得以性别为由拒绝录用女工或提高女工录用标准，不得安排女工从事禁忌劳动范围工作，不得在女工孕期、产期、哺乳期降低其基本工资或单方面解除劳动合同。招用未成年工的用人单位，必须在工种、工作时间、劳动强度和劳动保护等方面，严格执行国家有关规定。要严厉打击非法职业中介和使用童工的行为,建立举报企业使用童工等违法行为的奖励制度。对群众举报和投诉案件及时进行查处,从而切实保护女职工和未成年工的切身利益。

(9) 加快建立覆盖城乡的公共就业服务体系,改善农民工就业环境。近年来,广东按照统筹城乡就业的要求,加快建立城乡一体化的公共就业服务体系。一是在巩固完善县级公共就业服务机构的基础上,把公共就业和社会保障服务机构向乡镇、街道延伸,建立起省、地级以上市、县(市、区)和乡镇(街道)四级公共就业服务机构,增加了人员和编制;二是以公共服务机构为载体,建立覆盖城乡的劳动力市场信息网络,建立农村劳动力资源数据库,及时为农民工提出准确的劳动力需求信息;三是进一步加强泛珠三角劳务合作和完善本省地区之间劳务帮扶制度,建立合作区域内培训、就业、维权"三位一体"的劳务合作机制,提高农民工流动就业的组织化程度;四是在有条件的地方设置农民工专门服务窗口,为农民工提供免费的就业咨询、求职信息、就业指导、职业介绍、劳务代理、职业培训、社会保障等一条龙服务,较好地改善了农民工就业环境,促进农民工有序流动择业。

(10) 切实加强组织领导,加大资金投入,减轻农民负担,初步形成综合协调管理新机制。为了切实加强对农民工工作的组织领导,协调解决农民工问题,保障农民工的合法权益,省政府从 2006 年起建立了以分管省长为组长的农民工工作领导小组,负责全省农民工工作的统筹规划、政策研究、综合协调和组织实施工作。其成员由省委、省政府有关部门和工、青、妇等群众组织派主要领导参加。领导小组下设办公室,负责日常具体工作。同时,建立了部门工作职责制度、综合管理服务协调制度。省和各市政府还建立了农民工管理服务工作经费保障机制,把涉及农民工就业服务、职业培训、社会保障等工作经费,纳入财政年度预算和正常支出项目,保证农民工工作正常有效地开展。

二、当前农民工权益保障工作面临的问题和原因分析

(一) 面临的突出问题

从总体上看,近年来,随着经济社会的迅速发展,广东省各级党委政府及有关部门对维护农民工合法权益工作予以了高度重视,并采取了一系

列行之有效的措施，取得了明显的效果。但是，由于城乡二元结构的存在和体制等深层原因，目前涉及农民工切身利益方面，仍然存在一些不容忽视的突出问题，主要有以下八个方面。

一是农民工工资仍然偏低，同工不同酬现象依然存在。虽然广东从1995年起，已经七次调整并提高了最低工资标准。但在执行过程中，不少企业都把农民工当作临时工使用，入职时按当地最低工资标准来确定其岗位工资，一方面导致农民工工资水平跟不上经济发展水平，与社会平均工资的差距不断扩大；另一方面还出现了农民工与城镇职工同工不同酬现象。如有的企业采取压低计件单价，提高劳动定额等办法压低工资；有的把企业应当支付给个人的福利费用纳入工资；有的采取压低或变相减少小时加班工资的办法压低工资等。凡此种种，不一而足，使农民工付出了辛苦的劳动，却得不到相应的工资报酬。据统计分析，近年来广东工资占全省生产总值的比重不断下降，1990年为14.32%，2005年下降至9.32%。

二是拖欠和克扣工资的现象仍比较严重。农民工不仅工资收入水平低，而且还经常被企业拖欠、克扣。据统计，2005年至2006年上半年，广东因拖欠、克扣农民工工资而导致的举报信访量达到30余万批。特别是建筑行业和一些"三来一补"企业拖欠农民工工资问题较为严重，成为引发群体性事件的高危行业。

三是农民工劳动合同签订率仍较低，就业不稳定，流动性过大，导致合法权益难以保障。许多企业招用农民工，往往都当作临时工使用，即使安排在常年性工作岗位上工作，也只是采取"一年一订"的办法，即签订一年以内的临时劳动合同。这就使农民工失去晋升职务和提高工资的机会，因而导致就业不稳定，流动性大。由于职业不稳定，使农民工承受着随时被解雇的风险，不能享受与城镇居民平等的权利，致使其合法权益最容易受到侵害。

四是超时加班加点，超强度劳动现象十分普遍，使农民休息休假权利没有保证。据调查，在非公有制企业，尤其是"三来一补"企业，普遍存在超时劳动现象。农民工日工作时间超11个小时，月工作时间超过26天，有些企业还通过扣留部分工资做押金，强迫农民工加班加点。这不仅使农民工失去了法定的休息休假权利，而且也没有得到加班补偿。

五是农民工参保率仍然偏低，享受社会保险的权利难以保障。据统计，全省农民工参加养老、失业、医疗、工伤保险的人数分别为600万、350万、750万和950万。虽然各险种参保人数均居全国首位，但如果按全省农民工 2300 万计,四个险种的参保率分别为 26.08%、15.2%、32.6% 和 41.3%。由于参保率低,大部分农民工生病或工伤时,因难以承担高额医疗费而无法得到及时治疗。有些农民工参加养老保险后,因养老金无法跨地区转移而纷纷退保,致使参保率降低。

六是农民工权益保障机制不健全。由于农民工是我国工业化、城镇化、现代化进程中的新型劳动大军,因而处于"两栖人"的尴尬地位。在法律上,有的政策法规还存在限制农民工的歧视性条款,新出台的法律政策对农民工群体也没有明确的法律保护条款。劳动法和《劳动监察条例》虽然有保护农民工的条款,但由于执法体系不健全,监察力量严重不足,处罚条款过轻等,造成执法不严,违法难究的现象;在管理上,不少用人单位把农民工划入另册,与城镇职工待遇差别大,有的还不能参加职代会,不能行使正常的民主管理权利;有的地方,农民工作为城镇社区居民的民主权利难以实现;农民工的社会保障、教育文化、医疗卫生、住房等问题无法纳入城市统一规划,处于无人管理状况,致使其权益无法得到保障。

七是对农民工的公共服务不到位。一些地方政府的有关部门对农民工的公共管理和服务严重缺位,在城市建设规划、基础设施、社会保障、劳动就业、教育培训、医疗卫生、住宅建设等方面,都没有考虑农民工的需要。在公共财政预算、管理体制等方面,没有做出相应的安排。有的地方尽管已把农民工纳入政府公共服务范畴,但没有做出长远的规划,服务机构设施落后、人手不足、经费无保障,致使服务方面存在不少漏洞。

八是农民工自身素质偏低,自主择业和转换职业的能力较差。据统计,农民工的文化水平普遍偏低,初中及以下文化程度的农民工约占 80%。他们当中绝大多数外出求职前没有掌握必要的职业技能,不了解工业生产的基本规范,缺乏法律观念和产业工人的意识,不熟悉城市生活等。这也是产生农民工合法权益易受侵害的重要因素。

(二)深层次原因分析

透过农民工合法权益受侵害的现象,我们发现,农民工合法权益受侵害的深层次原因在于体制和机制上。农民工这一特殊社会群体是在我国改革开放条件下,伴随着我国工业化、城镇化和现代化的进程而出现和不断壮大的。在这特殊的历史条件下,我国存在着城乡分割的二元经济结构,而我国的法律和管理体制是建立在二元经济结构基础之上的。因此,农民工合法权益易受侵害的深层次原因,归纳起来,主要有以下三个方面。

第六章 创新——率先创建劳动监察制度

(1) 城乡分割的二元经济结构,是农民工权益受侵害的根本原因。我国长期存在的城乡分割的二元经济结构,造成了农村与城镇、农民与市民的差别和社会待遇的不平等。特别是城乡分割的户口管理制度,把人口严格区别分城镇户口和农村户口,并借以实行不同的管理制度和政策。进入城镇务工就业的农村劳动力被当作"外来人口",被列为另册,无法与当地城镇居民在政治、经济、文化和社会方面享受同等的待遇。农民工进入城镇非农产业就业,却无法成为产业工人的"正规军",无法享受与当地市民同等的待遇。即使有了住所,也不能融入城市,成为新市民。这种尴尬的局面,正是目前农村和城乡分割的社会管理体制造成的。

(2) 体制改革滞后,不到位,是农民工权益易受侵害的重要原因。广东改革开放比较早,市场经济发展比较快,目前正处于体制转轨、社会转型、产业升级步伐加快的重要阶段。但是,社会管理体制改革滞后,无法适应市场经济条件下政府统筹管理社会的需要。从机构设置来看,没有专门管理农民工的职能部门。有管理职能的部门,管理职能存在重复交叉现象,有利的事大家争着管,不利或难办的事大家都不管,造成一些地方政府对农民工的公共管理和服务严重缺位或不到位;从服务对象来看,只重视为城镇居民提供服务,不重视为农民工提供服务;从管理能力来看,各有关职能部门缺乏长远规划和统筹协调。体制改革滞后,使农民工合法权益难以得到保护。

(3) 现行法律不完善,执法体系不健全。市场经济是法制经济。在体制转轨的特定历史条件下,我国社会管理方面的立法滞后。例如,关系民生基本问题的就业促进法、工资法、社会保障法尚未出台;劳动法以及有关保障劳动者权益的法规虽已颁布,但适用范围窄,许多法律条款对农民工群体缺乏明确的保护条款;有的只是部分规章或地方法规,立法层次低,处罚条款过轻;有的甚至没有设置违法处罚条款,不足以阻止用人单位的违法侵权行为。有些法律虽有规定,但没有执法主体,造成执法体系不健全,执法监督力量严重不足,对违法行为无法及时处理。如深圳市宝安区现有各类工业企业22500多家,外来工300多万人,按规定全区需配备劳动监察人员300多人,但目前只有配备15人。执法监察力量不足,严重影响到执法的效果。

三、保障农民工合法权益的对策思考

农民工问题涉及几亿农村人口向非农产业和城镇转移的社会经济结构的历史性变迁，涉及几亿农村人口生产方式和生活方式的历史性变化。解决好农村劳动力向城镇转移问题，是一个重大战略问题。既关系到农民工的切身利益，也关系到经济发展和社会和谐稳定。在今后相当长的一个时期内，农村人口向城镇转移的数量还将不断增加，广东是全国农民工流入大省，必须把农民工问题放在统筹城乡发展更加重要的位置，进一步深化对城镇化发展一般规律和中国特色城镇化道路的认识，按照科学发展观和构建和谐社会的要求，立足国情省情，坚持以人为本的执政理念，坚持统筹城乡发展方针，坚持依法行政，坚持从体制、机制和制度创新入手，充分发挥劳动监察的作用，切实解决好保障农民工合法权益问题。

（1）坚持推进就业体制创新，加快建立健全城乡劳动者平等的就业制度。要打破城乡劳动者的身份界限，凡是在法定劳动年龄内、有就业能力和就业愿望的城乡居民，均可凭身份证或失业证到公共就业服务机构登记求职，免费享受职业指导、职业介绍、职业培训和政策咨询等项公共服务。被用人单位录用后，不再人为地区别"外来工"或"本地工"，"城市工"或"农民工"等身份，在签订劳动合同、工资分配、社会保险等方面应当公平对待，一视同仁，从制度上保障城乡劳动者平等的就业权利。

（2）深化工资制度改革，着力推进工资分配制度创新。按照规定足额领取合理的劳动报酬，是农民工就业后的基本权利。在市场经济条件下，企业虽然有分配自主权，但不能片面追求利润，人为地压低甚至拖欠、克扣农民工工资。针对这一情况，政府应当着力推进工资分配制度创新，通过制度建设，确保农民工取得合理劳动报酬的权利。主要是不断建立和完善工资支付保障制度、最低工资制度、工资集体协商制度、工资支付监控制度和工资指导价位与指导线制度等。通过制度创新，规范企业工资分配行为，杜绝各种拖欠、克扣工资行为，建立工资随经济发展的正常增长机制，确保农民工依法取得合理劳动报酬的权利。

（3）充分发挥劳动监察作用，全面推进和加快完善劳动合同制度。劳动合同是市场经济条件下规范用人单位和农民工双方责、权、利的法律制度。全面推行和完善劳动合同制度，是保障农民工各项劳动权益的一项基础性工作。今后，广东要针对农民工劳动合同签订率低的实际情况，充分发挥劳动监察作用,指导企业加快推进和完善劳动合同制度,重点抓好农民工比较集中且流动性比较大的建筑、餐饮和劳动密集型企业的劳动合同管理工作。同时根据农民工的实际情况,完善劳动合同文本,明确必须签订的内容,明确双方的责权利,通过全面签订劳动合同,保障农民工就业的稳定性和各项劳动权益。

(4) 积极探索建立完善农民工与城镇职工大体统一的社会保障制度。要按照公平对待的原则要求,把农民工纳入现行的城镇社会保险制度框架内,实行农民工与城镇职工按规定同等缴费,享受同等待遇的政策。同时,要根据农民工工资收入水平比较低的实际情况,适当降低缴费基数(或按实际工资收入为基数)。要加快完善社会保险管理制度,建立全省甚至全国统一的社会保险信息管理系统,完善社保关系转移接续办法,以适应农民工流动就业的需要,保障农民工在流动就业过程中能够获得依法享受社会保险的权利。

(5) 强化企业责任,确保农民工获得休息休假权利和劳动安全卫生保护的权利。休息休假和职业安全关系到广大劳动者的身体健康和生命安全,是农民工最基本的权利。落实职业安全卫生规定和执行劳动标准,是企业的首要责任。要强调企业的社会责任,特别是强化企业安全生产责任主体意识,严格执行各项职业安全卫生标准,严格落实国家有关女工和未成年工特殊保护规定,严格落实工时制度和休息休假制度。要加强农民工的职业安全知识培训,严格执行劳动标准,改善劳动条件,以确保农民工获得休息休假和劳动保护的权利。

(6) 完善相关法律法规,创新农民工维权机制。一是要按照统筹城乡就业,建立平等就业制度的要求,抓紧研究修订劳动法,制定出台就业促进法、工资法,扩大劳动法律法规的适用范围,明确劳动关系双方主体的责权利,促进农民工维权法制化、规范化、程序化;二是不断健全农民工维权投诉机制,开通公开、便捷、快速、有效的投诉渠道,为农民工维护提供便利条件;三是改革现行劳动争议处理制度,简化劳动争议处理程序,改变农民工因耗不起时间、精力和财物而放弃维权的现象;四是完善劳动监察体系,充实执法队伍,加大执法检查力度,及时依法查处侵害农民工合法权益的行为。

(7) 完善政府购买培训成果制度,使农民工获得接受职业培训的平等权利。农民工是个弱势群体,素质低、工资低、劳动强度大、流动性大、缺乏参加职业培训机会。各级政府应当坚持完善政府购买培训成果制度,营造一个公平的接受职业教育的良好条件。各级财政要把农民工培训专项资金列入预算,加大支持力度,对准备外出就业或正在就业的农民工参加职业技能培训,经考核合格取得相应职业资格证书的,给予一定数量的资金补贴。对承担培训任务的各类公办、民办职业院校和社会职业培训机构,实行减免税费政策。企业要按规定提取职工教育经费,用于包括农民工在内的本企业职业的免费培训。通过实行上述政策,减轻农民工参加职业技能培训的负担,让农民工积极参加职业技能培训或创业培训,提高其择业和创业能力,实现稳定就业。

(8)切实转变政府管理职能,创新农民工管理体制。农村劳动力向非农产业和城镇转移,是一个相当长的历史过程。各级政府必须根据广东流动人口多,涉及面广,管理任务重的实际情况,转变管理理念,创新管理体制。在理念上,要由过去只管本地居民转向统筹管理本地户籍人口和包括农民工在内的流动人口上来;在管理模式上,要从过去侧重于防范、管制农民工转到为农民工公平地提供公共服务上来;在管理体制上,要从过去多头管理、无人负责转到设立专门机构进行综合协调管理上来,从而使各级政府在研究农民工政策、部署农民工工作、解决农民工问题方面有一个专门的机构。形成以专设机构为主,有关部门各司其职,相互配合,共同提供公共服务的新格局,使农民工更好地融入城市,适应城市的生存与发展。

(注:本文写于2006年10月。)

第七章 完 善

——率先探索建立劳动关系调整机制

【本章导读】广东取消指令性劳动计划,开放劳动力市场后,劳动领域曾出现了"百万民工下珠江、黑中介、劳工权益受侵害、分配秩序混乱"等新问题。面对这一新情况,如何加强以劳动力市场为基础的宏观调控,促进新体制生成,是当时迫切需要研究解决的问题。1989 年,笔者撰写了《浅论劳动管理体制转换中的宏观调控问题》一文,分析了体制转轨过程中出现的问题及原因,提出加强劳动力市场宏观调控的目标、内容、方式和手段,提出建立劳动监察制度等建议。党的十四大后,广东牵头组织召开了首届劳动力市场宏观调控高级研讨会,笔者在会上做了《论体制转换时期劳动力市场的宏观调控》的发言,分析了市场机制在劳动力资源配置中的负效应,指出发展劳动力市场,不能排斥宏观管理与调控,提出加强劳动力市场宏观管理与调控的建议。党的十五大后,笔者针对劳动力市场运行中出现的问题,就如何规范发展劳动力市场、构建和谐劳动关系问题,撰写了《构建和谐劳动关系推动和谐社会建设》等文章,提出劳动领域的各项改革,归结到一点,就是改掉了传统的劳动计划体制,培育和发展了劳动力市场,使劳动力资源配置方式发生了重大变化,使市场机制发挥着对劳动力资源配置与调节的基础性作用,并明确发挥市场机制作用与加强政府调控是相辅相成的。本章收录的几篇文章,着重阐述了加强劳动力市场宏观调控、构建和谐劳动关系的必要性和对策建议。

第一节 浅论劳动管理体制转换中的宏观调控问题

改革开放 10 年来,我国劳动工资制度及管理体制改革虽然取得了新的成就，但是，在新旧体制交替中产生或暴露出来的过渡性紊乱问题也不少。劳动就业方面，出现了劳动力盲目跨省区流动就业和农村劳动力大量盲目向城市转移问题，并由此带来城镇就业总量骤增，结构不合理，失业率回升，国营企业富余人员难以分流安置等问题；劳务市场秩序混乱，非国营企业私招滥雇劳动力，管理不善，劳动者劳保福利没保障。企业工资分配方面，出现了严重的分配不公，致使个人收入增长过快，差距过大等问题。

上述问题的出现，导致了近年来劳动领域宏观管理比例失调：一是职工工资总额增长超过了国民收入的增长。据统计，1987年和1988年我国职工工资总额分别为1866亿元和2297亿元，分别比上年增长12.4%和22.1%，而国民收入仅分别比上年增长9.3%和11.4%。二是城镇待业率回升。据初步分析，1987年全国待业率为1.8%，目前已上升为3.8%。三是农村劳动力向非农产业转移加快。1979年至1988年，农村劳动力向非农产业转移的有8000万人。四是就业结构与宏观发展不协调。国家重点投资、急需发展的行业（如交通、能源、通信等）和一些工业企业，工人流失严重；从就业的所有制结构看，全民企业、乡镇企业人数偏多，而城镇集体、私营企业人数偏少；从劳动力素质结构看，高、中级技术人员所占的比重相当低。五是工资结构不合理。"活工资"所占比重过大，有关部门1988年对13个城市218个企业6485名职工工资调查分析，工资构成中标准工资的比重由1978年的87.8%下降为1988年的57.9%，有的企业已低于50%。

产生上述问题的原因笔者认为，大致有以下三点。

（1）在思想认识上，许多同志对体制转换时期宏观调控的必要性和特殊性认识不足。在计划与市场的关系上，往往过分强调市场机制的自发调节作用，放松了对劳动工资的综合平衡；在宏观管理与微观搞活关系上，片面强调下放企业招工、用人和分配自主权，没有认识到同步加强宏观间接调控的重要性，因而放松了对企业劳动工资的宏观管理。

（2）新旧体制交替过程中管理上出现漏洞。表现为传统的管理手段开始弱化，管理范围开始缩小，而新的宏观调节机制尚未形成，一些方面的管理失去控制。比如开放劳务市场后，劳动部门未能及时把过去只管城镇劳动力的做法转变为综合管理全社会劳动力，结果导致非全民单位用工骤增，同时引发民工潮的形成。

（3）新的宏观调控目标不明确，调控手段不完善。在发展商品经济条件下，劳动工资方面究竟有哪些大的方面要管住管好，它们之间的数量指标及其相互关系如何，怎样才能使这些经济指标互相联系从而构成新的调控体系,没有明确;新的调控方式和手段的运用,由于受到各种因素制约,作用范围、强度受到限制,调控功能未能充分发挥作用。

上述分析表明,在新旧体制转换期间,加强对劳动工资的宏观调控很有必要。然而,加强宏观调控,目的不是使旧体制复归,而是要按照发展有计划商品经济的要求,通过培育完善新的宏观调控机制,促进新体制的生成,以利于从宏观上保证劳动力同生产资料经常保持合理配置,保证国民经济的持续、稳定、协调发展。因此,当前和今后一段时间内,对劳动工资的宏观调控,一是必须注意选择宏观调控目标和内容;二是强化和完善宏观调控方式与手段。

(一) 关于劳动工资宏观调控目标的选择

劳动领域宏观调控涉及的问题很多,从宏观经济管理的基本要求和劳动工资工作特有规律看,当前,劳动工资宏观管理的调控目标,应集中在以下五个方面。

1. 城镇失业率

失业率是反映一个国家失业严重程度和国民经济发展状况的重要指标。发展社会主义商品经济,出现失业是不可避免的,关键在于如何调控失业率,把它控制在社会可以承受的水平上,这是现代国家对劳动就业进行宏观调控的目标之一。把过去直接控制职工人数改为控制失业率,有利于面向社会,面向市场,综合管理全社会劳动力,为各类企业用工和劳动者平等竞争就业创造条件,有利于增加宏观调控的弹性。应当指出,现阶段我国生产力低下,农业生产手工劳动比重大,每年新成长的劳动力,主要还是依靠承包土地及其他农业资源,从事农业生产劳动。因此,控制失业率主要是指控制城镇失业率水平。

影响城镇失业率水平的因素是多方面的。从需求方面看,主要取决于经济的性质、结构和规模;从供给方面看,一方面取决于城镇人口自身的变化,另一方面取决于农村进入城镇人口和劳动力数量。由此可见,控制城镇失业率,实质上是处理好城乡劳动力供求平衡问题。这就要求劳动部门从全局出发,把握劳动力供求状况,包括把握"农转非"的规模和速度。通过对城乡劳动力供给与经济发展对劳动力需求的综合平衡,以达到控制失业率水平,保证社会安定,协调生产发展的目的。根据我国历史资料和世界上一些国家的经验,现阶段我国已把失业率控制在3%左右。

2. 就业结构

就业结构反映了社会劳动力资源在国民经济各部门、各地区、各种所有制之间分配的数量、比例及其相互关系，属于宏观管理的重要内容。如果不从宏观上把握和调整就业结构，就难以实现劳动力资源的合理配置，解决就业难题。现阶段，我国资金短缺，而劳动力供应比较充裕。这既是优势，也是压力。近年来经过改革开放，就业压力有所缓解，但就业的产业结构、所有制结构、地区布局和素质结构不尽合理。这给体制转换增加了难度。对此，必须注意从宏观上进行调控。如对于就业的产业结构，可以而且应当依据国家产业政策、投资方向及规模，制定优惠政策，引导劳动力向国家重点投资的产业或行业流动，促使就业结构趋向合理；对于就业的所有制结构不合理问题，应当打破所有制界限，鼓励劳动者到各种非全民所有制单位就业，以降低失业率；对于就业的地区布局平衡问题，可以从实际出发，在全国或一个省的范围里，指导各地区之间进行劳动力余缺调剂，允许合理流动；对于劳动力的素质结构，宏观上应当通过大力发展各类职业教育培训，提高劳动者职业技能，使其逐步适应企业技术进步的要求。

3. 工资增长率

在转轨时期，正确规定职工工资增长率是防止和治理通货膨胀的一项极为重要的宏观调控内容。劳动部门要切实把过去对工资基金的直接静态控制改为间接动态控制，即不再直接控制企业总额和个人的工资额，而是从宏观上采取措施使企业工资总额的增长与国民经济发展相适应，使职工平均工资增长速度与劳动生产率增长速度相适应，为搞活企业，建立市场机制创造条件。

4. 工资水平

工资水平是反映职工物质文化生活水平的一个重要指标，也在一定程度上体现各类职工之间的工资关系。这里提出调控工资水平，主要有三层意思：一是国家要根据劳动生产率、物价指数和国民收入分配比例的趋势，规定并发布不同产业、行业职工的动态工资指导线，处理好不同行业间的工资关系；二是处理"死工资"与"活工资"的比例关系，促进工资结构合理调整；三是规定一个时期的企业最低工资，并不断进行调整。

5. 劳动保障

社会劳动保障制度是在市场化就业条件下实现社会安定的稳定机制。在体制转轨的特定阶段，市场机制作用的范围将逐步扩大，这就不可避免地会使越来越多的劳动者频繁变换就业岗位,并因此出现失业和家庭收入下降情况。为妥善解决这些问题,必须从宏观上建立稳定机制,其内容是:①建立对劳动者的养老和失业保险制度,使所有劳动者都能享受社会保险权利;②建立和完善低收入家庭生活困难救济制度。

(二) 实现间接宏观管理的方式和手段

实现宏观调控目标,必须正确选择宏观调控方式和手段。在转轨阶段,两种体制所特有的宏观调控方式并存是不可避免的。一种是传统的以直接计划手段和行政命令干预微观经济活动为特征的调控方式;一种是新成长的以市场为中介间接调节微观经济活动为特征的调控方式。究竟应当选择哪一种方式呢?现在看来,由于新旧体制并存,在一定时期内,两种调控方式的相互结合或交叉使用是不可避免的。一方面我们要善于把两者有机地结合起来,使之产生互补效应;另一方面要明确以间接调控方式为主导,尽可能通过市场实现对劳动力的间接调控,以更好地完成转换期间的宏观调控任务。

至于宏观调控手段的选择,一般由调控的目标任务和方式所决定。从当前看,有以下四种手段可供选择。

(1) 法律手段。所谓法律手段,是指劳动管理中的重大问题,要尽可能通过立法加以明确,强制执行,逐步做到有法可依,有章可循。在转换期间这一手段的运用要日益增强,以利于巩固改革成果,维护新的管理秩序,保证改革的正确方向。一般说来,只要条件成熟、基本可行的,就要抓紧立法,以推进改革。凡是在取消传统手段控制的领域,都可以逐步制订相应的法律法规来填补,使管理有章可循,有法可依。需要强调的是应当建立健全劳动监察制度,切实解决有法不依的问题。

(2) 经济手段。经济手段在转换时期作用的范围将越来越广泛,形式也多样化。善于运用经济手段对于实现宏观间接调控有很大作用。如工资杠杆是一种经济手段,恰当运用工资政策和收入分配政策,可以对就业结构、个人收入结构进行调整,抑制通货膨胀;运用税收政策可以调节个人收入,缓解分配不公矛盾;按照劳动力供求情况发放就业扶持经费或培训经费,可以改善劳动力供求矛盾,改变劳动力素质结构;采取征收保险费的方式统筹保险基金,发展社会保险事业,也是一种经济手段。总之,经济手段运用的范围将越来越广泛,应引起足够重视。

(3) 行政手段。在有计划商品经济条件下,依靠行政手段统一政令,做到令行禁止，对维护商品经济秩序仍具有重要意义。我们不能因为行政手段是商品经济条件下的主要手段而拒绝运用。在新旧体制交替时期，如果放弃行政手段，必将引发或加重劳动工资管理中的无政府主义状况；如果滥用行政手段，又可能会使旧体制复归。因此，随着改革的逐步深化，劳动工资宏观管理范围里，行政手段还将继续运用。但这一手段运用的范围、强度应当逐步缩小和减弱。

（4）信息手段。在现代商品社会中，信息是沟通商品交换的媒介。政府部门往往借助信息的收集、加工、整理、传递和反馈，对宏观管理作出决策；同时，又依靠信息的发布、传递调节着人流、物流的数量、方向、速度和目标，并在人流物流偏离方向或违背规律时，及时有效地发出调节信号。这就是人们说的信息手段。在劳动就业市场化改革中，劳动部门如果能够把劳动就业政策、工资政策、劳动力供求等情况转化为信息信号，以此驾驭和引导劳务市场有秩序、有规律地运行，就能够保证劳务市场管而不死，活而不乱。由此可见，信息手段的运用，对于实现宏观管理目标也有着重要作用。

除上述手段外，还有社会教育手段、社会协商手段、行政说服手段和调解仲裁手段等。这些手段在转轨时期也有独特功能。在一定的时间、空间范围里，各种手段不是孤立的，它既可单独使用，也可交替使用，起互补作用。对此，本文不予赘述。

（注：本文写于1989年7月，是笔者最早研究劳动领域宏观调控的一篇文章，曾被《中国劳动科学》1989年第12期、《创业者》杂志1990年第1期等多家报刊刊登。文章发表后曾受到广泛关注和好评，曾被广东劳动学会评为一等奖。）

第二节　论体制转轨时期劳动力市场的宏观调控

从高度集中统一的劳动计划体制到全面开放劳动力市场，标志着我国劳动体制正在发生影响深远的历史性转变。在这一转变过程中，应当如何加强和改善劳动力市场的宏观调控，及时解决市场运行中出现的矛盾和问题，努力做到微观搞活与宏观调控的统一，促进国民经济持续健康发展和社会稳定，是当前摆在我们面前亟须研究的一个重要课题。对这个问题，人们尚未取得共识。本文拟就此谈些浅见，以抛砖引玉。

一、广东劳动体制转换及劳动力市场发育现状

改革开放17年来,为了适应社会主义市场经济发展的需要,广东各级政府和劳动部门在劳动领域相继采取了一系列重大改革措施,对传统体制下形成的劳动就业、企业用人、工资分配和社会保险等各项制度进行了深入的改革,使劳动管理体制发生了根本性变化。

第一,全方位、多渠道竞争就业的新局面基本形成。改革开放以来,我国各地深入改革"统包统配"的就业制度,调整就业政策,实行"三结合"就业方针,逐步扩大市场调节范围,极大地改变了过去单纯依靠国有单位安置就业的"大一统"格局,在城镇非公有制经济单位就业的比重已由1979年的3.7%上升到1995年的25%(广东32.8%);各类用人单位招工普遍实行了面向社会、公开招收、全面考核、择优录用的办法,改变了长期以来劳动者就业由劳动部门"拉郎配"的行政配置办法,沟通了用人单位和劳动者的直接联系,引入双向选择的竞争机制,使劳动力市场调节范围扩大到70%以上(广东为90%左右)。

第二,劳动力市场运行主体基本确立。国有和城镇集体企业通过改革招工、用人制度,全面实行劳动合同制度,原固定职工基本改为合同制职工,劳动力供求双方在平等自愿、协商一致的基础上,通过订立劳动合同这一法律形式,确立劳动关系,使企业和劳动者作为劳动力市场供求双方的主体地位更加明晰。至1996年6月,全国国有、集体和"三资企业"中订立合同的职工达9566.3万人,占其职工总数的88.7%左右(广东占97%),为劳动力市场运行奠定了基础。

第三,利用工资杠杆调节劳动力供求的作用日益明显。在传统体制下,企业没有工资分配自主权,这在很大程度上抑制了市场调节的功能。改革开放后,各地逐步深化企业工资制度改革,取消了指令性劳动工资计划,实行企业工资总额同本企业经济效益按一定比例挂钩浮动或工资总额包干等办法。与此同时,下放企业分配自主权,实行岗位技能工资制等,使企业能够根据劳动力市场供求情况自主决定各类人员的工资水平和分配关系,逐步拉开了分配差距,初步克服分配上的平均主义,使工资分配体现了效率优先、按劳分配原则。效益好的企业和贡献大的人员可以拿到较高的工资。这就较好地调动了企业和职工的积极性,促进了劳动力的合理流动与竞争就业。

广东劳动制度的深刻变革

第四，劳动力市场保护机制开始形成。改革开放以来，各地积极推进社会保险制度改革，建立劳动力市场保护机制。目前，城镇企业职工养老保险覆盖面约达50.8%。失业保险制度从1986年开始在国有企业建立，此后逐步扩大到城镇集体企业职工，目前失业保险覆盖面约占国有和城镇集体企业职工总数的61.3%。此外，各地还在部分企业建立了工伤和医疗保险制度。各项社会保险制度的逐步建立，初步形成了市场保护机制，为劳动力市场的发展创造了较为宽松的环境。

在积极推进上述改革的同时，广东还从以下两个方面转变政府管理职能：一是从管理上加强了劳动立法，建立了劳动争议仲裁制度和劳动监察制度，运用经济、法律手段对市场运行进行调控；二是从服务方面大力发展职业介绍、就业训练、信息咨询和就业指导等公共就业服务体系，推动了劳动力市场的发展。

总之，17年来，劳动制度在改革开放中不断演变的过程，实际上是对传统劳动计划管理体制进行改革的过程，也是培育与发展劳动力市场的过程。从1980年起，广东率先对经济特区劳动计划管理体制进行改革，允许特区企业招用员工，不受国家指令性劳动计划指标限制，然后试行劳动合同制。从1985年起，又决定实行指令性计划与指导性计划相结合的管理体制，进一步下放计划管理权限，对企业从社会上新招人员实行指导性计划，扩大市场调节范围，使各项改革进一步深化。至1988年，广东进一步取消指令性劳动工资计划，在通过实行工效挂钩控制工资总量的前提下，初步形成了间接调控职工人数的弹性劳动计划管理体制。实践证明，劳动计划体制改革每深化一步，都有力地推动了劳动力市场的形成。所以说，17年来劳动领域的各项改革，归结到一点，就是改掉了传统的劳动计划体制，培育和发展了劳动力市场，使劳动力资源配置方式发生了许多重大变化，使市场机制发挥了对劳动力资源配置与调节的基础性作用。

二、加强和改善劳动领域宏观调控的必要性

17年来劳动领域各项改革，有力地推动了传统的以指令性计划为特征的劳动管理体制向实行以指导性计划为主的劳动管理体制的转变，较大程度地引入了市场机制，为劳动力市场供求双方真正成为平等的竞争主体创造了条件，较好地调动了企业和劳动者的积极性，激发了企业活力。但是，实践也使我们更加清楚地看到，在体制转轨过程中，传统的劳动计划体制

第七章 完善——率先探索建立劳动关系调整机制

退出历史舞台后,政府在劳动领域的宏观调控能力明显削弱;单纯依靠市场机制的自发调节,不能解决总量和结构失衡等问题,有着许多不足和弊端。

从宏观看,一方面市场机制不能有效防止和解决就业总量和结构失衡问题。开放劳动力市场后,农村剩余劳动力大量盲目涌向城市就业,给城镇就业和居民生活带来了很大压力;跨地区的劳动力盲目流动,不仅造成了劳动力资源的巨大浪费,也给社会生产生活秩序带来了很大影响;国有企业需要的人才留不住,富余人员靠市场调节出不去,就业结构的变化不符合调整产业结构的要求。另一方面市场不能有效地解决工资收入分配不公问题,反而因个人拥有的财产和天赋不同,竞争机会的差别,造成收入差距拉大,贫富悬殊,影响了社会的稳定。

从微观看,市场竞争使劳动力市场主体双方为了追求各自的利益而发生的争议和纠纷不断增加。而纠纷的频繁发生使劳动关系恶化,影响到社会稳定;市场不能有效地解决公共事业单位职工队伍相对稳定问题;市场往往是不完全的,工资的杠杆作用是有限的,试图通过提高工资来增加劳动力供给,并不符合市场经济的一切场合,反而成为推动通货膨胀的一个重要因素。市场信息是不完全的、滞后的,用人单位对其他单位的用人需求情况往往缺乏了解,劳动者个人对其他求职者的情况也知之甚少,在这一情况下,供求双方要达成协议,需付出极大的代价。加上职业中介组织行为不规范,更增加了劳动力交换的成本,从而阻碍了劳动力资源的优化配置。

综上所述,可以看出,在体制转轨期间,我国劳动力市场是一个不完全的市场,市场机制在劳动力资源配置中存在着不少负效应,这是我们必须及早研究和避免的。

市场配置产生负效应的原因是什么呢?从客观上来看,市场不是万能的,市场机制本身是有缺陷的,市场竞争在某些领域会失灵。前几年,我们过分崇拜市场,片面强调计划经济的弊端,没有指出市场调节的局限性。现在看来,培育劳动力市场,不可能离开我国人口众多、劳动力资源丰富这一国情;不能不考虑目前我国正处于新旧体制转换这一特定的历史阶段;况且劳动力市场又是有别于其他要素市场的一个特殊的市场。这些情况决定了,在我国单纯依靠市场自发调节,会造成劳动力资源的极大浪费。从主观上看,我国政府至今还没有真正把劳动力市场运行纳入国家宏观调控的主要目标。因而对劳动力市场宏观调控体系的建设不够重视,宏观调控

广东劳动制度的深刻变革

乏力，至今尚未找到引导劳动力市场有效运行的调控方式和手段。从操作上看，目前尚未明确政府对劳动力市场进行宏观调控的主要目标是什么，国家的固定资产投资规模和财税政策，很少考虑到劳动力的需求；产业政策和与之相适应的金融货币政策，很少考虑解决失业问题。经济信息失真和经济杠杆失灵，法律不健全等，难以协调解决市场运行中出现的矛盾和问题。实践证明，在社会主义市场经济条件下，劳动力市场应当在政府宏观调控下发挥其对劳动力资源配置的基础性作用。发展劳动力市场，不能排斥宏观管理和调控。在市场运行中，政府如果不能及时弥补市场的不足，纠正其弊端，将影响到经济正常运行和社会稳定。因此，加强和改善政府对劳动力市场运行的宏观调控势在必行。

三、应当如何加强劳动力市场的宏观调控

加强对劳动力市场的宏观调控，是新的历史条件下赋予各级政府的一项崭新的任务。在我国独特的国情和历史条件下，政府对劳动工作的管理职能发生了重大变化。要搞好劳动力市场的宏观调控，必须按照发展社会主义市场经济的要求，重新界定政府对劳动力市场进行宏观调控的职能范围，明确调控内容和方式。

根据发达市场经济国家的经验，政府对劳动力市场进行管理和调控的职能，可以归纳为构造制度框架、提供信息服务和宏观调控三大方面。这三项职能既有联系，又有区别。在我国传统的计划体制下，基本上不存在劳动力市场，政府对社会劳动力资源的配置，主要是通过国家指令性计划的形式对微观经济活动进行直接的管理与调控。在市场经济条件下，政府的直接调控在劳动力资源配置领域不再起基础性调节作用。因此，政府的调控将逐步退出微观领域，将重点对象转向劳动力市场运行方面。在充分发挥市场调节的基础性作用的同时，主要运用间接的、灵活有效的手段调控市场的运行。而构造制度框架，主要是通过劳动立法，对某方面的问题作出硬性规定，形成市场活动的制度框架；同时通过建立劳动执法监察和仲裁制度，规范劳动力供求主体和职业中介组织行为。这些工作是为了形成制度规范，及时处理违法行为，而不是劳动力供求总量与结构问题，因而不属于宏观调控范畴。有些人把劳动立法监察和仲裁等列为宏观调控的内容，这就混淆了政府各项职能之间的联系与区别，削弱了宏观调控本身的职能，这是必须引起注意的。至于提供服务的职能，主要是通过建立职

业中介机构,就业(转业)训练机构,开展信息咨询和就业指导等,为劳动力供求双方提供快捷、准确的信息信号以及提高劳动者的素质。它充其量只能是宏观调控的一种辅助手段,而不是宏观调控本身。所谓政府宏观调控,主要表现为政府通过制定宏观经济政策和运用相应的调控手段来作用于劳动力市场,以弥补市场机制的不足,调整劳动力供求总量与结构,保持供求平衡。这是必须明确的。

与上述宏观调控职能相适应,政府对劳动力市场进行宏观调控的内容与目标,一般包括劳动力市场运行中有关劳动力供求总量、工资收入总量的平衡和劳动力结构、工资收入结构的优化协调等四个方面。要加强和改善对劳动力市场的宏观调控,必须明确这几个方面的调控目标和措施。

一是加强劳动力供求总量调控。其重要指标是失业率。如果一个国家的劳动力供大于求,失业率上升超过其社会经济承受能力,就会直接影响经济发展和社会稳定。因此,失业问题一直是世界各发达的市场经济国家宏观调控的主要目标。在我国,随着社会主义市场经济的发展,国家也应当把失业以及与此密切相关的人力资源开发利用作为宏观调控目标,列入国民经济和社会发展规划。现阶段,我国劳动就业面临着农村剩余劳动力进城和国有企业隐性失业显性化的双重压力,呈现出发展经济学所说的"农村劳动力无限供给"状态。因此,我国劳动力供求总量调控的关键在于调控供给,增加需求,正确引导农村剩余劳动力合理转移,多渠道分流企业富余人员,在城镇确定一个合理的失业率。政府劳动部门应积极参与国家投资政策、外贸政策、税收政策和产业政策的制定,使劳动工作各项重大指标与国民经济社会发展重大指标相衔接,以促进充分就业。同时,还应通过调整就业政策、职业教育培训政策以及制定对特殊就业群体的保护政策,调节劳动力供求总量。

二是抓好劳动力结构的调整优化。所谓劳动力结构,一般包括产业结构、所有制结构和技术结构。此外,还包括年龄、性别、文化结构。在一国企业总资产一定的情况下,劳动力的就业结构是否合理,不仅直接关系到劳动力总量平衡问题,还影响到经济发展问题。如果我们能够从宏观经济发展方面把握产业、所有制和技术结构变动趋势通过制定人力资源开发政策等措施,引导劳动力结构朝着优化的方向进行调整,就会对经济发展起促进作用,否则,就会阻碍经济的发展。从推进两个根本性转变的发展趋势看,当前,致力提高劳动力整体素质对于改善劳动力结构显得十分重要。除了制定人口政策,农村劳动力转移政策,调整劳动力的年龄结构、城乡结构外，各级劳动部门应当把工作重心放在根据产业、科技发展变动趋势，制定符合劳动力市场需求的职业技能培训教育政策上来，提高劳动者的文化与技术技能素质，以适应经济结构变动的要求，减少结构性失业。

三是加强工资总量的调控。在社会主义市场经济条件下，坚持社会总需求与总供给的平衡，是保证国民经济持续、稳定、协调发展的关键。工资总量在消费基金中占极大的比重。要搞好社会总需求与总供给的平衡，必须重视加强对工资总量的宏观调控，使它的增长幅度低于国民收入的增长幅度。目前，随着改革的深化，企业拥有较大的用人和分配自主权，却缺乏健全的自我约束机制，国民收入分配过分向个人倾斜，国家所占的比重过低，工资总量增长过快等问题比较突出。因此，要根据不同类型企业的特点，实行对工资总额的分级管理，分类调控。以后逐步将调控的重点转向工资水平和工资关系方面，从而间接实现对工资总量的调节。

四是加强对工资分配关系的调控。工资关系问题实际上是工资水平和结构问题。发达市场经济国家的经验证明，劳动力资源完全由市场配置，难免产生贫富悬殊。这主要是因为个人拥有的财产和天赋不同，竞争的机会也有差别，这都有可能经过市场转化为个人收入水平差距过大。江泽民同志在《正确处理社会主义现代化建设中的若干重大关系》一文中指出：在收入分配中出现了一些需要引起注意的突出问题，主要是国民收入分配过分向个人倾斜，国家所占的比重过低；部分社会成员之间收入差距悬殊。如果任其扩大，就会造成多方面的严重后果。有人认为，在社会主义市场经济条件下，企业对职工实行何种分配方式，对各类员工支付多少工资，由企业自行决定，政府可以放手不管。这是值得商榷的。如果任其下去，工资在产品成本中所占的比重将不断上升，这就会成为推动物价上涨的一个重要因素，甚至会导致收入差别过大，出现两极分化的严重后果。由此可见，调节工资分配关系，也是政府宏观调控的重要目标之一。各级政府要把调节个人收入分配关系，防止两极分化作为全局性的大事来抓，要按照"两个低于"的要求，对企业职工工资增长水平进行监管；要引导企业合理确定各类人员的工资分配关系；要通过制定税收政策，调节过高收入，取缔非法收入，保障低收入者的基本生活，以促进社会稳定。

宏观调控职能和内容的变化，必然导致调控方式的转变。在体制转轨过程中，我们还应当通过深化改革，使政府对劳动力市场进行宏观调控的方式逐步实现以下四个基本转变，以既保证劳动力市场的正常发育，又保持适当的调控力度。

第七章 完善——率先探索建立劳动关系调整机制

一是逐步实现由直接调控为主向间接调控为主转变。在传统体制下的劳动力管理方式，主要是通过行政系统，运用行政手段对企业和劳动者进行直接的管理和调节，压制了微观经济活力。在市场经济条件下，企业和劳动者是市场竞争的主体，拥有充分的自主权。因此，政府对劳动力市场的宏观调控，既要有利于社会稳定，又要有利于巩固企业和劳动者的主体地位，增强微观经济活力。因此，要处理好市场与计划的关系，在充分发挥市场在劳动力资源配置的基础性作用的同时，按照计划从总体上是指导性的要求。进一步转变政府管理职能，加快实现从指令性劳动计划为主向预测性、政策性、导向性计划为主的转变，除了对少数企业和特殊行业的劳动力以及某些特殊劳动者进行直接计划管理外，对一般企业的劳动力和社会劳动力不再进行直接管理，而是主要通过运用宏观经济政策，对全社会劳动力供求总量和结构进行间接调控，以实现宏观调控的各项目标。当然，这是就正常情况而言的。如果出现高失业率等特殊情况，间接调控手段可以少一些，而直接调控手段可多一些。

二是要逐步实现由静态调控向动态调控转变。传统的劳动力调控方式，是一种绝对化的、静态的调控方式。实践证明，这种管理方式无法适应市场经济条件下经济生活瞬息万变的要求。尤其是企业必须按照市场的需要组织生产，按照生产经营实际需要决定劳动力资源的使用数量和使用形式。因此，政府对劳动力市场的宏观调控，一般不要向市场供求主体下达指令性计划指标，而是要把过去的静态管理转变为动态调控，通过确定一定时期劳动就业和工资分配的宏观调控目标作为劳动力市场运行的主要依据；同时，要建立灵敏的信息反馈系统和监测系统，跟踪劳动力市场供求变化态势，及时发现市场运行中出现的新问题，采取有效的调控措施，以保证市场的协调运行。

三是逐步实现从外力推动为主向内在机制的作用为主转变。传统的劳动力管理，主要由政府运用行政手段，靠外力控制。市场经济条件下的劳动力宏观调控，应当重视发挥市场机制的内在作用，实现劳动力资源的合理配置。这主要是通过深化改革，落实企业和劳动者的双向选择自主权，并规范其行为，从而逐步建立起劳动力供求双方能够根据国家劳动政策和市场信息进行自我调整和约束的内在机制。政府主要通过各种政策信号进行引导，使劳动力供求双方的行为与国家劳动政策和劳动力调控的宏观目标相一致。

四是逐步实现从集中调控向分级分类调控转变。我国地域辽阔，经济发展不平衡，各地各部门对劳动力的需求有很大的差异。有人认为，宏观调控权在中央，下面没有宏观调控任务。这是值得商榷的。把一切宏观调控权集中在中央，不仅会使宏观调控缺乏适应性、灵活性和针对性，而且也会由于信息反馈的迟缓和失真，使宏观调控失灵。因此，在对劳动力市场进行宏观调控决策方面，必须建立一种分级分类管理的体制，以适应市场经济下分散决策的需要。在管理权限上进行适当调整和明确划分，实行集中统一调控与分级分类调控相结合，逐步形成中央、地方（省、地、县）和部门的分级分类调控体制。

[注：本文写于1996年年初，为1996年5月召开的广东省首届劳动力市场运行与政府宏观调控高级研讨会上的专题发言稿，被评为一等奖。被《经济与发展》1997年第1期（总第29期）、《广东经济》1996年9—10期等多家杂志发表。]

第三节　健全宏观调控体系，规范发展劳动力市场

　　党的十五大报告，高举邓小平理论旗帜，深刻阐述了社会主义初级阶段的基本路线和行动纲领，提出了经济体制改革和经济发展战略，同时对发展劳动力市场，推进劳动用工、工资分配、社会保险制度改革和职业培训与人力资源开发等工作做了深刻论述，指明了新时期劳动工作的方向、目标和任务。特别是在强调充分发挥市场机制作用，着重发展劳动力等要素市场的同时，强调健全宏观调控体系，完善宏观调控手段和协调机制，加强市场管理，规范市场秩序，使市场在国家宏观调控下对资源配置起基础性作用。认真学习上述论述，深刻领会精神实质，并在实际工作中认真贯彻落实，对于健全宏观调控体系，构建和谐劳动关系，加快发展劳动力市场，建立新型劳动管理体制具有十分重要的意义。

　　在改革开放进程中，不少人对市场经济存在着片面的认识，认为实行市场经济，凭借"看不见的手"，就可以实现经济总量的平衡和资源的优化配置了，完全排斥计划管理和宏观调控，一提计划管理和宏观调控就被指责为搞计划经济，使许多人不敢加强宏观调控。这些认识是片面的、不切实际的，也是十分有害的。党的十五大报告中明确提出：要使市场在国家宏观调控下对资源配置起基础性作用。这句话阐述了市场调节与政府调控的辩证关系，讲得很全面，很有针对性，因而也有很现实的指导意义，我们应当很好地领会。

第七章 完善——率先探索建立劳动关系调整机制

多年来,广东改革开放的实践使我们认识到,市场就业机制在调动人们的积极性、合理配置资源方面发挥着重要的作用。但是,它是一种资源配置手段,而不是整个社会经济管理的手段。作为一种资源配置手段,它是有缺陷的,主要表现为盲目性、自发性、滞后性和短期性,难以从根本上对国民经济和社会发展长远目标和长期资源合理配置发挥作用。所以,如果没有国家对市场的干预,没有国家的宏观调控和计划管理,单靠市场本身是难以对社会资源进行有效合理配置的。许多国家的实践经验证明,微观经济越是放开搞活,经济的社会化、市场化、现代化进程越是加快,越需要强有力和灵活有效的宏观调控。

就拿广东劳动领域各项改革的进程来说,20世纪80年代中后期至90年代初期,我们侧重于改革放权,破除旧的计划管理体制,开放和发展劳动力市场,取得了显著的成绩。但是,相对来说,旧的计划体制被削弱了,新的宏观调控体系尚未及时建立起来,因而出现了"百万民工下珠江",以及市场中介一度混乱的现象。1994年来,广东各级劳动部门采取一系列措施,逐步加强对劳动力市场的管理和宏观调控,使劳动力市场开始出现有序运行的好局面。例如,在建立劳动领域宏观调控体系方面,我们集中力量在全国率先编制全省技能人才发展规划,在规划中提出把建立高级技校、综合性培训基地、职业技能鉴定中心等项目列入省政府的人才规划,对全省劳动事业的发展起到积极的引导作用。此外,我们还提出了劳动领域宏观调控的指标体系,并依据这些指标,开始探索建立劳动领域监测预警制度、企业岗位余缺申报制度、计划协商制度等,并逐步付诸实施,使劳动力市场进一步向有序化方向发展。这些都说明,建立健全宏观调控体系,对劳动力市场的有序、健康发展是十分必要的。

从当前的经济社会形势来看,全国各地都在贯彻落实党的十五大精神。省委、省政府组织召开的全省经济体制改革工作会议提出,要大胆改革,力争经过五年努力,在全省基本建立社会主义市场经济体制。当前要在调整和完善所有制结构、公有制实现形式、转变政府职能、建立健全收入分配制度和社会保障制度、培育市场体系和农村改革等六个方面取得新的突破。这六个方面的突破,都与劳动工作有密切的关系。改革每深化一步,劳动工作都将面临许多新情况、新问题。而且,这些突破不可能在短期完成,需要持续相当一段时间,因而,劳动部门面临的任务很重。主要的任务是:分流安置国企下岗职工、帮助失业职工再就业、加强外省劳动力入粤就业的调控;及时预防和处理复杂多变的劳动争议,构建和谐劳动关系;

理顺工资分配关系；扩大社会保险覆盖面，引导农村劳动力合理、有序转移；加强职业技能培训，提高劳动者素质能力等等。此外，企业的兼并、重组、破产等，也将给劳动管理和统计工作带来许多困难。要解决这些问题，除了继续深化改革，充分发挥市场机制的作用外，还必须加快转变劳动部门管理职能，进一步改善和加强宏观调控能力。

首先，在指导思想上，要在充分发挥市场机制作用的基础上，加强宏观调控。我们要在市场机制不能很好地发挥作用的地方，加强宏观调控和管理。如为避免出现严重的失业和过多的职工下岗，必须进行适当的调控和干预；对企业经济性裁员要实行监控；对市场竞争中的弱者要予以保护；对工资差距过大，社会贫富过分悬殊，必须干预和调节等等。

其次，在调控的对象、内容和方式上，要继续推进四个转变。一是要从过去只管国家、集体企业转到管理全社会的劳动者和所有用人单位，特别是对大量的非公有制企业，要一视同仁研究适应市场经济发展需要的新的管理办法。二是要从过去直接管理、干预企业微观上的用人、分配活动，转到以社会经济稳定协调发展为目标的间接宏观管理上来，研究建立新的宏观调控体系；三是要从过去通过编制指令性计划管理企业转到行使规划、指导、协调、监察和服务职能，通过编制指导性计划，包括中长期规划、区域规划和年度计划，引导企业的用人和分配行为；四是要从过去单纯采取行政手段进行管理转到以主要运用市场、经济、法律手段和必要的行政手段进行综合管理。

再次，在调控的政策和措施方面，要继续探索建立与社会主义市场经济相适应的劳动领域宏观调控和管理的新路子，健全宏观调控体系，形成新的管理机制。一是健全宏观调控的指标体系，据国际劳工组织介绍，国际上对劳动力市场进行监测，主要有经济活动人口、就业人口、失业率、工资收入、工资率、人工成本、工时、劳动安全事故等 15 个指标。我们应根据市场经济的调控目标，选择调控的指标体系，并研究这些指标与社会经济发展重大指标的相互关系。二是要进一步建立健全劳动领域监测预警制度，以失业率和人工成本为重点，对劳动力市场运行情况进行监控，并抓好分析监测预警工作。三是建立企业岗位余缺申报制度，力求准确掌握企业劳动力需求总量和结构状况，并通过发布信息，引导企业逐步实现人力资源的优化配置，促进再就业。四是定期制订劳动事业发展规划和年度计划，加强对计划执行情况的检查，发挥计划的引导与调节功能，形成合力。五是加强职业中介机构的管理，规范中介行为，以促进劳动力市场的有序运行。

（注：此文为作者任广东省劳动厅综合规划处处长时撰写的学习党的十五大报告的体会文章，在劳动部相关会议上做了发言，受到好评。发表于《广东劳动报》1998年3月16日。）

第四节 建立和谐劳动关系，着力构建和谐社会

党的十六届四中全会通过的《中共中央关于加强党的执政能力建设的决定》提出，构建社会主义和谐社会是党的执政能力建设的重要任务之一。党的十六届六中全会《关于构建社会主义和谐社会若干重大问题的决定》指出，要完善劳动关系协调机制，建立和谐劳动关系维护劳动者特别是农民工合法权益，构建和谐社会。党中央的这些提法，是我们党执政理念的又一次重大创新。构建社会主义和谐社会是一项宏大的社会系统工程，其中，建立和谐劳动关系是构建社会主义和谐社会的重要内容。因此，准确理解和谐劳动关系的内涵，正确认识建立和谐劳动关系在构建和谐社会中的地位和作用，明确政府和企业调整劳动关系的责任，是当前构建和谐劳动关系必须研究的问题。

一、和谐的劳动关系是和谐社会的基石

劳动关系是指用人单位与劳动者之间在劳动过程中结成的社会经济关系，其实质是劳动交换关系和劳动成果分配关系。一般来说，和谐的劳动关系，是指处于一定组织状态之下相互沟通、依法协调、有序参与、积极有为、公平正义、和睦相处的劳动关系。由于和谐劳动关系是一种重要的经济社会关系，因此，它在构建和谐社会中具有十分重要的地位或作用。

（一）和谐劳动关系是和谐社会的核心

劳动关系是当代社会关系的核心，也是各种社会关系中涉及面最广泛、最基本、最重要的关系。劳动者通过劳动，与社会发生直接的关系，获得维持生存、实现自我发展的物质基础和条件。在这一过程中，劳动关系成为社会关系的核心。和谐稳定的劳动关系，在构建和谐社会的今天，成为构建和谐社会的核心。

(二) 和谐劳动关系是经济发展的重要前提

劳动关系和谐与否是影响经济发展的重要因素。构建和谐劳动关系，是经济社会发展的重要前提。劳动关系和谐稳定，就会使资方和劳方和平相处、互惠互利、互相协作、合作共赢，双方的积极性都得到充分发挥，双方的利益都得到合理实现，从而促进经济的发展，反之，就会阻碍或损害经济的发展。

(三) 和谐劳动关系是和谐社会的重要基础

和谐社会的基本内涵，应当是各种社会关系的和谐。劳动关系作为生产关系最基本的组成部分，深刻影响着生产关系的形成与发展。经济基础决定上层建筑，经济结构的稳定决定了社会结构的稳定。因此，劳动关系的状况成为社会是否和谐稳定的晴雨表、风向标；劳动关系不和谐，则社会不和谐。从这个意义上说，和谐劳动关系是和谐社会的重要基础。胡锦涛同志在《新时期保持共产党员先进性专题报告会上的讲话》中指出："2003年，我国人均国内生产总值突破1000美元，经济社会进入一个关键的发展阶段。一些国家和地区的发展历程表明，在这个阶段，既有因为举措得当从而促进经济快速发展和社会平衡进步的成功经验，也有因为应对失误从而导致经济徘徊不前和社会长期动荡的失败教训。"学界通常所说的"拉美现象""拉美陷阱"，就是需要我们引以为戒的教训。"拉美现象"始于20世纪70年代，到2002年金融危机时达到极端。在这一时期，拉美一些国家在人均GDP达到或超过1000美元后，经济发展停滞，社会政治动荡，社会治安恶化，阶级和阶层矛盾激化。其原因是多方面的，但主要是富人与穷人两极分化、城乡发展失衡、人与自然发展不协调、教育与科技发展滞后等。其中劳动关系的恶化，是"拉美现象"的症结所在。如拉美占总人口30%的穷人仅获得国民收入的7.5%，而占总人口10%的富人获得国民收入的40%。有些拉美国家基尼系数高达0.6（国际通行的警戒线是0.4）。分配不公、失业率居高不下，劳动关系空前紧张，严重挫伤了广大劳动者参与国家现代化建设的积极性，给社会带来极大的不稳定。劳动关系不和谐，构建和谐社会就会成为幻影。

第七章 完善——率先探索建立劳动关系调整机制

二、中西劳动关系发展情况分析

(一) 西方市场经济国家劳动关系的发展阶段

在近300年的工业文明发展史中,西方市场经济国家的劳动关系经历了三大发展阶段:第一阶段是资本主义原始积累时期和自由竞争时期的劳动关系模式,即原始自由契约的关系模式,第二阶段是集体谈判的劳动关系模式,第三阶段是人力资源关系模式。

原始的劳动关系或自由契约式的劳动关系模式,盛行于资本主义的原始积累时期和自由竞争时期。此时,劳动关系是完全建立在自由契约基础上的物物交换关系,即工人在劳动力市场上以完全"自由"和"平等"的资格将其劳动力出卖给资本家,将其劳动力以租赁的方式转让给资本家使用,但一旦劳动者进入生产过程,在资本组织的生产过程中,工人就像工具一样为资本所驱使。然而,由于劳动力商品是一种特殊商品,劳动力的使用与其他物质工具不同,劳动者的劳动力输出是由劳动力的所有者自身控制的,这就决定了劳动契约与财产契约不同,劳动契约有不可克服的不完整性。因此,为了减少损失,资本家必须运用种种手段,包括对劳动者实行直接监督、严厉的惩罚制度、刺激性的工资计划,来直接控制劳动者的劳动,以尽量避免劳动者出勤不出力造成的损失。于是,"血汗工厂""泰罗制"(泰罗理论的前提是把作为管理对象的"人"看作是"经济人",利益驱动是该学派用以提高劳动效率的主要法宝)研究的重点是管理的科学性、严密性和纪律性,很少去考虑人的因素,泰罗制将整个社会的生产效率提高到前所未有的程度,便应运而生。这使劳动者身心受到极大的摧残。这种以"血汗工厂"和"反人性、不人道"为特征的劳动关系,充满了资本家对劳动者的残酷压榨和剥削,是一部劳动者的苦难史和血泪史。

这种原始的、残酷的剥削和压榨,激起了工人愈来愈激烈的反抗,导致工人运动此起彼伏,而且这种反抗给资本主义的生存和发展带来严重威胁。这使得资本主义国家的政治家乃至资本家认识到:必须改革这种模式,给予工人一定的权利,提高他们的地位,将劳动关系建立在一种更加合理和人道的基础上。与此同时,随着科学技术的进步,尤其是第二次科技革命的推动,生产力的发展和现代大工业的建立,使得工人阶级的力量进一步增强;西方资本主义的政治民主化程度也在不断提高,以"自由、平等、

303

博爱"和"人权"为核心的人文主义思想和观念也逐步深入人心。所有这些因素的综合结果，促使西方国家由原始的劳动关系逐步走向集体谈判的劳动关系模式，这种劳动关系模式以承认劳动关系双方，特别是劳动者"三权"即"团结权、交涉权、产业行动权"为特征，确立了工人组织工会的权利、集体交涉的权利和罢工的权利。它是基于产业关系的"多元观"的认识基础上的，即认为雇主与雇员之间存在不同的利益、矛盾和冲突，将这种矛盾和冲突看作"投入"或"输入"；各方经过协商、谈判和力量的较量，最后达成各方共同遵守的协议、规则和制度，而这种共同遵守的协议、规则和制度则被看作"产出"。将劳动关系调节看作一个由冲突开始，经过转化产生出规则、制度的一个不断循环的过程。这种劳动关系模式被认为是集体谈判的劳动关系模式。它成为19世纪末特别是20世纪以来西方市场经济国家劳动关系的主要模式，对保持资本主义社会的稳定、促进社会生产力的发展起到了一定的作用。

20世纪后期，西方发达国家先后进入后工业化时代即知识经济时代，由此引起了生产方式和劳动关系的深刻变化：过去大规模的集中生产出现了生产的小型化和分散化趋势；劳动者所拥有的生产要素——劳动能力由过去的以体力为主逐渐转变为以智力为主，智力劳动尤其是知识在生产中越来越起着关键作用，这使得通过对劳动者劳动过程的控制的管理模式过时了，因为智力劳动是无法用控制型管理模式进行管理的。相应的，资本支配劳动的格局也发生了很大的改变，知识在某种程度上也开始支配资本；劳动与资本的利益共同点越来越突出；等等。所有这些导致了西方发达国家的劳动关系由过去的"投入—产出"模式逐步向人力资源管理模式转变。人力资源管理模式是建立在雇主与雇员、资本与劳动者利益共同的基础上的。这种模式将员工的成长与企业的发展联系起来，雇主通过满足员工的需要、激发员工的积极性实现提高劳动生产率的目的；而员工则将提高自己的收入水平和职业地位的希望寄托在公司的发展和壮大上。由于这种关系模式具有显而易见的优点，它大有代替"投入—产出"模式成为劳动关系调节的主要模式。当前发达国家工会参与率下降、集体谈判功能的衰退、政府角色的淡化，正是这种趋势的反映。

上述三种劳动关系的模式并非截然分明的三个不同发展阶段，在大多数情况下，它们在一国的范围内也往往呈现出相互混杂与并存的状态。

（二）我国现阶段劳动关系模式的演变

在中华人民共和国成立初期，我国几乎原版照搬苏联经济模式，建立了社会主义的计划经济体制。此时的劳动关系，通过政府计划、为劳动者"分配"工作而建立起来的。社会主义公有制的存在，劳动者和代表国家的企业在根本利益上存在一致性，劳动关系双方没有明确的利益差别，双方都处于一个统一的利益体中，劳动关系主体并不明确。实际上，这种计划经济下的劳动关系是一种建立在等级制、身份制基础上的行政依附关系。

随着改革开放的逐步深入和社会主义市场经济的发展，我国劳动关系模式逐步发生了变化，劳动者就业不再由政府"统包统配"，而是由劳动者通过市场寻找职业并与单位建立契约关系。因而劳动关系从计划经济时期的行政依附关系转变为市场契约关系。即劳动力供求双方一旦通过劳动力市场确定招聘并签订劳动合同，就确立了市场化、契约化的劳动关系。这种劳动关系与计划经济条件下的劳动关系有很大的区别，主要表现在三个方面。

（1）在社会主义市场经济条件下，市场化的劳动关系是通过劳动力市场建立起来的，劳动力市场对劳动力资源的配置起基础性的作用。

（2）劳动关系主体双方，即劳动者和企业是两个相互独立的利益群体，双方有各自明确的利益诉求，双方必须通过真诚合作才能实现双方共同的利益，但是由于各自不同的利益追求而存在着明显的利益矛盾。

（3）在市场经济条件下的劳动关系是一种契约关系，这种契约关系是建立在劳动者人身平等和自由基础上的，也就是说，劳动者有着完全支配自己劳动力的权利和自由，不存在任何人身依附和等级、身份的限制。劳动关系主体双方各自权益的维护，主要不是靠行政手段，而是依靠契约（劳动合同、集体合同等）来规范和约束。

三、广东省企业劳动关系发展现状分析

经过30年来的改革开放，广东通过贯彻劳动制度改革四个暂行规定、劳动法和劳动合同法，从试行劳动合同制到依法通过签订劳动合同，全面建立劳动合同制度，通过签订劳动合同确立劳动关系。目前企业劳动关系呈现以下几个基本特点：

（1）劳动关系已形成并逐步占据主导地位。广东在劳动制度改革方面，

实行渐进式改革政策，其做法是：率先在经济特区外商投资企业实行劳动合同制，接着在国有企业对新招工人实行劳动合同制，在总结经验的基础上，全面推行。与此同时，逐步搞活固定工制度，对原有固定职工采取签订劳动合同办法，优化劳动组合，分流安置富余人员，实现新旧两种用工制度的并轨。至1998年，全社会劳动力资源的配置完全由市场配置，劳动者与用人单位全面通过签订劳动合同保持着明确的契约关系，企业和职工按照劳动合同拥有各自的权利和义务。

（2）建立完善劳动合同制度还面临着艰巨的任务。目前，尽管通过签订劳动合同确立劳动关系已经占据主导地位，但并不等于说我们已经完成了由传统的劳动关系向市场型劳动关系的转变。在向市场化劳动关系过渡中，劳动合同管理制度还不完善。当前主要表现在：一是劳动合同的条文不规范，有些与政策法规直接相抵触；二是国有企业下岗职工解除劳动关系涉及身份转换、经济补偿、再就业和重新签订劳动合同等问题，需要通过制定政策给予明确。

（3）劳资力量对比严重失衡，侵犯劳动者权益的情况时有发生。这集中表现在以下几个方面：①劳动者的基本权益得不到保障。如超时加班、克扣和拖欠工资、工作环境恶劣，工伤事故严重、拒绝为工人缴纳社会保险费、拒绝与工人签订劳动合同、不按有关法律规定支付工伤赔偿费、随意辞退和解雇工人等等，导致劳动争议增多。②劳资力量对比严重失衡。劳动者处于被资本摆布的地位，工会的力量太弱，集体合同制度大多流于形式。③政府干预和查处力度不够，集中表现在劳动执法监察的力度不够和劳动争议处理制度不能适应形势的需要。

四、建立和谐劳动关系的对策建议

基于上述分析，我们认为，建立和谐劳动关系与构建和谐社会有十分密切的联系，必须引起高度重视。劳动关系和谐程度是现代社会文明进步的重要标志。一个社会对劳动的尊重程度、对劳动价值的实现程度和对劳动关系矛盾的调节程度，反映出这个社会的公正程度、道德水准和文明程度。侵犯甚至牺牲劳动者的正当权益，忽视劳动关系的协调，是与现代文明社会背道而驰的。尊重劳动、尊重劳动者、建立和谐稳定的劳动关系，是社会文明进步的应有之义，也是构建社会主义和谐社会的应有之义。在当今经济快速发展的中国，只有建立和谐的劳动关系才能与时代的发展要

第七章　完善——率先探索建立劳动关系调整机制

求相适应，才能加快构建和谐社会。

在新的历史阶段，建立和谐劳动关系，必须按照最新出台的《中华人民共和国劳动合同法》的立法宗旨，始终坚持以人为本、合作双赢的原则，把调动劳动者的积极性与共谋企业发展作为重要目标，把实现劳动者利益、保证劳动者共享社会发展成果作为根本出发点和落脚点，采取各项积极措施，营造宽松环境，完善三大机制，促进劳动关系的和谐稳定。

（1）营造城乡劳动者平等就业环境。在市场化改革过程中，政府要根据宪法和劳动法，制定和实施相关平等就业政策法规，从法律上维护和保障劳动者，特别是农民工平等就业的权利、享受社会保障和各项公共服务等的各项权利。要妥善解决国有企业改制过程中下岗职工的劳动关系和身份转换问题，推动国有企业职工实现市场化就业和实现劳动关系市场化。特别是对于国有企业部分改造为国有资本控股或参股的企业，职工的身份的转换问题，可在企业重组时，从国有资产中划出一部分作为今后处理职工劳动关系的预留金。按照有关各方的约定，一旦企业的国有股份减少或撤出，或发生新的裁员，这笔资金可用来清偿职工改制前工龄段的补偿。同时，要加强对国有资产的监管力度，不断完善国企改制政策、强化监督，在保证改制进程的同时，防止国有资产流失，维护职工利益，防止造成劳动关系矛盾和职工群体性事件的发生。要加快建立统一的规范化的劳动力市场，为城乡劳动者就业提供优质服务。

（2）要依法加强劳动合同管理。劳动合同是建立劳动关系的法律依据，也是处理劳动争议的基本依据。要引导劳动关系双方依法签订劳动合同或集体合同，把劳动关系的建立、变更、解除、终止与调节纳入法制化、规范化、市场化的管理轨道。劳动部门要加强劳动合同鉴证，保证劳动合同条款的合法性、合规性，避免留下漏洞，为出现劳动争议留下隐患。

（3）健全劳动监察制度，完善劳动执法监督机制。各级劳动保障部门要进一步健全劳动监察制度和执法机构，履行好执法责任。要进一步加大劳动执法监察力度，扩大劳动监察覆盖面，严格执法、公正执法，规范企业和劳动者执行法律法规的行为，保证劳动法律法规的落实，保障企业和劳动者双方的合法权益。当前一些劳动者为维护自身权益采取非法手段的现象时有发生，给社会稳定带来了极大的危害，必须引起重视。劳动保障监察机构，也应当探索建立查处劳动者违法行为的机制和处理办法。

五、要建立企业集体谈判协商机制

要大力推行平等协商制度或集体谈判制度。集体谈判是西方工业化社会几百年历史所证明了的调整劳动关系有效的手段,它使劳资关系由原来的消极怠工、罢工、无序对抗和激烈斗争,转化为和平、文明、理性、有序的对等谈判,对化解劳资矛盾,促进社会协调和全面进步有积极作用。一是要发挥政府在集体谈判协商中的主导作用,通过制定有关集体谈判的法律,为开展集体协商提供了法律依据。二是制定和颁布基本的劳动标准,如职业安全、劳动时间、最低工资标准和社会保险等,为集体谈判提供有效服务。三是规范集体谈判制度,对集体谈判的程序加以干预,确保协商过程公开、公平、公正。四是政府要加强集体协议执行的干预力度,切实保障集体协议的有效执行。

此外,要通过宣传、培训等多种方式,培育集体谈判的主体。特别是发挥企业工会参与集体协商的作用,发挥工会在劳动关系三方协调机制中的积极性,并通过职工代表大会与厂务公开等民主管理、民主监督手段,实现工会的民主化与群众化。

六、要建立健全国家立法干预机制

一是尽快建立完善以劳动法为龙头的劳动法律体系,包括制定劳动合同法实施细则、集体合同法、工资法、社会保障法以及其他与劳工标准相关的法律法规;建立完善劳动关系调整方面的法律法规,要争取制定劳动争议处理法。目前,要进一步完善已有的劳动争议调解制度、仲裁制度和诉讼制度。现行的劳动争议实行的是"一裁两审"制,仲裁不是终局制,当事人不服还可以向人民法院起诉,带来仲裁和诉讼环节过多、周期过长、成本加大等,需要探索建立"仲裁为主、诉讼为辅"的劳动争议仲裁体制。

二是通过行政、司法联动打击劳动违法行为。在认真总结深圳行政、司法联动打击恶意欠薪行动取得经验的基础上,建议在《中华人民共和国刑法修正案(六)(草案)》中增加欠薪逃匿罪。重点打击欠薪后逃匿或隐匿、转移资产,拒不承担对劳动者的工资支付责任的恶意欠薪行为,维护劳动者基本的工资报酬权,为维护和谐的劳动关系,构建和谐社会奠定基础。

此外，通过加大劳动普法，推动电视、报纸等媒体宣传劳动法律法规，增强企业和劳动者法制意识，提高劳动者的自我维权意识，形成全社会关心劳动维权、共建和谐劳动关系的氛围，推动和谐社会建设。

第五节 社会主义市场经济条件下加强劳动计划管理的几点认识

党的十四大确立市场经济体制这一改革目标，有力地推动了改革的进一步深化，市场机制开始在劳动领域发挥着基础性调节作用。但是在这种情况下，不少同志在认识上出现了一些偏差，认为计划没什么作用了，劳动计划管理工作也随之被严重削弱，甚至被取消了，致使劳动力市场运行出现了许多无序现象。现实向人们提出了一系列新的问题：在社会主义市场经济条件下还要不要计划管理，新型的计划管理模式和特征是什么，它有哪些功能和作用；如何有效地发挥计划的作用，以弥补市场调节的不足等等。这些认识问题不解决，就无法探索建立符合我国国情的、适应市场经济发展要求的新型劳动管理体制。笔者结合广东改革开放的实践，谈几点认识。

一、关于加强或改进劳动计划管理的必要性

改革开放18年来，广东遵循党的十一届三中全会以来所确立的改革开放方针，对传统的劳动计划体制进行了深刻的改革，使整个劳动管理体制发生了深刻的变化：主要标志是取消了指令性劳动工作计划，较好地落实了企业用人和工资分配自主权，培育了劳动力市场主体，有力地推动了劳动力市场的形成。但是，在改革过程中，由于缺乏理论准备和实践经验，我们在确立新体制的实际工作中，存在把市场完美化和全盘否定计划的倾向，误认为建立起市场经济体制，就无须计划管理和政府调控了；一些地方甚至出现全盘否定计划，削弱计划管理，以至放弃计划的现象，导致劳动力市场运行出现以下几个比较突出的问题：①大量外省劳动力入粤就业和大量农村劳动力进城务工，致使劳动力供求的结构性矛盾突出，企业富余职工靠市场机制调节不出去，不利于经济结构调整。②市场主体双方对各自利益追求的目标不一致，导致不断产生新的矛盾和冲突，造成劳动争议大量增加。③劳动力市场信息不真实、不对称，反馈慢，造成劳动力流

动带有很大盲目性,既浪费了不少劳动力资源,也引发了一系列社会问题。④市场竞争中的不公平、不透明,导致市场竞争中弱者的合法权益受到损害,突出表现为不少年老体弱的劳动者、女性劳动者和素质较低的劳动者就业困难。⑤工资分配不合理现象突出,收入差距拉大,日益偏离公平原则。

近年来我们针对劳动力运行中存在的突出问题,逐步通过建立计划协商制度,监测预警制度、企业岗位余缺申报制度以及工资指导线,完善工效挂钩等手段,加强或改进计划管理和宏观调控,取得了初步成绩,较好地完成了当年提出的计划目标,有力地推动了全省劳动事业的健康发展。实践告诉我们,现代市场经济是市场调节与政府计划调控有机结合的经济。计划和市场都是配置资源、调节经济运行的手段。运用计划等宏观调控手段弥补市场的缺陷和不足,是政府的一项重要职能,是社会主义市场经济健康发展的客观要求。古人说:"预则立,不预则废"。搞市场经济,并不是说政府可以撒手不管;改革传统的劳动计划体制,并不等于单纯放权,不要计划,而是要求政府在培育市场的基础上,实施更有水平、更有成效的计划管理和宏观调控。因此,加强和改善政府计划管理和宏观调控,探索建立适应社会主义市场经济的新型劳动管理体制,是深化改革的必然要求,是历史赋予我们的一项崭新的任务。

二、关于社会主义市场经济条件下劳动计划的含义

加强计划管理和宏观调控,不是走回头路。当前,一提加强计划管理,就有人指责为走回头路,致使不少同志不敢理直气壮地加强和改善劳动计划管理,这说明我们的思想认识还不到位,需要从建立社会主义市场经济的新高度,对计划管理进行重新认识。

我们认为,在不同的体制条件下,劳动计划的性质及表现形式是有根本区别的。第一,从计划的编制来看,计划经济条件下的劳动计划,是按照行政领导的意图来制订的,体现的是长官意志,下达的是指令性计划;市场经济条件下的劳动计划,是在尊重市场规律基础上,以不影响市场发育、市场机制作用为前提,对市场调节的不足加以补充,弥补市场机制作用的缺陷为基本原则来制订的。第二,从计划的表现形式看,过去的计划,实行以指令性计划为主的直接管理;现在的计划,实行以指导性计划为主的间接管理。第三,从计划调节的对象看,过去的计划是通过各级政府逐

级分解下达指令性计划,直接管到企业;现在的计划,除了少量的专项指令性计划外,一般不分解到企业,而是面向市场,体现国家对市场的间接调控和引导。第四,从计划运行机制来看,过去的计划是依靠行政命令机制来直接、强制管理微观经济活动的,是必须执行的;现在的计划主要是通过国家宏观经济政策和经济杠杆来间接引导微观经济活动,主要依靠运用经济杠杆作用来实现的。第五,从计划体系来看,过去的计划以年度计划为主,以中长期计划为补充;现在的计划,以中长期计划为重点,以年度计划和专项计划为补充,主要根据社会经济发展的战略规划及相应的政策措施来确定劳动工资计划,体现国家对劳动领域经济活动的预测性、宏观性和指导性。

综上所述,可以看出,在不同的体制条件下,计划有不同的表现形式和运作方式。我们所要强调的劳动计划,不是以行政命令机制为特征的指令性计划,而是体现国家宏观经济政策和整体发展方向、对微观经济活动进行间接引导的指导性计划。这种劳动计划是市场经济条件下政府对劳动力市场进行宏观调控的不可缺少的重要手段之一。

三、关于指导性劳动计划的作用

改革传统的劳动计划管理体制,实行以指导性计划为主的劳动计划管理体制。从事计划工作的同志都有一种失落感,并错误地认为,计划没什么用处,因而对建立以指导性计划为主的新型劳动计划机制没有兴趣,缺乏信心。这是计划工作职能没有转变的表现,也是劳动计划工作没有摆上重要议事日程的根本原因。

改革开放的实践告诉我们,计划和市场都是调节经济运行的手段。充分发挥两种手段的优势和长处,是发展社会主义市场经济的内在要求。如果只培育市场,发挥市场调节的作用,而不重视发挥计划的调控作用,劳动工作就不能健康发展。指导性计划是我们在改革实践中找到的一种适应发展市场经济要求的新型计划机制和管理体制。它在劳动领域中的作用,主要表现为:根据经济和社会发展的总体方向和目标,合理确定劳动领域宏观调控的目标,通过制定相应的宏观调控政策相配合,保持劳动力市场总供求的大体平衡,协调重大的比例和结构关系,安排劳动事业发展的重点项目,以弥补市场调节的不足,为市场公平竞争创造良好的外部环境。因此,计划仍然是国家对劳动力市场进行宏观政策干预的综合体现,是劳动部门制定政策的基本依据,它在劳动工作决策和市场调节中起着综合协调的重要作用。

目前,指导性计划在劳动领域难以发挥作用,除了认识上仍局限于旧的计划管理模式外,还有两个主要原因:一是计划的编制仍沿用传统的基数法进行平衡和确定,对劳动力市场运行缺乏科学的预测分析,因而不能反映市场供求关系的变化;二是计划的实施缺乏相应的政策相配合。下达计划时,没有将各种配套的政策措施一并考虑下达;实施过程中缺乏监督检查,因而计划的权威性和约束力,无法树立起来,许多指导性计划形同虚设,起不到引导、调控作用。这又反过来助长了人们对计划的误解,认为计划没什么用处,因而干脆放弃了计划工作。这是计划工作未能引起足够重视的症结所在。

四、采取积极措施,努力发挥计划在劳动事业发展中的调控和引导作用

在培育发展劳动力市场的基础上,切实加强和改善劳动计划管理和宏观调控既然是建立新型劳动体制不可缺少的重要内容,我们就应当理直气壮地把加强劳动计划管理和宏观调控放在重要位置上,采取积极措施,进一步探索加强和改进计划管理的途径和办法,加快建立新型的劳动领域宏观调控体系。

(一)抓紧建立企业岗位空缺申报制度

建立企业岗位空缺申报制度,是加强和改进城乡劳动力就业综合管理,促进就业结构调整的一项重要措施,也是加强企业内部人力资源开发和科学管理,为劳动部门编制劳动力资源配置计划提供依据,实现宏观调控与微观管理相衔接的一项重要工作。城镇企业应主动根据生产经营目标和当年用人实际,预测本企业下一年度岗位空缺和用人需求情况,编制企业用人需求计划,报劳动部门备案。由劳动部门根据企业用人需求情况,编制劳动力供求计划和相应的宏观调控政策,推动实施再就业工程,分流富余人员,促进劳动力供求总量和结构的平衡。

(二)探索建立劳动力市场运行监测预警制度

建立劳动领域监测预警制度,是劳动部门转变职能、加强宏观管理的

一项重要工作。劳动部门应把与宏观调控目标相关的经济、劳动指标，主要包括经济增长率、城镇失业率、工资增长率、工资结构、劳动关系紧张程度、伤亡事故发生率等作为监测内容，同时建立"两项制度三个系统"：即统计监测台账制度、联络员制度、信息反馈系统、预警系统和综合协调系统，逐步加强对劳动力市场运行状况进行监测预警，为加强计划管理和宏观调控提供依据。

（三）探索建立新型指导性劳动计划体系

为了适应社会主义市场经济发展的要求，劳动计划应以中长期计划为主，以五年中期计划为重点。五年计划和年度计划一般不再以指令性指标形式分解下达，而是通过年度预测报告、指导性专项计划和项目，体现计划期国家对劳动力市场运行进行调控的重点和政策导向。因此，劳动部门应加强调查研究，开展预测工作，增强计划的预测性、科学性。当前，可根据经济发展和两个根本性转变对技能人才的需求，进行调查预测，综合协调有关部门，制订开发利用规划，提出有关政策措施，以达到宏观上合理配置人力资源的目标，保证实现现代化对人才的需要。

（四）建立健全计划协商制度，认真编制和执行劳动事业发展年度计划

坚持编制劳动事业发展年度计划，是加强劳动领域宏观调控的重要措施。为改变劳动计划与实际工作脱节的状况，各级劳动部门应当逐步建立以计划为龙头，横向与纵向相结合的综合协调机制，充分发挥计划对各项劳动事业发展的宏观引导和调控作用。主要做法是：在编制年度计划时，对计划中涉及的宏观调控目标要与有关方面进行充分协商，使这些目标能够与本地区经济社会发展计划和劳动事业发展中长期规划相衔接。劳动事业发展计划包括改革与发展两个方面。过去我们对劳动事业发展计划重视不够，比如人力资源开发、劳动力市场建设、职业培训、劳动科研等事业的发展，缺乏规则，应引起重视；要建立劳动政策出台前的内部协商制度，以计划目标为依据，协商制定各项重大政策和措施，在内部形成合力，以保证宏观调控目标的实现。涉及外部的事情，要主动加强与各有关部门的横向联系与协商，为劳动计划的顺利实施创造良好的外部环境。同时，要建立计划执行情况进行检查评估，以便对计划和有关政策及时进行修订，保证计划指导的有效性。

（注：本文是作者任综合规划处处长时应劳动部综合规划司的邀请，在全国劳动计划工作会议上的发言稿。文章按照邓小平理论，明确提出市场经济条件下劳动计划的性质以及计划和市场都是劳动力市场管理或调控的手段的论述，这对于建立中国特色社会主义劳动力市场运行机制起到积极的指导作用，产生了积极影响。本文曾收入劳动部会议资料汇编，发表于《广东劳动报》1997年6月16日。)

第六节　粤港澳劳动领域交流合作现状与对策研究

改革开放以来，粤港澳三地相互间日趋紧密的经贸合作，对广东的劳动就业、人力资源开发、劳动关系协调、工资分配、劳动立法等方面产生着深刻的影响，促进了三地之间劳动力要素的交流与合作，有力地推动了三地经济繁荣和社会稳定。随着香港和澳门相继回归，以及广东的社会主义市场经济体制逐步建立，粤港澳经济相互依存、优势互补的合作关系将更加紧密，三地居民异地就业将不断增多。如何更好地推进三地劳动领域的交流合作，促进劳动力的合理流动和优化配置，协调好劳动关系，是三地政府面临的新课题。做好这项工作，对推动三地经济的共同繁荣发展具有十分重要的意义。

一、粤港澳劳动领域交流合作现状

粤港澳山水相连，文化语言相通，经济往来频繁。尤其是改革开放以来相互间的经济交往日趋紧密，从而使三地产业结构不断得到调整、优化，带动了区域内的劳动力交流与合作，初步实现了资源共享、利益均沾。主要表现在以下五个方面：

（1）港澳地区商人到广东投资办企业，为广东提供了大量就业岗位。20世纪80年代以来，港澳地区劳动密集型产业不同程度地遇到劳工短缺、地租上涨以及新兴工业国激烈竞争和西方贸易壁垒等问题。为了摆脱困境，维持市场竞争优势，港澳劳动密集型企业或工厂大举内迁，陆续到广东投资设厂，逐步形成以港澳为"前店"以广东为"后厂"的"前店后厂"合作模式。广东省劳动力市场由此成为香港产品后方生产基地的庞大人力资源供应地和使用地，并一直保持着稳定的发展势头。目前，在广东投资的6万多家外商投资企业中，港澳企业占80%以上，近5万家"三资企业"和

"三来一补"企业,为广东提供了 500 多万个就业岗位。

(2) 粤港澳对外贸易和引进技术的迅速发展,不仅扩大了广东的就业机会,而且培养了一批专业技术人员。对外贸易是反映一个国家和地区参与全球经济贸易能力的重要标志。改革开放以来,广东利用港澳在国际贸易中所处的特殊地位和优势,积极发展进出口和转口贸易。"八五"期间广东出口总额中,由港澳转口占 85% 以上。在对外贸易带动下,三方经济获长足发展,产业结构得到优化,就业机会明显增加。以工业全员劳动生产率测算,仅工业产品出口就为广东创造了 265 万个就业岗位。对外贸易不仅使三地经济的互补性得到加强,而且推动了技术的交流与合作,提高了劳动者的综合素质。据初步统计,三地的交流合作直接为广东培养了一大批懂经营、善管理的企业家和数十万专业技术人员。

(3) 粤港澳三地劳工市场相互开放,技术工人交流活跃。20 世纪 80 年代初期,随着经济结构调整,港澳地区许多年轻人纷纷离开渔船上岸工作,渔业劳工开始短缺。应港澳渔业界吁请,广东从 1982 年开始向港澳渔船提供深海捕捞工人。1986 年,澳门率先批准包括广东在内的内地劳工输澳,高峰时每年在澳的内地劳务人员有 3 万余人。1989 年,香港开始有限度地输入包括广东在内的内地技术工人 3000 名。1991 年又放宽输入劳工政策,允许每年输入 12500 名劳工,合同期 2 年,即保持每年控制劳工额度在 25000 名以内。1995 年,香港新机场建设高峰期时,又批准内地近万名机场建筑工人抵港工作。每年在港澳两地工作的近 7 万名工人中,由广东省提供的约占 70%。即广东每年有近 5 万名劳动力在港澳工作。从事的行业主要有建造业、制造业、酒店饮食业、制衣纺织业、电子业、批发、零售及进出口贸易业、银行及财经业、通讯业等。与此同时,港澳地区也有 10 多万企业经理和督导级员工进入广东各类企业工作。

(4) 港澳地区企业向世界各地投资,带动了广东的国际劳务输出。20 世纪 80 年代中期以来,随着世界经济格局的调整以及世界范围内贸易关税壁垒障碍的出现,一些港澳企业将资金、技术投向不受贸易关税限制和纺织品配额限制的国家和地区。资金、技术的跨国流动必然带动劳动力的跨国流动。经过 20 世纪 80 年代中前期在港澳投资企业工作的广东劳动力,综合素质有了较大提高,比较适合港澳企业的需要。加上工资水平相对低廉,港澳地区跨国投资者喜欢聘用广东劳动力到投资所在国和地区工作。即用港澳的资金、管理、技术和广东的劳动力到第三国投资设厂,产品销向世界市场。这种全新的合作形式近几年来在美属塞班岛、中美洲、中南太平洋地区、越南、柬埔寨等国家和地区尝试并得了成功，成为粤港澳三地面向国际市场极具发展潜力的一种劳务合作形式。

（5）粤港澳劳动（工）部门的相互交流和三地劳动力的流动就业，对广东劳动制度改革产生了深刻的影响。在港澳劳动就业与工资分配市场化的影响下，广东吸收了港澳地区工资分配制度的合理因素，放开了对企业工资的直接控制，开始探索开发劳动力市场、建立企业工资分配增长机制和自我约束机制，实行岗位技能工资制和经营者年薪制试点，以及通过企业工会集体协商办法决定工资增长。近年来，广东劳动部门还大胆借鉴港澳地区的劳动管理经验，针对市场经济发展过程中遇到的问题，制定了破产企业欠薪支付办法，建立劳动监察制度，试行注册安全主任制度，取得了较好的效果。港澳地区经过多年合作、探索，逐渐形成了相对完善的包括劳动关系基准政策、劳动监察和仲裁在内的劳动关系调整体系和劳动安全卫生工作体制，在稳定劳动关系和安全生产方面都发挥了积极作用。

总而言之，改革开放以来，粤港澳加强经济合作与交流，进一步拓宽了就业渠道，扩大了就业的总体规模，促进了三地劳动力的交流合作，提高了劳动者的综合素质。同时对劳动用工、工资分配、劳动关系、劳动立法、企业劳动管理等领域都产生了积极的影响，为广东劳动制度改革和劳动力市场的形成提供了有益的借鉴。三地劳动关系比较融洽，劳动力资源有着很强的互补性，发展前景广阔。

二、当前粤港澳劳动领域交流合作面临的问题

劳动领域的交流与合作，是以"人"为主要对象，直接为经济发展服务的。由于三地社会制度、管理体制不同，合作中不可避免地会在法律、政策和管理上产生一系列矛盾和问题，且会随着合作领域的扩大和深入而日益增多，迫切需要政府出面协调解决，以利于三地劳动力的正常交流和往来。这些问题主要表现在：

（1）三地政府间对劳动事务尚未建立起正常的沟通联系和协商机制。改革开放以来，尽管三地劳动领域的交流与合作比较频繁，但这种交流与合作，基本上是民间性和半官方性的，自发性和短期行为比较突出，劳动力交流的层次较低。由于政府间还未建立起必要的沟通渠道和联系、协商机制，因而难以及时处理交流合作中遇到的问题和突发事件。

（2）三地劳务输出缺乏正常渠道和有效的管理。目前，港澳地区外来

劳工的输入实行配额制度,由劳工部门严格审批;在内地,输港澳劳务由国家外贸部统一配额和管理,经贸、劳动、建筑等多家劳务输出公司负责经营并在输入地对劳务人员实施管理,而按有关规定,处理劳资纠纷,维护劳务人员合法权益的责任却又由劳动部门承担。这种多头输出,多头管理的体制,很难实施有效的管理。而且,由于整个劳务输出过程从配额审批,部分劳务人员的招收到输出后的管理等,劳动部门都没有参与,无法掌握有关情况,一旦发生劳资纠纷,劳动部门难以发挥应有的职能作用,保护劳工的合法权益。若处理不当,甚至会影响国家的声誉及形象。此外,在港澳地区,对一般外来劳工采用配额制度,而对进粤劳工则没有数量和工种限制。由此也带来不少问题。由于渠道不畅,管理不善,港澳居民进入广东就业的自由度大,没有纳入当地劳动部门管理,也容易让一些素质不高、行为不当的人乘虚进入,甚至给少数贩黄、贩毒分子提供方便。这亟须加强管理。

(3) 职业标准和职业技术资格证书尚未互认,在一定程度上阻碍了劳动力的合理流动和使用。目前,港澳地区采用国际化的职业标准,而内地的职业分类尚未完全确定,已有的4700多个职业标准,由于以工种分类为主,体系较为庞杂,与国际化的职业分类与职业标准有一定差距。港澳地区回归前,三方对职业资格证书因种种原因不予认可;回归后,随着三地居民异地流动就业的人数不断增多,资格证书互认问题将会更加突出。目前港澳居民持有港澳地区颁发特殊工种的技术等级证书,在广东尚未允许上岗,而广东的技术人员到港澳工作也不被承认。有不少港澳居民现正通过参加广东省举办的职业技术培训考核,取得国内的职业资格证书。但目前尚缺乏统一职业标准和政策依据。另外,香港的职业培训有很多长处,其专业设置、教学设备、教材等方面,吸收了新技术革命的成果,代表了职业技能开发的方向,值得我们学习借鉴。但因香港回归前存在的政治、外交等方面的原因,目前双方在这方面未能开展合作以培养广东省产业发展需要的技术人才。

(4) 三地劳动关系协调处理机制需要逐步衔接。不论是广东输港澳劳务人员,还是港澳居民在广东就业,以及港澳地区在广东举办的企业,都存在如何协调处理因劳动争议而发生纠纷、上访,甚至罢工等问题。广东在劳动关系处理方面,虽已建立了企业调解、劳动仲裁、法院审理和执法监察的制度。但由于缺乏编制,仲裁、监察人手不足,司法审理还未形成制度,造成诉讼时间过长,仲裁的法律权威性不足,缺乏司法协助,难以执行，不利于及时化解矛盾。

（5）三地劳动领域交流合作面窄，合作层次低，但潜力大，有待开发。目前广东输往港澳的劳务人员主要在建筑业、餐饮业、服务业和一些制衣业。今后应根据港澳劳工市场需求情况，继续拓展建筑业、服务业、家政服务和技工市场，以及通过港澳作为纽带，开拓新的国际劳务市场。

此外，三地劳动安全卫生标准体系比较复杂，对一些常见的、通用的标准，有待加强研究，搞好衔接。

三、三地劳动领域交流合作的前景展望

（一）加强三地劳动领域的交流合作是历史发展的必然

随着港澳相继回归，粤港澳经济的"转轨""转型"，三地在发挥各自优势的过程中，将迈向更高层次的、整体性的经济合作。作为国际金融贸易中心的香港，其优势主要集中在金融服务、商业资讯、港口航运、市场拓展、商品设计等方面，澳门将在旅游、酒店服务、房地产建设等方面谋求更大的发展；广东则将在港澳强大的、具有优势的第三产业支持下，集中发展以技术与设计为导向的技术密集型与劳动密集型工业，如电子、服装、电脑、影音器材以及运用新材料、新技术的消费品工业，以丰富的劳动力资源为后盾，以国内市场为依托，以国际市场为导向，形成以出口为导向的新工业体系。经济发展的相互依存关系，使三地劳动力的合理流动以及整个劳动领域的交流合作成为历史发展的必然。

（二）粤港澳人力资源存在很大的互补性

广东人力资源丰富，具有人工成本低廉的优势，虽然整体素质有待提高，但也不乏各类专业技术和技能型人才。而港澳地区劳动力相对短缺。仅以香港为例，据香港劳工处提供的数据，至1995年年末，香港劳动人口310万，主要经济行业的就业人数250.8万人，其中制造业连年下降至37.6万人，服务业人数上升至187.1万人，1991—1995年，香港职位空缺总数在5万~8.2万。主要空缺职位为技术工人，以及服务业中的文员、服务员等。据香港政府预测，至2001年，服务业职工占就业总数的比例将从1991年的50%上升至2001年的80%。需求量最大的是服务业的职员、律师、法官、中等教员、行政管理人员等。这与广东的劳动力资源恰好存在着很大

的互补关系。

(三) 劳动领域交流合作的新特点

1. **合作的规模将不断扩大**

粤港澳经济的互补性和结构性调整，将使传统的加工业和部分"三来一补"企业从珠江三角洲进一步内移，从而更多地利用珠江三角洲及广州以北区域相对低廉的地价和劳动力；港商举办的交通运输业、服务业等在珠江三角洲等沿海地区将进一步延伸和发展。近年来，香港颇具影响的国泰航空、汇丰银行、和记传讯等财团已竞相将劳动密集型的企业扩展到珠江三角洲地区，吸纳了一定数量的综合素质较高的劳动力；港澳地区将有许多大型基建项目上马，如西区铁路、货柜码头，连接珠海、香港屯门的伶仃洋大桥，连接蛇口、元朗的西部通道大桥等基础建设相继开工，预计需要大量内地劳动力；一些特殊行业以及港澳工业发展的"瓶颈"行业和工种均需适当地输入内地尤其是广东的劳工。此外，港澳商人在国外投资办厂，也将进一步带动广东以至内地其他地方的劳务输出。

2. **合作的层次将进一步提高，对劳动者素质的要求越来越高**

粤港澳在经济结构转型和产业升级过程中，一些资源消耗大、环境污染、简单的劳动密集型工业将逐步转移或衰退，而代之以新技术、新材料、新设计为主导的消费品出口加工工业。这一新型工业体系，以及科技密集型、信息技术型等第三产业的迅速发展，反映到劳动力的使用上，势必导致部分行业劳动力过剩，同时又需要补充大批综合素质较高的劳动力，以支持新兴行业发展，而广东恰好在这些新领域的技术工人较少，必须引起重视。

3. **合作领域将进一步拓宽**

伴随着劳动力在三地间流动就业的规模进一步扩大，对劳动领域各方面将产生深刻影响。在劳动关系上，将出现由于利益关系和所处地位、条件的不同，协商处理好劳资双方的矛盾和纠纷，保护双方合法权益的任务将越来越重；在工资分配方面，将出现灵活性、多样性的特点，如何通过立法，规范企业工资分配行为，既发挥工资杠杆的作用，又保护企业和职工的正当利益，也是面临的新问题；在职业技能培训和鉴定方面，合作的领域更加广泛，如开展实用型的中等职业技能培训、技术等级标准的衔接和考核、鉴定、认证等，都需要进一步研究与合作；在劳动立法和执法监督方面，三地也需要互相借鉴并逐步与国际惯例接轨。

4. 劳动领域合作的目标和发展前景

目前,粤港澳劳动领域的合作主要是一种民间的、分散的合作,层次较低,范围较窄。今后,三方在劳动领域的合作交流将向行政参与、整体合作、长期发展的方向转变,提高合作层次,扩大合作范围。合作的长远目标是:以共同的经济利益为基础,遵循互补互利、共同发展、长期合作、平等协商、循序渐进的原则;开拓多渠道、多形式、多层次、全方位的合作关系;建立民间、半官方与官方相结合的磋商、协调机制;形成一个信息渠道畅通、政策法规规范、运行有序、调控有力、服务完善的区域性劳动力市场。近期目标是:在对粤港澳劳动力市场整体格局分析研究和趋势预测的基础上,按照市场导向,合作培训急需的技术人才和管理人才;在巩固现有的劳务输出基础上,逐步向多层次、多行业、多工种的智力型、技能型劳务交流与合作过渡;联手拓展国际劳务输出空间;加强三地劳工(动)部门在其他劳动领域的联系和交流,对劳务合作实行宏观指导和协调,把劳动领域的合作与交流纳入规范化轨道。

5. 劳动领域近期交流合作的重点

随着粤港澳经贸合作的不断加强和深化,劳动领域交流合作的潜力巨大,前景广阔。例如,职业技能开发,技术等级标准的衔接和考核、鉴定、认证,劳动力的流动就业与劳务输出,劳动保护、工资分配、劳动关系处理以及劳动执法等方面,合作内容十分广泛。考虑到粤港澳三地在劳动领域的交流合作是一项复杂的、长期的工作,涉及面广,需要解决的问题很多,目前不宜面面俱到,必须有所侧重。在选择合作的重点时,应充分考虑三地的需要和可能,立足当前,兼顾长远,循序渐进。鉴于粤港澳在自身经济发展和合作过程中,广东劳动力素质不高,熟练技术人员短缺和职工综合素质较低,已成为制约三地经济在更高层次上进行合作的关键因素。因此,近期内,拟根据产业调整升级的需要,把开展职业技能培训、促进技术工人交流、扩大劳务输出以及与之相适应的技术等级标准的衔接和考核、鉴定、认证,建立政府部门的联系与协商机制等,作为当前合作的重点。

四、扩大粤港澳劳动领域交流合作的对策思路和建议

香港、澳门回归后,粤港澳属于同一主权国家内实行不同社会制度的行政区域。搞好三地劳动管理方面的衔接,及时解决各种面临的矛盾和问

题，对于促进劳动力的流动就业，保护异地投资者权益，推动三地在更加广阔、更高层次的经济技术领域进行合作，繁荣三地经济，具有十分重要的意义。然而，加强三地劳动领域的交流与合作，涉及面广，政策性强，而且在政治上十分敏感。因此，我们在推进这项工作中，应本着"一国两制"的战略构思，遵循和坚持以下三项原则。

（1）遵循《中华人民共和国香港特别行政区基本法》《中华人民共和国澳门特别行政区基本法》与国际惯例原则。香港和澳门的两个基本法是保持港澳繁荣稳定的根本法。回归后，三地体制上的差别仍将长期存在，其核心是"一国两制"。因此，广东劳动力输入港澳，应在遵循基本法的基础上求同存异，加强合作，并创造条件，按照国际惯例办事；港澳商人在广东办企业招用人员和港澳居民入粤就业，应遵循国家法律，依法办事。

（2）平等互利原则。这是三地劳动领域交流合作的基础，也是三地劳动力资源实行优势互补，相互促进，推动产业结构不断调整和优化的前提条件。因此，三地间劳动领域的合作应本着平等协商、互利互补的原则，解决交往中出现的矛盾和问题，只有这样，才能顺利达到一致的目标。

（3）循序渐进原则。粤港澳劳动力市场目前仍存在较大的差异，不仅管理体制与运作规则不同，而且管理者和劳动者在观念上亦有差别。因此，三地之间劳动领域的合作，必须在更新观念、形成共识的基础上，循序渐进，先进行局部的或某个重点层面的合作，然后逐步扩大合作范围。

具体的对策措施是：

（1）开展人力资源调查，抓紧制定与经济发展相适应的广东人力资源开发和综合利用规划。人力资源是未来经济发展的主动力。广东劳动力资源丰富，但总体素质偏低，难以适应粤港澳经济合作的需要。因此，广东应就如何促进粤港澳三地产业调整升级和劳动力交流合作问题，抓紧制订人力资源开发利用规划。首先，要开展劳动力资源开发利用。进行现状及未来供求趋势预测，据此制订人力资源开发利用规划。其次，要成立由政府、行业协会、工会、学术界组织的专家咨询委员会，根据未来产业发展方向，设计人力资源开发实施方案，包括确定教育培训的机构、专业设置、课程设计和技能鉴定标准、办学资格审定、资金投入等等，引导各培训实体按照市场需求培养技能型实用人才，以满足三地经济发展对劳动力的需要。

（2）加强三地劳动（工）部门的联系，建立和谐协商机制。港澳回归后，随着三方异地就业问题的增多，迫切需要建立粤港澳之间的直接对话和协商机制。这种机制涉及诸多方面的内容,从当前三地劳动领域交流合作的实际来看,主要应办好两件事:一是设置联络协调机构。应指定一个部门负责三地劳务交流合作事务,其主要职责是收集分析劳动市场需求信息,拟订劳务交流合作的计划与政策,协调处理交流合作过程中的有关事务。二是为了促进三地劳动(工)部门的交流和沟通,增进相互之间的了解,建议开辟联系协调渠道,如定期或不定期召开劳动管理协商会议;举办有关劳动管理专业培训班;派员互访,交流情况,沟通信息,增进了解。此外,三地可互派工作人员到对方的业务部门进行岗位学习,以相互了解双方的劳动管理情况及经验,取长补短。至于广东对港澳的劳务输出,建议归口由劳动部门统一管理,所发生的劳资纠纷,由劳动部门依法处理;港澳居民入粤就业,也应纳入当地劳动部门统一管理。

(3)加强三地职业技能培训的交流与合作,逐步实现职业技能鉴定标准的衔接。三地要以市场需求为导向,加强协调,在职业技能培训的目标和方向上互相沟通,达成共识,减少专业设置与企业用人需求不对口的误区;在培训内容和技术资格鉴定方面,粤港澳劳动(工)部门应加强联系,研究国际通行的行业工种标准,逐步统一考核鉴定标准,使劳动者经过培训,领取职业技术资格合格证书后,三方能够互相认可并获得上岗资格;在高层次的经理级和督导级员工的培训方面,三地应联合规划,在若干区域(香港、广州、深圳或珠海)联合举办有政府支持的、权威性的高级培训中心,用现代化的管理和技术,培养高素质人才,以适合经济转型期用人的需要。劳动者在异地接受职业技能培训,应允许在异地进行技能鉴定并发给相应的证书,彼此给予承认,从而使三地职业技能培训、考核、鉴定,逐步面向世界,走向市场。

(4)加强三地劳动者流动就业的协调与规范,促进粤港澳劳动力交流与合作。近年来,港澳地区由于经济调整和大型基建项目的开工,一些行业出现劳工短缺,港澳地区均有计划地引进了一部分包据广东在内的内地的劳动力。这对缓解当地劳动力不足,促进社会稳定和经济繁荣起了一定的作用。但也有人否定劳动力双向交流的客观性,反对劳工输港。实际上,广东等地输入港澳地区的工人除少量是制造业的"瓶颈"工种人员外,大部分工人从事建筑业、批发、零售、饮食、酒店业和服务业,对香港的经济只会起促进作用,对当地就业影响甚少。此外,与经济上的互补性一样,劳动力交流合作也是互补性的。广东每年在港澳工作的劳工只有5万人左右,而且都是年纪轻、技术素质较高的工人。而据不完全统计,港澳地区每年也有十几万人流入广东工作。因此，三地有关方面应正确分析人员双向流动的态势，认识劳动力双向流动的必要性和合理性，加强规划合作，允许广东按照市场需求，有计划地向港澳地区输入所需要的行业和工种的劳务人员。对港澳居民入粤就业，国家已有明文规定，广东要采取开放的政策，进一步落实公开办事手续，明确纳入劳动部门规范管理，由劳动部门统一规划，统一审批（主要是控制普通工作岗位的人员进入），统一管理和发放就业许可证以及收取相应的管理费用，并协调处理劳资纠纷，保护劳动关系双方权益，保持社会稳定。

（5）积极探讨拓展服务业以及一些特殊行业的劳务合作。20世纪90年代以来，香港制造业就业人数大幅减少，服务业人员大幅度增加，但由于人口老化，服务业从业人员年龄偏大，使港澳服务业质量有所下降，需要输入综合素质较好的年轻劳动力。广东人力资源丰富，具有地利人和之优势，应当积极探索，争取突破。家庭用人（包括保姆、花匠、家庭司机）和护理员一直是港澳地区允许输入劳工的行业。目前，仅香港就有外地家庭佣工16万多人，其中90%来自菲律宾，其余来自泰国、斯里兰卡等地。由于种种原因，包括广东在内的内地保姆无法在港澳两地工作。而传统上广东南海、顺德、番禺等地是港澳地区保姆的主要来源地。港澳地区很大一部分家庭均乐意雇请包括广东在内的内地工人从事家庭佣工工作。因此，开拓港澳地区家庭佣工市场，是粤港澳劳动力合作的需要，极具发展潜力。建议粤港澳有关部门认真研究，制定有关政策，逐步拓展三地在服务业和一些特殊行业的劳务合作。

（6）探索建立"司法协助"机制，及时处理劳动争议。鉴于港澳地区在粤投资企业劳资纠纷案件频繁发生，一些老板在纠纷发生后携款潜逃，导致劳资纠纷无法处理等特殊情况，建议允许广东省人民法院与劳动部门联合设立劳动法庭。在这个基础上，开通一定的司法协助渠道，即对港澳商人拖欠工资或发生安全生产事故及其他重大劳资纠纷后跑回港澳的行为，一经劳动法庭作出裁决，即能通过一定的司法协助渠道得以妥善解决。与此相对等，广东居民在港澳就业，如发生劳资纠纷后，经当地法院裁决，劳动法庭也应协助执行。

（7）搞好劳动安全卫生标准的衔接。劳动标准主要包括技术等级标准和劳动安全卫生标准。在劳动安全卫生标准方面，建议从以下几方面进行衔接：第一，除了我国目前承认的17个国际劳工公约所确定的标准外，要认真研究香港履行国际劳工公约的情况，采取措施，逐步向国际标准靠拢。

第二，对某些特殊工种或行业的劳动安全卫生标准，建议双方成立专家小组，对三地的劳动标准及各自的证书体系进行研究、归类、对比后，在相互对等的原则基础上，予以认可。第三，对于分歧较大、目前各自都难以执行的劳动安全卫生标准或技术证书、职称等，暂不强求衔接。

（8）加强与港澳产业界的联系，抓住港澳地区向世界各地投资办企业机会，带动广东劳务输出。广东要瞄准市场需求，抓紧培养综合素质较高的技能型实用人才，以适应劳务输出的需要；同时加强与港澳经济领域的联系与合作，开辟新渠道，带动广东劳务输出，增加劳务出口。

（注：香港回归前夕，广东省劳动厅受省政府委托牵头撰写此研究报告。当时笔者任综合规划处处长，按照厅领导的安排负责牵头组织起草本报告。本报告认为，改革开放以来，粤港澳之间形成了日趋紧密的经贸合作关系，港澳资金进入广东投资办企业带动就业，对广东的劳动就业、工资分配和人力资源开发等方面产生了积极影响，但是，港资企业招工用人所建立的劳动关系，以及处理劳动争议的适用政策法律、劳务交流输出和职业教育培训等方面也存在一些问题，存在制约扩大交流合作的一些因素。本文认为港澳回归后，粤港澳三地劳动领域交流合作前景广阔，建议继续加强三地劳动领域的沟通与交流合作。）

后 记

国家主席习近平2016年的新年贺词中说"只要坚持，梦想总是可以实现的"。在2018年的新年贺词中强调："幸福都是奋斗出来的。"实现梦想需要艰苦奋斗，在奋斗过程中分享幸福。多年来，我心里一直有个梦，就是把自己撰写的书稿汇编成书，作为自己在劳动就业战线工作30年的纪念。但退休以来，这个夙愿一直没有实现。现在，经过一年来的努力，"广东劳动体制改革40年"丛书前两本已出版，丛书之三《广东劳动制度的深刻变革》终于付梓，我梦想成真，如释重负，倍感幸福。

这套丛书是笔者亲身参与和亲眼见证广东以及全国劳动体制改革40年过程中所撰写的书稿，共分为五册。在收集和整理过程中，多年来一次次攻坚克难的改革情景展现眼前，难以忘怀；一项项改革举措实施后取得的成效，令人振奋；一幕幕与同事们加班起草改革文件的场景再现，终生难忘。笔者一生的工作与成长，与劳动领域各项制度改革结下了不解之缘，在多年工作与成长过程中，得到了有关领导、同事、朋友和亲人的关心与帮助，为社会、为人民做了一些有益的事情，我感到荣幸与自豪。

回顾40年来的职业生涯，特别难忘的是，自1995年我被任命为综合规划处处长后，主要负责全厅劳动工资保险制度综合改革、综合性政策研究、制订中长期规划，以及起草综合报告、工作总结等工作，有比较多的机会接触省部级领导，学会站在比较高的位置，以开阔视野思考问题，全面了解我国经济体制改革动向，能够从全局的角度，把握劳动领域各项改革节点和重点，努力按照市场导向，大力推进劳动领域综合改革，并撰写了不少有关劳动制度改革的文章。

2000年至2013年间，我先后转任培训就业处、劳动工资处、职业能力建设处处长和厅副巡视员,负责或分管相关业务工作。这期间,正值劳动保障制度深化改革、攻坚克难,推动体制转轨的关键时期,在方潮贵、欧真志、林王平、林应武等厅长的领导下,我有幸参与了对下岗职工从保生活到再就业的转轨、并轨全过程,成为改革就业制度、开放劳动力市场、建立市场就业机制的重要参与者;有幸成为扩大技工教育规模、加强职业培训、加快培养技能人才的组织者;有幸成为进一步深化企业工资分配制度改革,健全协调劳动关系制度的推动者。对这些工作,我都能够兢兢业业,亲力亲为,积极投身于政策调研制定和具体组织实施过程中,成为这个阶段广东劳动就业、职业培训、工资分配、劳动关系调整、劳动力市场建设等工作的重要见证者。从中央的决策部署到省级的具体指导和贯彻落实,我们承上启下,付出了心血,也取得了明显成绩,受到国务院以及部省领导的表彰,多次被评为先进工作者或先进单位,因而深感欣慰。然而,在波澜壮阔的改革年代,我还深刻体会到,个人的成长与同事们的关心帮助和社会发展环境是分不开的。在我的职业成长过程中,曾得到单位领导的关心与指导、同事们的大力支持与帮助,在此,我要衷心感谢人力资源社会保障部原副部长张小建以及相关部门的领导和朋友们长期以来的支持和鼓励!衷心感谢广东省各级劳动保障部门所有领导和同事们长期以来的关心和支持!

我出身于农民家庭,父母一生勤勉,诚实正直。他们经常告诫我"做人以诚实为本""业精于勤荒于嬉""满招损,谦受益""勤俭持家,莫生贪念",等等。父母的训示常萦绕于耳,从而警示自己,勿违父母之命。在几十年的职业生涯中,我谨遵父母之命,不忘初心,兢兢业业,勤奋钻研。由于工作比较繁忙,因而很少陪伴在父母身边。今天我谨以此丛书,报答父母之恩。

在这里,我还要感谢勤劳贤惠的妻子云文娟,是她一力承担起繁重的家务,养育儿子和照顾双方父母,让我集中精力做好工作。对于她无私奉献的精神,谨表示衷心的感谢!

本书的编辑、出版得到人力资源社会保障部原副部长张小建

后 记

同志、广东省第十一届政协副主席唐豪同志、省人力资源和社会保障厅原厅长欧真志、孔令渊、林王平等同志的支持和指导，在百忙中为本书写序，在此谨表示衷心的感谢！

  本书在编辑过程中，还得到于法鸣、郑东亮、莫荣、毕结礼、阙广长、周林生、吴志清、肖晓宇、莫秀全、张天培、胡效雷、王铁霖、翁荣彬以及刘强、霍立国、黎明、林曙光、万桂菊等朋友的热情帮助，得到儿子陈悦、儿媳王文熙等大力的支持和帮助，得到中山大学王尔新教授、华南农业大学经管学院罗明忠教授、广州大学张仁寿教授和中山大学出版社徐劲总编以及吕肖剑、王延红、靳晓虹等同志的大力支持。在此谨一并表示衷心感谢！

2019 年 2 月 8 日